U0527187

基辛格
传
下

A BIOGRAPHY
KISSINGER

著 —— ［美］沃尔特·艾萨克森（Walter Isaacson）　　译 —— 朱敬文　李耀宗

中信出版集团 | 北京

图书在版编目（CIP）数据

基辛格传：全 2 册 /（美）沃尔特·艾萨克森著；
朱敬文，李耀宗译. -- 北京：中信出版社，2023.9（2023.12 重印）
ISBN 978-7-5217-5769-9

Ⅰ.①基… Ⅱ.①沃…②朱…③李… Ⅲ.①基辛格
(Kissinger, Henry Alfred 1923-) —传记 Ⅳ.
① K837.127=6

中国国家版本馆 CIP 数据核字（2023）第 101764 号

KISSINGER: A Biography
Original English Language edition Copyright © 1992, 2005 by Walter Isaacson
All Rights Reserved.
Published by arrangement with the original publisher, Simon & Schuster, Inc.
Simplified Chinese translation copyright © 2023 by CITIC Press Corporation
本书仅限中国大陆地区发行销售

基辛格传（全 2 册）
著者： ［美］沃尔特·艾萨克森
译者： 朱敬文　李耀宗
出版发行：中信出版集团股份有限公司
（北京市朝阳区东三环北路 27 号嘉铭中心　邮编　100020）
承印者： 北京盛通印刷股份有限公司

开本：787mm×1092mm 1/16　　印张：51.75　　字数：1071 千字
版次：2023 年 9 月第 1 版　　印次：2023 年 12 月第 2 次印刷
京权图字：01-2020-6266　　书号：ISBN 978-7-5217-5769-9
定价：138.00 元（全 2 册）

版权所有·侵权必究
如有印刷、装订问题，本公司负责调换。
服务热线：400-600-8099
投稿邮箱：author@citicpub.com

目 录

第 20 章 和平在望：巴黎谈判达成难以捉摸的协议 / 415
隧道尽头的光亮 / "和平指日可待", 1972 年 10 月

第 21 章 圣诞节轰炸：河内挨炸，西贡就范 / 437
破裂，1972 年 12 月 / 圣诞节幽灵的显现 / 和平到手，1973 年 1 月 / 越南：损害评估

第 22 章 国务卿基辛格：众人失落，唯我得意 / 467
黑格换下霍尔德曼，1973 年 5 月 / 与勃列日涅夫狩猎野猪，1973 年 5 月 / 电话窃听曝光，1973 年 5 月 / 50 岁时的基辛格，1973 年 5 月 / 美国的第 54 位国务卿，1973 年 9 月 / 一个表演家能被驯服吗

第 23 章 赎罪日战争：中东初试身手，再补给之争，核警示 / 488
赎罪日战争，1973 年 10 月 / 核警戒，1973 年 10 月 / 通往日内瓦的路，1973 年 12 月

第 24 章 穿梭外交：逐个拿下以色列、埃及、叙利亚 / 524
第一次以色列–埃及穿梭外交，1974 年 1 月 / 基辛格的谈判风格：概观 / 流浪的犹太人 / 石油震撼和伊朗国王 / 叙利亚穿梭外交，1974 年 5 月

第 25 章 闪光灯下的名人基辛格：垂帘生辉 / 552

第 26 章 变迁：仕途末期和全新开始 / 567
南希·马金尼斯·基辛格，1974 年 3 月 / 理查德·尼克松浮沉记，1974 年 8 月 / 基辛格和福特：帮助新总统进入角色

第 27 章 "缓和"之死：奇怪的联盟，走强硬路线 / 587
奇怪的盟友 / 《杰克逊–瓦尼克修正案》 / 符拉迪沃斯托克（海参崴），1974 年 11 月

第 28 章 奇迹消失与全线挫败：败走西奈和东南亚 / 610
第二轮西奈谈判以及"重新评估"，1975 年 3 月 / 柬埔寨失陷，1975 年 4 月 / 南越的陷落，1975 年 4 月 / 马亚克斯号事件，1975 年 5 月

第 29 章 外交政策中的道德：基辛格的现实政治受到挑战 / 631
现实主义的根源 / 基辛格的现实主义 / 索尔仁尼琴、赫尔辛基和人权，1975 年 7 月 / 丹尼尔·莫伊尼汉和美国理想主义 / 万圣节屠杀，1975 年 10 月

第 30 章 非洲：秘密介入 + 穿梭外交 / 651
通过东西方棱镜看安哥拉，1975 年 / 罗德西亚：人权问题上的转变，1976 年

第 31 章 退场：虎头蛇尾 / 671
1976 年的选举 / 吉米·卡特，1976 年秋天

第 32 章 平民基辛格：不管部部长的空中飞人生活 / 683
重返纽约，1977 年 1 月 / 不管部部长

第 33 章 基辛格顾问公司：世界顶级顾问是如何发家致富的 / 708
待价而沽的外交官 / 冲突和利益 / 熠熠生辉的黄昏

第 34 章 基辛格的政治遗产：政策与个性 / 737

致谢 / 745

注释 / 747

参考文献 / 791

第20章

和平在望：巴黎谈判达成难以捉摸的协议

> 我们为了捍卫一个国家战斗了四年，抵押了我们整个外交政策。
> ——基辛格对阮文绍说，1972年10月22日

隧道尽头的光亮

1972年5月，美国在海防港布雷并加强对河内的轰炸后不久，北越的军事进攻逐渐疲软，然后停顿了。在这个相持不下的僵局中，越南南方军力的平衡与四年前的春节攻势之后的情况没有太大差别。

更重要的是，基辛格帮助打造的三角全球平衡已见成效：由于美国成功地与中国和苏联建立了务实的关系，北越感受到其主要的背后支持者与其疏远了。河内的共产党报纸《人民报》以令美国权威专家脸红的激情，谴责苏联和中国"扔救生圈给即将溺毙的海盗"，并且"陷入无原则的妥协的黑暗泥淖"。它接着写道："革命的道路上铺满了香花。机会主义是腐臭的泥沼。"

河内有14万军队在南越支持着大约同样人数的南方民族解放阵线游击队，它觉得没有可能在近期内击败有美国空中支援的西贡的120万军队。所以河内领导人开始倾向于考虑停火。1972年8月，在经历12余年的战争之后，河内政治局投票授权通过谈判解决争端。[1]

几个星期之内，巴黎的河内谈判代表开始抛出暗示，他们不再要求立刻以一个"联合政府"取代阮文绍。从那一刻起，最后条约就只待敲

定麻烦的细节了。已经藏头露尾四年之久的"交换"即将发生：美方已不再要求北越从南越撤军，作为交换条件，北越不再要求推翻阮文绍。

从某种意义上说，美国没有什么需要继续谈判的东西。它自己的单方面撤军已接近完成，驻越美军从1969年初的54.3万减至2.7万。虽然后来基辛格持相反的看法，但当时如果谈成一项简单协议，美方同意撤出剩余的驻越美军，并终止在持续的战争中为西贡提供空中支援，或许就能够使美军战俘获释。但基辛格想要的是一个能够使5万多在越南丧生的美国人死得不那么冤枉的解决方案，也就是抓住机会谈妥停火，使得西贡的阮文绍政府继续稳坐江山。

基辛格当时希望争取在11月7日美国总统大选之前把停火搞定。民主党已提名南达科他州以越战为主要竞选议题的鸽派参议员乔治·麦戈文。对基辛格有意见的人，以及他的一些白宫同事，都以为他热衷停火是因为他想成为促使尼克松大选击败麦戈文的功臣。

事实上，基辛格的主要动机是，他觉得美国在选前而不是选后有更好的谈判优势。共产党人力推加速的谈判日程表，显然就是害怕一旦尼克松顺利连任，不知会对他们发动什么攻击。基辛格认为（日后证明他是对的）可以利用河内尽快实现停火的意愿，逼黎德寿和河内的政治局做出让步。

此外，基辛格知道，即使尼克松以压倒性多数当选，民主党控制的国会1月回来开会时也会削减战争经费。美国在1973年的军事态势不可能比1972底更强。[2]

虽然尼克松的批评者认为他急于在选举前取得和平解决方案，但他其实并没有这个想法。这倒不是因为他对公正选举过程的尊重，而是因为他受了他的政治枪手查尔斯·科尔森的影响，此人一直在与民调专家阿尔伯特·辛德林格和伯恩斯·罗珀会晤。科尔森说他们的调查结论是"美国在选前达成的任何协议都会被看成政治操作"。尼克松的鹰派形象对他是有帮助的，民众广泛支持布雷和轰炸的决定就足以证明这一点。但是据科尔森和两位民调专家的看法，如果战争结束，许多跑到尼克松阵营的蓝领民主党人就会重回民主党阵营。许多挥舞国旗、显示爱国情愫的工人是维护保守价值的民主党人，他们支持尼克松的战争政策，但是在其他问题上可能会根据他们传统的经济利益，把票投给自己党的提名人。

尼克松、霍尔德曼、科尔森和黑格经常讨论在选举前达成和平协议的政治风险。据科尔森回忆："我们看到积极推动协议对我们可能不利。可是亨利迫切想成为及时结束战争而使尼克松得以连任的功臣。我们怎么劝也说服不了他。这是那个月许多矛盾的根本原因。"[3]

尼克松也怀疑基辛格想在即将发生的压倒性选举胜利中邀功，但他已不甘心再与他这位助理分享光荣了。他告诉科尔森："你一定要让亨利放慢脚步。"霍尔德曼于是传话，此刻取得越战问题的解决可能在政治上"产生适得其反的结果"，但是基辛格没理会他。据霍尔德曼回忆："他念念不忘要赶在选举前达成和平协议。"

尼克松不同意基辛格的评估，他觉得在他连任后，美方谈判的优势会增加。他在日记里写道："我比较相信更好的谈判时机是在选举刚刚结束时，而不是在选举前。"他的解释是："那时，敌人要么就跟我们达成解决协议，要么就得承担我们对他们可能采取的行动的后果。"尼克松在多年后解释他的感觉时说得更强硬："在我高票当选，得到人民授命之后，在那些反战人士被彻底击垮之后，我们就能让那些人求饶。"[4]

更重要的是，尼克松并不像基辛格那样相信谈判。整个1972年，每当基辛格发回报告，讲到河内新建议里比较看好的细微差别，或者更糟的是，对会场气氛或所上的菜肴做出乐观分析时，尼克松就会在页边写下很多问号，并附加讽刺性的评语。据基辛格的助理彼得·罗德曼回忆："基辛格认为通过外交解决问题是可能的，但尼克松从来就没有真正同意他的这个看法。总统对于外交持一种怀疑态度和戒心。"

尼克松开始越来越频繁地跟亚历山大·黑格分享他对基辛格及其谈判的尖刻评论。黑格也乐见尼克松有这种感觉。据尼克松回忆，他觉得"我高票当选后，因为有民意的支持，北越做出让步的可能性更大"。

黑格的军阶攀升是罕见的，特别是他是文职官员。他在1969年进白宫时是上校，1972年3月拿到第二颗星，成为少将。那年夏天，令陆军首脑恼怒的是，流言传开了，说他很快就会跳过中将直接晋升为四星上将，并且担任陆军副参谋长。基辛格此时已经知道黑格一直在说他的坏话，所以十分乐见他晋升后回五角大楼。

那年8月，黑格在埃尔莫·朱姆沃尔特的办公室与他共进午餐时征求他的意见。这位海军作战部长是个直率而幽默的人，他后来承认他"偶尔也不免捉弄人"。黑格问了他之后，他假装不知道黑格即将被任命为陆军副参谋长的传言。朱姆沃尔特建议，这个时候他应该考虑担任战地指挥的工作。他提醒黑格："在巴拿马的美国南方司令部司令即将退役，何不去那里？"朱姆沃尔特记得："当时我一面说，一面脑海中浮现一幅有趣但完全不符合现实的图景，我看到艾尔·黑格手托着下巴，若有所思地望着加通闸门缓缓地打开又缓缓地合拢。"黑格在整个午餐过程中不断批评基辛格，但是他回到白宫时对基辛格说："我刚刚跟朱姆沃尔特吃午餐，他是全华盛顿最虚伪的人。"

1972年9月黑格继6个月前得到第二颗将星之后，被晋升为四星上将，出任陆军副参谋长。尼克松加了一个条件——在越南谈判完成前，黑格继续留任，担任基辛格的副手。尼克松说，基辛格需要他。更重要的是，尼克松不放心基辛格——黑格也不放心他——在没有黑格撑起他的腰杆子的情况下进行谈判。[5]

在8月14日的一次巴黎密会上，基辛格开始看到迹象显示，河内渐渐不再坚持把阮文绍下台作为停火的先决条件。他在发给尼克松的报告里写道："我们比以前任何时刻都更接近实现谈判解决方案。"

尼克松很不屑地在报告页边上写了些眉批给黑格看："艾尔，显然那边没有取得任何进展，近期也不会有什么进展。亨利一定很沮丧。对此我在选举前一直就不看好。"[6]

另外一位不像基辛格那样热衷于谈判的关键人物是南越的阮文绍总统。这位精瘦、挺拔、骄傲的军人总统两眼神采奕奕，脸上带着高深莫测的微笑。他不失温和含蓄，但有些方面他是不能妥协的。

出于他（和他的人民）的尊严和民族主义考虑，他要求必须参与谈判的每个阶段，而不是让基辛格把一个解决方案作为既成事实强加给他。

同样，他要求把他当作平等地位的人对待，他是个伙伴而不是傀儡。

如果有任何妥协的和平协议，他需要足够的时间和提前通知，以便让南越人民做好准备。

他的基本国家利益与华盛顿的国家利益背道而驰：他不要美国撤军。他也不要一个允许北越军队留在南方的停火协议。任何解决方案如果允许"豹斑"安排，也就是允许共产党控制南越部分领土，都损害他的国家的主权。

基辛格对于这些需要不敏感。阮文绍后来说："北越一直指控我们是美国傀儡。现在基辛格真的把我们当成傀儡。他压根儿没有对我们平等看待，因为他太傲慢了。我们要求参与谈判，但是他背着我们谈判，不告诉我们任何信息。"[7]

基辛格8月中飞到西贡，他带了一本有关梅特涅的新传记在飞机上阅读。他最重要的任务是向阮文绍表明，正在讨论的停火将不会要求北越军队撤离南越。阮文绍先前已经对意味着这种结果的美方建议表示过默许，但是现在必须跟他坦率地说明白——这种方式不是基辛格的强项。

阮文绍直接把问题亮在桌上。他问，他在4月写的备忘录里明明坚持撤军必须是双方同时撤，现在是怎么回事。

基辛格答道："总统先生，我没能够说服苏联人接受你的立场。"

阮文绍坚持："我们曾要求把这一点作为我们的共同立场提出。"

基辛格答道："我们会努力，但是不知道他们会不会接受。"

总之，坚持北越撤军的问题没有得到澄清：基辛格表示"会努力"，其实是言不由衷的，因为他心知肚明，这已经是板上钉钉的事，但是他已相当清楚地让阮文绍知道这个问题的未来走向。同样，阮文绍也相当清楚地让基辛格知道他不接受这个走向。基辛格后来解释："我们没有继续与阮文绍讨论这个分歧，因为这个问题与当时陷于僵局的谈判似乎无关。"[8]

但是，基辛格知道巴黎的僵局正在化解，这一点他没有告诉阮文绍。阮文绍后来说，他因此觉得没有必要非常强烈地挑战美方的建议。

阮文绍的无礼态度于事无补。他多次拒绝接见彬彬有礼的美国大使埃尔斯沃斯·邦克,有时他对待基辛格和黑格的态度好像把他们当成跑腿送信的小孩。基辛格后来对阮文绍的这种态度写道:"侮慢是弱者的盔甲。"

基辛格在他的回忆录里至少有 6 次提到阮文绍和他的助理的"侮慢",他也以同样的词形容黎德寿。他用这个词就意味着他感觉自己比他们优越,或者视他们为自视过高的傀儡。同样,基辛格的回忆录里包含了许多他对各个民族的民族性的独到见地,他对越南人的描述则几近对一个族群的侮辱。在重述 8 月的会晤时,他写道,"阮文绍以其特有的隐晦和文化傲慢态度进行争论"。其实基辛格才是隐晦的人(他隐而不报即将出现的突破),基辛格才是文化傲慢的人(他的做法仿佛认为没有西贡的充分参与,美国也能谈成解决方案)。

当黑格 10 月 4 日在西贡拜会阮文绍时,后者毫无隐晦地告诉黑格他对基辛格的外交努力的不同看法。在一次长达 4 小时的会晤中,阮文绍谴责允许北越军队留在南方的想法,他也谴责基辛格因为北越要求设立临时联合政府而口头上答应设立一个"民族和解委员会"的计划。阮文绍痛批基辛格在谈判时对西贡的意见不屑一顾的态度。

黑格把这些对基辛格的批评转告了尼克松。尼克松后来在他的回忆录里说他很"同情"阮文绍的处境,这是他给康纳利、黑格和其他一些人的印象。但是在基辛格面前,他批评黑格离开西贡过早,没有多待一些时间"修理修理"阮文绍。[9]

华盛顿和西贡显然已冲突难免,基辛格应该预见到这一发展。4 年前,他曾在《外交事务》发表过名噪一时的一篇有关越南的文章,该文在脚注里,就讨论过为什么美国常常会跟它的保护国起争执。那个分析与 1972 年末发生的事有着惊奇的、几乎令人悚然的相似。

> 与我们的盟友的冲突中,双方都声称被对方欺骗了,这类冲突发生频率很高,这表示我们应该在结构中找原因……当问题比较抽象时——在协议的可能性出现之前——我们的外交官往往会向一个没有参与谈判,但谈判涉及其利益的盟友用一种平淡放松的态度介

绍我们的观点。我们的盟友也会同样模糊地做出回应，理由有三：第一，他们也许被误导，错误地以为短期内不会有决定，因此觉得此时大做文章没必要；第二，他们害怕如果坚持把这个问题提出来，最后做出的决定可能对自己不利；第三，他们希望因为不可能达成协议，问题会消失。当协议指日可待时，美国外交官会突然积极起来，努力争取盟友的同意。他们看到这种突发的积极和压力，会有一种被耍了的感觉，而我们听到对方以前没有明白说过的反对意见也会觉得岂有此理。[10]

就事论事，基辛格寻求1972年秋开始显露苗头的解决方案是对的。河内终于愿意停火，并让阮文绍继续在西贡掌权。这张"出场券"对美国是有利的，而且也是南越可能得到的最佳协议，可是基辛格在寻求这个解决方案时犯了一个极为不幸的错误。在有明显迹象显示阮文绍总统和尼克松总统都不支持这个方案的情况下，他还朝着10月达成协议的方向大步迈进，这就使两国走上一条不可避免的、可预见的冲突之路。

基辛格的外交实力在于他会讨价还价。他知道如何模棱两可，声东击西，找到方法在不要紧的问题上做出让步，而掩盖一些真正重要的问题。他的外交弱点是，他有时没能做一个真正的调停者，他不懂得争取各方共同支持一个立场，让各方都觉得必须为其成功做出自己的一份贡献。他往往自己在心中琢磨好最好的结果，而没有意识到必须确保所有其他的参与者感觉到自己得到了充分的信息，自己的关切也得到了反映。

"和平指日可待"，1972年10月

当基辛格在巴黎与黎德寿的私下会谈变得更加严肃认真时，他意识到他保密的习惯此时除了满足自己对戏剧性效果的追求，以及给河内一个机会左右舆论之外已经没有什么作用了。所以他决定此后每一次开会都会事先宣布，不过讨论的细节还是不公开。基辛格后来承认，这种比较明智的做法"挫了河内的一个心理战武器的锐气"。那时，连他自己

都认识到，过去三年的保密做法做过头了。

即便如此，基辛格的秘密作风也积习难改。在赴 9 月 15 日的会议时，他大费周章地虚晃一招，在下榻的克拉里奇酒店房门外挂了"请勿打扰"的牌子，然后让他的飞机停在希思罗机场的明显位置，他本人却秘密地搭乘了伦敦飞巴黎的另一架飞机。他坦承："那是不值得玩的无谓的——甚至可以说幼稚的——游戏，因为我们当天稍后会宣布这次与黎德寿的会谈。"

在那次会谈上，基辛格跨出了影响深远的一步：他提出一个阮文绍总统已经明确拒绝的建议。美国长期以来的建议是在停火后可以设立一个包括共产党和其他各方组成的"选举委员会"来监督南越的选举，这次，基辛格提出的建议修改了原先的建议。基辛格现在建议给这个选举委员会一个更大气的名字——民族和解委员会，并明确规定共产党与西贡政权在委员会中有平等代表权。对于基辛格来说，这不是什么大不了的事，因为委员会将以协商一致的方式做决定，所以西贡对于委员会的决定是持有否决权的。

基辛格的用意是把这个选举委员会打扮得比较像越共想要的"临时联合政府"。他希望河内能够接受这样一个可以让它不失面子的妥协办法。阮文绍对于任何有一点点联合政府味道的东西都是极度反感的，但他主要担心的是河内真的接受基辛格的这个计划，从而导致他所忌惮的停火。所以在基辛格的巴黎会谈前两天，阮文绍就拒绝了这项建议。

基辛格没有接受阮文绍的决定，也没有试图说服他接受美方的建议，他发电报给尼克松，建议依旧推动这个新计划。他说："我们认为对方不太可能接受这个计划，但是如果对方接受了，那基本上就是一局新球赛了，南越政府不完全支持我们的建议这个事实就不如其他更复杂的问题重要了。"他说北越"不太可能"接受，是言不由衷的——基辛格迫不及待地要推这个建议，正是因为他认为北越可能接受它。

尼克松向黑格表示他兴趣不大，黑格在电报里向基辛格如实转达了尼克松的意思。尼克松说："国安会（他指的是基辛格和他的同事）好像不知道美国人民对妥协基础上的解决方案已经没有兴趣，他们支持继续轰炸,他们要的是鏖战多年后,美国得以凯旋。"可是尼克松最后同意让基辛格提出这个新方案,只要他与黎德寿谈判时"足够强硬,公开地讨好鹰派而不是鸽派"。

北越谈判代表提出了他的修改建议:停火后设立一个"民族和谐政府",但不替换阮文绍政府。这个新实体不仅仅是监督自由选举,而基辛格拒绝了这个建议,但是妥协的方向已经很清楚。现在只需模糊基辛格建议的民族和解委员会和黎德寿建议的民族和谐政府之间的区别,而模糊区别是基辛格作为谈判者最拿手的看家本领。基辛格知道预定在10月8日开始的下一次巴黎会谈上,可能就会出现他所期待的那个命运攸关的突破。他在回忆录里说,这次他带上了黑格,因为黑格将军"对于西贡可承受的最大限度有第一手的感觉"。基辛格后来又比较坦白地说:"我带着黑格去巴黎,是因为我已经不放心把他留在我看不到的地方了。"

那是一个阳光灿烂的秋天的星期日,巴黎会谈开始后,大家闲聊奥特伊赛马场,基辛格说赛马过程中有一段时间,"马都被树木遮住,你是看不见它们的,我听说骑师们就在那里决定让谁做赢家"。

黎德寿问:"可是我们现在竞赛的终点是和平还是战争呢?"

基辛格说:"是和平,而我们现在是在树木后面!"这个隐喻也适用于基辛格如何刻意向阮文绍和尼克松隐瞒了他的某些动作。

黎德寿接着提出一个显然旨在导致突破的新建议。几乎每一个内容都是朝着美方立场的大跃进。经过少许修改,以及不少磕碰后,终于构成日后最后和平协议的基础。它的具体内容包括以下几点。

- 立即停火,而不要等到所有政治问题得到解决再停火。换言之,不要求阮文绍先被罢黜。
- 所有美军单方面撤离南越,默认北越军队可以留在南方。
- 归还所有战俘。
- 隐含但模糊地承诺北越军队不再渗入南方。
- 美国有权继续援助南越军队,河内同样可以继续援助越共。

- 一个主要功能为"组织"选举的"民族和谐管理局"只能以协商一致的方式做决定，它并不取代各自治理其控制地区的西贡政府或共产党临时革命政府。

基辛格后来写道："我们期盼这一天已将近四年，可是当这天来到时，却没有我们想象的那么富有戏剧性。一位革命老将10年的流血包装成模糊的法律条文，然后以他单调的声音宣布和平。"尽管声音单调，场所环境不调和——一个偏僻的、挂满抽象艺术品的灰泥墙皮的房子——但基辛格后来说，那是他一生中最兴奋的时刻。

基辛格要求暂时休会。当会场里只剩下美国人时，他和洛德握手相庆："我们成功了！"基辛格记得黑格激动地说他们为那些在越南服役而殉职的美军将士"保全了荣誉"。

只有约翰·内格罗蓬特看起来忧心忡忡。他是一位英俊的、耶鲁大学毕业的职业外交官，通晓越南语，并曾派驻西贡。虽然这个方案基本上就是华盛顿自1971年国殇日暗示放弃相互撤军要求后一直要的结果，但是内格罗蓬特隐隐觉得它可能会在西贡引起问题。

虽然尼克松希望拖到一个月后选举结束再说，尽管阮文绍无法忍受任何没有与北越撤军挂钩的联合政府或停火的建议，但基辛格还是决定按照黎德寿的建议前进。他觉得没有理由拖延。他也不接受尼克松9月中电报里提到的想法，即美国通过"继续轰炸确保凯旋"，特别是河内现今似乎愿意接受美国的基本条件。

于是，他要内格罗蓬特和洛德修改黎德寿提的方案，把民族和谐管理局的职能削弱，强化禁止北越进一步渗透的规定，并加一条要河内从柬埔寨和老挝撤军的内容。那天晚上他和一位女伴在一家巴黎餐馆用餐，然后独自沿着塞纳河左岸散步，经过巴黎圣母院。

内格罗蓬特和洛德在凌晨3点完成草案的改写，放在了办公室给基辛格过目，然后两人回房就寝。基辛格怒气冲冲地在早晨8点把他们叫醒。内格罗蓬特坚持的几条规定太强硬了。基辛格大声解释道："你不了解吗？我要配合他们的立场！"他命令两位助理在中午以前搞出一个更照顾对方立场的草案。

基辛格决定以黎德寿的建议为进一步谈判的方向是有道理的。他错就错在太仓促，太自己做主而没有抽出时间与两位委托他谈判的总统商量。

基辛格没有告知尼克松总统谈判的详情，仅仅是给霍尔德曼发了一封没有细节的、摸不透含义的电报。电报上说："告诉总统已取得一定进展。"尼克松没有回应。其后的两天里，基辛格给霍尔德曼的电报都属同一性质。有一封电报说："我们知道我们在做什么，过去我们从未辜负使命，这次肯定也不会。"

基辛格后来解释，他没有发回讨论的细节是因为他知道，尼克松大部分的时间都是和一些政治操盘手在一起，他担心这些人会为政治目的搅局巴黎会谈。基辛格说："万一这个人是与尼克松过从越来越密切的查尔斯·科尔森，那就不知道会发生什么事了。"

至于知会阮文绍总统，基辛格通过邦克大使发的谜一般的信息近乎误导。基辛格说："对方可能在会谈上抛出一项停火建议。"但没有告诉阮文绍，对方已经提出这样的建议，而基辛格希望在离开巴黎前能接受这个建议。阮文绍非常恼火基辛格对自己的态度如此轻率，这自然也于事无补。他拒绝接见邦克大使。阮文绍让他那讨人厌的侄子兼新闻秘书黄德雅告诉邦克，他在滑水时伤了脚。[11]

当谈判进入第四天，在10月11日的16小时的马拉松式谈判之后，终于产生了基辛格和黎德寿都能接受的协议。基本内容都比照10月8日河内提出的文本：阮文绍政府不会被一个联合政府替换，但是需要在南越与越共的临时革命政府分治，共产党军队控制的地区将由临时革命政府治理。战争将结束，美军将撤离，战俘将被释放。

虽然仍然没有能够迫使北越军队撤离南方，但基辛格与对方取得一个谅解，就是不会有新的北越军队渗透到南方。只是河内和华盛顿都有权继续供应物资给各自的盟友。此外，虽然避免使用赔偿的字眼，但基辛格向对方保证会援助两个越南，以"愈合战争创伤"。

虽然基辛格做了努力，但停火并不适用于老挝和柬埔寨。河内承诺在一个月内达成老挝停火协议，但表示河内对柬埔寨红色高棉的影响力已经越来越小（因美国当时对局势了解不足，所以不知道黎德寿说的是事实。几年后，北越和柬埔寨政权果然兵戎相见）。

这是基辛格一直努力想得到的协议，在几个微小细节问题得到解决后，他接受了协议。习惯了戏剧性场合的他，竟然已安排日程，在10月24日密访河内，然后公开亮相，大气地草签协议。

无论是因为傲慢，还是因为过分乐观，他都没有跟黎德寿（或者跟自己）说清楚：整个一揽子协议要得到阮文绍的同意才有效。事实上，基辛格在巴黎接受的协议里，双方"同意负责取得各自盟友的同意"。

在16个小时的会谈结束，基辛格在黎明前的兴奋中做告别演说时，北越一定认为协议已经板上钉钉了。他当时说："对双方而言，如今真正的胜利就是我们之间可以建立的持久关系。这样，当我和我的同事到河内时，我们将向北越英勇的人民致敬，并开启两国关系的新时代。"

令人惊讶的是，基辛格竟然没有把他刚刚起草的和平协议——这个决定南越及其领导人命运的文件——送一份给西贡。他没有把协议的基本规定，甚至达成协议的事实，告诉阮文绍总统。

更糟的是，他在10月12日从巴黎发电报给邦克大使，电文中要给阮文绍过目的信息是蓄意有误导性的。基辛格掩盖了黎德寿刚刚已经接受停火一揽子协议的事实，他在电报里说："我的判断是，他们可能在最近的将来愿意接受就地停火。"他要大使向阮文绍强调，需要赶在停火生效前，马上"争取收复尽量多的领土"；他还要邦克向阮文绍强调"需要在政治问题上显示更大的灵活性"。

基辛格自己后来承认他在"第二点上是耍了些手腕的"，因为他认为阮文绍应该对不含河内要以联合政府换掉他的要求的政治安排感到满意。基辛格的策略是要吓唬阮文绍，告诉他不接受这个协议的话，可能将来会面对更糟的协议，然后等阮文绍看到眼前的协议不那么糟而松一口气时，就可以顺水推舟。为了进一步误导阮文绍，基辛格附上10月9日黎德寿提的原案，而不是后来修改过的文本。基辛格后来承认："我用的手段并不高尚，结果也并未奏效。"

基辛格的手腕之所以没有奏效，是因为它引发了阮文绍最大的梦魇：美国背着他达成协议，然后突然将之强加于人。不管基辛格以后怎么说，不管他的论点看起来多么富有说服力，阮文绍从此再也不信任他了。[12]

基辛格日后为了解释他为什么那样误导阮文绍，提出了许多理由，但没有一个理由令人信服。他为什么不把协议案文发给阮文绍，为什么不告诉他已经达成协议，他给出的一个理由是"一部分是为了安全考虑"，"因为我们对他的左右的人越来越不信任"，并且基辛格认为"还可能进一步改进案文"。但最不靠谱，同时也是他最强调的理由是："特别是因为我猜想他对谈判结果应该会感到满意，所以我觉得没必要让他知道细节。"

基辛格和黑格于10月12日晚从巴黎回国，直接去尼克松的办公室向他报告。据基辛格回忆，总统"假装不在乎"。而总统记得，基辛格"笑得合不拢嘴"。他们已经完成向中国开放，实现与苏联的缓和，现在似乎即将实现结束越战这个剩余目标了。基辛格说："总统先生，看起来我们是要连中三元了。"

尼克松同意了基辛格介绍的协议。他后来说，协议的主要条款不啻为"敌人彻底投降"。为了庆祝此一成就，总统向白宫厨房要来三份牛排，并要他的仆从马诺罗拿来一瓶拉菲古堡红葡萄酒。

尼克松说，如果西贡反对这个协议，基辛格就应该不要坚持，等选举之后再说。基辛格知道，那是会引起问题的。北越已经在规划不到两个星期以后的草签仪式：如果美国现在退出，它可能会公开基辛格已经接受的协议。到那时，国会必然会要求把协议签了，免得战争拖延下去。可是即使总统已经决定不要逼南越，基辛格还是没有预先告诉河内，签字日期可能推迟。

一个星期后，在巴黎一次短会上把绝大部分遗留的枝节问题一一解决后，基辛格终于飞往西贡通报他所做的工作，此时离原定去河内草签的日子只剩5天。在去西贡的途中，内格罗蓬特表达了他的疑虑。即使这个协议是阮文绍能期待的最佳结果，但由于美方对他太不够意思了，他也可能拒不同意。毕竟，允许北越军队留在南方的决定可能会埋下他的政府灭亡的种子。基辛格大发脾气，他认为阮文绍是绝对不可能反对这个协议的。

可是，基辛格还是没有把条约草案发给阮文绍，也没有告诉他里面的内容。尼克松同意最好趁其不备地给南越总统看这些条款，当他看到他不会被一个联合政府取代而松一口气的时候，再顺水推舟就行了。他甚至以此中能手的身份教基辛格怎么玩手腕。基辛格后来写道："总统建议我把与阮文绍的会晤当成'打扑克'，把'王牌'留到最后再亮出。"这样做除了搅乱了扑克的游戏规则之外，也完全误判了阮文绍的反应。[13]

基辛格不知道的是（其实多年后他还是不知道），阮文绍从他的情报官员那里已经取得一份10页的文件，这份文件是从广信省一个越共政委的地下指挥所获取的。这份文件被立刻用直升机和飞机火速送到西贡，在基辛格即将抵达的当天，午夜刚过，送到总统办公桌上。阮文绍立刻阅读了这份文件。文件标题是"停火的一般指示"，里面有一份基辛格与黎德寿秘密协商出来的条约草案。①比条约草案内容更令阮文绍愤怒的是在这件事上极为恶劣的背叛：基辛格到目前也没有告诉他有关协议的事，然而在岘港附近一个偏僻的省份，草案却早已分发给越共干部了。

据阮文绍回忆："突然我发现他们背着我，未征得我的同意在谈判。"几个月来，他一直要求基辛格允许西贡自己与河内谈判，而不要给人一种印象，好像西贡只是华盛顿的傀儡。"我们要求把我们当作伙伴，但是他竟然连商量都不跟我们商量。"

阮文绍意识到基辛格此行的目的就是要他同意一项铁板钉钉的协议，而且只给他三天时间。根本没有机会让老百姓对这个痛苦的改变做好心理准备，也没有办法把这一揽子协议包装成西贡帮助谈判出来的东西。他决定该怎么做了。第二天晚上，西贡全市悬挂了横幅，要求北越撤军，

---

① 这显然是真的。当中情局在南越的站长汤姆·珀戈后来给他看美军获取的一份类似文件时，基辛格说："可恶，看来是真实的。"

不撤军就没有停火。[14]

当基辛格于10月19日早晨抵达西贡总统府时，他被晾在那里足足15分钟，新闻摄影记者把这个具有侮辱性的场景都拍下来了。然后阮文绍的侄子兼助理黄德雅才将其引入，向西贡领导层的正式会议介绍条约草案。基辛格后来写道，会议进行得还不错。他回忆，阮文绍"提出了一些很有见地的问题，但都不涉及协议核心"。

他不知道阮文绍心中真正在想什么。据阮文绍回忆："我当时想朝基辛格脸上打一拳。"基辛格结束了半小时的"研讨会"之后才给阮文绍一份条约案文，而且还是英文版本。阮文绍要他提供一份越南文版本。基辛格说他没有越南文版本。于是阮文绍要人把黄德雅（此人当年在俄克拉何马州立大学以与金发女生约会闻名）找来，要他用越南文把条约读一遍。当黄德雅把条约内容翻译出来时，阮文绍抽着一支顺百利小雪茄，像一只猫一样打量着基辛格。黄德雅用越南话低声说："这可不是我们期待的东西。"

黄德雅当时31岁，充满活力，他带头反对这个协议，以煎熬基辛格为乐。基辛格一度想让他放松一些，于是掏出自己的地址簿，翻到记满了好莱坞年轻女星联系资料的一页，然后开玩笑地对黄德雅说，如果他说话友好一点，那就可以把那一页送给他。作为回答，黄德雅掏出他自己的女士名单，说咱们交换如何。从此以后，基辛格提到这个十分不友好的黄德雅时就说他是个"奇葩"。

会议结束，黄德雅和外长及其他南越高级官员去吃午饭时，他们之中有人说："这个协议不那么糟嘛。"黄德雅立刻反唇相讥："你什么意思，还不那么糟？你仔细读过了吗？"[15]

基辛格在等待西贡的答复的同时，他从河内得到消息，对美国提出的最后两点细节河内可以接受。这本该是值得庆贺的事，但黑格在转发河内电报给基辛格时附加的条子里，准确反映了当时的气氛。他说："我知道这份电报会给你增加极大的压力。"

基辛格以总统名义，发电报回复河内，说协议现在已经"全文完成"。电报里没有提到西贡可能会不接受协议。它也没有留任何可容许西贡修改的余地。尽管他在西贡遭遇了激烈抗拒，基辛格当时还是没有考虑，可能真需要让阮文绍和他的政府在和平条约措辞上有一定的发言权。[16]

当基辛格在巴黎完成他的一揽子协议案文时，他做了一件以前很少做的事情，那就是向国务卿罗杰斯做了完整的吹风，并要求国务院协助敲定协议的最后案文。要是基辛格能更经常如此办事，一切都会顺利得多，例证之一就是，罗杰斯因此成为协议的坚定支持者，而且他还告诉尼克松，这个协议无懈可击。但即将退役的陆军参谋长威廉·威斯特摩兰将军突然开始批评这个协议，因为它没有要求北越撤军。

结果是，尼克松更加坚定地认为不应该强迫阮文绍接受这个协议，特别是不要在施压时造成他在美国大选前公开表示他的反对。尼克松在10月20日打电报给基辛格说："必要条件就是阮文绍必须是全心全意地接受，这样他就不会指责我们强人所难。"在后面，总统又补充道："切不可以霸王硬上弓。"

据基辛格回忆："一种不该有的想法萦绕在我的脑海，我开始怀疑我是不是已被设计为替罪羊。"他发了一封措辞尖锐的电报给黑格。电报的开头语带有讽刺："我感谢各方很有帮助的评论。"接着他说，放缓协议的执行有困难，因为那会让河内震怒，坏了大事。基辛格说，但是如果总统愿意为可能的后果负起明确责任，他愿意从命。"如果要我叫停这个进程，务请直言不讳。"

在华盛顿，黑格并没有帮他。他背着基辛格警告尼克松，这个和平计划可能威胁西贡的安全。尼克松在他的日记里写道，黑格警告，可能会造成"血腥杀戮，我们在催促阮文绍接受这个方案时必须考虑到这一点"。

尼克松说："我和黑格与基辛格的分歧在于我们知道1968年的轰炸协议失败就是因为西贡不甘愿。"（当年密切参与的基辛格想来也不会不记得此事。）"我当时觉得10月协议不错。我不认为西贡会有抵触。但事实上他们有抵触，当时我马上就知道协议搞不成，虽然基辛格不知道。"[17]

南越对基辛格的协议有两个实质性的反对意见：协议允许共产党继

续控制他们已占据的领土,而且设立的政治实体是个没有权力的选举委员会,但听上去有联合政府的味道。这些都是不可能拿来重新谈判的关键内容,因为它们是协议的核心。

可是,在研究了案文之后,以黄德雅为首的越南人发现一些有损基辛格信誉的较小的问题。例如,条约草案提到"三个印度支那国家",即柬埔寨、老挝和越南。这就意味着越南是一个国家,而不是南越和北越两个主权国家。基辛格辩称这是排印错误,但这个说法是无法服人的。此外,两个越南的分界线定义也很模糊。那是基辛格故意模糊的,他没能说服河内称分界线为国际边界。

当基辛格在西贡努力推销条约草案时,北越总理范文同接受了《新闻周刊》的阿尔诺·博什格拉夫的访问。这位共产党领导人口无遮拦地说:"阮文绍已经跟不上形势。将来的情况就是在南方会有两个军队、两个行政当局,在这种新形势下,他们必须为一个三方联合政府做出自己的安排。"[18]

基辛格与阮文绍的摊牌会晤原定在星期六下午,但黄德雅把它推迟了一天。阮文绍的这位傲慢的助理一再给美国大使馆打突袭电话(基辛格后来说,他一定是在哪部电影中看过亨弗莱·鲍嘉这么做过),大声吼叫下达新指令,然后摔电话。阮进兴和杰拉尔德·谢克特写的《总统府档案》一书引述了黄德雅对一次谈话的描述。

　　黄德雅:"抱歉,总统现在无法见你。他明天见你。"
　　基辛格:"我是美国总统的特使。你知道,你不可以把我当跑腿的使唤。"
　　黄德雅:"我们从来没把你当跑腿的,但是如果你认为你是个跑腿的,那我也没办法。"
　　基辛格:"我一定要见总统。"
　　黄德雅:"要我再一次提醒你我刚刚已经说过的话吗?抱歉!"

活到78岁的邦克大使很少让人看到他发怒,这次他真的火了。基辛格是个易怒的人，此时已经火冒三丈。"越南人懂得如何狡猾地逗外国人生闷气，这下我们算是领教了。"

阮文绍与基辛格的摊牌终于在星期日上演。南越总统的第一句话是："我不反对和平，但是我没有从你那里得到任何令人满意的回答，所以我不会签字。"

基辛格在他的回忆录里对于这次会晤说的不多，只是记录了他沉着应答。黄德雅和阮文绍却有不同的回忆。他们记得基辛格发飙，并威胁道："如果你不签字，我们就按自己的方式干了。"基辛格向正在翻译的黄德雅挑衅道："你们的总统为什么要扮演一个烈士的角色呢？他根本不是烈士的料。"

阮文绍一笑。"我并不想当烈士。我是个民族主义者。"然后他转过身，不让基辛格看到他的眼泪。

基辛格告诉他："这是我外交生涯里最大的失败。"

阮文绍关心他的国家的未来更甚于关心基辛格的职业生涯，所以并不同情基辛格的处境。他说："怎么，难道你急于拿诺贝尔奖吗？"[19]

自从1970年10月尼克松提议就地停火以来，大家都已经看清楚，美国愿意接受一个不要求北越从南方撤军的和平协议。基辛格往往故意模糊这个让步：他常常告诉阮文绍，最近的一次是在8月，他会"争取"把一条双方共同撤军的规定包括在和平方案里。但是阮文绍对美国愿意接受单方面撤军这个事实不可能一无所知。

真正的问题在于阮文绍根本不想要任何协议。他还没打算停火，特别是北越的攻势已经受挫。他回忆道："美国未经我同意做了交易。这是又一个慕尼黑。"

基辛格日后承认："我犯的错误是没有分析阮文绍的国内需要，以及我们如何帮他对于即将发生的事做好准备。"但他称这个错误为"人在计算时都会犯的小失误"。他继续认为他在1972年10月的保密和仓促做法是有道理的，这样他就可以利用河内自己定的时间表榨取尽量多的让步。[20]

阮文绍结束了他的长篇抨击之后，基辛格发电报给人在华盛顿的黑格。"阮文绍刚刚拒绝了整个方案，或者任何修改版本，并且拒绝以它为基础讨论如何进一步谈判……我不说你也知道，这给我们带来了危机。"稍后，他发电报给人在戴维营的尼克松。他写道："说阮文绍立场强硬，一点也不夸张，他的要求几近疯狂！"

基辛格在电报里指出，当前有两个选择：要么他可以照原定计划前往河内，尝试一下穿梭外交，要么他就返回华盛顿。无论哪个选择，他都建议停止对北越的轰炸，因为协议失败不是北越的错。

在黑格的鼓动之下，尼克松神情激烈反对基辛格前往河内，以及停止轰炸的建议。他不断地发电报命令基辛格不得去河内，这些一封接一封的电报甚至在基辛格回电称他经过思考也觉得此时去河内不妥之后也未中断。温斯顿·洛德说，这种情况使得基辛格确信，黑格没有把他给总统发的所有电报呈报给尼克松，而是利用基辛格较早的电报，拼命煽动尼克松的怒气。

黑格在与国安会的工作人员谈话中，对基辛格的挑战更为公开。他此时已经被提名为陆军副参谋长，他不再需要继续摆出一副忠实的副手模样。他会晤了一些较年轻的工作人员，包括弗里茨·克雷默的强硬派儿子斯文。黑格对他们声称，基辛格坚持去河内，惹得总统不高兴。据一位当时在场的人士回忆，黑格真正要表达的是，"这一次基辛格做过头了"。斯文对于这次的协议写了一篇抨击文章，称这完全是向河内1969年所提要求的投降。

黑格也开始经常与弗里茨·克雷默见面。克雷默是他在五角大楼时的恩师，也是二战期间基辛格的恩师。基辛格不在华盛顿时，黑格带克雷默去见尼克松。戴着单片眼镜的克雷默来回踱步，试图说服总统必须恢复轰炸。当基辛格知道了黑格与两位克雷默过从甚密时，他非常生气。

这个争端触发了黑格与基辛格之间一系列的措辞尖锐的电报往来。黑格在一封电报里建议，基辛格可以干脆推翻整个协议。这种话当然激怒了基辛格，他回复道，"对于一个我们已无法进一步做重大改善的协议说三道四"简直不可思议，应该赞扬它为"巨大成就"才对。

在回国的路上，基辛格给黑格发了一封最尖锐、最针对个人的电报，

第20章　和平在望：巴黎谈判达成难以捉摸的协议　　433

揭露了两人之间的裂痕有多深：

> 至于你对于条约内容的形容，我要提醒你，在我们完成这个案文时，你还说过那是个不错的案文……许多战争是因为不该有的懦弱而失败的。但因为军人认识不到和平解决争端的时机已经到来而酿成重大悲剧的例子亦不在少数。[21]

基辛格抵达华盛顿时发现尼克松对于目前僵局的细节并没有兴趣，他主要关心的是暂时把它压下来，等到他选举胜利连任之后再说。

可是令尼克松沮丧的是，基辛格开始放出风声，他已经与河内达成原则协议。10月25日，他打电话给《纽约时报》华盛顿分社社长马克斯·弗兰克尔，邀请他到Sans Souci餐馆。第二天马克斯·弗兰克尔报道的头版新闻引述"美国官员"的话，说"除非西贡或河内做出极为愚蠢的举动"，停火可能很快实现。文章还严厉警告，阮文绍除了同意这个协议，"没有其他合乎逻辑的选择"。查尔斯·科尔森说，当基辛格告诉尼克松他给弗兰克尔吹了风，总统气得"咬牙切齿"。后来他告诉科尔森："我想现在所有人都会说是基辛格赢了这次选举。"[22]

当晚，就在弗兰克尔的报道付印时，河内已经通过河内广播电台公布了基辛格已经接受的协议细节，以及西贡如何搅黄了这个协议。广播引述了基辛格以尼克松的名义发给河内的电报里说的协议已"全文完成"，广播要求立刻签署协议。

基辛格已经安排第二天上午向新闻界吹风。他决定改为正式记者会，并且经总统批准，允许电视报道。[23]

后来有人指责基辛格为了帮尼克松连任，而（不实地）声称和平协议指日可待。事实上，他那时已经了解到尼克松基于政治考量并不想马上宣布和平的到来。基辛格在发布会上的讲话是针对两个越南首都的。

他要向西贡转达的是，美国会忠于他所起草的协议。他同时要向河内保证，在西贡发生的问题只是暂时的小差错，和平方案的基本大纲仍然有效，这绝不是华盛顿和西贡共同炮制的一个大骗局。

为了向西贡和河内重申美国忠于在巴黎达成的框架协议，基辛格在吹风会一开始讲了一个短句，以后许多年这几个字他一直挥之不去，他说："我们认为和平指日可待。"

他接着声称他预先告诉过黎德寿，必须与西贡商量后，协议才算完成。基辛格还一本正经地告诉新闻界："河内似乎以为我们可以直接将任何解决方案强加给西贡，因此不需要他们参与谈判。"说这话的人正是不久前到访西贡，在没有任何预警的情况下提出一份极为复杂、预计在 5 天后他要到河内草签和平条约的人。

除此之外，基辛格乐观的介绍，对河内"严肃认真态度"的赞扬，以及对西贡关切的称许都很有说服力。当天下午股市大涨。詹姆斯·赖斯顿在他题为"隧道的尽头"[①]的专栏文章里写道："华盛顿已经好久没有听到有人对一个错综复杂的政治问题做出如此坦率甚至精彩的解释了。"《新闻周刊》的封面是个头盔上写着"再见越南"几个大字的美国士兵。在题为"基辛格是怎么办到的"的补充报道里（这篇报道依据的是基辛格给该杂志白宫记者的吹风），该杂志写道："他连哄带骗，带说教，用尽了谈判术的所有招式，包括赞扬北越的英勇。"乔治·麦戈文抱怨，（并错误地）指责这是"蓄意的欺骗，旨在蒙骗美国人民，争取共和党的选票"。[24]

几个星期之后，当"和平指日可待"这句话已沦为笑柄时，威廉·萨菲尔问他为什么说那句话。基辛格回答说："我必须那么说，因为是我们临时决定不去草签协议，所以有必要向河内保证我们是准备签字的。"

萨菲尔说得比较客气："至少你不是为了误导美国人民才那么做的。"

基辛格说："人们会说我太天真了。"

"天真总比狡诈好。"

---

① "隧道尽头的光亮"最早是法国将军亨利·纳瓦尔在 1953 年 5 月用来隐喻其在越南即将取得的成功，他说这话是在他在奠边府大败的前一年，也是美国撤出最后的西方作战部队的前 20 年。

"对于干我这行的，这话不适用。"[25]

基辛格的宣布激怒了尼克松。据总统回忆："我马上就知道，我们与北越的谈判立场会受到严重损害。"阮文绍总统也很不开心。在总统府里他对着群情激愤的集会人群做了激昂的讲话，他宣称"我们最起码的要求是北越军队应该撤回北越。"

但是，作为一个最近才故意误导一个盟友并且无意间误导一个对手的人，基辛格在开始收拾烂摊子之际，他的声名竟然毫发无损。为了显示与西贡的新团结，他在11月1日到南越驻华盛顿使馆参加南越国庆节的庆祝活动。他还跟在场的记者开玩笑："我现在促成了越南的统一，因为南北双方都在对我怒吼。"[26]

第 21 章

圣诞节轰炸：河内挨炸，西贡就范

> 很难想象有比越南和美国更注定了不能互相了解的两个国家。
> ——基辛格在《外交事务》杂志上的撰文，1969 年 1 月

破裂，1972 年 12 月

在 1972 年选举前的那个周末，基辛格和新闻记者西奥多·怀特（中文名白修德）在圣克利门蒂附近的海滩上散步，一面踢着沙子，一面看着儿童拾海藻。突然基辛格开始愤怒地抨击阮文绍总统，但是过了一会儿他又变得豁达起来。他放松下来，开始琢磨，在越战结束后，美国自 1945 年以来一直发挥的全球作用必须有所收缩。

基辛格一面思考，一面放声自问："该怎么撤呢？该怎样摆脱全球任何危机都甩给美国处理的局面呢？"走着走着，基辛格回答了自己的问题。他说，世界需要的是"一个自我制约的机制"。而他和尼克松把中国加入全球平衡，就打造出了这样一个机制。怀特是个容易被感动的人，这次他也一样被感动了。他回忆道，自从"在美国独霸世界的意气风发年代与乔治·马歇尔和迪安·艾奇逊谈话后，我再也没有听过有人如此详细地阐明美国权力的运用"。

他们溜达了三英里，基辛格注意到有人向他挥手。一个胸脯上长着灰色卷毛的中年男子问是否可以与基辛格握手。他就是想告诉基辛格，他要为和平向基辛格致谢。基辛格一改他惯常的神态，突然变得腼腆起来。他问怀特："这种事除了在我们这样的国家能在别的地方发生吗？允许一个外国人为他们媾和，能接受我这样的人，我说话还带着外国口

音呢。"[1]

那个星期二，尼克松赢得4700万张选票，占实际投票选民的60%以上，是美国大选历史上第二大压倒性胜利。基辛格写了一张条子放在尼克松的枕头上："你接过的是一个分裂的、陷于战争泥淖、失去自信、被那些没有信念的知识分子撕裂的国家，你给了它新的目的和理想，克服了它的犹豫，你必将因此青史留名。你在困境里的毅力，不惜力排众议踽踽独行，给了我启发和激励。"

一片赞誉之声却无法掩盖一个令人不安的事实：越南和平仍然并非指日可待。

选举刚过，尼克松推测阮文绍之所以不愿接受巴黎谈判的协议，是因为他讨厌基辛格这个人，于是他派黑格到西贡，以军人对军人的方式与骄傲而又固执的南越总统谈心。但阮文绍还是坚持，任何协议都必须要求北越军队撤离南方。他对黑格说："你是个军人。我是个军人。你作为一个将领会接受这样的协议吗？如果苏联入侵美国，你会接受一个让苏联人留在美国的和平协议吗？"黑格无法回答这个问题。阮文绍后来说："他知道我是对的。"[2]

阮文绍告诉黑格，南越觉得必须对10月的协议做69处修改。当基辛格11月20日回到巴黎谈判桌面对黎德寿时，他把这些修改意见全数列出，表示这些是西贡的要求，这么做是为了记录。基辛格回忆道："那个修改意见清单太荒唐了，反而使得河内更加坚持原有立场，寸步不让。"

黎德寿也许觉得被耍了，所以更倾向于教训人而不是谈判。他说殖民国家几个世纪以来一直在欺骗越南，但都没有像这次一样骗得这么厉害。连基辛格都觉得黎德寿这样指控美国背信可以理解。

在四天的谈判里，一些小问题得到了解决。但是河内不愿意对10月达成的协议做任何根本性的改动。当基辛格意识到他只能争取到装点门面的让步时，他发电报给尼克松说美国有两个选择：要么接受原版的条约，强迫南越吞下去；要么中断谈判，恢复对北越的轰炸。

可能因为尼克松从来不深究细节，也可能因为他在选举后的情绪有

基辛格传　　438

些低落，正跟霍尔德曼退隐到戴维营，尼克松在这件事上的贡献是一系列前后矛盾、混乱不清的表达。在11月22日星期三的一封电报里（未来的史学家在档案里找到这份电报时必然看得一头雾水），尼克松装出强硬姿态："除非对方像我们一样愿意摆事实，讲道理，我指示你中断谈判，我们随即会恢复军事行动。"可是在电报的附函里他又说，电报是虚晃一招："并非指令，或可对北越使用。"

第二天，总统似乎又来个大反转，他表示对基辛格"和平指日可待"的讲话的不满，基辛格说出那番话使得他出于政治考虑不可能中断谈判。尼克松在电报中明确指出："由于全国上下都有极大的期待，我们必须认清一个基本现实，那就是，除了根据10月8日的原则达成协议，我们别无选择。"再过一天，他态度又改了，这次他说如果越共不肯让步，那么基辛格就应该回国，然后美国就展开大规模轰炸。[3]

而此时，霍尔德曼和其他一些人（包括黑格）开始离间基辛格和总统，他们故意放出风声，说基辛格在10月的谈判里越权。霍尔德曼向埃利希曼解释："他在西贡时两次以总统的名义发电报给北越，表示接受他们10月提出的建议。亨利不顾黑格的强烈反对还是这么做了，而且完全没有得到总统的授权。"基辛格认为放出这个风声的是尼克松。尼克松把责任推给国务院，并否认这些风声的真实性。埃利希曼在一次幕僚会议笔记里记录了尼克松的话："亨利从来没有越权，是国务院走漏了这些不实报道。"[4]

美国国内阵脚大乱，基辛格决定要求巴黎会谈休会10天。复会时，黎德寿立场稍有松动，他说北越还是愿意签10月的协议，他同意将用来形容未来设立的全国委员会的"行政机构"字眼删除，这样就解决了一个翻译上的争议。

但是，在许多为达成最后协议必须解决的细节上，基辛格没能让北越明白表态。他变得焦躁、愤怒，认为是对方在故意拖时间。黑格又到了巴黎和他一起工作，黑格的到来打扰了他的平静，也减少了他对北越所提要求的同情。基辛格再三发电报称，此时应中断谈判，恢复轰炸，不管会有什么后果。

基辛格再一次担心"信誉"问题。他觉得有必要对10月协议做一些改善，才能说得通西贡所持拒绝接受协议的立场。他的理由是，如果美国至终未能具体改善案文，在别人眼里，华盛顿和西贡就会显得无能为力。他给尼克松的电报里说："这样的话，我们就会失去监督协议执行情况的能力，因为如果越共知道我们愿意吞下这一回的倒退，他们也会知道我们将无力对违反协议的事做出反应。"这一次他的结论非常清楚："所以我认为我们必须做好中断谈判的准备。"

基辛格在12月5日和6日发了雪片般的悲观电报。在一封电报里，基辛格建议他在谈判桌上提出阮文绍有关北越撤军的要求，那么河内一定会拒绝，这样就可以用这个借口中断谈判。在另一封电报里，他建议新的轰炸行动可以持续6个月。

这一次尼克松倒是比基辛格平静，更愿意让外交努力发挥作用。尼克松在他的日记里写道："我告诉他，中断与北越的谈判并恢复轰炸不是个可行的选择，那是根本行不通的。"后来他收到基辛格发回的意见最强的几封电报之后，开始把目前的困境归咎于"亨利有名的'和平指日可待'那句话"。他在日记中另一处解释道："选举前已在国内让众人有极大的期待……所以现在再命令恢复一场看不到尽头、看不到希望的战争，这绝对是个败笔。"

但不久，谈判破裂——以及新一轮的轰炸——的可能性已日渐清晰，于是就产生一个更有争议性的问题：谁来把这个坏消息告诉美国人民呢？

基辛格坚持这个事情由尼克松出面再合适不过了，只有他能激发老百姓支持恢复轰炸。基辛格如此坚持，恐怕动机并不单纯是谦虚。基辛格从巴黎打电报给尼克松说："我相信你一定能够一如既往，感动并说服美国人民团结在你周围。"

看到这样的溢美之词，尼克松并不为所动。对于基辛格在10月的记者会和背景吹风时走漏消息，独揽和平在望大功之事，尼克松仍耿耿于怀。据尼克松后来回忆："与其由我气急败坏，很可能也是徒劳无益地试图争取美国舆论对重大战争升级的支持，我宁愿在不宣布的情况下逐步加强轰炸力度。同时，基辛格可以主持发布会解释我们的处境。"

基辛格此时做了一件他后来承认是形同"自杀"的举动，他再一次建议由尼克松担负起宣布恢复轰炸的决定的光荣任务，然后又一再重复提出这个建议。基辛格坚持："我们需要你亲自发表演说。我认为你能够在10到15分钟的演说中清晰简短地传达这一信息。"[5]

尼克松对基辛格胆敢提出这样的建议感到非常愤怒，他把气都出在霍尔德曼身上，然后他要霍尔德曼打电报给这位国安助理，让他知道，如果谈判破裂，他是有责任向人民解释是怎么回事的。霍尔德曼给基辛格的忠告是："你应该举行一次低调、不带戏剧性的吹风会。我跟这边的少数几个强硬派私下谈过，他们一致强烈认为，让总统上电视是完全错误的做法。"

基辛格回忆道，他当时想不通，怎么可能"低调、不带戏剧性地"宣布和平谈判已经破裂，已经轰炸？一开始，想到要由他自己站在台上说和平并非指日可待，他就想再一次用脑袋撞墙。他如此回答霍尔德曼："我们最好面对现实。"然后他解释现实是什么："如果我们想让美国人民团结一致支持新决定，最后只有总统办得到。"[6]

而此时，尼克松正和埃利希曼和霍尔德曼隐退到戴维营，以批评基辛格为乐。唯一有利于基辛格的是当时他已经把黑格拽回巴黎，这样就少了一个在总统身边讲他坏话的昔日亲信。基辛格后来写道："我可以想象尼克松在没有最富有知识和经验的资深顾问在身旁时的模样。他会不断地琢磨，把各种问题写在他的黄色的笔记本上，耳朵里听到的全是那些公关天才的主意。"

基辛格没有看过埃利希曼和霍尔德曼的笔记和回忆，他们描述的情景其实比基辛格最可怕的梦魇还要糟糕。

埃利希曼在12月6日晚上到戴维营的主楼亚斯本小屋时，天正下着雪，非常寒冷，尼克松在他的高温游泳池里游泳。① 埃利希曼一到，

---

① 尼克松的军事办公室主任比尔·古利说，那个游泳池造价惊人——55万美元。这是因为尼克松选建游泳池的地点下面原来有个地下防空洞，需要移走，所以造价这么高。

霍尔德曼就给他看了一大摞基辛格的电报，都是吁请总统——而不是由基辛格——宣布恢复轰炸。霍尔德曼问埃利希曼有什么看法。埃利希曼摇摇头说："总统应该解释成功事例，失败事例则应由其幕僚解释。"

霍尔德曼接着说："我不知道你注意到没有，基辛格启程去巴黎时情绪很低落。他现在在看病。他做了些奇怪的事。"霍尔德曼说，黑格认为基辛格没有和尼克松商量就接受了10月协议是越权行为。

尼克松从游泳池出来，裹着毛巾和浴袍，开始烘干头发。霍尔德曼解释道，埃利希曼也反对基辛格提出的由总统做电视演说的建议。尼克松嘟囔道："因为基辛格在记者会上说的话，南越认为亨利现在很弱。那劳什子的'和平指日可待'！北越看穿他了，他们知道他如果搞不成协议就要丢面子，所以现在立场转而强硬了。"

然后，尼克松口授5页纸的指示，责成基辛格与黎德寿一起"逐条过一遍问题清单"，让黎德寿对美国的每一个建议表明立场。"目的就是把所有事情说清楚，讲明白。"如果谈判破裂，"我们就对北越展开大力度的轰炸"。他再次拒绝由他个人在电视上宣布这个决定。然后他刻意指出基辛格回国后会面对什么："在这里你要准备接受华盛顿建制派的严厉抨击。"

把这些指示交给基辛格团队的一名上校后，尼克松又回到电视广播的问题。他告诉站在壁炉旁的埃利希曼和霍尔德曼："亨利好像不理解，还是他理解呢？或许他想让人们认为这次失败跟我有关。"

埃利希曼点头表示同意。

在另一次会上，尼克松证实了基辛格的不祥预感，就是那些搞公关的势力在戴维营影响着总统的决定。总统告诉埃利希曼和霍尔德曼："我们需要做一次电话民调。阮文绍坚持北越必须撤离所有军队。我们民调的问题就是，我们的军事行动是否应该继续，直到所有北越军队撤离为止？"尼克松还建议将可能的解决方案的一些其他要素加到民调问题里：释放战俘、自由选举、防止联合政府的建立。

在戴维营的这段愁云惨雾的日子里，尼克松又抛出了一些其他建议。根据埃利希曼在一次戴维营会议上的记录，尼克松说，"叫基辛格调查一下国安会的幕僚里面有多少人是麦戈文的支持者。据尼克松私下了解，麦戈文的支持者一共有 14 人。霍尔德曼当天接到一个任务："告诉黑格，基辛格在跟黎德寿合影时不要微笑。"基辛格后来回忆当时一个星期连收霍尔德曼两次电报里，叮嘱他戴维营以为微笑不妥，这令他困惑不解。[7]

尼克松要基辛格向黎德寿提出一个问题清单，但基辛格未予理会。会谈在 12 月 13 日破裂。虽然莫斯科差人传话，说它可以说服北越重回 10 月协议——基辛格接受的那个协议——但是基辛格和尼克松认为这个协议已经不够令他们满意。

没有空军一号或它的姐妹机可以搭乘，基辛格和他的团队在那个星期三晚上只好将就搭乘一架没有舷窗的军机飞回华盛顿。在那个阴暗的蚕茧里，虽然装备了各种设备，但没法与白宫安全通话，基辛格觉得沮丧孤立。当他抵达安德鲁斯空军基地时，一名记者大声问他："基辛格博士，你认为和平指日可待吗？"

他带着勉强的微笑答道："那话说得好啊，是谁说的呀？"

当晚，接机的还有黑格。黑格较早已经从巴黎回国。这位将军说，现在唯一的选择是出动 B-52 飞机大规模轰炸河内和（整个）北越全境。

基辛格说："他们（指的是北越）是一帮贱人。"在第二天的椭圆形办公室会议上，基辛格似乎对会谈的破裂深受打击："这帮肮脏龌龊的贱人。跟他们比起来，苏联人都算好人了。"[8]

就在这次只有基辛格、黑格和总统在场的会议上决定要对北越发动新一波的大规模轰炸。真正问题不是要不要炸，炸是一定要炸的，问题是要炸得多凶多狠。尼克松会不会（不顾他的较谨慎的军事指挥官的反对）在越战中第一次使用巨型的 B-52 战略轰炸机轰炸河内、海防和北越北方的其他城市中心？此前，B-52 只用来轰炸北纬 20 度以南的供应线，以及大城市以外的特定目标。轰炸平民地区的目标使用的是机型较小、打击较精准的战术轰炸机，例如 F-111 或者 F-4。

支持用 B-52 轰炸河内的一个理由是，如果想要赶在国会在华盛顿开会阻止军事打击之前迫使北越回到谈判桌，就必须出重拳，给予震撼的一击。到目前为止的轰炸都没有使得河内屈服，理论上，加大轰炸力度可能就会使北越就范。

反对这种攻击行动的人举出的理由包括：这种行动不会奏效，犯不着为此付出高昂的生命代价、军费、美国的名誉，并失去民心。自二战后战略轰炸调查报告出炉以来，那些认为轰炸工业区可以削弱敌人作战决心的人屡屡获得如下教训：此事不像坐在战情室看地图那么容易。此外，真正需要施压的对象不该是河内，而应该是西贡。谈判破局主要由阮文绍总统而起，狠打北越实属不公。

黑格赞成用最有力道的选择，就是无任何限制地使用B-52轰炸机。他当时告诉新闻记者约翰·斯卡利，总统"会高姿态地恢复轰炸，并动用B-52大家伙，让他们看到我们是来真的"。

尼克松有一个座右铭：如果必须动武，同时又要显示克制，那你是不会得分的。一旦决定动用军事肌肉，最好倾其全力。他就是这么做的。他完全同意黑格的看法，下令调动所有B-52轰炸机——一共有129架——全部派往越南，从12月18日开始对河内、海防和其他地方的目标展开密集的连日轰炸。

基辛格一开始是不太支持这样的行动的。他主张在北纬20度以南恢复大规模轰炸（也就是轰炸非军事区附近的供应线，而不是在较北接近河内的目标）。如果要轰炸河内和海防周围的目标，他主张使用有效的而又不会引起那么大骚动的喷气式战斗机。

即使在使用B-52的决定已经做出，而他也已经转而支持这个决定时，基辛格周围的人——特别是自由派的记者——看得出来他还是很不安。虽然基辛格有顾虑，但在尼克松面前他也没有少夸总统的英明。尼克松在他下令轰炸的当晚在日记里写道："亨利相当激动地说，这是个非常勇敢的决定。"[9]

在由谁对外宣布的问题上，尼克松在某种意义上是赢了：他什么也没说，而是派基辛格在12月16日，轰炸行动开始两天前，召开记者会。就像往常一样，尼克松深夜口授备忘录，告诉基辛格如何形容总统的心态：处变不惊，在危机中冷静而坚定。

但是，谁也玩不过基辛格。他在"和平指日可待"那场发布会上，只提及总统三次。而这一回，他 14 次提到总统，但都不是为了把尼克松自说自话的伟大禀赋转述给新闻界。基辛格以巧妙的方式，把当前僵局的责任归于总统。他说："我们没有达成总统认为公正的协议。"再三变换着方式重复这一点。他也没有提到要动用 B-52 轰炸河内的决定。基辛格想好了，如果总统不打算负起责任宣布这个决定，那么就让轰炸行动在没有任何官方解释的情况下开始吧。[10]

在 12 月 18 日星期一早晨，关岛的安德森空军基地的第 43 战略空军联队指挥官詹姆斯·麦卡锡上校向他的 27 个机组做任务简报。大多数飞行员听了"和平指日可待"的讲话后，本以为可以回家过圣诞节了。麦卡锡一上来就说："各位，你们今晚的目标是河内。"他回忆，在简报剩下的时间里，全场鸦雀无声，简直可以听到一根针掉到地上的声音。这次行动的代号是"后卫行动 II"，这是 5 月轰炸行动的后续。对于全世界和历史而言，这次行动将被称为"圣诞节轰炸"。

当晚，最早驾驶 B-52 轰炸机飞到河内上空的有克里夫·艾希理。很快，他的左机翼被一枚地对空导弹击中。他飞往泰国边界，他的机舱内像是"一排红色的火墙"。一架护航的 F-4 鬼怪式战机通过无线电告诉他："我看你的飞机保不住了。"他的 6 名机组人员和副指挥官决定跳伞，他们在空中看着巨型的八引擎喷气机机身着火翻滚坠地。

从整个越战来看，到目前为止尚只有一架这种造价 800 万美元的飞机坠毁过，但那天晚上，除了艾希理的飞机，另外还有两架坠毁。12 个夜晚之后，当轰炸行动结束时，总共折损了 15 架。另外还有 15 架较小的飞机被击落，93 名美国飞行员丧生。

不停息的轰炸过程中只有一次暂停，那就是圣诞节当天。事实上，后来尼克松对"圣诞节轰炸"这个提法很不悦，因为圣诞节那天没有轰炸。

根据河内的计算，河内有 1318 名平民被炸死，海防有 300 人丧生。河内几乎全部的学龄儿童和 1100 万人口的一半都撤离到乡下，才避免了更多的死伤。

虽然批评者指控美国发动的攻击对平民区进行了无区别的地毯式轰

炸，事实并非如此。这次并没有发生像在德累斯顿的地毯式轰炸，或东京大轰炸时发生的屠杀。据《巴尔的摩太阳报》前驻西贡主任阿诺德·艾萨克斯说，事实上，美军特别留意只炸军事目标。他为了做一项对美国政策批判性的分析而研究了这次轰炸行动。飞行员甚至收到命令，直飞四分钟再投弹，确保投弹更精准。[11]

但是B-52轰炸机的问题是，它们是在7英里的高空投弹，所以虽然规划轰炸任务的人认为已经很精准了，但炸弹落地时却不那么干净利落。河内市中心的白梅医院被一架瞄准几千英尺外目标的B-52炸到了。2名儿童、2名医生还有其他26人被炸死。埃及和印度大使馆也遭波及，停靠在海防港的一艘波兰货船也被炸，造成三名船员殒命。

即使不说圣诞节轰炸行动是无区别的滥炸，也足以断定这次轰炸无论从道德还是比例原则上考虑，都是没有道理的。1972年12月轰炸北越城市地区目标的决定应该是，也的确是美国以及基辛格至今挥之不去的阴影。

轰炸河内目的是迫使它在美国已经接受的条约里做一些文字改变。这些让如此多人赔上性命的改变细微到尼克松和基辛格都记不清楚。基辛格后来说："事实上，恐怕尼克松从来没有真正了解那些改动到底是什么。"

虽然北越在12月的态度令人气愤，或许他们确实是太贪心了，但是猛炸河内的主要理由是尼克松和基辛格相信，只有这样，才能迫使北越做出一些装点门面的修改，帮西贡挽回面子。是阮文绍总统不听基辛格的话，一直不肯让步。杀死白梅医院那些儿童的炸弹不只是瞄准了几千英尺外的目标，它们的真正目标在某种意义上说是在西贡。后来阮文绍带着刻薄的微笑说："如果当时基辛格有办法轰炸我国的独立宫来迫使我签署协议，他会毫不犹豫地这么做。"

美国的声望和基辛格的名誉都受到了极大伤害。在圣诞节，几百万美国电视观众看到了很不协调的画面：一个镜头显示微笑的基辛格在观看华盛顿红皮队的球赛，另一个镜头却是关于河内遭大量炸弹袭击的报道。专栏作家约瑟夫·克拉夫特写道："全华盛顿的人都知道，基辛格的声誉因此受损。"他接着问："难道他仅仅是为尼克松肆意行恶提供体面掩护的一个善良的德国人吗？"詹姆斯·赖斯顿称这次轰炸是"使性子的战争"。汤姆·威克写道："世上没有和平，只有耻辱，美国的耻辱，可能是永远的耻辱，而且绝对是个人的耻辱。"戴维·布罗德记述了1969年一次与基辛格吃早餐时基辛格边想边说的话："越南可能是那种谁碰了它谁就被毁的悲剧性问题。"

教皇保罗六世称这次轰炸为"日日为之哀伤之事"。伦敦《每日镜报》说它"令全世界憎恶惊诧"。在汉堡，这个曾经在一个星期中因空袭而被夷为平地并导致5万人丧生的城市，它的《时代周报》一篇社论用了德国人熟知的一句话："即使盟友也必须称此次行动为危害人类的罪行。"当瑞典首相奥洛夫·帕尔梅把此次行动与纳粹暴行相提并论，并抛出特雷布林卡死亡集中营一类的名字时，基辛格非常生气，他公开表示，瑞典可是在二战期间一直保持中立的国家。

基辛格因与圣诞节轰炸难逃干系，这成了他名声中最难磨灭的污点。安东尼·刘易斯也用了"危害人类罪"这个词。一年后，他写道："一个社会如果忘记圣诞节轰炸，就很容易在未来接受使用类似B-52轰炸机重型武器来对付城市目标。"两年后，他继续写道："有些事情是不应该忘记的。这就是为什么我一直在这个专栏纪念这个周年，将来也会继续这样做。"此后年复一年，每到12月，刘易斯就会让昔日圣诞节的这个幽灵再复活一次。[12]

在河内同意回到谈判桌后，尼克松于12月30日终于停止轰炸。回想当时，尼克松承认他所谓的"12月轰炸"不值得。鉴于后来发生的事，他"觉得当时还是接受10月8日的协议更好"。

轰炸结束不久，基辛格在一次非正式谈话中应要求臆测北越回到谈判桌的可能动机，他拒绝作答。他说："我分析我们自己的动机就已经够困难了。"在公开场合，他承认轰炸的起因是西贡和河内双方的顽固不化。他在一次哥伦比亚广播公司马文·卡尔布的电视访问时说："当时我们决定必须让越南双方都真正深刻认识到继续战争是要付出代价的。"他接着解释，让北越"深刻认识到"这个事实的方法就是轰炸河内，而让南越深刻认识到这个事实的方法是"派黑格将军到西贡"，基辛格自己都没有想到这两个行动竟有同样严峻的后果。

在访问中，基辛格一直努力撇清自己跟轰炸决定的关系。最能说明这个态度的是，他称这个决定"无疑是总统必须做出的最孤独的决定"。

事实上，虽然他内心有过斗争，但基辛格当时还是支持了圣诞节轰炸，即便不是感性上的支持，至少从理性上是支持的。回顾当时，他甚至得到一个结论，就是尼克松使用了 B-52 战略轰炸机而没有使用较小的战术轰炸机是正确的。[13]

可是基辛格让所有新闻界朋友看到他的痛苦，并继续把此事形容成"总统的决定"，这就使得权威专家们都觉得圣诞节轰炸不该归咎于他。当这样内容的专栏一个个冒出来时，基辛格和他的领导之间积累的矛盾就激化了。

约翰·斯卡利声如雷鸣，对着电话问查尔斯·科尔森："你读了赖斯顿的专栏了吗？简直糟透了！"

斯卡利是美国广播公司前记者，尼克松雇他来对抗基辛格对外交政策宣传的掌控。他知道这篇登在《纽约时报》周日版的专栏会加深总统在这个节假日已经够愁云惨雾的心情。那天是 12 月 31 日，白宫在前一天才悄悄宣布停止圣诞节轰炸，重回巴黎谈判。尼克松主要关心的是尽量低调地宣布，以免基辛格中断他在棕榈泉的度假出来邀功。詹姆斯·赖斯顿这篇专栏正是足以使总统气得两眼发黑的那种文章。

在题为"尼克松和基辛格"的专栏里，赖斯顿声称总统助理"毫无疑问是反对"轰炸策略的。赖斯顿展现了那种没人敢不回他电话的权威专家固有的自信，他告诉读者："基辛格对于越南有一种很强的悲剧感，他希望美国能摆脱这个阴影。"他继续写道："可是目前基辛格正努力避免与总统之间产生裂痕。"然后他提到最关键的威胁，这个威胁听起来显然就是一个最近进入赖斯顿耳朵的粗嘎的巴伐利亚口音发出的："如果总统与他的首要外交政策顾问兼谈判者发生公开决裂，基辛格先生即可请辞，并将巴黎会谈全部经过和为何破局之事和盘托出，此举可能会使尼克松极度难堪。"

好好一个静谧的戴维营周日就这么被彻底毁了。科尔森在电话里给尼克松读了这篇专栏，尼克松立刻暴怒，并命令他即刻打电话给基辛格，虽然这时在棕榈泉还是清晨 6:30。尼克松咆哮道："我绝不允许下属不服从上级的命令。你告诉亨利他不可以跟任何人谈话，绝对不可以！还有叫他别给我打电话，我不会接他的电话。"然后他摔下电话。据他的贴身仆从马诺罗回忆，尼克松那一整天都情绪低落，连华盛顿红皮队球赛的电视转播都懒得看。

科尔森遵总统之命打电话给基辛格。基辛格此时正在退休的实业家西奥多·卡明斯在加州沙漠里的家中做客，度过不安的跨年夜。电话记录显示，基辛格接着所做的事情完全与科尔森传达的命令背道而驰。首先他试图电话联系尼克松。总统果然不接他的电话。然后他打电话给专栏作家约瑟夫·克拉夫特，此人接了电话。

基辛格不知道的是，科尔森已经得到尼克松授权，可以从白宫通信处和特勤局取得基辛格的电话记录。基辛格和克拉夫特讲完电话几分钟后，科尔森又给他打电话，提醒他不可以跟这位专栏作家或任何其他新闻界人士谈话。科尔森声称得到基辛格的回答是，"我才不会和那个浑蛋谈话"，虽然科尔森已经知道他们才打完电话。

在戴维营，尼克松继续生着闷气，后来他实在气不过，决定中断在戴维营的休假，元旦一大早就飞回白宫。他告诉霍尔德曼："你去查查基辛格都在干什么。"霍尔德曼来电时，基辛格否认他跟赖斯顿谈过。几小时后，科尔森查遍基辛格一星期里的电话通话记录之后，霍尔德曼再次去电，他说，"你的确跟他谈过话"，并举出具体日期和时间。"我是跟他谈了，但只是在电话里聊了聊。"虽然霍尔德曼当时听到基辛格这个回答并不觉得滑稽，但后来想起来觉得十分有趣。

赖斯顿从 1951 年就认识基辛格，当时年轻的研究生曾邀请这位知名记者到他的暑期研讨会上演讲。作为美国一家权威报纸的台柱记者，赖斯顿为社会共识定了调：这次轰炸造成基辛格和尼克松之间的裂痕。《时代》周刊和《新闻周刊》在下一期都接着推出同样的主题，一个星期后哥伦比亚广播公司的丹·拉瑟告诉 2000 万观众，他们之间的裂痕已经"由流言阶段步入事实阶段"。

同时，克拉夫特根据跨年夜的电话谈话内容写了一篇专栏。他写道："基辛格博士仍然是尼克松总统有效对外政策的唯一工具。除非他从总统那里得到一个新的任命——也就是成为国务卿——他或许应该在明年辞职。"[14]

圣诞节幽灵的显现

自从11月选举以来，尼克松一心一意地整顿他的团队，而不是享受他的压倒性获得连任的风光。这种胜利中的痛苦第一次显示在选举日之后的第二天，他召集了所有助理和内阁官员到罗斯福厅，然后令所有人愕然的是，他要求每个人提出辞呈。基辛格后来说，那是一场"极为恶劣的表演"。

几乎整个11月至12月，尼克松都与霍尔德曼和埃利希曼退隐在戴维营。尼克松很少与基辛格见面，拒绝接听他的大多数电话，并且使他委屈地通过霍尔德曼与自己联系。

根据那段时间埃利希曼做的大量笔记，总统花了很多时间琢磨如何调整他的政府人事。可是基辛格觉得自己与总统的接触减少是不稳定的迹象，他后来写道："尼克松隐蔽在戴维营，周围只有他的公关专家。他仍然深陷于愤懑的泥淖，这种愤懑产生了他总统任内最黑暗，也可能是最有害的心态。"

换掉国务卿比尔·罗杰斯是尼克松的计划之一。他本来考虑任用约翰·康纳利担任这个职位，他完全知道任用这样一位固执己见的人必然会使得基辛格挂冠而去。最后他挑中曾参与1971年秘密柏林谈判的前驻联邦德国大使肯尼思·拉什。

拉什是一位彬彬有礼的工业家，他在杜克大学教公司法那一年对年轻的尼克松产生钦佩之情。当时尼克松曾问他，自己是否应该像他一样做一个曼哈顿的公司律师时，拉什说那是大材小用了，他应该回加州从政。

基辛格知道，至少在目前，他自己是与那个内阁官职无缘的。他已经在考虑离开政府机构，总之他觉得拉什是换下罗杰斯国务卿职位的最不令人讨厌的人选。选举后不久，基辛格有一天冲进霍尔德曼的办公室，要求知道人事变动何时落实。霍尔德曼避开了这个问题，但几天后，他到戴维营时已准备好通知罗杰斯，尼克松要他走人。

但是当霍尔德曼在月桂厅让罗杰斯坐下，告诉他这个消息时，他拒绝辞职，而且还拒绝同霍尔德曼讨论这个问题。罗杰斯说，他会自己跟他的好友尼克松谈这件事。然后他走到亚斯本小屋去找尼克松。尼克松很不喜欢跟人直接冲突，这次也不例外。罗杰斯辩称，他应该再干6个月，他不希望他的离职让人觉得是"基辛格的胜利"。这个问题就暂时这么决定了。

霍尔德曼说："把这件事告诉基辛格就像把一根点燃的火柴扔进一个高辛烷值的汽油桶一样。那是肯定要爆炸的，爆炸的怒火真是灼热得可以。"当时基辛格没意识到那个时机其实后来证明对他自己的野心而言极为理想。他大怒道："霍尔德曼，你对我承诺过，你拍胸脯保证过！结果他现在果然如我所料赖着不走。"然后基辛格从愤怒转为绝望。他低声说："人总要付出代价的。我的代价就是罗杰斯。我永远摆脱不了他，因为他把总统玩得服服帖帖。"

当时基辛格还不知道，尼克松又在琢磨，铲除罗杰斯之后如何把基辛格也铲除。没有能辞退罗杰斯的几天后，尼克松在亚斯本小屋单独跟查尔斯·科尔森会面，带他走到通往卧室的走廊里（科尔森后来才知道，他们原来坐的地方是有窃听装置的）。据科尔森回忆："总统告诉我，基辛格不久要走了，那样对他比较好，他离开哈佛大学太久，实在应该返回学术界了。总统跟亨利缘分已尽。"（之后不久科尔森为《纽约时报》写了一篇舆论版的文章，内容不实，但热情有加，他在文中说，有关尼克松和基辛格失和的报道"是乔治敦鸡尾酒社交圈里诞生的彻头彻尾的迷思"。）

尼克松在与埃尔莫·朱姆沃尔特的一次谈话中也表达了铲除基辛格的意愿。尼克松告诉这位海军上将："基辛格告诉新闻界我是个很难相处的人。我要开了这个浑蛋。"然后总统要霍尔德曼想个法子从基辛格的办公室档案中取走"所有与总统往来的备忘录，特别是手写的东西、原稿等"。[15]

基辛格在他与总统关系中犯的最不应该的，但是蛮有趣的错误之一，是他在这段时间接受了善于提狠准稳问题的意大利记者奥里亚娜·法拉奇的专访。让这位记者出名的是她在采访世界领袖时会刻意套对方的话，然后再把受访者整得体无完肤。基辛格后来承认："我接受她的专访主要是虚荣心作祟。我的名望对我而言还是比较新鲜的经验，所以能够跻身于她的新闻神殿与那些名人伟人为伍令我感到荣幸之至。"

虽然这样做不是很聪明，但基辛格还是遮遮掩掩地加了一个条件：他会与她见两次面，但是第一次见面时由他问问题，如果他对记者的回答满意，才接受对方提问。11月2日就在他做了"和平指日可待"的发言后不久，在选举前，法拉奇被请进他的办公室时，基辛格表演了一场典型的心不在焉的把戏——他背过身子阅读一份很长的打字报告，把她晾在一边。法拉奇认为这是基辛格的"愚蠢无礼的"炫耀权力的游戏。她得到的结论是"基辛格不是那么潇洒自信的人。在面对一个人之前，他需要一点时间，用权威来保护自己"。

基辛格的提问令法拉奇不自在，但她很快跟基辛格找到共同点，他们一起贬损阮文绍总统。她嘲讽道："阮文绍绝不会让步。"基辛格说："他会让步。他不让步不行。"据她回忆，每当她说了阮文绍什么坏话，"他就会点头或者发出会心的微笑"。基辛格最后确定法拉奇通过了他的"考试"。但基辛格表示还有一事他不太放心，她是个女子，而最近一头热单恋他的法国记者丹妮尔·虞纳贝尔刚刚出了一本新书，里面记述了他们"非绯闻"的令人难堪的细节。法拉奇回应道，如果他同意，她可以带上假胡须，装成男人。基辛格大笑，然后要她两天以后那个星期六早晨到他办公室来。

专访一开始就明显不顺利。每10分钟，尼克松就打一个电话进来，打断他们。法拉奇注意到"基辛格很专注地、卑躬屈膝地回应总统的电话"。虽然基辛格通常善于对妇女、记者，特别是女记者展现暖男的魅力，但法拉奇感受到的基辛格却是"冰冷"的。他在专访中一直念念不忘巴黎会谈，整个过程里面无表情，语调一直是他那种"忧伤、单调"的声音。当她终于觉得她快要套出他的真心话时，尼克松又打来电话，基辛格说他得离开一会儿。她等了两个小时后，一名助理跟她说，他临时被叫去陪同尼克松去了圣克利门蒂。

这篇先于 11 月底在意大利杂志《欧洲》刊登，几个星期后又在《新共和》杂志刊登的专访，证明是极具爆炸性的一篇报道。基辛格用了如松林般密密麻麻的第一人称代词，将尼克松任内的整个外交政策均归功于自己。这当然不会让总统身边的人喜欢他，但最遭人耻笑的还是他对自己内心的剖白部分。法拉奇装出毫无恶意的样子布下陷阱，她问了一个任何头脑清醒的总统助理都不会触碰的问题，但是基辛格立刻上钩了。

法拉奇："基辛格博士，你如何解释你享有不可思议的电影明星般的地位？你如何解释你几乎比总统还要出名和受欢迎？你对此有个理论吗？"

基辛格："有的，但是我不告诉你……我还在这个位子上，怎么可能告诉你呢？还是由你说说你的理论吧。"

法拉奇："就像一个下象棋的人，你下了几手好棋。首先就是中国……"

基辛格（按捺住让尼克松为向中国开放政策得分的诱惑）："是的，中国在我的成功运作中是个非常重要的因素，但那不是主要的。主要的是，好吧，我就告诉你吧。我怕什么呢？主要是我一向我行我素。美国人很喜欢这一点。美国人喜欢独自骑着马，走在篷车队最前端的牛仔，独自骑马，没有任何保护地进入小镇的牛仔。他甚至身上没有带手枪，因为他根本不会射击……这种让人惊叹的、浪漫的性格很适合我，因为单枪匹马一直是我的作风……我不哗众取宠。相反，坦白告诉你，我并不在乎受不受欢迎……"

法拉奇："你肩负如此重大的责任，而同时你又有花花公子的名声，这两者你如何调和呢？"

基辛格:"……我想我的花花公子名声过去和现在对我都是有助益的,因为这种名声让人放心,可以让他们知道我不是博物馆里的老古董……"

法拉奇:"我以前居然还以为那个名声对你名不副实呢,我的意思是,我还以为你是在演戏而不是来真的。"

基辛格:"当然有一部分是夸大的,但说真的,有一部分是真的。重要的是女人在多大程度上是我生活的一部分,是我的重心所在。其实她们在我的生活中根本没有这种分量。对于我,女人只是个消遣,一个嗜好。没有人会在嗜好上花太多时间……"

法拉奇:"你害羞吗?"

基辛格:"相当害羞。但是作为补偿,我想我还是比较平衡的。你晓得,有些人说我神秘,说我内心有挣扎,还有些人说我相当开朗,老见我面带微笑,老见我大笑。但是这些形象都不正确。那两种形容都不是真正的我。我是……我不告诉你我是什么样的人。我不会告诉任何人。"

把基辛格想象成那位经常扮演西部牛仔的克林特·伊斯特伍德有一点滑稽。他一辈子没骑过马,他也曾毫不留情地嘲笑尼克松把自己幻想成沃尔特·米蒂。可是他把自己描绘成骑马进入莫斯科、北京或巴黎的一个人——手无寸铁的浪漫形象人物——不无一定可爱的孩子气。但是这种描绘当然不会取悦白宫里那位自诩是独行侠的主人。埃利希曼说:"那可不是尼克松眼中的亨利。如果说有一个处理外交事务的独行侠,我猜尼克松恐怕会给基辛格一个印第安人跟班汤头(Tonto)的角色。"

当这篇专访在意大利刊出时,基辛格得知后简直难堪死了。他打电话给记者约翰·斯卡利请他想法阻止。斯卡利问他:"怎么阻止?"

基辛格说:"否认呗。"

"你见过她吗?"

"见了,可是我没说那些话。"但是当基辛格承认法拉奇采访时用了录音机时,斯卡利告诉他故事是肯定压不下去了。

结果证明,基辛格去找斯卡利反而无助于消弭人们对基辛格这次失言的兴致。这位前电视记者的职务之一就是灭灭基辛格的气焰。斯卡利把事情走漏给他的朋友彼得·利萨戈，此人当时为《芝加哥每日新闻》工作，他于11月19日把故事报道出来。这篇报道又同时在《华盛顿明星报》和其他一些报纸转载，而《新共和》则将专访全文刊登。

基辛格声称他说的话是被套出来的，而且被断章取义。他的话很可能经过精心剪接。法拉奇虽然一开始答应把整个专访录音播放给美国记者听，但至终没这么做。她后来声称曾经播放给哥伦比亚广播公司的迈克·华莱士听过，但是华莱士否认此说。他说他听了音质很差的录音的一小段，录音中基辛格讲的话并不像法拉奇说的那么简单。华莱士说："他说话的基本内容在录音里是可以听到的，但是我没有听到他说过什么他是个独行侠牛仔之类的话。"

另外，还有翻译的问题。访问是以英文进行的，然后翻译成意大利文刊出，然后又再从意大利文翻回英文。《新共和》里的版本与1976年法拉奇选集里的版本有很大出入。但不管基辛格是否真的说过像法拉奇引述的那些话，他的意思恐怕八九不离十，至少他在白宫里的对手们，自尼克松以下，都确信他说了那样的话。

斯文·克雷默早就对他认为的出卖南越的事情不悦，他在专访报道文章里勾勒出最突出的部分，在页边写了严苛的评语，然后将这个经过他点评的报道复印给一些批评基辛格的保守派人士。一份给了斯文的父亲弗里茨·克雷默，他当时是五角大楼的战略家。最令老克雷默咬牙切齿的倒不是他这位前门生的妄自尊大，而是他的虚伪。他后来说："有些人认为基辛格很高傲，其实他们错了。法拉奇的专访显示他急切想得到肯定，这种自卫机制是高傲的人绝不会有的。"

但是对华盛顿的大多数人来说，基辛格的骄傲自大只是令他们觉得有趣，而并没有为之气恼。机智犀利的评论家尼古拉斯·冯·霍夫曼在《华盛顿邮报》的专栏里指出，专访文章里的基辛格"呈现的形象与其说是一个精通对外事务的学者，不如说是一个想女孩想疯了的快乐仓鼠。"[16]

基辛格本计划要在迈阿密比斯坎湾与总统共度圣诞，并于12月20日轰炸开始时飞到比斯坎湾。但是两天后，他的幕僚很讶异地发现他又

第21章 圣诞节轰炸：河内挨炸，西贡就范　　455

回到华盛顿，郁郁寡欢地在那儿磨蹭了一阵子以后才到泰德·卡明斯家与制片人罗伯特·埃文斯和几个好莱坞的朋友过圣诞。尼克松留在比斯坎湾，他后来告诉戴维·弗罗斯特，他在那里度过了"我有记忆以来最孤独悲伤的一个圣诞节"。

1972年结束时，还有一件事情令尼克松懊恼：他与基辛格共享而不是独享《时代》周刊年度人物的殊荣。其实这种荣誉只不过是《时代》周刊创办人亨利·鲁斯在1927年开始搞的一个营销手段，他在1927年5月查尔斯·林德伯格横跨大西洋飞行时没能及时把林德伯格放在封面上，所以就在年底把他作为年度人物放上封面。可是尼克松却为此事钻了牛角尖。在10月底他的每日新闻摘要里有一则新闻是美国广播公司的霍华德·K.史密斯建议提名基辛格为年度人物，尼克松把这则新闻圈起来，在页边写了两个字给基辛格："好啊！"但是他立刻要他的助理们美化自己的形象，把基辛格比下去。埃利希曼记录了11月一次在戴维营会议上总统下达的命令："相对于HAK（基辛格），总统的天赋需要得到肯定。"

基辛格意识到这个问题在发酵，他于是打电话给《时代》周刊的休·塞迪，要求免了他这份殊荣。他说："这个荣誉会让我的日子很不好过。"他一直拜托到总编辑赫德利·多诺万。但是，据基辛格回忆："多诺万的答复是如果我再纠缠下去，我就会成为当年唯一的年度人物。他这么说，我只好闭嘴了。"

霍尔德曼回忆，当尼克松发现他将跟他的助理共享这份荣誉时，他"气得嘴唇发白"。埃利希曼说，尼克松认为这是"亨利又一次追逐私利抢风头的实例"。事实上，那篇报道虽然赞誉了基辛格，但却也戳破了基辛格的一些假象。文章指出："尽管基辛格表面很自负，但对于尼克松他却有一颗仆人的心。"[17]

和平到手，1973年1月

在巴黎附近的别墅里，所有北越代表，仿佛在欢迎队列里一样，站着等待他们的美国谈判对手。其中一人阮基石后来回忆，基辛格非常热衷于营造一个友好氛围。当他跟黎德寿握手时，他说："那件事不是我的责任。轰炸的事怪不得我。"

虽然这并没有阻止北越发表严厉的教训式讲话，但他们很快显示愿意为达成新协议做务实性努力。第二天——1973年1月9日——的会谈结束前，双方就协议的基本内容已经商定。

基辛格兴高采烈地并带着奉承语气发电报给尼克松："我们在谈判中取得重大突破，我们以此庆祝总统今天的生日……能够让我们走到今天这个地步，都归功于总统的坚定以及北越深信总统不会为国会或公众压力所左右。"

尼克松也投桃报李："你今天的成就是我60年来收到的最佳生日礼物。"

两人之间的脆弱关系似乎在修复之中。在1月13日与北越代表团的欢庆气氛的告别晚宴之后，基辛格飞往比斯坎湾，午夜抵达。他与尼克松花了两个小时讨论协议内容，体现了少有的融洽。据基辛格回忆："那天晚上我对他有了一种奇怪的亲切感，虽然我们都感觉到两人间已有过多嫌隙，很难再一同走完剩下的路程。"

尼克松则在他的日记中这样写：

> 我同他一起走到车边，我告诉他，国家对他所做的事非常感激。我不习惯如此直截了当地赞扬一个人……但是，基辛格有此期待，其实说了也好。他的回答是，如果不是我有勇气，做出12月18日"圣诞节轰炸"的决定，我们就走不到今天。[18]

1973年1月的协议与1972年10月达成的协议基本上是一样的：战事将停止，美军将撤离，北越军队将留在南方，阮文绍将继续在西贡掌权，双方将管理他们各自军事控制的地区，将设立一个名字很别扭的民族和解全国委员会，职能不详。

基辛格当时声称，1月的协议包含一个微妙但重要的有关南北之间的非军事区的让步：有一段含糊措辞，称双方将决定如何管制"平民通过"。基辛格后来没有说服力地坚称，这意味着不允许军事通行非军事区。基辛格辩称，这个规定再加上对双方在南方增兵的限制，就意味着北越军队会逐渐萎缩。

事实上，有关非军事区的让步是基辛格的让步：隔离南北方的非军事区继续被认为是临时分界线，而不是两个主权国家间的国际边界。

这个问题涉及整个越战的核心，基辛格发现他无法用玩弄文字的手法巧妙绕开这个问题。阮文绍总统一直想要坚持停火必须承认南越为主权国家，是被北越的外来军队入侵的主权国家。河内则坚持（而且得逞）把越南当作一个统一的国家。其论据有一定的道理：1954年的日内瓦协议曾宣称越南统一，虽然决定将其划分为临时军事界线隔开的两个行政区。

1972年10月达成的停火协议声明："两区之间在北纬17度的军事划界线只是临时的，并非政治或领土界线。"协议第一条承诺，美国将"尊重越南的……统一和领土完整"。虽然基辛格在1972年10月到1973年1月之间蓄意地模糊了协议其他部分的内容，这一条清楚明确接受河内立场的内容在条约的最后文本里没有任何改变。事实上，其措辞与共产党人在1969年5月提出的十点计划几乎完全一样。[19]

且不论好坏，基辛格的天才表现在他掩饰了一些让步，模糊了一些有争议的问题，又以创造性的含糊包装了整个协议。有些人可能认为和平协议的目的是清楚明确地陈述双方接受的内容。基辛格则从另一个角度看问题：对于一些根本性的争议，他故意设计了双方可以各自赋予意义和解释的措辞。

例如，虽然他同意河内的军队可以留在南方，但基辛格要求写进的文字允许华盛顿和西贡说他们没有完全同意这个原则。为此目的，他起草了一封信，让尼克松在1月17日将它寄给阮文绍，里面强调："我们不承认外国军队留在南越土地上的权利。"这个说法掩盖了一个事实，就是北越根本不认为它在南越的任何部队是"外国"军队。

在阮文绍的坚持下，美国提出了一份有关外国军队的诠释，作为

基辛格传

"单方声明"附在协议中。对于西贡政府的唯一主权也做了同样的声明。但就像 SALT 一样，单方声明往往强调了没有达成协议的内容，而不是解释达成协议的内容。

基辛格使用台面下的手法还有一例，就是在美国援助北越的问题上。河内要求"赔偿"。基辛格提议的是一揽子的"重建"援助。这体现在巴黎协议里。但基辛格没有透露他与黎德寿达成的一个安排，就是将在一封尼克松签字的信中列出此项援助的细节。为了让人们觉得它与巴黎协议没有关系，这封信在巴黎协议正式签字三天后才寄出。

更不光明磊落的做法就是回避了河内有关那封信中不要提到此项援助必须得到国会批准的要求。基辛格的解决办法就是另写一封尼克松具名的信，指出援助一揽子"将由各方根据各自国家的宪法规定落实"。这样就使得基辛格和尼克松可以在协议签署和总统私信寄出之间召开的国会吹风会上说，并没有有关外援的"秘密交易"。同时，这种做法也使得日后基辛格可以辩称，援助一揽子一直是以国会批准为条件的。

为签字仪式编制的复杂舞步显示，根本性的分歧都以含糊的措辞掩盖了。直到最后，阮文绍政府都不承认越共临时革命政府的存在，也没有签署任何提到它的名字的文件。所以停火协议做了两份。一份提到临时革命政府，只有华盛顿和河内签署。另一份不提临时革命政府，由阮文绍的外长在另外一个仪式上签署；临时革命政府的外长也签署了这份文件，但签在另一页上。[20]

越南：损害评估

所有这些最后的操作能证明圣诞节轰炸是值得的吗？新的协议较之 10 月协议的改动值得让战争多拖了三个月吗？

答案是否定的，两份协议案文之间只有细枝末节的改变，而且这些改变很快就被证明毫无意义。将全国委员会的功能削弱也没有什么意义，因为这东西压根儿就没搞起来。精心设计旨在加强对非军事区的尊重的巧妙措辞也形同虚设，因为共产党军队早已控制该区的南北两边。

基辛格后来承认，圣诞节轰炸的主要理由是争取一些无关痛痒的粉饰门面的修改，让西贡较能接受协议。他写道："我们总不能在结束一个为了实现南越独立而打的战争时，将盟友无法接受的协议强加于它吧。"可结果就是这样的。全世界都不难看出，阮文绍被迫接受了一个他害怕并深恶痛绝的协议。

基辛格团队里有些人，特别是内格罗蓬特和黑格，觉得既然轰炸了，就应该获得一个根本上更有利的协议，一个将北越军队驱离南方的协议。内格罗蓬特说："我们轰炸北越的结果是使得他们接受了我方的让步。"哈里曼的前助理，后来担任亚洲事务助理国务卿的理查德·霍布鲁克也认为最后协议是一份投降书。他说："允许北越军队留在南方是变相的败退。在1968年停止轰炸后的任何时候我们都能够取得基本上同样的结果。"

这样的批评引发了比圣诞节轰炸更根本——更令人不安——的问题。1973年初达成的协议比1969年初可能达成的协议更好吗？如果更好，付出的代价值得吗？

北越声称1973年的协议基本上是美国接受了河内自从1969年5月它的十点计划以来一直提出的条件。基辛格的金发助理之一，在入侵柬埔寨行动后辞职的安东尼·莱克在1984年访问河内时问了一位地位很高的部长，美国是否可能根据1969年的条件，像1973年一样结束战争。那位北越官员说："你们绝不会提出那样的建议。"

"但是假设我们提了呢？"

"不可能，你们只有在军事上吃了败仗，才可能接受我们在1969年提出的条件。"[21]

逐点比较河内1969年的十点计划和1973年的协议即可看出，它们基本上是完全一致的，甚至连措辞都一样。只有一个重大差别，1973年的协议没有包括河内1969年计划里的第五点：该政治条款要求以一个共产党批准的联盟替换掉阮文绍政府，否则就不会有停火。一直到1972年10月，河内都坚持这一点。此外，由于越南化方案，1973年的西贡军队比1969年时更有防御能力。

但是，为了取得一个允许阮文绍继续在西贡掌权的停火，多打了四年仗，值得吗？

后来证明这一协议代价高昂：这期间又死了20552名美国人，美国社会几近瓦解，对政府公权力的尊重大幅降低，美国在海外声名狼藉（特别在整个一代年轻人中），以及战争扩大到了柬埔寨和老挝。这个协议只维持了两年，之后共产党就完全控制了南方，并将阮文绍赶下台。从这个结果来看，虽然寻求谈判方案的动机可取，但是几年的持续努力显然乏善可陈。

但是，就像基辛格多年来一直问的，还有其他选择吗？回过头来看，一个比较明智的选择是在1969年就直接宣布：美国觉得它已经遵守自己的承诺，现将于指定日期前撤军，它不会替西贡谈判。1969年，美军战俘还不多，不是个大问题。美国完全可以用封锁为威胁，要求北越在美军撤离后立刻释放美军战俘。

就像基辛格经常说的，美国撤军会给美国的"信誉"造成一定伤害，因为其他国家一直相信美国会对抗苏联，信守条约承诺。但从另一个角度看，如果美国撤军，就会重新赢得国内外舆论的支持。美国撤退对它在世界上维持其角色能力的伤害将远低于实际发生的伤害。

基辛格认为提出美军撤离时间表会损害美国谈判的实力。他说："不管是好是坏，我们当时的判断是，如果公开宣布撤军，河内就完全没有要跟我们谈判的诱因了。"这一判断后来证明有误：在大部分美军于1972年撤离前，河内从来没有认真谈判过。

当然这些都是事后诸葛亮的洞见。在当时，基辛格真心认为很快就能通过谈判解决问题。此外，与尼克松一样，他不认为解决办法应包含抛弃阮文绍政权的内容。

但是即便我们接受这一目标，也应该有更好的追求办法。尼克松和基辛格本可以跟国会商量，起草一份美国最低要求的立场文件，一个足够大度，可以赢得国内舆论支持的立场文件。没有国内舆论的共识，就不可能有连贯性的政策。

因为，尼克松和基辛格没有去争取国会和人民对一个清楚计划的支持,他们很快就不得不秘密行事,进而到了不可自拔的境地。他们必须秘密地施加军事威胁和压力。时时刻刻防范消息走漏成了他们的心病。他们宣布撤军不是基于政策考虑,而是把它作为扔给已经失去耐心的民众的安慰剂,为的是赢得时间。阵发性的轰炸和出兵入侵并没有在战场上赢得持久优势,反而引发了更多的国内纷争。简而言之,尼克松和基辛格奉行的政策后来变得必须仰赖欺骗和保密而不是对其政策的民主支持。

结果,尼克松和基辛格的主要成就就是,在美国撤离与美国承诺要保卫的政府的败亡之间赢得了"一个体面的时段"——两年的时间。相当于是给维护美国信誉提供了一块遮羞布,但换来的却是长达四年的战争和国内的纷争,实在不值得。

基辛格上任前,在1967年、1968年参加的几个学术座谈会上曾经用过"体面的时段"这个说法。到1971年秋天,南越选举沦为假选举时,他开始觉得美国能做的就只有这么多了。那年9月,他为尼克松草拟了一份秘密文件,主张寻求谈判解决。他在回忆录里大量地摘录了至今仍未解密的那份文件,但是并没有引述其中的关键字句:

> 和平解决方案致力于通过一系列政策结束战争,将南越的未来交由历史进程决定。当我们的军队把和平留在战场,留下一个稳定的时间段,让南越的命运演进时,我们就可以愈合国内的创伤。[22]

在他完成1973年协议的谈判后,基辛格给一些人的印象是,这个协议可能顶多给南越稳定或体面的一段时间,然后南越就会败走。当时埃利希曼曾问他:"你看南越在这个协议下能撑多久?"他原想听到一些令他安心的回答,但基辛格的直率令他吃惊并且给了他极大的打击。基辛格说:"我认为他们幸运的话可以撑上一年半。"[23]

但是,基辛格这话恐怕反映了他发表悲观论调的习惯,而不代表他真正的看法。在协议签署时,西贡的军队控制南越75%的领土。它的军队比河内的军队更大、更强。如果它有决心,它是有能力保住政权的。

此外，基辛格觉得缓和将诱使苏联领导人约束河内。在缓和于1975年变味儿之前，也的确如此。

最重要的是，基辛格认为美国会通过对公然违反协议行为采取报复措施来确保其执行。为此他和尼克松向阮文绍做了秘密承诺，两年以后西贡失陷之际，这些秘密承诺曝光时引起轩然大波。一封由基辛格起草的11月14日尼克松致阮文绍的信中写道："我向你绝对保证，如果河内拒绝遵守本协议规定，我将采取迅速报复行动。"另外一封1月5日寄出的信中写道："如果北越违反协议，我们将大力回应。"[24]

阮文绍后来说："由于有这些承诺，我最后决定签署该协议。"

基辛格后来声称，他当时想美国当然会确保停火的执行，所以他毫不犹豫地向阮文绍做了承诺。他说："我从未想到，我们牺牲了5万名美军之后还会不坚持执行以此换来的协议。"

他这番话几近言不由衷。基辛格完全知道美国民众厌战的情绪，他也很清楚美国民众不会允许美国做出新的军事承诺。如果他真以为美国会同意强制执行和平协议，他就不会大费周章地避免公开说明他在尼克松给阮文绍的密信中写的内容。

其实，基辛格是以他一贯的——无可避免是破坏性的——方式来处理这些承诺的：秘密行事，既没有与国会商量，也没有告知民众。这样做的理由一点儿也不神秘。基辛格知道，如果将这些承诺公开讨论，一定会遭到参议院否决。

两年后，当这些承诺曝光时，基辛格坚称当年做出这些承诺时，他曾公开披露。事实上，他没有。在1973年初的一次记者会上被问及如果协议遭到违反，美国是否会"再次派兵到越南"时，基辛格答道："我不会就一个我们预期不会发生的假想情况置评。"当马文·卡尔布在一次哥伦比亚广播公司的专访中不断追问他有没有做任何承诺时，他回答："马文，我们既然结束了这场战争，就不会寻找借口重启战争。"麦克乔治·邦迪在《外交事务》的一篇文章里以罕见的严苛分析了基辛格的发言，抨击他"严重歪曲事实"。

海军上将埃尔莫·朱姆沃尔特说："向阮文绍做出书面承诺的事连

参谋长联席会议都不知情。这种两面政策的结果至少不能用两个词来形容：一个是'和平'，另一个是'有尊严'。"

尼克松和基辛格做出秘密承诺的行为侵犯了国会在同意美国军事承诺中应有的作用。就像在基辛格其他的秘密安排上一样，反而把事情搞砸了；当国会在两年后终于发现此事时，着实惹怒了像亨利·杰克逊这样的参议员，那种氛围导致了所有提供给西贡的经费全部被切断。[25]

基辛格后来辩称，如果他和尼克松得到授权针对河内违反协议行为对其进行轰炸报复，就可能延迟西贡的沦陷。基辛格和尼克松都把在这件事上不够果断归咎于水门事件。基辛格说："要不是因为水门事件行政机构权威崩解，我相信我们本来是会成功的。"尼克松说："如果我当时撑下来，我想是有可能强制执行那个协议。南越就会继续作为一个非共产主义的政权存活下来。"

但是这种说法不怎么站得住脚。无论水门事件有没有发生，一旦美国找到了自越南脱身的方法，国会和民众都不会允许美国再度卷入。1973年夏天，虽然柬埔寨的战争还在继续，越南的停火一再被违反，但国会还是通过法律，禁止在印度支那所有的空中军事行动。越南的最终考验发生在美国新任的、没有污点的总统杰拉尔德·福特的政治蜜月期。他是在1973年帮助通过停止轰炸法案的国会领袖之一，他和他的国会山庄的前同事们都不愿意重新干预越南。不管有没有水门事件，美国人再也不愿意跟越南有任何瓜葛了。[26]

至终，很难辩称，美国为了战略利益而延续了四年越战，付出那么庞大的生命、财政、道义和精神代价是值得的。总共有58022美国人在越战丧生。其中20552人在尼克松和基辛格就任时还活着，如今已死亡，而其中有4278人是在战争最后一年死在战场的。越战给美国纳税人带来的代价约计1400亿美元，折算美国每个家庭得承担1900美元。

根据道义上的比例原则，一个国家在作战时不可以做比它想要防止的邪恶更恶劣的事情。美国在印度支那投掷了总数为797.5万吨、价值60亿美元的炸弹，是在二战中所有战场投弹吨数加起来的4倍。据报，总共有924048名共产党士兵、185528名南越士兵在战争中丧生。

从美国外交政策的角度来看，越战更多的是使美国偏离了它的重要利益，而没有帮助保全美国的"信誉"。当基辛格在1972年10月与态度顽固的阮文绍激烈摊牌时，他气愤地说："我们为了捍卫一个国家战斗了四年，抵押了我们整个外交政策。"对于一个像基辛格这样的现实主义者来说，国家利益如此被扭曲一定看起来非常愚蠢。因为他熟知俾斯麦的名言："一个政治家参战的理由如果在战争结束时看起来不像战争开始时那么说得通，那是很不幸的。"

美国最初参战的理由是对抗莫斯科和北京指导的铁板一块的共产主义威胁。到1969年，基辛格和尼克松都已知道情况并非如此。另一个参战的理由是为了遏制中国。基辛格1971年访问北京后，达到这个战略利益就已经没有那么迫切了。

最后，美国参战的理由是防止一个亲共的民族主义革命将它的制度强加给一个不情愿接受的人民。这个目标道义上无可挑剔。但是如果南越人民和他们摇摇欲坠的政权在连续八年的美国大力支援下都不能保住自己——如果没有大量美国青年无限期地为他们牺牲性命，他们就无法击退这个威胁——那么美国的参与只是把无法避免的结局往后拖延而已。为这样的目标付出这么大的牺牲实在不值得。

但还是必须从大局来看这种批评意见。到1973年初，基辛格和尼克松已经把美国在越南的错误军事参与终结了。美国没有让越南各派继续作战而自己偷偷溜走，因为基辛格打造了一个至少暂时减少了杀戮的停火。此外，也给了美国的这个盟友不错的存活机会。

前两届政府的许多官员在职务结束时立刻把自己打扮成鸽派，其实他们在执政的八年期间愚蠢地向越南部署了将近55万名美军。尼克松政府组成后立刻扭转了这个做法，开始撤军。在四年的时间里，就撤回了所有美军和战俘。如果能更快、更干净地做到这一点，当然更明智，但至少是做到了。基辛格说："我们上任时，有50万美军在越南，而我们在让他们回国的同时，并没有毁了那些仰赖我们的人。"[27]

巴黎协议是重塑的美国外交政策的最后要素，这个外交政策——相当令人吃惊地——为美国提供了机会，能够在世界上继续扮演与它参加越战造成瘫痪性绝望之前同样有影响力的角色。基辛格促成了越战的结束，促成了向中国开放以及与苏联的缓和，因而帮助建立了一个有助于全球稳定的三角架构，这是超乎肯尼迪和约翰逊两届政府以及死气沉沉的外交政策官僚机构想象的。

所以，在尼克松第二任期开始之际，创造性外交的可能性正不断扩大。从国会山庄台阶上的一个平台上，基辛格和他86岁的父亲路易——当年菲尔特的校长——一起观看尼克松第二次就职典礼。当参议员和政要上前祝贺他的儿子时，老基辛格绽放着微笑，仿佛他无法相信眼前发生的这一切。基辛格说："不知为什么，他一辈子的痛苦似乎一下子都变得值得了。"

三天后，1月23日，基辛格飞到巴黎草签《关于在越南结束战争、恢复和平的协定》的最后文本。当晚他返回国内，正好赶上总统在电视上宣布停火。

尼克松向全国讲话后，到林肯客厅吃了简单的晚餐，播放了几张柴可夫斯基的唱片，下令不接任何电话。午夜左右，他给基辛格家里打电话。总统说，成功之后总会有失落感。别被它打倒，别丧气，前面还有很多仗要打。

基辛格听了这一席话觉得有点奇怪，仿佛尼克松其实是在跟他自己说话。基辛格后来指出："我很心平气和，既不亢奋，也不悲伤。"

为了给国务卿罗杰斯"一个安慰奖"，基辛格同意留在华盛顿，不参加1月27日在巴黎举行的外长签字正式仪式。萨菲尔问他那个星期六打算做什么，基辛格回答："我会待在家里，举起杯子，以略带惊诧的音调说，'和平终于到来了！'"但是当合众国际社的海伦·托马斯打电话问他，巴黎协议签署时他在干什么时，基辛格想好了一个更为吸引人的俏皮回答："我在做爱而不是在作战。"[28]

此后不久，在安禄附近，西贡北边约50英里的地方，就在停火生效几个小时前，威廉·B.诺尔德中校被炮弹击中，血肉横飞。他是在越战中最后一位阵亡的美军战斗人员。

第 22 章

国务卿基辛格：众人失落，唯我得意

> 有些人变成神话，不是因为他们知道些什么，甚至也不是因为他们有些什么成就，而是因为他们为自己设定了什么任务。
>
> ——基辛格谈梅特涅，《重建的世界》，1957 年

黑格换下霍尔德曼，1973 年 5 月

1970 年 9 月，世界危机四伏，包括智利、古巴、约旦和越南，基辛格得以大展身手。另一个极端则是 1973 年 5 月，美国撤出印度支那，全世界平静无事，基辛格得到相对的休憩，处理着一些在没有国际危机期间他需要处理的专业、官僚和个人事务。

此时，水门事件的丑闻已经让尼克松的白宫疲于招架。一开始是在民主党总部安装窃听设备的企图败露，接着，尼克松和他的国内事务助理们为阻止这些经费充沛的非法竞选活动被曝光而进行了越陷越深的捂盖子操作。在 4 月的最后一晚，尼克松在一次情绪激动、尴尬的讲话里告诉国人，霍尔德曼和埃利希曼因为参与了捂盖子行动即将辞职。基辛格给这两位从前在白宫与他争夺地盘的伙伴打电话表示慰问。他跟霍尔德曼说："多亏上帝开恩，我才逃过一劫。"

水门事件起源于基辛格熟知的一种现象。尼克松常常坐在那儿闷闷不乐几个小时，一名助理在他身边捧着白宫常用的黄色便笺，慎重地记下尼克松的每一个指令，仿佛这些指令在椭圆形办公室的门一打开就必须马上执行似的。有时这些指令像霰弹枪射出的弹药一样四处横飞。有些指令是真的要执行的，有些只是为了制造效果，或者为了帮助一个问

题的推敲。这位助理能升到这个荣幸的职位靠的绝不是敢于挑战尼克松的思维，对于尼克松的每句话自然是唯唯诺诺。像白宫办公厅主任霍尔德曼这样的人有一种本事，就是明白——或者说通常是明白的——哪些指令可以而且应该不予理会。但是就像布赖斯·哈洛在早期阶段跟基辛格解释水门事件时说过的那样，偶尔"也会有个蠢蛋走进白宫，把在那里听到的一切都当真"。

如今霍尔德曼离开了，而他留下的白宫办公厅主任这个敏感位子需要补缺。尼克松不能没有幕僚长。当基辛格在尼克松讲话后打电话给他打气时，总统的忠实秘书罗丝·玛丽·伍兹已经担当起这个角色。她告诉基辛格，尼克松此刻心情非常烦躁，无法跟他或任何人说话。

应尼克松的邀请，霍尔德曼于5月2日，也就是他正式离职的第二天，偷偷溜进白宫，帮助总统解决他的新的人选问题。在他的黄色便笺页头上已经写了他预料尼克松会问他的问题的答案："黑格将军"。尼克松同意了。他认为才当上陆军副参谋长四个月的黑格是白宫办公厅主任的最佳人选。

在五角大楼，黑格一直通过一条直达白宫椭圆形办公室的个人专线与尼克松保持密切联系，而且他在基辛格问题上证明了他对尼克松的忠诚。尼克松后来说："他可能政治经验和组织技巧不足，但他以强悍的个性弥补了这些不足。对我同样重要的是，他了解基辛格。"

由于无法自己问黑格，尼克松说服了霍尔德曼去动员黑格，虽然霍尔德曼刚刚被他炒了鱿鱼。霍尔德曼在佐治亚州的本宁堡找到黑格，黑格将军一口答应了。但是难办的在后头：如何把这个消息告诉基辛格。霍尔德曼拒绝了这个任务，结果这个苦差事就落在罗丝·玛丽·伍兹肩上。

那天晚上，尼克松瘫坐在一张椅子上，旁边的伍兹打电话给基辛格。她装出一副告诉他一个秘密的样子，说尼克松要找黑格做他的幕僚长。她说黑格就做一两个星期，直到找到别的合适人选。她告诉基辛格，总统担心你会有什么反应。她劝导基辛格明天早上尼克松告诉他这个消息时最好不要表示反对，因为总统此刻迫切需要帮助。

尼克松有理由担心基辛格对于他的前副手如今成为他的上司一事

会有激烈反应。据尼克松回忆："亨利威胁要辞职，他是这么告诉罗丝·玛丽·伍兹的。"她的回答很直截了当，她在电话里责备基辛格说："亨利，就这一次，做个男子汉行吗？"

第二天早上，黑格礼貌性地拜访基辛格。他说，除非得到基辛格的同意，他不会接这个工作。基辛格后来称之为"胡话"，但即便是"胡话"，也发挥了让他释怀的作用。他劝黑格接受这项工作。可是他也忍不住警告，这就可能意味着他深爱的军旅生涯就此告终。黑格的回答给了基辛格一记冷酷的闷棍：他在越南服役时不仅是冒着可能失去事业生涯，还可能失去生命的风险，他不可以只考虑自己的事业，而无视最高首长的需要。

这时尼克松才正式将这个任命通知基辛格，而且是在电话里，而不是当面亲自告诉他。这样基辛格和他的幕僚就有机会录下这通电话。在谈话中，总统提出了一个极端奇怪的理由解释为什么基辛格应该为这个任命感到高兴：这样就可以阻止副总统斯皮罗·阿格纽染指对外政策。尼克松解释道，必须阻止阿格纽"插手这些事的图谋"，"阿格纽不可以，我们不能允许那样的事发生"。

基辛格不接受那种说法。他提出异议，说黑格对他不忠。尼克松问他："你有更好的人选吗？"基辛格推荐布伦特·斯考克罗夫特，他是空军中将出身，后来成为基辛格首席副手。尼克松拒绝了这个建议。

斯考克罗夫特是来自犹他州的一位品德高尚、不强出风头的空军军官，他毕业于西点军校，在哥伦比亚大学取得国际关系博士学位。在白宫担任军事助理时，他说话轻声细语，但敢于跟霍尔德曼顶牛。他一直没有与黑格亲近，而且似乎并不很喜欢这位野心勃勃的陆军将官，而这正中基辛格的下怀。他告诉基辛格："我是摩门教徒，以忠诚见称。"

当斯考克罗夫特顶替黑格成为基辛格的副手时，尼克松想让他也像黑格一样提供有关基辛格动向的情报。霍尔德曼找他谈过这个事，但是斯考克罗夫特根本没考虑这个建议。据斯考克罗夫特后来回忆："霍尔德曼泛泛地说，我是在为总统而不是为基辛格效力。但是他间接含蓄地表达了一番后，事情就此不了了之。"[1]

可想而知，一开始基辛格和黑格之间有很多紧张和矛盾，特别是当白宫新幕僚长常常在基辛格呈给总统的报告上加上包括自己意见的附函。那年夏天基辛格愤怒地对朱姆沃尔特海军上将表示："我绝不容忍他这样做。"他威胁道，如果不赶快任命他为国务卿，他就要辞职。

可是当水门事件开始有可能让他们的船沉没时，一个有趣的变化发生了：面对着一个真正的国家悲剧，基辛格和黑格开始携手合作，彼此平等相待，彼此保护不被丑闻牵连。黑格此时已成为鲍勃·伍德沃德和其他报道水门事件的记者的重要消息来源，他可以轻易贬低基辛格，甚至彻底毁了他的名誉，但是他的做法却恰恰相反。斯文·克雷默后来说："尽管黑格对亨利的为人有些保留意见，两人之间还有过一些过节，但不知为什么，黑格还是相当保护亨利的。"[2]

黑格在就任白宫办公厅主任后不久就告诉基辛格，霍尔德曼有个"死键"电话分机可以让他或黑格比监听基辛格的通话。霍尔德曼和黑格比后来都断然否认有这回事，但是这样的指控显示当时存在的猜疑气氛。基辛格相信有这回事，可是他也怀疑黑格早在1972年传说已经在使用这个窃听装置时就知道此事了。

同样，在尼克松的秘密白宫录音系统被揭发前两个月，黑格也把这个事告诉了基辛格。基辛格特别在乎历史的裁判，并且心知肚明，如果他和总统讲电话时卑躬屈膝、阿谀奉承的语调被公开播放出来，他就很难堪了，所以听说有这个录音系统时，他大惊失色。他知道录音系统一定录下了他同意甚至鼓励尼克松较阴暗的想法和疑神疑鬼的偏见。尼克松抨击哈佛、犹太人或国务院时，他总表示迎合："是的，总统先生。"有时他还煽风点火，加深总统的偏见。他后来解释道，他跟总统说的那些话常常是"根据当时的需要"，是禁不起"事后的审视考验的"。他坚称，究竟是不是过分的阿谀奉承，还得要配合当时尼克松的处境来评价："他太需要帮助了，太孤单了，为了我们国家的安全，必须确保他能发挥总统的职能。"

讽刺的是，建立白宫录音系统的一个原因可能就是基辛格。尼克松说他建立录音系统是因为百事可乐董事长唐纳德·肯德尔转达了林登·约翰逊的一个建议。但霍尔德曼说，这个说法虽然貌似可信，但并非事实。他说建立录音系统的主要原因是为了留下基辛格意见和建议的记录，特别是在1971年入侵柬埔寨后。据霍尔德曼回忆："尼克松在与基辛格的关系中很早就知道他非常需要留下他们讨论内容的完整记录。他知道基辛格对问题的观点有时会突然改变。"基辛格后来指出："为了买那个保险，他付出了高昂的代价。"[3]

与勃列日涅夫狩猎野猪，1973年5月

黑格就任的第二天，基辛格前往苏联访问一个星期，这一次盛大的访问显示他在全世界已经被视为一个各处巡视的领导人，而不仅仅是一个总统助理。他此次访问的目的是为勃列日涅夫下一个月访问华盛顿、戴维营和圣克莱门特做准备。因为没有什么实质性问题需要讨论，苏联领导人邀请基辛格及其一行人——包括哈尔·索南费尔特和比尔·海兰德——住到他自己版本的戴维营，那是在莫斯科北面90英里一个叫作扎维多沃的狩猎场。此前从来没有西方官员享受过这样的待遇。

勃列日涅夫像一个白手起家的富豪一样炫耀他的别墅。那是一个超大的瑞士建筑风格的木屋，里面塞满了在苏联象征崇高地位的单调厚重的布面家具。楼下有几个大型会客室，一个电影院，一条走道末端有一个奥林匹克级的室内游泳池和一个体育馆。前面停放的车子里包括尼克松赠送的凯迪拉克。一艘新的、加强版的水翼船停泊在附近的一个湖岸边。

勃列日涅夫问："在美国建造这一切要花多少钱？"基辛格说，至少40万美元。勃列日涅夫听了，脸色变得黯然。缓和突然好像悬在半空中，索南费尔特立刻纠正说，不，至少要花200万美元，甚至更多。勃列日涅夫这才恢复了笑容，和平又降临了。

基辛格后来说了一个有关勃列日涅夫想让他母亲相信他已经成为苏联领导人的笑话。为了消弭她的怀疑，他带她到扎维多沃走了一圈，让她看到车、船、大房子、游泳池和电影院。她终于相信了。然后她说：

"太棒了，列昂尼德·伊里奇，可是如果有朝一日共产党夺取了政权，你怎么办？"

在基辛格看来，这个笑话后面的真相就是，苏联不应该再被视作一个革命国家。它与中国不同，它已不再继续煽动意识形态的热火。至少在20世纪70年代，它已变成一个致力于保全其党政机器的帝国。基辛格在他的论文和早期的写作里，阐释过与革命国家打交道的困难，但是他觉得现在已经能与苏联打交道了。

一天下午，当基辛格和索南费尔特回到下榻的别墅时，发现了几套灰绿色狩猎装以及普鲁士风格的及膝长筒靴，要是让这两位在德国出生的犹太难民自己挑选的话，他们不太可能选这种衣着。东道主误以为基辛格会喜欢狩猎野猪，所以安排了由勃列日涅夫带着他，葛罗米柯带着索南费尔特，到树林深处的狩猎炮楼上。

就像苏联对待与东欧联盟的老概念一样，他们对于狩猎野猪的概念也有点儿一厢情愿。狩猎监督官走向炮楼，一路撒玉米引诱野猪，然后猎人可以从炮楼近距离击毙野猪。基辛格虽然对自己的下属和同事并不心慈手软，但对动物却有恻隐之心，对以杀生为乐十分厌恶。但勃列日涅夫硬要带他去，说是已经为他专门准备了几头野猪。基辛格的回答是，鉴于他的枪法，野猪要是死了，也只可能是死于心衰。他同意跟着去，但只作壁上观。

勃列日涅夫击毙一只野猪，击伤另一只，然后派狩猎监督官和其他帮手去找受伤的野猪。据唯一留在炮楼里的第三者，苏联口译维克托·苏霍德列夫的解释，这是苏联领导人为了跟基辛格有独处的时间事先安排好的。等所有其他人都离开了，勃列日涅夫指着一个野餐篓子，大声说了一句他偏爱的名言："让我们肆意享受生活中的美好事物吧。"然后他取出黑面包、香肠、水煮蛋、一包盐巴和一大瓶伏特加。

勃列日涅夫开始谈到他的童年，他如何在共产党的等级结构里爬升到目前的位子，以及他在二战里的经验。他强调和平对他和苏联人民多么重要。突然他话锋一转，显然有备而来地开始大谈中国。苏霍德列夫回忆："我就知道他会讨论这个问题。我没有拿出笔记本记笔记，因为我不想煞风景，打断他的兴致。"

在那个舒适的狩猎炮楼里，勃列日涅夫说，中国人正在造核武器，他们不能坐视不管。基辛格觉得勃列日涅夫是想让美国默许苏联对中国进行先发制人的打击。在领教了勃列日涅夫的狩猎手段之后，基辛格没有上钩。他谨慎地答道，中国的情况"显示了和平解决争端的重要性"。

当然，苏美联合控制中国从来就是没影儿的事。但是苏联有这个念头本身，就显示三角外交为世界带来了根本变化，并且让华盛顿得利。在过去几届政府下，对外政策都是基于害怕苏联和中国会很自然地联合起来对付美国。如今，这两个共产主义大国都各自争相与美国为伍来对付另外一方。

索南费尔特从树林走出来时，脸上有个来复枪后坐力造成的黑圈，但是收获不小，猎到两头野猪（后来猪头被制成标本寄给了他）。自此，葛罗米柯开始称呼他为"狩猎老手"。基辛格装出怀疑态度，苏方的人一定是在索南费尔特的枪里上了空包弹，然后安排了一个红军神枪手藏在炮楼附近击中了那两头野猪。

基辛格回国后在一次吹风会上描述苏方的热情款待时，说得天花乱坠，像说顺口溜一样，充分显示了他一贯的说话风格，就是这种风格迷倒了采访他的记者们。

基辛格："他们带我乘坐一艘他们新开发的快艇，但是实在对不住总书记，那是一次惊心动魄的体验，泽格勒先生〔白宫新闻秘书罗纳德·泽格勒〕说，特别是因为我的体重。勃列日涅夫还向我传授第一次狩猎的经验，虽然我从未表示这个意愿。"

问题："你猎到什么了？"

基辛格："我做了他的特别顾问。"

问题："你开枪了吗？"

基辛格："没有。我指导他如何进行狩猎。"

问题："你是说，你指导他把枪瞄准哪里吗？"

基辛格："指导他朝哪个方向。一位哈佛教授从来不会因为对一个题目外行无知而不发表他的理论高见。"[4]

电话窃听曝光，1973年5月

关于苏联的故事并不是吹风会的全部。中间有人问到1969—1971年的秘密"国安"电话窃听计划。

两个月之前，桑迪·史密斯和约翰·斯塔克斯已经在《时代》周刊报道确有电话窃听一事，但是白宫矢口否认。当约翰·迪安进办公室讨论这个报道时，白宫录音带记录下尼克松说，他们对这个报道应该做的反应就是一个"拖"字。

但是，这个故事的细节继续涓滴流出，特别是当联邦调查局代局长威廉·鲁克尔斯豪斯在埃利希曼辞职后在他的办公室保险箱搜出其留在里面的电话窃听记录之后（埃利希曼辞职的那天早上，曾要求基辛格把窃听记录拿走，但遭拒绝）。鲁克尔斯豪斯在记录里发现了很多情况，其中之一就有丹尼尔·埃尔斯伯格（当时正因为泄露五角大楼文件受审）曾在莫顿·霍尔珀林电话被装有的窃听装置上的录音。于是鲁克尔斯豪斯把此事通知审理埃尔斯伯格一案的法官，法官立刻驳回对埃尔斯伯格的指控。

基辛格从苏联回国时，新闻界纷纷问他对于窃听计划了解的情况。基辛格这次一改常态，说话突然不再像以往那样言简意赅。他模棱两可的语言令人不知所云，他长篇累牍地讲述"正当组织程序"的概念。说得大家都糊涂了之后，他下结语："我的办公室没有处理过，也不知道其他程序进行的活动。"

大家没有打破砂锅问到底，但这个事情即将决堤。

《华盛顿邮报》的鲍勃·伍德沃德与卡尔·伯恩斯坦对水门事件做的调查现在每星期都会有一两个重大揭露。伍德沃德决定给联邦调查局一位高官打电话。他问："是谁授权电话窃听的？"联邦调查局回答，基辛格亲自发过来一些需要被监听人员的名单。

伍德沃德不是一个可以跟基辛格直呼"亨利"的记者。他打电话到白宫总机，自报姓名，不一会儿，一个熟悉的德国口音的人接了电话。据伍德沃德说，基辛格起先闪烁其词。他说："可能是霍尔德曼先生授权窃听的。"

伍德沃德问："可不可能是你授权的？"基辛格回答："我想那不是事实。"

伍德沃德问："那你是否认了？"

基辛格停顿了一下："我真的不记得了。"但是他承认他可能给过联邦调查局一些有权接触到那些泄露文件的人的名字。"很可能联邦调查局认为那就是授权了。"

对于基辛格来说，那是比较坦率地承认，他接着又说需要负起责任。然后他突然反问伍德沃德："你不会报道这是我说的吧？"

伍德沃德说："是的，我会这么报道。"

基辛格反应激烈地坚称，他原来只同意是做背景吹风，记者是不得引述消息来源的。"我尽量跟你说了实话，现在你却反过来惩罚我的坦率。我在华盛顿五年，还从来没有过被人套出这么多真心话。"

伍德沃德思忖，基辛格一直以来到底在新闻记者那里习惯于受到什么样的待遇。他去请教默里·马德。马德是一位和蔼随和的外交事务记者，他为《华盛顿邮报》采访有关基辛格的新闻。马德承认，记者们经常允许"亨利"在说过话之后才跟记者声明不可引述消息来源。

几分钟后，基辛格七窍生烟地打电话找马德。之后，马德和伍德沃德一块儿去找编辑部主任霍华德·西蒙斯。他们的上司本·布拉德利已经下班回家，但他很快打来了电话。西蒙斯把电话改成免提。按捺不住激动情绪的布拉德利装着德国口音向他们报告："我刚接到亨利的电话。他非常生气。"西蒙斯决定一两天里先摁下这则消息不发。[5]

《华盛顿邮报》被人抢先了一步，《纽约时报》的西莫·赫许此时也已经掌握了这个情报。

郝许的消息来源是联邦调查局的第三把手威廉·沙利文。此人由于很想当上联邦调查局局长，所以给了基辛格一份备忘录，里面描述了他对于电话窃听事件的了解，这是为了争取基辛格支持的拙劣办法。他的这个努力几乎奏效了：黑格向即将就任的新司法部长埃利奥特·理查森转达了一份意见，推荐他任命沙利文。但理查森拒绝了，于是沙利文给了赫许几份由基辛格署名的电话窃听授权。

有些人劝赫许不要公开这件事,其中一人就是黑格。虽然在担任基辛格副手时他一再在背后说基辛格的坏话,但他还是尊敬基辛格主导外交政策的奇才。现在身为白宫办公厅主任的他想在水门事件的旋风里维持一定的稳定,所以他打电话给许多记者,推崇基辛格为"国宝",不应该因为电话窃听事件而损害他的名誉。他向一些友好的记者抱怨道:"有些记者非毁了他不肯罢休。"

他警告赫许,他撰写的报道可能导致基辛格辞职。黑格问:"西莫,你也是犹太人吧?"赫许说是的。黑格接着说:"那我就问你一个问题。亨利·基辛格是个从德国逃出来的难民,他家族里有13人死于纳粹之手,你真的相信他会使用警察国家的手法窃听他自己的助理吗?如果你心中有丝毫怀疑,那么为了你自己、你的信仰和你的国家,就应该给我们一天的时间来证明你要报道的故事不是事实。"

赫许没有把这个故事按住不发。第二天早晨,《纽约时报》头版以头条写道:"据称,基辛格要求电话窃听。"那天,5月17日,山姆·欧文敲槌展开电视直播的水门事件听证会,在公众心目中,水门事件就与电话窃听事件纠缠在一起了。

在《华盛顿邮报》,马德接着写了一篇报道,从基辛格的角度介绍情况。马德写道:"这是在他如日中天的生涯里最痛苦的时期之一。在过去的一个星期里,基辛格情绪激动地告诉海内外的老朋友,他正在考虑辞职。"这则消息里还指出黑格一直大力为电话监听计划辩护,并敦促记者不要把这件事安在基辛格头上。黑格打电话给不少记者,其中包括专栏作家罗兰·埃文斯和罗伯特·诺瓦克,这两位作家写道,基辛格"被泼了水门事件的脏水,他跟这个事件根本毫无关系"。[6]

接下来的一个星期,尼克松对电话窃听发表声明称,"我是整个计划的授权者"。基辛格受到的压力这才消退。1973年,基辛格被提名国务卿在国会接受任命质询时,这个问题又被揪了出来,同样在1974年6月水门事件闹得最沸沸扬扬时,随着新一轮报道出炉,这事儿再一次困扰基辛格。目前,他的问题仅仅是个人问题。1973年5月,他花了很多时间试图向一脸惊愕的朋友们，如哈尔·索南费尔特、温斯顿·洛德和亨利·布兰登，解释他为什么参与了对他们电话的监听。

50岁时的基辛格，1973年5月

尽管电话窃听的消息纷至沓来，但基辛格此时民调仍处于巅峰状态。在1972年的盖洛普民意调查里，他在"最受钦佩的美国人"这一项下，名列第四，排在尼克松、葛培理和哈里·杜鲁门后面；1973年，他已经跃升第一（尼克松掉到第三，在葛培理后面，而杜鲁门已经过世）。有九成的人对他"有好感"，而只有一成的人对他"无好感"，差距之大前所未有。

国会议员乔纳森·宾厄姆曾提出一项宪法修正案，允许外国出生的美国公民竞选总统，如基辛格这样的人。基辛格成为伦敦杜莎夫人蜡像馆里最受喜爱的政治人物，环球小姐选美赛中所有参选者一致推举他为"当今世界上最伟大的人物"。

许多人趁着那个月他50岁生日之际，热情、公开地颂扬他。美国广播公司的霍华德·K.史密斯称他为"真正的明星，游客会涌上来一睹他的真容，就像他们会争相一睹伊丽莎白·泰勒的芳容一样"。《纽约时报》的拉塞尔·贝克封他为"头号公众名人"。他的朋友和评论家约瑟夫·克拉夫特在一篇题为"50岁的大师"的专栏里评价了他（把美国）与苏联和中国之间建立起来的世界新平衡，并宣称："这种外交成就的宏大堪与卡斯尔雷子爵和俾斯麦的丰功伟业相比拟"。7

基辛格的生日盛宴在曼哈顿举行，正式的主持人是哈佛大学讲师基多·戈尔德曼，他曾经是基辛格的学生，一直是他的密友。① 但是真正组织了这次宴会的是南希·马金尼斯，她把生日宴安排在公园大道的殖民地俱乐部，这是一个像她这样出身名门的女子出入的上流社会场所。

---

① 他的父亲——纳胡姆·戈尔德曼，是一位知名的犹太人领袖和慈善家。当基辛格一家从德国初到美国时，纳胡姆与他们很亲近，并曾雇用基辛格母亲保拉承办酒席，他儿子基多把姓从父亲的 Goldmann 改为 Goldman，少了一个 n。

克拉夫特为了表示抗议被窃听（虽然基辛格与这个窃听无关），决定不参加这个宴会。还有一些人也不出席，因为就像威廉·萨菲尔在他的专栏《50岁的亨利》中所写，"这些日子，连弗兰克·西纳特拉都不愿意人们看到他和尼克松政府官员为伍"。事实上，西纳特拉收到了邀请，但不能参加，萨菲尔虽然对自己被窃听感到愤怒，但还是出席了。他写道："参加宴会的人要在这位真正的美国人的第一个世纪的中间点向他致敬。"

除了萨菲尔，还有三位被窃听的人也愿意在80位宾客之中与人同乐：温斯顿·洛德，赫尔穆特·索南费尔特，亨利·布兰登，以及他们的夫人。洛德的夫人包柏漪穿着考究的唐装旗袍坐在基辛格旁边。新闻媒体的名人包括凯瑟琳·格雷厄姆、罗兰·埃文斯、迈克·华莱士、沃尔特·克朗凯特、约瑟夫·艾尔索普、戴维·弗罗斯特和芭芭拉·沃尔特斯。纳尔逊·洛克菲勒州长及夫人带着15名下属赴宴，罗伯特·埃文斯带着一位美艳的瑞典女星。很明显，尼克松政府无一人出席。尼克松没有被邀请，黑格来不了。

洛克菲勒在举杯祝贺时说："一直以来，人们总在问，到底是时势造英雄，还是英雄造时势。亨利解答了这个问题。这位英雄造就了时势。"芭芭拉·沃尔特斯的祝酒词是，他"造就了无数在宴会桌上坐在他旁边的女人的事业生涯"。艾尔索普站起来即兴地敬一位能使一位花花公子不再花了的不动声色的女子，这位专栏作家朝着南希·马金尼斯点点头说："她是位了不起的女子，虽然她比上帝还高。"

宴会结束时，在殖民地俱乐部外面等候的一大堆记者里，包括《女装日报》的南希·柯林斯。她问克朗凯特最好的礼物是什么。这位哥伦比亚广播公司的主播说："他们给了他大赦。"大队记者接着移师到马金尼斯在东68街的公寓，她和基辛格刚去了那里。公寓门房告诉记者："他进去从来不超过20分钟。"果不其然，20分钟后，基辛格出来了。他看到一堆记者时说："幸而我没有在里面待更长时间。"说完，他就上了加长型轿车往吉多·戈尔德曼的单身公寓急驰而去。他每到纽约，经常使用那个公寓。[8]

基辛格 50 岁生日那个月份，在剑桥也有一场没怎么宣扬声张的活动，基辛格并未受邀出席。安纳利斯·弗莱舍尔与布兰迪斯大学化学教授索尔·科恩结婚。科恩是个低调的鳏夫，比她的第一任丈夫更在乎隐私。这件事似乎使基辛格摆脱了他一直以来刻意培养的单身花花公子形象。不久之后，他和南希·马金尼斯决定结婚，不过婚礼本身还是不免受局势影响。

美国的第 54 位国务卿，1973 年 9 月

多年后，尼克松承认"我并不想让基辛格担任国务卿"。他列举的理由很冠冕堂皇，非常崇高。据他回忆："我当时觉得我们需要一位有经济专长的人领导国务院。当然在地缘政治上无人能及亨利，但是经济不是他的专长。"此外他觉得基辛格最好专注于大问题，而不是管理国务院的日常运作，像是"读上沃尔特发来的电报这类杂务"。虽然尼克松绝对不会在记录上承认，但是我们可以合理假设，四年来累积的他对基辛格人气鼎盛和他喜欢大功独揽的习惯的怨愤，自然不会令尼克松甘心乐意地把基辛格提拔到内阁的职位。

尼克松最中意的前两名人选是肯尼思·拉什（1972 年 11 月在罗杰斯拒绝立刻辞职之前，尼克松已经试探性地问过他是否有意接掌国务院）和个性顽固的前财政部长约翰·康纳利。但是康纳利的名声已经被围绕着水门事件的丑闻波及，而拉什没有足够的声望和地位可以逆转 1973 年夏天冲击着白宫的一连串真相揭露所造成的权力流失。

此外，当然还有基辛格本人的意愿问题。尼克松后来带着一丝勉强、转瞬即逝的微笑回忆道："亨利想当国务卿，觉得自己当之无愧，而且跟我说，如果当不成国务卿，他就要辞职。"到 1973 年夏天，总统已经身陷重大麻烦之中，他不能没有基辛格。他后来说："由于水门事件的问题，我别无选择。"[9]

但是尼克松在最后做这个霍布森的选择（无选择余地之选择）之前也没少经历痛苦挣扎。他常和约翰·康纳利两人坐在他的办公室，狠狠

地揶揄基辛格多么急切地想得到这个职位。基辛格后来说，每想到要提升自己，"尼克松的内心一定非常煎熬"。

令人惊讶的是，尽管他们过去关系不好，黑格却力主任命基辛格担任国务卿。他知道只有这样，政府在外交政策领域的权威才能得以保全，所以虽然他们过去有过争执和矛盾，但这位将军还是觉得基辛格是最适合担任这个职位的人选。5月水门事件听证会开始时，他告诉基辛格他会跟尼克松提这个问题，后来他还一直把尼克松在这个问题上思想斗争过程的每一步及时告知基辛格。

尼克松后来解释说，搞到最后，谁要是想独当一面担任国务卿，他就得在聪明才智上与基辛格相匹配。他补充道，但"亨利是不能容忍竞争的"。基辛格认为只有当一个候选人与他智力不相上下，又不至对他构成威胁时，那个人才会拿到那个职位。

当尼克松终于在8月决定基辛格的任命之前，从来没有跟基辛格讨论过这项决定。他事先只告诉了黑格，还加了一个条件：如果黑格担负起通知威廉·罗杰斯的苦差事，他就让基辛格担任国务卿。于是基辛格这位不太寻常的新上司就去执行这个霍尔德曼前不久未能成功执行的任务，结果铩羽而归。罗杰斯告诉黑格："你叫总统闪一边去。"他说，如果尼克松要我辞职，就让他亲自来求我。

当尼克松在8月终于鼓起勇气找罗杰斯时，罗杰斯没有为难他。他带着一封颇有风度的辞职信到了戴维营。

8月21日，基辛格到圣克利门蒂与尼克松会合。第二天安排了总统的记者会，基辛格设想，会上将宣布他的任命，但是总统一直没有跟他提及这件事。那天下午，朱莉·尼克松打电话来邀请戴维和伊丽莎白·基辛格一起去游泳。当时戴维12岁，他还记得电视直播水门事件听证会令总统的女儿非常难过。戴维还没有他父亲那种安慰人的深厚功力，他跟总统的女儿说他是"整个剑桥唯一会维护你父亲的小孩"。总统沿着海滩散步回来时，朱莉把戴维的话加工之后告诉了尼克松："戴维在剑桥是你的最大支持者。"这个嘉许没怎么感动尼克松，他哼了一声。

在她父亲的建议下，朱莉打电话给基辛格，问他愿不愿意到她家的游泳池跟大家一起玩。尼克松仰面浮在游泳池里，琢磨着发布会上可能被问到的问题，而基辛格则坐在台阶上。突然总统毫无热情或兴奋地说："发布会一开始我会宣布你被任命为国务卿。"

基辛格答道："我希望能不负重托。"

第二天，基辛格没有受邀出席记者会。他在他住的小屋里，在电视上看发布会。尼克松对威廉·罗杰斯赞誉有加，这证明了他完全不尊重事实。他"极为不情愿和遗憾地接受罗杰斯的辞呈"。罗杰斯在第一任结束时就曾请辞，但是"被挽留了"，因为有些未完成的事情需要他处理，包括完成越南谈判。尼克松在讲到罗杰斯时言辞热情、慷慨、亲切，还发布了一封信，里面说他和帕特希望会跟比尔和阿黛尔经常见面，简直就像在贬低即将宣布的继任者。

对于罗杰斯的继任者，尼克松的话很简短。他说："基辛格博士担任这个职务的资格我想各位都是清楚的。"就这么一句话，没有任何进一步的阐述。就在那一刻，挪威女星丽芙·乌曼不知情况，从奥斯陆打来电话聊天。基辛格跟她解释，他现在不能与她通话，但是等基辛格挂了电话，他已经错过那段对他的简短介绍。

这位在出生国历经迫害的难民即将成为美国的国务卿，他是自托马斯·杰斐逊以来身居国务卿高位的第 54 人。但是那个 8 月的下午，当他盯着电视看着记者们纷纷问尼克松有关水门事件的问题时，基辛格再也高兴不起来了。他后来说："我爬到一个我从来没想到会得到的高位，但是却无心庆祝。"[10]

第二天，有记者问："你喜欢人家称呼你国务卿先生还是国务卿博士？"

他说："我不拘泥于礼仪，就称呼我阁下也行。"

基辛格知道在国会里他的任命确认听证会上最麻烦的问题是电话窃听事件。他和布赖斯·哈洛、托马斯·科罗洛戈斯和约翰·雷曼一起花了一整天的时间排练如何应对。他甚至特别去讨好参议院外交关系委员会的首席助理卡尔·马西。在听证会即将开始时，他丢出一句话说马西可能愿意担任驻瑞典大使，因为马西家族是瑞典人（马西至终没有得到那个任命）。[11]

结果，听证会对基辛格还是比较客气的。基辛格在闭门会上做证时说："我从来没有建议电话窃听的做法。我知道此事，我也配合，提供了有机会接触到那些敏感文件的人士的姓名。"约翰·斯帕克曼和克里福德·凯斯参议员特别调阅了联邦调查局档案，发现没有证据"构成阻碍基辛格博士任命的理由"。

9月21日参议院投票，以78票对7票确认了基辛格的任命。反对他的人包括最保守和最自由派的共和党参议员——杰西·赫尔姆斯和洛厄尔·魏克尔，及五位民主党参议员——乔治·麦戈文、哈罗德·休斯、詹姆斯·阿布雷兹克、盖洛德·尼尔森和弗洛伊德·哈斯克尔。阿布雷兹克说："我们很清楚基辛格博士的为人，我们知道他会欺骗国会和美国人民。"

但是，大多数参议员都非常支持他——连乔治·麦戈文都打电话给他表示私下支持他——而且对他赞誉有加。雅各布·贾维茨称这项任命是"美国历史上的奇迹"。查尔斯·马赛厄斯说："他不仅向美国，而且向全世界证明，美国仍然是个开放的社会。"[12]

宣誓就职仪式预定在第二天，一个星期六，这对保拉和路易·基辛格来说比较难堪，因为他们作为正统犹太教徒得遵守避免在星期六出门旅行的规定，所以他们不乘车而是从酒店步行到白宫。他们的一位朋友为其找到一本1801年在菲尔特发行的《圣经》，但是基辛格决定使用尼克松的英王钦定本《圣经》。这丝毫没有减少保拉手持这本《圣经》时的喜悦，或者路易目睹儿子在这个收容他们的国家达到成功的巅峰时的喜悦。

将近150位亲朋好友及达官贵人挤进白宫东厅观看就职仪式。当然，弗里茨·克雷默和纳尔逊·洛克菲勒都到场了，还有柯克·道格拉斯和罗伯特·埃文斯。对于他们大多数人来说，一个逃避暴政的难民成了收容国位高权重的部长，是令他们作为美国人和朋友感到鼓舞和感动的一刻。据包柏漪回忆："我们多半都泪水盈眶。"

保拉·基辛格是个例外，她从头到尾都笑容可掬。当包柏漪问她为什么没有哭时，她大笑道："亨利不准我哭。"她的确从头到尾都非常高兴。导致今天这个仪式的一切开始于35年前，那时她凭借坚强的毅力背井离乡，带着一家人来到一个陌生的新国度，这一切是如此不可思议。如今她圆了每一位母亲对子女的梦。就在几天前，在华盛顿高地一家美容院里，有个朋友正跟她夸耀自己的儿子是一位律师，突然就打住说："我真糊涂，怎么会在亨利·基辛格的母亲面前炫耀起儿子来。"保拉的回答是："儿子就是儿子。"

唯一的杂音来自尼克松，基辛格觉得他好像"被内心的鬼魅驱使着"。基辛格后来说，他说的话"有的敷衍，有的怪诞"。总统强调，基辛格克服了国会里强大的反对获得了确认，其实不然。然后他漫无目的地谈到基辛格不但是第一个担任国务卿的归化公民，也是二战以来第一个不梳分头的国务卿。接着他就大谈该怎么归类秃头的迪安·腊斯克国务卿，尼克松引述白宫理发师弥尔顿·皮兹——"一位很有智慧的人"——的话解答了这个重大问题，皮兹说腊斯克头发虽少，但他是梳分头的。

基辛格习惯了人们在介绍他时用热情洋溢的话语，听了尼克松的介绍，他有点愕然，但是他的回答很有风度：

总统先生，你提到我的背景。的确，在世界任何其他国家都无法想象一个像我这样出身的人能够站到这个位置……如果说我的出身对制定政策有任何贡献，那是因为小时候我看到一个建立在仇恨、强权和猜忌上的社会会有什么下场。

帕特·尼克松是比尔和阿黛尔·罗杰斯的密友，在仪式结束后拒绝参加传统的接待行列。她和丈夫很快就离开了，没有参加在国宴厅举行的招待会。[13]

虽然基辛格保留了他的国安顾问的职位，但他如今跃升为国务卿就意味着他的副手布伦特·斯考克罗夫特将担负起更多的管理国安会机构的责任。这位空军将军谨慎但直率，冷静沉着，对个人的瑕疵不太计较，虽非雄才大略之辈，但心态平衡、才思敏捷。他跟他的上司很不一样，这使他们两人都感觉很自在。

大多数基辛格的高级助理都跟着他到了国务院，他们形成他在7楼的小集团。一直忠心耿耿默默代表良心的温斯顿·洛德成为政策规划主任。言语尖酸的赫尔穆特·索南费尔特在被右翼参议员阻挡出任财政部副部长之后，成为国务院的国务顾问，并且保有原来的苏联事务顾问一职。基辛格的副手威廉·海兰德，一位有冷幽默感的原中情局有见地的苏联问题专家，成为情报研究局局长。

最重要的是，在1969年因积劳过度而倒下的劳伦斯·伊格尔伯格回到国务院担任基辛格的执行助理，后来升任管理事务副次卿。这位随和、爱交朋友的职业外交官——他是少数可以跟基辛格说"亨利，你说的都是狗屁"的人里面的一个——比任何其他人都担负更大的责任，得管好国务院以及它的喜怒无常的国务卿。后来与斯考克罗夫特加入基辛格顾问公司的伊格尔伯格说："很多人为基辛格工作都做不长，但是那些继续做下来的多半是敢于回嘴，敢于与他据理力争的人。"

令每个人，可能包括他自己吃惊的是，基辛格决定留住特立独行的外交官约瑟夫·西斯科担任国务院最高中东事务官员，这证明有时与基辛格互相叫骂能够赢得他的尊敬。西斯科这个人很有活力，疯狂忙活，并且声音很大，他的好斗态度一反国务院的胆怯怕事作风。基辛格在抨击国务院1970年的阿拉伯—以色列和平计划时，曾经嘲讽他为"比尔·罗杰斯的小跑腿"。即使在西斯科变身为"亨利的小跑腿"之后，基辛格还常开玩笑，说不敢把这人一个人留在华盛顿，害怕他会领导一次政变。基辛格曾描述西斯科"提出的答案比问题更多"。但是当西斯科宣布他打算辞职，去接掌汉密尔顿学院院长一职时，基辛格为了说服他改变心意，把威廉·波特从第三把手的政治事务副国务卿的位子换下，把位子给了西斯科。[14]

在基辛格升任国务卿一个月后，虽然越南停火已败象毕露，但他和黎德寿因为越南协议共同被授予诺贝尔和平奖。对于诺贝尔奖颁奖当局的这个选择反应很不和平。黎德寿拒绝了这个奖以及13万美元奖金，他说："在南越并没有建立起和平。"遴选诺贝尔奖得主的挪威议会委员会的5位评审委员中有两位为表示抗议而辞职。

《纽约时报》的一篇社论称之为"诺贝尔战争奖"。哈佛大学的埃德温·赖肖尔宣称："要么挪威人民不太了解实情，要么他们很有幽默感。"另外还有60位哈佛大学和麻省理工学院的学者联署了一封信，称这次颁奖是"任何有正常正义感的人都无法接受的"。戴维·基辛格的一位剑桥同学告诉他，他的朋友们都说他父亲不配拿这个奖。小基辛格答道："有什么关系，我母亲也这么说。"

连基辛格自己都对于得这个奖感到不自在。虽然觉得很受用，但他还是决定不去亲自领奖，而是派了美国驻挪威大使代他领奖。他悄悄把得到的奖金赠予纽约社区信托基金，作为在越南阵亡的美军子女奖学金。两年后西贡被共产党军队攻陷时，他写信给诺贝尔奖委员会，表示要退还和平奖和奖金，但是遭到拒绝。[15]

一个表演家能被驯服吗

在被任命为国务卿之后的第一次记者会上，基辛格被问到他秘密行事的偏好，他的"独行侠"作风，以及他爱表现、喜欢戏剧化和爱演独角戏的才能。他的回答是，这是因为在第一任期间发生的"革命性变化"，他必须这么做。"但是现在我们处于不同阶段。我们必然会在已经奠定的基础上建立一个制度化的结构。"

这段晦涩难解的话翻译成大白话就是，基辛格承诺他担任国务卿以后不再演独角戏——像过去他在向中国开放、SALT谈判、莫斯科峰会和越南和平协议问题上所做的那样。他会将进程"制度化"，让美国外交团队的6000名工作人员和国务院机构都参与这个进程。他后来解释："一个外交政策的成就要具有真正意义就必须在适当的时机制度化。任何政府都不能只依赖杰出的个人让了不起的成就得以持续。"

基辛格的学术论文里谆谆告诫，不可以搞戏剧性的、个人化的决策，而恰恰他自己以往就是这种决策方式的践行者。他在1966年写道："一个好的政治家对那些搞个人外交的人是持怀疑态度的，因为历史教导他，依赖个人的结构是脆弱的。"他也曾如此批评俾斯麦："能够构建持久成就的政治家会把个人的创造成果变成由普通的标准就可以维持的制度……俾斯麦的悲剧在于他留给后人的是难以融入体制的个人伟大成就。"[16]

可是作为一个学者，基辛格对于研究制度和体制没有表现出多大兴趣。他喜欢分析那些有人格缺陷的伟人——梅特涅、卡斯尔雷子爵、塔列朗、俾斯麦——这些伟人都是在他们的官僚机构的束缚之下，凭借个人的精彩表现脱颖而出的。

基辛格说得不错，在尼克松第一任期间，由于尼克松的各项倡议，必须有一种个人化的外交方式。特别是在中国问题上，必须绕开白宫陈腐的官僚思维窠臼。在第一任期间，基辛格外交的戏剧性层面——特别是他和尼克松导演的令人大跌眼镜的突破——是有其作用的。戏剧性能吸引美国人民的注意，使人觉得外交政策是很有意思而不是令人反胃的东西。在卡特总统任内任职国务院的罗伯特·霍马茨说："他营造的戏剧性气氛一部分是为了搞活外交政策，引起公众对外交的重视。他担心在越南之后，不这么做的话，美国人民会闭关锁国，不再放眼世界。"

但是，建立在操作手法、突破和出其不意（别忘了还有虚荣心）上的政策只能发挥有限的作用，特别是在一个民主社会里。前副国务卿乔治·博尔指出："操弄手法的政策有颠覆制度的风险，由于在最高层偏重秘密行事……念念不忘'国家安全'，从而为电话窃听甚至入室盗窃等侵犯个人自由的行为提供了牵强的借口。"

此外，建立在个人外交上的政策在其交涉中必然倾向于双边性质。牛仔独行侠无论枪法多好，还是无法处理涉及多种复杂联盟的政策，除非他愿意与政府相关机构分享信息和权力。[17]

基辛格营造戏剧性效果的偏好开启了"震撼弹外交"时代，在这个新时代里，未来的总统们会以出其不意的宣布哗众取宠，而不是像以往那样进行慎重磋商。长此以往，这种趋势恐怕精彩有余、明智不足。

基辛格成为国务卿后，在一定程度上是做了努力，比较多地依靠官僚体系。但基本上他并没有走制度化的路子，他只是把自己变成制度。不管是好是坏，他的自我膨胀、追求刺激、个人控制欲以及寻求戏剧性效果的嗜好，是他根深蒂固的人格特质。

因此，他宣誓就职两周后，当中东突然爆发战争时，基辛格没有通过他执掌的庞大笨重的机构制定一个各部门协调的美国政策因应。他又骑上他想象中的马，穿梭中东达数月之久，最后——在又一次的完美胜利中——实现了阿拉伯-以色列脱离接触协议。

第 23 章

赎罪日战争：中东初试身手，再补给之争，核警示

> 任何谈判者如果迷信自己的个性必然导致突破，就会坠入历史专门为那些用别人的赞誉而不是自己的成就来衡量自己的价值的人准备的特别炼狱。
>
> ——基辛格 《动乱年代》，1982 年

在尼克松总统的第一个任期，基辛格在中东外交上没有扮演什么角色。这些工作留给了罗杰斯，一部分原因是，总统认为，基辛格是犹太人，他如果处理中东问题，可能公信力不够。罗杰斯提出的一系列和平计划都是建立在一个原则上，那就是以色列交出它在 1967 年夺取的土地，以此换取和平。基辛格则一直在阻挠其进展。

在一定程度上，基辛格的动机比较务实：他认为僵局拖长了，阿拉伯人就会觉得仰赖苏联的帮助是不会有什么结果的。此外，他跟罗杰斯之间一直是竞争对手的关系，所以他当然不希望罗杰斯在这个问题上马到成功。如果是他负责中东问题，他一定会觉得僵局拖下去并不是好事。

当安瓦尔·萨达特总统于 1972 年 7 月做出震惊世界（包括基辛格）之举，驱逐了苏联的军事人员时，尼克松终于授权基辛格设立一个国务院不知情的与萨达特的国安顾问哈菲兹·伊斯梅尔联系的秘密渠道。到 1973 年初，出现了一个典型的尼克松式情况：伊斯梅尔于 2 月到华盛顿与国务院会谈，然后又秘密地与基辛格在百事可乐董事长唐纳德·肯德尔位于康涅狄格州的郊区家中会晤。由于国务院没有把讨论情况通报给基辛格，只有伊斯梅尔完全知道美国政府里各派系的想法。基辛格承

认:"这不是向外展现团结的理想方式,但这也让埃及人看到,我们不用太费力就能学会中东的行事风格。"

在中东,信息交易市场比华盛顿更繁盛,所以秘密渠道无可避免地被破了功。埃及人把伊斯梅尔与基辛格密会的情报告知了沙特阿拉伯。很快,这个消息传到驻开罗的英国外交官耳中。基辛格虽然没有告知自己的国务院,但却已经把密会的事情向伦敦的英国高级官员吹过风,且已嘱咐他们保密。当驻开罗的英国外交官从埃及人那里得知密会的事,他们把这个信息通知了美国同行。然后美国驻开罗大使从沙特那里得到基辛格活动的报告,随即气冲冲地把这些情况用一个公开电报发回国务院,这个电报被广泛散播。基辛格的中东秘密渠道就此宣告寿终正寝。

秘密渠道失去意义,还有两个原因。当基辛格在9月成为国务卿之后,当然就不再像以往那样热衷于挖国务卿的墙脚。此外,安瓦尔·萨达特已经私下决定要打破陷于僵局的棋局。到1973年年中,埃及总统决定,他要和叙利亚一起发动战争,所以不再需要秘密会谈。[1]

赎罪日战争,1973年10月

当约瑟夫·西斯科冲进他的房间时,基辛格正在他于华尔道夫酒店塔楼的套房睡觉。他们到曼哈顿主要是为了宴请在联合国大会开幕时莅临纽约的各国外交部长,执行礼宾任务,这次本打算在基辛格被任命为国务卿的高压过程后轻松一下。但是在10月6日星期六,天将破晓之际,西斯科摇醒基辛格,告诉他一个消息,这个消息不但打乱了他那个周末的计划,而且将会成为将来两年国务卿任内他主要需要处理的问题:西斯科告诉一脸惊愕的国务卿,埃及和叙利亚刚对以色列发动了突袭。

接下来的16天战事被称为赎罪日战争,因为攻击行动是在犹太年中最神圣的赎罪日展开的。穆斯林称这次战争为斋月战争,因为正好发生在伊斯兰教的斋月。埃及-叙利亚指挥部把它命名为"巴德尔"行动,因为当时正逢穆罕默德赖以进入麦加的巴德尔之役的第1350周年。

战争爆发几个小时之后,基辛格飞回华盛顿主持国安会的危机委员会华盛顿特别行动小组的会议。以色列已经向美国发出提供军事物资供应的紧急请求，虽然各方普遍认为它会在一两天内击退阿拉伯人的进攻。

在那次会议上，基辛格以他国务卿兼总统国家安全事务助理身份出席，而副国务卿肯尼思·拉什代表国务院出席，他反对立刻向以色列供应军事物资。他说："他们并不缺军事物资。"五角大楼的反对更为强烈。国防部长詹姆斯·施莱辛格说："如果运送任何物资到以色列，我们原有的诚实掮客的形象就破灭了。"施莱辛格思想敏锐，个性难缠，所以已经成为基辛格在政府中的新对手。

基辛格当晚打电话给在比斯坎湾随侍的白宫办公厅主任黑格，向他报告："国防部要对以色列不利。"

黑格答道："听起来像是克莱门茨的意见。"他指的是国防部副部长威廉·克莱门茨，此人是得克萨斯州的石油商人，有同情阿拉伯的倾向。[2]

于是在华盛顿展开了持续一个星期的重大争议——美国应该补充多少军事物资给以色列。

有待辨明的是日后有关基辛格、施莱辛格以及克莱门茨在决定补充供应以色列物资问题上到底各自扮演了什么样的角色的历史争议。有几十本书和文章论及这个问题。同情基辛格的人把他描绘为在那个星期中发现以色列急需补充军事物资后大力支持帮助以色列的人，他们描述他如何努力克服来自五角大楼的阻力。但是有些批评他的文章指控基辛格玩弄危险的两面手法。他们说，为了营造适合外交行动的氛围，他蓄意阻滞军需运往以色列，在跟犹太人和以色列领导人讲话时不公平地责怪五角大楼拖延军需供应，在跟苏联和阿拉伯人讲话时又为拖延军需一事居功，最后，在一个星期后美国开始向以色列空运军事物资时，又来抢功。[3]

由于许多参与此事的人都把他们的电话通话录音誊写下来或者在会议上记笔记——并且由于尼克松政府内行事不光明磊落的气氛，这些材料往往被复制、保留甚至分享——这个历史争议现在真相大白。根据这些半官方的或者秘密记录，并根据与大多数参与者的访谈，现在可以公布在那个星期的辩论里面，谁在什么时候跟谁说了什么。[4]

在整个这次战争过程中，尼克松都在忙于应付水门事件。战争开始之初，他正在比斯坎湾烦恼着该怎么处理要他交出白宫录音带的法律要求。在其后两个星期，副总统阿格纽因为财务丑闻被迫辞职，杰拉尔德·福特取代他成为副总统，尼克松炒掉了司法部长埃利奥特·理查森和水门事件特别检察官阿奇博德·考克斯，这就是后来被称"周六之夜大屠杀"的事件。

因此，基辛格比在以前的摊牌时刻拥有更大的自由决定权。事实上，黑格和基辛格在许多他们的谈话中根本没有跟总统商量就做了重大决定。

这个过程始于战争爆发的那个星期六基辛格最早给黑格打的几个电话。基辛格说，"以色列说他们需要军火"。除非阿拉伯人撤出，"我们应该答应以色列的要求"。

黑格回答，"没问题"。他们没有请示总统，就这么决定了。

黑格在那个星期六比斯坎湾的电话通话里向基辛格强调，虽然尼克松没有做关键的决定，但他还是应该让公众觉得尼克松做了关键决定。黑格解释说："这一点很重要，理由有好几个，一个就是副总统的情况，我在电话里不便多说，我们一定要让人们觉得总统在躬亲处理中东局势。"

基辛格同意这个看法。他说："我想这样做可以使人们深切体会到未来领导的重要性。"

但是，基辛格并不希望尼克松突然飞回华盛顿，因为他担心这样显得有点"歇斯底里"。由于尼克松经常会幻想自己在危机时刻如何肩负起指挥重任，基辛格叮嘱黑格："请你按捺住总统的沃尔特·米蒂白日梦想家的倾向。"

黑格答应尽量让尼克松在比斯坎湾多待一阵子。基辛格跟他的前对手说："我了解你的处境。这也不是我们第一次经历这种处境。"

基辛格以为以色列会很快打赢，他反对给以色列太大的支持，免得它的胜利过分一边倒。基辛格在第一个星期告诉施莱辛格："最好的结果是，以色列最后稍占上风，但在过程中还是吃了一点儿亏，而美国没有插手。"

基辛格后来解释："我们的战略是阻止以色列再一次羞辱埃及。"他希望美国的克制可以打开通往埃及之门，维护与苏联的缓和，并且让以色列看到谈判的好处。

在外交方面，基辛格希望把联合国实现就地停火的努力拖几天，直到以色列将埃及和叙利亚击退到原先界线再说。否则，过早就地停火会让阿拉伯人继续占有他们在这次突袭中占领的土地。

基辛格建议的是回到战前状态的停火，换言之，这个停火要求各方回到战前的位置。他公开表示这是确保埃及和叙利亚不会因发动战争而得到奖赏的唯一公平方式。

他私下的算盘其实比这个要复杂。他了解，阿拉伯人绝不会放弃他们终于收复的本来就是他们自己的领土。他的真正目的是让以色列要求实现这个结果。这样的话，如果战场上情况改变，而以色列夺取了新的阿拉伯领土，我们就可以说以色列自己已经正式表过态，主张各方回到战前的位置。据基辛格回忆："回到战前状态的停火是没有希望的，但是我要以色列支持这个原则。这样的话，如果战争形势扭转，我们就可以要求以色列遵守这个原则。"

在战争的第二天——10月7日星期日——基辛格和施莱辛格同意五角大楼提供响尾蛇导弹和新弹药给以色列，但是指定要以色列派出没有标志的以色列航空公司的飞机到弗吉尼亚州一个空军基地秘密运走这批军事物资。

施莱辛格问："你愿意动用美国飞机吗？"

基辛格回答："不，让他们来这里取货。"

那个星期日深夜，以色列大使西姆查哈·迪尼茨打电话说，美国军方官员不允许以色列的飞机在那个空军基地降落。基辛格惊呼："哎呀，这些白痴！"他答应设法解决这个问题。

迪尼茨具有以色列人的一个特性，他可以同时态度不友善而又热情洋溢。他肚大腰圆、个性好斗、风趣、有智慧、必要时桀骜不驯。他原来是果尔达·梅厄的个人助理，后来升到驻华盛顿大使（以色列政府最重要的职位之一），他也是美国锡安主义（犹太复国主义）犹太人的真正领导。作为驻美大使，他直接向梅厄报告，而不是向外交部长阿巴·埃班报告。批评他的人认为他有一个别的大使可能认为是极大优势的弱点：他在工作上和私人关系上与基辛格太亲近。

基辛格凡事自然就会想到关联。他很快就与迪尼茨和苏联大使多勃雷宁做了一些交换和妥协。这些交换条件主要针对华盛顿在1972年许诺苏联的最惠国贸易地位。国会在亨利·杰克逊的带领下威胁要阻挡这个新贸易关系，除非莫斯科取消对本国犹太人移民出境的限制。于是基辛格开始把补充以色列物资与苏联的贸易地位法案挂钩。

他在星期日告诉多勃雷宁，如果苏联在中东危机上表现克制，他就会继续推动苏联最惠国地位。第二天晚上，他预定要在华盛顿一个会议上做一个重要发言。他主动表示："让我读给你听我写的稿子。"然后他读了一段主张与苏联签署最惠国贸易协定的文字。基辛格警告："坦白说，我是否会删掉那一段，就要看明天的局势发展了。"

第二天早晨，多勃雷宁带着勃列日涅夫的信找基辛格。信中写道："我们觉得应该与你们合作。"基辛格谢了他，并重申两件事的关联。他承诺："我在今晚的演讲里会提到最惠国地位。"

至于关联方程式涉及以色列的部分，基辛格告诉迪尼茨，如果以色列要美国补充军事物资给它，作为交换条件，他希望在美国的犹太人领袖不要再支持杰克逊参议员对苏联贸易法案提修正案。他把这个交易明确告诉了"美国主要犹太人组织主席会议"的代表。这些人虽然很不情愿，但还是决定同意。

基辛格在星期日早上的电话通话中把这个交易告诉了黑格。谈到补充以色列军事物资，基辛格解释："如果我们支持他们，他们就愿意在最惠国问题上帮我们。"第二天，当基辛格准备在演讲中讲他答应多勃雷宁的那一段时，他打电话给迪尼茨，警告道："我会在我今天的演讲里提到我们对最惠国问题的立场。千万不要有哪个犹太人团体在这个星期开始拿这件事攻击我。"

如果说那第一个周末尼克松有任何参与，那就是他叮嘱基辛格对以色列要强硬。星期日早上他在电话中告诉基辛格："我们必须铭记的一点就是，不要因为我们过分亲以色列，而使那些产油国，那些没有参加这次战争的阿拉伯人，为跟我们分道扬镳而参战。"第二天晚上，尼克松在另一次电话谈话里表示相信以色列会打赢："感谢上帝，他们应该打赢。"但是他又感叹："那么他们就会比以前更难对付了。"

然后，他们讲到苏联这次比在1967年的中东战争时更愿意与美国配合。这段对话中，基辛格像一个循循善诱的导师，尼克松焕发着小小的幻想，这段对话从语调和实质上而言都可以说是饶有趣味的。

基辛格："在1967年，他们〔苏联〕派出舰队巡航，他们威胁要打仗，他们在安理会里谴责我们，与我们断交，威胁我们的石油设施。这次没有人对我们吭一声。"

尼克松："好极了。"

基辛格："那是我们政策的重大胜利，我们可以用它打最惠国地位的仗……我们可以用它好好吹个风，打赢这场仗。"

尼克松："为什么？"

基辛格："只要跟1967年做个比较就知道了。"

尼克松："我想大概是吧。我们当年以为可以通过吹风搞定约旦，结果没什么用。"

基辛格："约旦问题上，我们没怎么用吹风的方式。"

尼克松："没有吗？"

基辛格："没有。"

尼克松："可是那次做得蛮漂亮的。"

基辛格："但是那时我们不能说真话。"

尼克松："我们当时手上没有好牌，就像在印巴问题上，但是我们干得蛮漂亮的。"

基辛格："没错。"

尼克松："这次我们也没有什么好牌。"

基辛格："我们干得也很不错。"

尼克松："没错。亨利，谢谢你。"

到 10 月 9 日星期二，开战的第四天，所有这些遐想都破灭了，因为以色列显然遇到了困难。以色列内阁开了一晚上的会，决定将装备核弹头的杰里科导弹置于警备状态。以色列的核武器计划是高度保密的，但是美国情报估计以色列已经制造 20 枚核弹头。当天早晨内阁会议结束时，果尔达·梅厄打电话给迪尼茨大使。她说，以色列正在败退，他应该立刻打电话给基辛格。

迪尼茨指出那时是华盛顿时间凌晨 1:00："果尔达，我不能给任何人打电话，太晚了。"

她说："我不管几点钟，你马上打电话给基辛格。"

迪尼茨打了电话。在黎明前的几个小时里，这位情绪激动的大使打了两次电话要求美国加速补充武器供应。基辛格同意在当天早上 8:30 与他在白宫地图室见面。

迪尼茨跟基辛格的会晤气氛紧张，特别是大使要求他们的助理（美方的彼得·罗德曼和以方的莫迪凯·古尔将军）离开房间时。迪尼茨透露，梅厄愿意秘密到华盛顿与尼克松举行一小时的会晤，亲自请求美国提供更多的军事装备。

基辛格说没必要。后来他则说，那个建议有"讹诈"的味道，因为其目的是故意让美国难堪。

根据迪尼茨和基辛格两人的说法，迪尼茨并没有提到——或者明白威胁——如果以色列的生存危在旦夕，它准备使用核武器。但是由于美国知道以色列的核武器能力，他的话里隐含了威胁。基辛格手下一位中东专家威廉·匡特后来指出："我们用不着他们把话挑明，我们已经知道处于绝境的以色列可能会启动它的核选项。这个情况本身就构成潜在的讹诈……但是没有人需要挑明，也没有人挑明。"基辛格后来不经意地跟当时美国驻埃及大使赫尔曼·艾尔茨说，以色列"暗示如果他们不能很快得到军事装备，他们很可能动用核武器"。[5]

基辛格跟迪尼茨谈了一个多小时后，答应他会在傍晚前给他一个答复。然后基辛格召开华盛顿特别行动小组的危机委员会会议，为总统准备不同的选项。

在这次会议上，基辛格再一次很孤立。施莱辛格部长反映了国防部的态度，他警告，大量提供武器给以色列，特别是如果这个行动使战争情况扭转，会破坏美国跟阿拉伯国家的关系。他认为，维护以色列的生存和维护它继续控制它在1967年六日战争中占领的阿拉伯领土的权利是有区别的。

华盛顿特别行动小组提出了五个选项。然后基辛格赶到尼克松在行政办公大楼的办公室与总统密会，他们决定采取基辛格比较喜欢的选项：悄悄地低调补充以色列的军事装备，给它提供少量新飞机和弹药。此外，基辛格说服了尼克松做出重要承诺：战争结束后，美国会补全以色列所有的损失；这样以色列军队就无须囤积武器。但是美国不会马上空运这些物资。补充军需的行动必须是"不声张"的，以色列必须自己安排运回所补充的装备。

当晚，施莱辛格告诉基辛格："运这么多物资，不可能不声张。以色列飞机飞来飞去，阿拉伯人不可能发现不了。"

基辛格说，"必须尽量低调"，然后他补充说，"如果我们能够不得罪阿拉伯国家而度过这次危机"就太好了。

施莱辛格担心两个方面。基辛格要求这次行动不能声张，不使用美国飞机，而他抱怨说这就等于"使军方动弹不得"，这个要求说起来容易，做起来难；再者，他同意国防部副部长克莱门茨的关切，认为亲以色列的倾斜可能不符合国家利益。他在星期三清晨给基辛格打电话时说："这样做，可能危害我国在沙特阿拉伯的所有利益，也许我们最好研究一下我国立场涉及的根本问题。"

那时——10月10日星期三——苏联已经开始他们的武器补充行动，补给叙利亚军需。那只是一个小规模的空运，仅限于弹药和燃料（没有坦克或飞机），但是比起美国的行动更公开。此外，以色列用自己仅有的7架运输机从美国运回所需要的物资遭遇了不少困难。

此时，基辛格做了一个决定，这个决定后来证明是补充以色列物资行动中一个很麻烦的错误：他不让用美国飞机运送这些物资，而是决定让以色列雇用私人公司包机做这件事。结果这个半吊子的解决办法既没有帮上以色列，也没能讨好阿拉伯国家。

那个星期三，尼克松正烦恼着副总统阿格纽辞职的事，没有怎么参与这场战争的决策。他批准给以色列 5 架 F-4 战机，但他没有太留意基辛格为保持军事僵局的运筹帷幄，也没有注意到五角大楼官员不情愿补充以色列的军需。

苏联的空运最后激发了尼克松的争斗本能。他很震惊地发现两天前他已经命令运往以色列的 5 架 F-4 战机竟然还没运走。尼克松向基辛格发脾气："怎么还没做？立刻去做！"

基辛格怪罪五角大楼："我还以为已经做了。他们每天都有借口不执行。"

尼克松继续说："我很生气这些飞机迟迟不运走。克莱门茨是个好人，但是……"

基辛格说："他们认为我国跟沙特阿拉伯有特殊关系。"

那天晚上，基辛格找斯考克罗夫特帮忙。他说："布伦特，国防部不可以再拖泥带水了，以色列已经急疯了。"斯考克罗夫特答应至少两架 F-4 战机第二天就可以运出。然后基辛格找了黑格。他说："你可不可以让施莱辛格腰杆挺直些？这人整个慌了。克莱门茨在敲打他。如果埃及打赢了，我们就失算了。"

任何以色列的大使在这种情况下很少会坐视不管的，而迪尼茨是他们之中最精力旺盛的，也是最有办法的。10 月 11 日的报纸刊登了迪尼茨泄露的消息，说因为美国答应了供应军事装备却迟迟不落实，以色列的生存已受到威胁。前一天已经跟迪尼茨谈过两次的亨利·杰克逊参议员打电话给基辛格，向他施压。基辛格告诉他："主要的障碍是国防部一些人因为考虑到沙特阿拉伯，不愿意推动这件事。"

杰克逊回答说："那就要有人以总统的名义下令。我刚跟施莱辛格谈过，他说他没有权力征用包机。"

基辛格立刻打电话给他的首席中东问题副手约瑟夫·西斯科，跟他抱怨以色列正在大闹，说雇用包机来运走军事装备很困难。西斯科解释道，问题在于没有一家包机公司愿意承担如此危险和具有政治争议的工作。而且，五角大楼也没有动用它的全部权威和影响力强迫它们帮忙。

于是，基辛格命令军方自己租用20架运输机给以色列使用。然后他打电话给迪尼茨，并在星期五早晨打电话给总统报告他做的事情。但是包机的计划继续问题重重，无法施行。

虽然杰克逊参议员和一些其他人指责苏联挑起危机，但基辛格觉得苏联还是比较克制的。苏联给埃及和叙利亚的补给是小规模的，它在联大持合作态度，而且它一直催促埃及接受停火。为了凸显缓和带来的这个胜利，基辛格决定10月12日星期五召开一次记者会。

他的国务院公共事务新任主任罗伯特·麦克洛斯基决心要让这次发布会符合基辛格的标准。所以他问："你对于国徽（Seal）有什么要求？"他说已经把它挂在基辛格的讲台后面，基辛格不喜欢的话可以挪动。

基辛格厉声说："我不在乎！你从动物园找一只海豹（seal）来，拴一个东西在它脖子上也行。"然后看到麦克洛斯基很受伤，基辛格就补一句："有没有国徽我不在乎，只要在我进场时，前面有两名传令官引路。你是爱尔兰裔，你应该知道去哪里找传令官。"

基辛格在记者会上用词非常谨慎。他说，他"不认为苏联空运军事装备有利于缓解局势"，但是他接着称这次空运行动"规模不大"。他认为，需要对照"苏联公共媒体显示的相对克制以及苏联代表在安理会上的表现"来看。他说，简言之，缓和没有死。

与此同时，包机的问题仍然没有解决，以色列的领导人炸锅了。那个星期五将近午夜时，迪尼茨来到基辛格在白宫的办公室，向他解释，情况极为严峻。他说，以色列在三天内就没有弹药了。

此时，发生了有趣的变数。施莱辛格现在相信，既然美国决定补充以色列的军事物资，美国就应该使用自己的军机而不要继续四处张罗民间包机。但是想要展开新一轮外交努力的基辛格还是希望避免使用美国军机。

午夜之后不久，迪尼茨离开基辛格的办公室后，基辛格给黑格打电话。黑格说："吉姆［指的是施莱辛格］告诉我情况相当危急。他准备好可以立即派出军事援助司令部的飞机。我觉得那样做是不明智的。"

基辛格回答："艾尔，那样做就糟了。他之前拖拖拉拉一个星期，一事无成。现在我们就要展开外交努力的时候，他想补救，哪有那么容易。"他接着表示不相信五角大楼说的找不到民间包机的说法："你也知道他们根本没下功夫。"

黑格再度指出："我们是有派美军飞机到以色列的选择。我觉得那样做对我们风险太大。"

基辛格说："那样做是愚蠢的。"

挂了电话，基辛格接着给施莱辛格打电话，此时施莱辛格已在家里睡了。基辛格在他的回忆录里说，他和国防部长基本上意见一致了。但施莱辛格对这通电话的记忆是基辛格发了大脾气。据施莱辛格回忆："当以色列开始崩溃时，基辛格也崩溃了。"

基辛格在电话里首先说，由于弹药匮乏，以色列已经停止向叙利亚挺进。他说这对于美国的外交战略"糟透了"，而这一切都怪五角大楼内部"大规模破坏"。但是当施莱辛格建议放弃一直搞不成的民间包机计划，改用美国军用运输机时，基辛格还是坚决反对。他说："由于我们与苏联现在的关系，我们绝对不能让美国军机飞到那里。"

施莱辛格从床上爬起来，穿好衣服，然后让他的司机送他去五角大楼。他在那里研究了各项选择。在凌晨 3:00 左右，他得出一个结论：补充以色列的军需除了由美国军机直接空运到以色列，别无他途。基辛格坚持的民间包机是行不通的。施莱辛格可以调度 3 架 C-5A 运输机，这些是美国武库里最大的飞机，每架可以运载 80 吨货物直飞以色列。天一亮他就打电话给黑格，要他向尼克松推荐这个做法。

尼克松同意了，并在基辛格在那个星期六早上准备主持又一次的华盛顿特别行动小组的危机委员会会议时告诉他这个决定。尼克松跟他说："立刻去办！"基辛格没有提出异议。此外，他和尼克松决定用较小的运输机运送其他物资，并且立刻送 14 架全新 F-4 战机到以色列。

于是，战争开始一个星期后，在 10 月 13 日星期六，美国大规模空运行动终于展开。当发出隆隆轰鸣的美国运输机飞临特拉维夫上空时，汽车在街上停驶，公寓窗子打开，人们开始大呼，"天佑美国"。战争开始以来，果尔达·梅厄总理第一次哭了。美国的飞机几乎每小时降落一架，每天1000吨的装备源源流入以色列。第一天运到的物资就超过苏联四天里运送给埃及、叙利亚和伊拉克的物资总和。在犹豫了一个星期不知道能不能送5架F-4战机到以色列之后，在这10天里，40架F-4战机被送到以色列。

星期日早上，尼克松特别提醒基辛格，虽然美国实施了空运，但他不希望以色列太得意忘形。总统说："这件事过去后，我们要好好挤压一下以色列，这一定要让苏联人知道。我们一定要使劲挤压以方。"但是不能因此就缩小已经开始的空运规模。他说："我们必须全力以赴。我的意思是，我们给3架飞机或者给100架飞机，反正一样挨骂。"

在基辛格眼里，这再一次表明尼克松的一个观念，就是一旦做出军事决定，就不应该为了怕别人的批评而半半拉拉地执行这个决定。他回答："总统先生，我记得在1970年，当我们打击柬埔寨时，你要同时打击海防港，你当时的决定是对的。"

尼克松说："至少我们打击了所有的越共军事避难所。"他回忆当时做那个决定面临强大的反对声音。

基辛格同意："当时没有人同意你那样做。"

虽然在美国犹太人中间有人怪罪基辛格拖延了向以色列空运，但他其实除了考虑以色列安全之外，还必须顾及美国自身的国家利益。在战争开始的几天里，以色列只要求美国保证补充它的战争损耗。由于以色列认为用不了几天战争就会结束，所以不急于获得新物资的补充。等到补充军需变得迫在眉睫时，美方却因为犹豫是否使用民间包机耽误了3天时间。基辛格要为此负一定责任，因为他不希望因美国及时大规模补充军需而导致以色列得以羞辱阿拉伯国家。

当时，被指责过分信赖基辛格的迪尼茨大使后来站出来维护他。据大使回忆，当时主要的问题是施莱辛格把后勤工作交付给五角大楼的官僚机构，而这个机构的实际掌控者是威廉·克莱门茨。在第一个星期中间，迪尼茨要见施莱辛格，连续两天都见不到他。"他办公室的人告诉我，他去观鸟了。"

但当时是杰克逊参议员助理的理查德·珀尔说，这事主要怪基辛格，因为他一直坚持用包机而不用美国军用运输机。珀尔说："我们一直跟基辛格讲，包机的安排是搞不成的。施莱辛格主张用美国空军，但是基辛格不让他这么做。"

这些延误至少有一个好处——莫斯科和开罗因此觉得这次空运并非美国的重大挑衅行为，而只是对苏联空运行动的一个反应。几天之内，局势逐渐明朗，如果停火时机掐准了，美国的空运会造成基辛格一开始就希望得到的结果：一个既可以鼓舞埃及人士气，又可以促成以色列态度更灵活，同时保全了美国进行外交努力的空间和潜力的以色列小胜。

基辛格已经放弃原先主张的回到战前状况的停火，而原则上接受了苏联的就地停火方案。但他的目标是一直拖延，以等待以色列收复足够多的此前占领，但现在丢失的土地，而又还没有彻底羞辱阿拉伯敌人的那一刻。

到10月19日星期五，在战争进行两个星期后，和平时机似乎到了。埃及的第三军团还在苏伊士运河东边，收复了以色列占领的西奈半岛。但是在北边，以色列一个师跨越到运河西边，进入埃及并威胁阻断埃及第三军团的后路。那天，基辛格收到勃列日涅夫手信邀请他——"刻不容缓地"——亲赴莫斯科谈判即刻停火事宜。

这个邀请正中基辛格拖延战略的下怀：这将给以色列两三天的时间继续扩大战果。此外，这是基辛格几乎无法抗拒的召唤。他再一次被要求骑上想象的快马星夜秘密出发，扮演寻求和平的独行侠的角色，就像他在越南和中国所做的一样：作为一个我行我素的超级外交家，因为拯救世界被万方推崇。当晚，他参加了中国驻美联络处主任为他举行的公开盛宴之后，带着多勃雷宁秘密飞往克里姆林宫。

核警戒，1973年10月

基辛格飞往莫斯科时，收到来自白宫的一份在正常情况下对他的策略有助益而又能让他自我感觉良好的电文。斯考克罗夫特在电文中告诉基辛格，总统将亲自发电报给勃列日涅夫，表明基辛格有他的"充分授权"签署协议。通常基辛格是不反对得到这么广泛的授权的，但是这一次基辛格有些烦恼：这一次他反而希望能把苏方任何建议先发给总统审阅，借此把停火多拖几个小时，让以色列有机会改善它的军事态势。

日后，在被以色列的支持者批评他太快同意停火后，基辛格辩称，他的整个策略就是尽量拖延。事实上，他玩的游戏不是这么单纯。虽然他希望以色列改善其态势，但是他了解到，如果埃及受到羞辱，对美国利益并非好事。所以他是想争取在恰当时机实现停火，留下一个战场上的僵局，以图更大的谈判空间。

他到了莫斯科以后收到尼克松的一个更令他不安的电报。总统在电报中对于他第二天早晨要向苏联领导人提的建议做了正式指示。总统不但要他寻求立刻停火，而且他还必须说，美苏两国冷静分析了中东局势之后，"必须介入，决定实现公正解决的正确途径，然后各自向盟友施加必要的压力"。

尼克松的意思是，美苏应该共同找出一个全面和平方案，将其强加于以色列和阿拉伯国家。基辛格的整个中东战略就是要摒除苏联的外交角色，不希望苏联在这个问题上与美国合伙。此外，寻求全面和平，将其强加于以色列的概念在他来看是万万不可的。他的目标是由美国作为中间人，阿以之间进行逐步谈判，而苏联靠边站。

于是，基辛格给斯考克罗夫特发了又一封措辞尖锐的电报，而且这还不够，他拿起电话直接给黑格打电话。在这个公开的电话线上，他对收到的指示表示沮丧。

黑格说："你可不可以别烦我了？我自己的烦心事已经够多了。"

基辛格反唇相讥："一个星期六，你在华盛顿能有什么烦心事？"

黑格相当疲惫地回答："总统刚炒了考克斯。理查森和鲁克尔斯豪斯辞职了，现在这边闹翻了天。"

他这才知道水门事件特别检察官被炒掉，以及之后衍生出来的日后被称为"周六之夜大屠杀"的大溃败。

在那种情况下，基辛格直接就忽视了尼克松的指示。他在第二天告诉勃列日涅夫，他只准备讨论单纯的停火。

一旦苏联根据他们所谓的力量对比，有取得迅速协议的动机时，就会突然摒弃一贯的拖延战术而直接达成交易。这一次他们的动机是他们的阿拉伯盟友的军事态势急剧恶化。勃列日涅夫和他的同事们在10月21日星期日只讨论了4个小时就接受了基辛格的要求，并由约瑟夫·西斯科匆忙起草三点要素：当晚将在联合国安理会表决12小时后生效的停火决议；提到242决议，但不具体要求以色列撤出；呼吁"有关各方"谈判，这意味着阿拉伯国家首次必须接受与以色列直接谈判的原则。

事情进行得太顺利了，基辛格只好乱抓借口拖延。当苏联外长葛罗米柯问他对于执行协议的技术细节有什么想法时，基辛格说他有想法，但是他把有关的文件留在了他下榻的列宁山的宾馆，所以要等当天稍后才能提出。他的助理彼得·罗德曼打断他说，不用担心，自己已经把那些文件带来了。基辛格说，不是的，那些文件留在宾馆了。罗德曼还不罢休，他得意地从公文包里掏出那些文件。基辛格狠狠地瞪了他一眼，罗德曼这才意识到，基辛格在搞拖延战术。基辛格当晚发的脾气可不一般，从此，每当基辛格问罗德曼或者洛德要什么文件时，他们都会迟迟不作答，直到基辛格一再催促。[6]

基辛格在玩一个危险的游戏。就像他当初对待南越一样，这次他也是在没有跟以色列经常协商的情况下替以色列谈判。而以色列也把事情搞得更糟，因为虽然基辛格一再恳求它把军事情况以及对时机拿捏的希望及时向他通报，但以色列却并不理会这个要求。那个星期日达成共同提出的停火决议时，他也没有告诉苏方决议取决于耶路撒冷的同意。但是他的确坚持再等12个小时再表决该方案——表决后成为338号决议——好让他有时间跟以色列领导人商议。

于是，他急忙把他的报告发给果尔达·梅厄总理。在报告里，他得意地解释，他已成功地实现一个没有要求以色列撤军，而且呼吁阿以直接谈判的停火。然后他躺下来休息了一个小时。等他起来时，他震惊地发现通信上出了差错，原因也许是苏联的无线电干扰，总之该电报一直没有发出去。

基辛格这个人虽然不懂机器的运作，但意识到机器跟人一样，你对它吼叫，它就可能做得好些。劳伦斯·伊格尔伯格正在努力想办法让电报发出去，后来他写了报告给基辛格，回顾当时在列宁山的宾馆里的情况：

> 房间里有二三十人，都在讲话，带头的是（一向不保持缄默的）约瑟夫·西斯科……我不知道就在那一刻你步入房间，显然听到我说的话（我至今不知道你怎么可能听到我的声音）。你大吼一声，大意是："什么！电报还没发出去?!"我抬起头，看到你站在房子中间，七窍生烟，其他人都不见了（只有一个例外，等一下我会提到）。这二三十人——无疑是在西斯科带领下——一溜烟都撤了，那速度简直连魔术师胡迪尼都自叹不如。唯一例外的人是温斯顿·洛德，他缩在一个角落，但是——上帝保佑他——他准备好承受即将爆发的火爆场面，并在爆炸后清理现场（我的）血液。[7]

最后电报终于发出去了，还算及时，在基辛格抵达以色列之前，以色列政府有了时间消化里面的内容。在以色列，对于他精心导演的这次胜利心情比较复杂，许多以色列的领导人原希望拖到埃及第三军团被歼灭后再停火。当基辛格到以色列提出和平方案时，欢腾的群众到机场迎接他们心目中的这位和平使者。但是当外长阿巴·埃班在舷梯下拥抱他时，基辛格跟他耳语说到以色列总理："我想她一定非常生我的气。"埃班承认她的确生气了。

就像当初他没有跟南越商量就替南越谈判一样，问题的一部分是基辛格很想当独行侠的心理。果尔达·梅厄说她想不明白为什么基辛格不让以色列更好地了解他在做什么。基辛格向她解释了通信的差错，并抱怨以色列没有按照他的要求，把战场的最新情况告知他。他的解释是合理的。可是基辛格的行为再次显露了他的些许傲慢。这种傲慢经常使得他不顾一切埋头谈判，却没有照顾那些日后他可能需要争取他们支持的人的感受。

主要的问题是，许多以色列人，特别是军中的人，不满停火发生在正当他们快要包围埃及第三军团的 2.5 万名军人的时刻。这说明以色列与美国利益的根本不同。正如基辛格日后所说："我们不认为让阿拉伯国家从挫败变成大败符合美国的切身利益。"

第三军团是埃及武装部队的骄傲。它越过了苏伊士运河南端，在以色列占领的西奈半岛（1967 年埃及失去的领土）占据了 10 英里宽、30 英里长的一块阵地。但是以色列军队大胆地越过运河进入埃及包抄到第三军团北边，然后往南推进，把第三军团与其他埃及军队隔断。正当以色列即将攻克第三军团的补给线——开罗到苏伊士运河的公路——的时候，基辛格的停火生效了。

在以色列领导人迫不及待地要完成对埃及第三军团的包围之际，基辛格犯了一个严重的错误：他后来承认，他跟以色列说在停火期限上有"松动"的可能。根据一个来源以色列的信息，在被问及完成停火行动需要多长时间时，他回答："两三天？只需要那么长时间吗？在越南停火也没有完全遵照议定的时间生效。"

基辛格后来声称，他想的是几小时的时间，不是几天的时间。不管怎么样，跟苏联和埃及玩那个游戏都是危险的。在他的飞机还没有降落在华盛顿之前，他就收到以色列重启战事的消息。

他非常愤怒，特别是因为果尔达·梅厄不符合事实地声称，以色列只是对埃及的挑衅做出反应。即使几个有自杀冲动的埃及人违反了停火，以色列才是真正发动攻势、攻克新据点的一方。

苏联和埃及对此向基辛格和全世界强烈表达抗议。莫斯科的中东问题专家，后来成为戈尔巴乔夫总统最亲近的顾问之一的叶夫根尼·普里马科夫回顾，当时苏联觉得基辛格允许以色列违反停火，故意欺骗了苏联。勃列日涅夫直接给基辛格一封照会，这是极为不寻常的做法，也说明他知道现在主导政策的不是尼克松而是基辛格。

基辛格的回应是提出一个新的联合国决议草案，敦促以色列和阿拉伯国家停止交火，回到前一天停火生效时的位置。问题在于如何让以色列同意这个草案。再一次，基辛格暗示他可以容忍一些花招伎俩。以色列军队没有理由一定得撤回到停火时的位置。"谁会知道沙漠里的一条线以前在哪里，现在又在哪里？"

果尔达·梅厄似乎不为所动。她说："他们当然知道我们现在的一条线在哪里。"基辛格了解了，以色列已经完成对埃及第三军团的包围。正如基辛格后来所说："我们面临危机了。"

10月24日星期三全天，以色列对第三军团的包围步步收紧。在1967年战争后与美国断交的埃及邀请美国派军到该地区帮助执行停火。然后安瓦尔·萨达特对于刚刚完成向他的敌国大规模空运的美国提出令人意外的建议，他请求美国派军队到停火线的埃及一边，帮助防止以色列的袭击。

果尔达·梅厄则给美国发了一封愤怒的电报，指责美国和埃及与苏联勾结。她写道："以色列不能接受自己必须一再地面对苏联和埃及的最后通牒，这些最后通牒其后还得到美国的同意。"

这里埋藏着威胁基辛格缓和政策的不祥之兆：最激烈反对这个缓和政策的很可能不是老牌反共势力，而是亲以色列的新保守派，他们担心华盛顿对莫斯科的新务实主义可能使美国做出牺牲以色列利益的交易。亨利·杰克逊和雅各布·贾维茨参议员——除了反对在苏联放宽对苏联犹太人移出苏联的限制之前给它最惠国贸易地位——已经在指控基辛格为了促进与苏联的缓和，迟迟不落实对以色列的空运。[8]

当天深夜，美苏之间缓和的局限性突然变得非常清楚鲜活，虽然只是短暂的。在两个星期彼此有戒心的合作之后，意外地发生了超级大国之间的摊牌。乍看之下，其蕴含的危险似乎堪比古巴导弹危机以来任何一次摊牌。[9]

触发10月24日危机的是萨达特的可以理解但令人惊讶的愿望，他希望美国军队到埃及与苏联军队一起监督停火的执行。苏联打着合作的幌子，立刻同意萨达特的建议。但是接着就不那么像是体现合作意向地往前跨出危险的一步。他们表示，如果美国不愿意跟他们一起监督停火的执行，他们也会派出自己的军队执行停火。

基辛格在中东的一个主要目标就是消除莫斯科在那个地区的军事存在。萨达特在1972年出人意料地在埃及做成了那件事，基辛格现在决心防止苏联重返中东。他说："我们有决心在必要时用武力阻止苏联军队以任何借口进入中东。"

从一开始，10月24日的夜晚就有一种令人不安的气氛。晚上7:00刚过，多勃雷宁打来电话说，莫斯科决定支持一项要求美苏军队强制执行停火的联合国决议。基辛格觉得让以色列遵守停火是很重要的，但他认为更重要的是阻止苏联进入该地区。他立刻告诉多勃雷宁，美国不会同意这项建议。

尼克松如果此时比较理性或许会同意基辛格的决定，理论上，做决定的也应该是他。有迹象显示，被水门事件和以色列桀骜不驯的态度搅得焦躁不安的尼克松可能有意愿跟苏联配合。在之前一个星期他跟基辛格的谈话和通信里，他一再强调在战争结束后需要对以色列强硬，而且应该让苏联知道美国的这个态度。

基辛格有机会跟尼克松直接讨论这个问题，但是他决定不这么做。在与多勃雷宁气氛紧张的会晤中，基辛格被来自总统的电话打断。但是基辛格很快断定，在尼克松当时的心情下和他商讨一个严肃的外交政策问题是不明智的。

尼克松由于"周六之夜大屠杀"之后弹劾他的声浪日益高涨而已六神无主，基辛格听得出来他比任何时候都激动。从两人被基辛格办公室录音下来的谈话中，总统说批评他的人如今攻击他是"因为他们想杀了总统。他们还真的可能成功。我可能赔上性命"。基辛格安慰他，说他一向善于克服困境，但是他奉承的好本事这次没发挥作用。尼克松伤心欲绝，基辛格怎么安慰都没有用。尼克松说："他们一心想毁了我。有时我很想说算了，管他呢。"

尼克松挂了电话之后，基辛格继续跟多勃雷宁商谈。他说美国反对苏联派兵到该地区的任何企图。多勃雷宁回答，他会把这个意思转达给莫斯科，但他同时警告，莫斯科那头可能心意已决。

当晚 9:30 过后不久，多勃雷宁回电。虽然那时是莫斯科时间清晨 4:30。他已经收到勃列日涅夫的电报。电报说："如果你们在这个问题上不能跟我们共同行动，我们就有必要尽快地考虑单方面采取适当步骤。"此外，中情局报告说，一些苏联运输部队已进入较高的戒备状态。基辛格立刻打电话给黑格，黑格倒不像他那么紧张，但同意不把勃列日涅夫的话当一回事是有风险的。

基辛格："我刚收到勃列日涅夫的信，他要我们和他们一起派兵到该地区，否则他们就自己派兵。"

黑格："我一直担心的就是这个。"

基辛格："我想我们在这个问题上应该坚持到底……"

黑格："以色列对这个问题的看法如何？"

基辛格："他们包围了埃及的第三军团。"

黑格："我想他们〔苏联〕在玩比试胆量的游戏。他们不会在战争结束时派兵进去。我不相信他们会那么做。"

基辛格："我不敢说。他们很可能派伞兵空降进去。"

不管是不是基辛格反应过度，有一点是很清楚的：如果美国要求苏联不要派兵，美国就至少做出隐含的打仗的威胁。美国就必须让自己的军队进入警戒状态。即使基辛格掌握再大的权力，没有总统的命令，他也不敢走上这条路。基辛格问："我是不是应该叫醒总统？"

黑格很干脆地说："不要。"基辛格能理解为什么。基辛格后来礼貌地解释，尼克松当时心情太"沮丧"，不适合参与决策，所以他只好自己做主了。"那真是沉重的责任啊。"[10]

他召集了内阁的高级官员，包括国防部长施莱辛格、中情局局长威廉·科尔比以及参谋长联席会议主席托马斯·穆勒，到国务院召开国安会的非全体会议，但这次并不是由总统主持。也不是由副总统主持，因为美国暂时没有了副总统。虽然杰拉尔德·福特已被提名为副总统，但尚未任命，他没有受邀到会。

在晚上 10:30 会议即将开始时，基辛格再次跟黑格谈话。黑格说这个会应该在白宫举行，基辛格应该作为总统助理而不是作为国务卿主持会议。基辛格同意了。虽然看起来这只是用词上的差别，但至少维持了总统还在管事的假象。基辛格再问一次，他们是否该给总统打电话。黑格没理会这个问题。

会上，大家逐渐有了共识，认为苏联随时可能开始空运军队进入埃及。会议决定致函萨达特，要他收回要美苏军队进驻的请求，并以尼克松的名义致函勃列日涅夫，坚决拒绝苏联或美国军队进驻该地区。

午夜前不久，被基辛格召集到白宫战情室的小组做出一项重大决定：美国应向莫斯科发出威胁性的军事信号。作为深悉力量和外交之间的关系的专家，基辛格是发信号的老手，他笃信派遣航空母舰特混舰队巡航（在印巴战争中他就是这么做的）以及将部队置于警戒状态（1970 年约旦危机时他就是这么做的）。这一次，他和他的同事们决定提高全球的美国核武打击和军队的核警戒级别。

当他离开战情室去五角大楼传达这个决定时，基辛格厉声叮嘱穆勒海军上将："你一定要保守这个秘密，不可外泄一字。"这是典型的基辛格做法，他在拿捏这个信号时，目的是让苏联注意到这个信号，但是同时却不让美国民众知道这件事。参谋长联席会议主席没有半点讽刺意味地说："当然，亨利。"但是国防部长施莱辛格翻了个白眼。

几小时后，当施莱辛格回到五角大楼时，基辛格打来电话。他咆哮道："我在听无线电广播，他们播报了核警戒的消息。我不是叫你们保密吗？"

施莱辛格回答："亨利，你突然让 200 万军人和后备军人进入警戒状态，想要没有人发现是不可能的。"后来回顾这段谈话时，施莱辛格摇着头说："亨利认为你可以向苏联人以外的所有人保密，这就是典型的基辛格。"

与后来向新闻界传达的说法不同，尼克松实际上在当晚是没有参与决策过程的，他也没有收到报告。当晚，基辛格压根儿没跟他说过话，黑格或任何其他人也都没有跟他说过话。早上 8:00，基辛格向他报告时，把来龙去脉跟他做了详细说明，他讶异地发现尼克松似乎是第一次听到这些情况。

此时，埃及已经表示，因为美国不同意，它将撤回要美苏派遣维和部队的请求，转而要求联合国派出"国际"部队。根据传统，这样的部队是不包括任何一个安理会常任理事国的部队的。

当天稍晚时候，勃列日涅夫做出答复。这个答复完全不提前晚的喧嚣，而礼貌地接受了美国的建议，就是只派出非军事观察员而不派兵。勃列日涅夫补充道，苏联很愿意跟美国共同做这件事。最后他表示希望这种合作将继续下去。

对于基辛格而言，这就显示苏联已经被美国的决心吓住了。他后来指出："苏联退让了。"对于其他人而言，这显示基辛格对于前一夜勃列日涅夫相当含糊的电报过度紧张了。前国务院的苏联问题专家、对基辛格有意见的雷蒙德·加特霍夫写道："[勃列日涅夫星期三晚上的原来的电报]根本不代表苏联发出了威胁，而是敦促加强超级大国合作，认为这是更可取的做法。苏联万万没想到美国的反应会是全球美军进入核警戒状态。"

由于基辛格和他的同事们不可能知道苏联的真正打算，他们把那件事当作极为严重的事处理也许是明智的，虽然回过头来看，核警戒似乎有点反应过头了。基辛格在第二天与约瑟夫·克拉夫特的不供发表的谈话中说："我们可能误读了，可是在午夜时分，我们不敢冒那个险。"

在后面一段日子还出现过一段不公评论，说他们是奉尼克松之命，为转移人们对水门事件的注意力而促成了这次警戒和危机。不论星期三晚上国安会的非全体会议的参会者对苏联意图的评估是否正确，他们的动机都是纯正的。

基辛格问中情局局长科尔比："你认为我们在星期三对那封信反应过度了吗？"

科尔比回答："我想你们没有其他选择。虽然苏联可能并没有真的打算跨出那一步，但是听起来好像他们有那个意思。"

那些热衷于推翻缓和的人认为这次危机是个大好机会，让他们可以巩固他们与支持以色列的新保守派的同盟关系。警戒的第二天早晨,海军作战部长朱姆沃尔特海军上将把勃列日涅夫电报原稿的备份泄露给亨利·杰克逊参议员。这位参议员稍微夸张后,很快把电报基本内容泄露给他在新闻界的朋友,他称这封电报"粗暴",且"咄咄逼人"。

基辛格一心想维护缓和,当天召开了记者会。他拒绝讨论勃列日涅夫的电文,即使被逼问进入核警戒的决定依据的理由是什么时,他也不回答。他竭尽全力地措辞温和。他宣称:"我们不认为现在与苏联处于对抗形势。缓和能禁得起考验。"

但记者们主要问的是这次进入警戒状态是不是为了转移对水门事件的注意力而玩的花招。基辛格答道:"你们居然会想到美国会为了国内的理由让它的部队进入警戒状态,这显示了我们国家今天的问题所在。"当记者们一再逼问时,基辛格对他们发出挑战:"此时此地是不是在对外政策领域也造成信任危机的合适时机,就由各位先生、女士决定了。"[11]

像尼克松一样,基辛格在一次辛苦的记者会后总希望得到一些奉承,而像基辛格一样,黑格很懂得如何提供这种奉承。发布会刚结束,黑格就打电话跟基辛格说:"你应付得很棒啊。"

"还行吗?"

黑格说:"棒极了。"

基辛格兴奋地说:"我们赢了。你和我是唯一坚持那个决定的。"

黑格说:"那还用说吗?你处理得非常漂亮。"

"我想我为总统做了件好事。"

"你不晓得有多好呢。[参议员]贝赫含着泪给我打电话。"

尼克松打电话给基辛格赞扬他在发布会上的表现时,表达了极大的欢欣鼓舞。这下,轮到基辛格奉承了。他说:"总统先生,你又一次胜利了。"

"真的吗?"

基辛格回答:"苏联在鬼吼了半天之后也支持了我们在联合国提出的禁止常任理事国出兵的决议草案。可那些个浑蛋说我们这么做有政治目的。"

愤愤不平的尼克松说:"我知道。像卡尔布之流,还有谁?"

"卡尔布、麦卡锡,赖斯顿也打电话来问类似的问题……"

尼克松说:"我希望你给了强硬答复。"

"我在发布会上对卡尔布态度很鄙视。"

"斯科蒂[赖斯顿]呢?"

"我跟他摆事实,讲道理。我说,'如果苏联让它的 8 个空降师里的 7 个师进入警戒状态,你会怎么做?'我没跟他说勃列日涅夫的信。"

刚取消当晚的记者会的尼克松说:"我取消了记者会是对的。我没那个心情。"

基辛格建议:"明晚举行吧。总统先生,是我的话,我就对那些浑蛋表现鄙视的态度。他们问我水门事件的事。我说你们要是拿国家的中央权威耍的话,是要付出代价的。"

尼克松说:"说得好。艾尔跟我说,你把那些混账东西杀得片甲不留。好好干!"

他们才讲完不到一分钟,尼克松又打电话来。他有个出奇伤感的请求。他说:"我在想去一趟戴维营。"然后他犹豫地补一句:"你不想一起上那儿去吗?"要是在从前,基辛格绝不会放弃跟总统去戴维营的机会。这一次他有点结结巴巴。尼克松说:"我知道了。"[12]

当晚稍后,尼克松从戴维营打来电话。他有个主意。基辛格在次日应该邀请三个商业电视台和《纽约时报》的负责人到白宫,向他们吹风,强调尼克松是必不可少的(这是很奇怪的请求,因为整个危机过程中,他基本上都在睡觉)。尼克松还说:"他们主要关心的是以色列。谁拯救了以色列?除了尼克松,还有别人吗?你必须告诉他们这一点。"没过多久,他又打电话过来。他说,基辛格也应该找找犹太人领袖给他们做同样的吹风。

基辛格咕哝着答应了,然后就当没这回事。他没有举行这样的吹风会。他后来说,尼克松有决心对以色列不离不弃是不争的事实。但是基辛格觉得,尼克松恳求他做那种吹风有点"没劲"。[13]

在第二天他自己主持的记者会上，尼克松完全没有基辛格那种克制。他不管说这话可能激怒莫斯科，他指责苏联挑起"自1962年的古巴事件上的对峙以来最困难的危机"。他充分发挥了他自以为强硬的形象，他说勃列日涅夫了解他的决心，因为他曾经不顾公众的压力轰炸了北越。"这就是为什么勃列日涅夫后来做了那样的决定。"[14]

基辛格非常震惊，尼克松一讲完，他就打电话给黑格，愤怒地表达了他的惊诧。黑格想安抚基辛格，跟他说公众反应不错，基辛格生气地说："你可别跟他这么说，否则他还会这么做。"

为了减轻损害，黑格打电话给多勃雷宁。作为尼克松的个人代表，黑格告诉苏联大使："我刚从总统那儿来，我跟他说，我觉得他今晚的发言很夸大，会被人做不正确的解读。"

多勃雷宁同意他的看法。

黑格继续说："我希望跟你说的是，他绝不是有意把情况说得那么夸大。他其实想表达的，我想他的真正意思没有表达出来，他以为他表达出来了，他想强调他跟勃列日涅夫个人关系很牢固，可是我完全没听出来那个意思。"

多勃雷宁同意说："是啊，我也没有听出来。"

这一次，基辛格没有在尼克松的记者会后打电话称赞他。事实上，他对于总统笨拙的表现非常气恼。然后，他接到椭圆形办公室的电话，这次又是黑格打来的。他不带任何讽刺意味地说："我跟总统在一起。我们注意到你是唯一一没给他打电话的。"

基辛格辩称："不是的，不是的，我一直在打电话，没有打通。我觉得他的话很有力。"

黑格提示他："艾尔索普说，在他参加的一个乔治敦晚宴上，大多数宾客都觉得总统帅呆了。"

基辛格故意说给尼克松听："是的，他也打电话给我了。"基辛格想象总统此时闷闷不乐地坐在那里，他的愤怒就逐渐消退，代之而起的是一丝怜悯之心。他搜索枯肠想找到赞扬发布会的好听话说给尼克松听。他咕哝着说："那是非常杰出的表现。"基辛格后来说，他这句话说得

"有些模棱两可"。[15]

两国的核武力回到正常状态，注意力又回到埃及第三军团的处境上面。它在停火后被以色列军队包围，现在面临因断粮而被迫投降的危险。无论基辛格怎么努力，他没有能够说服以色列让运送食物、水和医疗用品的车队通过。

在美国政府内部，特别是在五角大楼，有越来越大的压力，要求美国补充被包围的埃及军团的物资。表面看来这个想法相当奇怪：这样的话，美国在两个星期里就对一次激烈战争中的敌对双方实施两次空运补给。

基辛格反对这个想法。但是他知道他必须设法迫使以色列解除对埃及部队的包围。他回忆道："我最终的责任是做好美国国务卿而不是以色列政府的心理治疗师。"

他首先去做他的朋友，情绪高昂的以色列大使迪尼茨的工作。基辛格跟他说，一再违反停火是愚蠢的。有什么好处呢？好说没有奏效，基辛格就用歹说，抛出威胁。他以尼克松的名义对以色列提出一系列强硬的要求。基辛格解释道："我们不能允许在我们参加的谈判促成停火后，摧毁埃及的军团。"

果尔达·梅厄的反应很顽强。她指责美国跟苏联一个鼻孔出气，"就是要让埃及能够宣布它的侵略胜利了"。这明明是故意夸大其词，因为目前涉及的问题只是可否向一个在停火后补给线被违反停火的以色列切断而断粮的军队提供非军事物资。

但是，在新的危机发生前，安瓦尔·萨达特总统打破了僵局。他同意跟以色列进行直接军事谈判，以求解决沿着开罗-苏伊士运河公路补给他的第三军团的问题。埃及总统唯一的要求就是先允许一个补给车队通过，免得他的士兵饿死，以色列同意了。

10月28日星期日凌晨刚过，在开罗-苏伊士运河之间的公路上的101公里标记处，埃及的阿卜杜勒·贾马斯中将和以色列的阿哈龙·亚里夫少将相向而行，僵硬地敬礼，而后握手。101公里的标记注定将成为一个里程碑。它标志着以色列独立以来，以色列和阿拉伯代表首次展开了直接和平谈判。

从此,在阿以争端里,谈判取代了武装冲突。这对基辛格而言是一项重大的外交成就。虽然他的策略在战争期间看起来是鲁莽的,但产生了他希望实现的结果:一个需要复杂谈判的军事僵局。结果,苏联失去了它的影响力,而美国历来与阿拉伯国家发展关系的困难得到克服。

虽然以色列名义上赢得了战事,但是现在看起来它的军事优势已不再能保证它的安全。它也不再是美国在该地区的唯一或主要客户了。

同样,虽然埃及和叙利亚名义上吃了败仗,但它们在政治上成了赢家。它们打破了一个它们无法忍受的现状,而在这个过程中它们挺住了,并且避免了屈辱的下场。5个世纪以来,阿拉伯的式微和无力感开始消退。争取至少归还一部分1967年被以色列夺取的被占领土的谈判已不可避免。[16]

至于缓和,1973年的10月的赎罪日战争和核警戒反映了缓和的局限性和优点。在一个月后的一次记者会上,基辛格说,缓和"在解决这次危机上发挥了作用,但是由于它不够牢固,所以没有能防止危机发生"。对缓和一直持怀疑态度的詹姆斯·施莱辛格公开说了基本上同样的话。他在一次记者会上说:"我觉得,能和苏联一道做出两次停火安排这个事实见证了缓和的成功。"

1972年莫斯科峰会上签署的原则所界定的缓和的一个组成部分,是双方都不会通过花招策略做"损害对方,谋取单方优势的努力"。任何人都不应该把这种承诺过分当真,但是如果说在赎罪日战争里用了什么花招策略,那也主要是美国玩的花招,而且玩得很成功。基辛格在他的回忆录里没有用外交辞令,直接承认:"那时对缓和争议越来越大,有人大声叫嚣,说我们被苏联莫名其妙地骗了。其实正好相反,我们的政策是在减少并在可能情况下消除苏联在中东的影响力,这种政策在缓和的幌子下事实上取得了进展。"[17]

杰克逊参议员和其他强烈支持以色列的人之所以对缓和感到不安,并不是因为他们认为美苏合作是虚幻的。正好相反,他们担心缓和搞起真格儿的,就可能对以色列不利。莫斯科和华盛顿关系紧张程度降低的话，以色列可能会被迫做出让步。

对于基辛格而言，1973年10月的胜利彰显于他在减少苏联在中东的影响力的同时，还能与苏联保持良好关系。经历了这次战争，甚至那一夜的核警戒，也没有对缓和造成持久的损害，这一点令基辛格欢欣鼓舞，而且他也有理由感到自得。

在埃及和以色列的将军首次握手的那一天，苏联驻联合国代表雅科夫·马立克对于一个早已解决的小差错发了大脾气。那时，基辛格正在庆祝他的胜利。他对已成为美国驻联合国代表的约翰·斯卡利说："你叫马立克别那么冲动，否则我就把他发配到西伯利亚去。我跟勃列日涅夫的关系比他更亲近。你问他有没有被勃列日涅夫亲过嘴，勃列日涅夫可是亲过我的嘴的。"

通往日内瓦的路，1973年12月

亨利·基辛格足迹遍世界，但从未踏足任何阿拉伯国家。这个情况在1973年11月他连访5国后改变了。首先他到访摩洛哥和突尼斯，在那里他初次检阅仪仗队，显得有些不知所措，然后他到埃及与安瓦尔·萨达特总统会晤，这次会晤将确立他的中东战略的成功。

那个战略虽然高明，但也有风险。如果基辛格的战略能成功，它就有可能改变中东的联盟格局，使之朝着有利于美国的方向发展，其影响之深远不亚于他的中国之行和缓和政策给战略平衡带来的影响；如果他的战略失败，以色列会骂声一片，阿拉伯国家可能极端化，战争概率可能增加，与莫斯科的合作可能破裂。

在一开始，这个战略包含以下5个主要组成部分。

- 他主张不要再争吵让以色列回到10月22日停火线，而是希望说服以色列和埃及直接谈判一个更宏伟的"脱离接触"协议，让以色列从苏伊士运河撤离所有军队。
- 为了履行停火协议里呼吁的当事方在"美苏赞助下"进行直接

谈判，并防止苏联插手，他主张于12月在日内瓦召开和平会议。这个会议的附带好处是，它将建立以色列和阿拉伯国家直接进行政治谈判的先例。但开这个会其实只是做个样子，他不容许会议干扰他成为媾和者的个人野心。

- 他将确立一个原则，那就是只有美国——而不是苏联或者没脊梁骨的欧洲——掌握和平的钥匙。阿拉伯国家只有跟美国打交道，才有可能要回它们的被占领土。他在一次非正式午餐会上向国防部长施莱辛格和其他高级官员解释："我们的策略必须是，当苏联、英国和法国催促时，我们就拖——让它们都知道只有我们的话能兑现。所有的阿拉伯国家都会找我们。"

- 他主张不寻求阿以争端的所有方面的全面解决，而是在双边基础上，先是与埃及，然后与叙利亚，再然后可能与约旦，通过一个"逐步"的进程谈判以色列小规模撤军的协议。暂时不谈如巴勒斯坦问题、以色列最后边界和耶路撒冷地位等根本性议题，而是谈判可行、具体的协议。

- 美国（也就是基辛格）在没有苏联参与下调停这些双边谈判，这样就可以进一步缩减苏联在该地区的影响力。

基辛格对于这次与他从未谋面、他认为多半是个小丑类人物的萨达特总统的会晤，比往常更具戒心、更为紧张地拼命咬指甲。他甚至担心自己的人身安全。他私下告诉埃及外长伊斯梅尔·法赫米，他的父母劝他取消此行（法赫米半开玩笑地回忆，当法赫米向他保证他即使走在开罗的大街上，也没人会认出他来时，基辛格又很失落）。此外，基辛格从未跟任何阿拉伯领袖打过交道，对于如何对付他们，他心里完全没底。

11月7日这一对很不相称的人现身在开罗近郊的塔赫拉宫的阳台上：在阿拉伯世界面前代表美国的是一位胖乎乎的，穿着不合身、皱巴巴的蓝色西服的德国出生的犹太人；把他当作久违的老友接待的是一位高大挺拔、肤色黝黑的前恐怖分子，他虽出身农民家庭，但举止十足贵族气，穿着熨烫得笔挺的卡其长袍，外套一件萨维尔街定做的羊绒大衣。

他们彼此立刻被对方的风采吸引，而且相互的欣赏长时不减。

基辛格发现奉承话是世界通行的语言。他问萨达特，你攻打以色列怎么那么"出其不意"？萨达特一面抽着烟斗，一面微笑，兴奋地讲述他是如何做到的。他讲完后，他们开始谈论和平的概念。基辛格后来回忆，他们把和平当作"心理而不是外交问题"来谈。

但是这种天马行空不着边际的讨论不可能永远继续下去。最后，萨达特陡然回到人间话题。他问："我的第三军团怎么办呢？10月22日的停火线怎么样呢？"

基辛格说，有两个选择：要么埃及和美国可以竭尽全力试图迫使以色列退到停火线；要么他们可以花同样的工夫，稍微多一点儿耐心，尽可能安排部队的真正脱离接触，而使以色列从苏伊士运河撤退。与此同时，可以安排源源不断地供应非军事物资给第三军团。基辛格说，萨达特可以做出选择。不管他做哪一个选择，基辛格都会尽其所能地提供协助。

萨达特坐在他的镀金扶手椅中，默默沉思。他没有讨价还价或者尝试诈取什么让步。两三分钟后，他说他选择基辛格偏向的全面脱离接触，而不坚持纠正围困他的第三军团的以色列违反停火行为。此外，他将开展与美国恢复全面邦交的进程。

萨达特大手一挥，埃及随即从依赖莫斯科转而依赖美国，他实际上不仅搁置了第三军团的问题，也搁置了寻求全面和平的战略。他这样做就为基辛格的"逐步式"谈判铺平了道路，而这种谈判方式成为基辛格的穿梭外交的基础。

这是萨达特的典型作风：从他展开中东外交新时代的那个早晨，到四年后他决定访问耶路撒冷，将那个进程带入高潮的那一天，他一再显示他是为了国家利益敢于作为的能手。基辛格后来写到他时说："有智慧的政治家知道，世人对他们的评价在于他们启动的历史进程而不在于他们在辩论中的得分。"

基辛格兴奋不已。他把坐在草地上的约瑟夫·西斯科和哈菲兹·伊斯梅尔叫来。萨达特说："我们就称它为西斯科方案。"

基辛格笑着说:"如果它失败了,我们就称它为西斯科方案。如果成功了,我们就称它为基辛格方案。"

当记者被放进来时,一位记者问埃及总统,这是否意味着美国会减少对以色列的空运。萨达特说:"这个问题你应该问基辛格博士。"

基辛格说:"幸而我没听到这个问题。"

记者说:"那我愿意换个方式问这个问题。"

基辛格回答:"那我就换个方式回答吧。"[18]

但是,还剩下一个麻烦问题:基辛格已经养成习惯,他没有尊重他名义上为之谈判的盟友。他既没有跟以色列商量,也没有亲自到以色列介绍这个交易内容,他派了他的助理西斯科和哈尔·桑德斯到以色列。

果尔达·梅厄和她的内阁却不愿意接受他的谈判方案。萨达特也许觉得为了国家利益他必须敢于作为,但是以色列领导人觉得,为了他们国家的安全,他们需要不断地、艰苦卓绝地保持警惕,这是可以理解的。

基辛格还有一个习惯,他偏好外交的模棱两可——创造性地模糊问题,就像他在越南谈判中所做的那样——但是偏偏以色列是很计较细微差别的,那种吹毛求疵、鸡蛋里挑骨头的程度连《塔木德》学者都自叹弗如。例如,基辛格安排了通往被围困的第三军团路上沿途设置联合国检查站,以色列要求讲明白以色列仍然"控制"那条路。最后,西斯科和桑德斯把这些以及其他一些问题都放进与以色列订定的私下"谅解备忘录"。

美国和以色列之间这些附在所有和平方案后面的谅解备忘录此后成为例行做法,有时它们的重要性甚至超过协议本身。但是谅解备忘录有一个问题:由于中东当时的气氛以及以色列政界的闹腾,要将它们保密是不可能的。所以基辛格和他的属下与以色列搞出的小协议和"解释"不断被曝光。

与此同时,在101公里标记处的直接谈判进行得比基辛格想象的还要顺利,顺利得令他不安。原来,基辛格害怕的不是双方之间产生分歧的危险,而是产生真正协议的危险,因为他担心可能无法控制这样的协议,也无法为之邀功。以色列的亚里夫将军和埃及的贾马斯中将坐在沙漠中那个孤立的帐篷中，即将推翻所谓军人不懂得谈和的格言。一旦他们澄清了开往第三军团的车队的道路规则，他们就开始讨论部队全面脱离接触的宏大计划。

对于以色列而言，这是证明它没有美国的辅导也能自己进行谈判的机会；对于埃及而言，这是加速达成协议，让第三军团解困的机会。而对于两位将军，他们在沙漠中讲的有关他们获得诺贝尔和平奖的俏皮话并非完全是开玩笑的。

虽然两国政府的官方立场相距甚远，但是两位将军都得到提出非正式建议的授权。以色列的亚里夫建议，如果埃及同意在苏伊士运河两岸各设置30公里的半非军事区，以色列的部队可以撤离运河西边，后退12公里。埃及的贾马斯提出反建议，要求以色列军队后退再远一些，缩小限制区，在两军之间设置联合国缓冲部队，然后敲定以色列未来从西奈撤军的时间表。

虽然离协议还很远，但两位将军正在朝着基辛格所希望由他自己谈判出来的那种脱离接触协议迈进。基辛格不但没有替他们打气，还开始想法子拖他们的后腿。

他的动机往往是正当的政策考虑掺杂着个人的虚荣心。他担心如果两位将军在12月18日日内瓦会议召开前达成脱离接触框架协议，在日内瓦会议上一开始就得讨论较有争议的问题。此外，美国如果成为不可或缺的调停者，就可以稳操在该地区发挥更大影响力的胜券。从个人层面上说，基辛格其实说白了就是喜欢亲自控制重要谈判，然后当然可以获得荣耀，而且说不定还能拿诺贝尔和平奖。

基辛格问迪尼茨大使："亚里夫在那里卖的是什么药？你叫他歇着吧……万一亚里夫搞成脱离接触，成为英雄，那么到了12月18日要讨论什么？"

在基辛格的要求下，萨达特和梅厄要他们各自的将军在101公里标记处的谈判踩刹车。以色列大使虽然通常是力挺基辛格的，但也觉得这次基辛格的做法主要是为了满足他的自我感觉。迪尼茨回忆："基辛格的看法是，如果要有任何让步，那也得是他促成的。他发现两位将军在

101公里标记处就快要把问题解决时,他很不开心。我们只好叫将军们踩刹车。虚荣心是他的弱点,但也是他展现伟大的原因。"[19]

在华盛顿,尼克松总统被他自己那种嫉妒心折磨着。基辛格满世界跑,出现在头条新闻里(而且在他的讲话里从来不提总统的名字),还得了诺贝尔和平奖,而尼克松每天都被水门事件煎熬着。为了证明他才是老板,灭一灭基辛格的嚣张气焰,12月初,基辛格刚飞往中东去敲定日内瓦会议的最后计划,尼克松突然召苏联大使多勃雷宁到白宫。黑格和斯考克罗夫特试图阻止这次会晤,但是尼克松不为所动。他告诉他们,他要跟多勃雷宁讨论中东问题,而且他要在没有旁人在场的情况下私下跟他讨论,会晤进行了约半个小时。

斯考克罗夫特知道,当基辛格发现尼克松掺和到中东外交里,而且,更糟的是,还把苏联扯进来时一定会被气疯。斯考克罗夫特在发给人在埃及的基辛格的电报里说:"我问问黑格,看他有没有办法问出来讨论了什么,然后当然会立刻转告你。我知道这件事很令人不安,但所幸没有发生更糟的事。"

基辛格后来写道:"最后那一句显示斯考克罗夫特的巧妙和细腻。我对那次会晤没办法像他那样客观地看待。"基辛格满腔怒火的电报在不眠之夜一封封发回华盛顿。斯考克罗夫特回电解释可能发生而没有发生的更糟的事情是:尼克松本还打算召见沙特大使,但是被黑格挡下了。基辛格回忆道:"等我的气消下去时,已是开罗黎明时分。"[20]

在组织12月的日内瓦会议上,基辛格的唯一失败是没有能促成叙利亚的参与。对于哈菲兹·阿萨德总统来说,他的国家几个世纪遭受外国欺凌,这种感觉已经深深烙印在他的灵魂里,所以他是个怀疑心很重的人。当基辛格到了大马士革,他看到叙利亚总统坐在一幅宏大的油画下,画里的萨拉丁正击溃残余的基督教十字军东征的士兵。

基辛格试图用幽默和奉承打动阿萨德。他知道阿萨德在学英语,基辛格表示愿意帮忙,他说:"你会成为第一个会说带德国口音的英语的阿拉伯领袖。"他以为叙利亚人和其他阿拉伯人一样对他在女人方面的成功感兴趣,所以基辛格说了几个黄笑话。基辛格还拿西斯科开玩笑,说自己把他带在身边是因为担心他如果留在华盛顿会领导政变把自己推翻。这个笑话终于赢得阿萨德扑哧一笑，阿萨德自己也是在 1970 年叙利亚替巴解组织在约旦发动战争失败后通过政变上台的。

当基辛格提起日内瓦会议时，阿萨德表示在那之前应该在以色列军队撤离他的领土方面取得一定进展。他说："在日内瓦会议前，应该先有一个脱离接触协议。"

基辛格说："你想想看，我花了四年时间才解决了越南战争的问题。"

基辛格没有继续纠缠于这种大问题，而是跟阿萨德讨论组织日内瓦会议的细节：邀请函该怎么措辞，多快可以召开，邀请函中如何提及巴勒斯坦。

突然，阿萨德似乎变得比较好说话。如果需要延迟几天，他没有问题。有关邀请函的问题都是小事，他愿意随萨达特的意思。基辛格问："那么关于'其他参与者'的提法呢？"这指的是提到巴勒斯坦的委婉语。

阿萨德说："你和萨达特总统同意怎么写那封信，我都可以接受。"

基辛格开始觉得，阿萨德是个难缠的主儿的名声恐怕是言过其实，对信中内容他会有什么意见呢？

阿萨德说，有，信中有一部分"不正确"。

基辛格问，哪一部分呢？

阿萨德故作平淡地说，"信中说叙利亚同意参加会议，可我并没有同意啊"。[21]

基辛格先是一愣，然后他突然意识到阿萨德对于邀请函的措辞那么无所谓，原来是因为他根本没打算参加那个会议。

但是，基辛格很快下了结论，叙利亚拒绝参加日内瓦会议反倒是好事，因为这样就可以避免一开会就爆发大矛盾。基辛格回忆道："说白了，没有叙利亚参加，对我们更好。"

他在大马士革吃了瘪，回到以色列时正好可以拿那事开玩笑。基辛格模仿阿萨德的样子，把他演成能屈能伸的伟大典范，然后——像对准后颈的猛力劈击一般——他提到他不打算参加会议。基辛格演得惟妙惟肖，可以媲美后来他在萨达特面前表演的他如何与果尔达·梅厄——他称她为"以色列小姐"——讨价还价到天亮时分的那场戏。

当日内瓦会议于12月21日在有一个空席位的情况下召开时，基辛格讲了一段与这个重要历史时刻有同样分量的语重心长的话。他说："阿拉伯人和犹太人的命运自古以来就息息相关，起则同起，落则同落。"在近几个世纪，犹太人离散了，阿拉伯人被殖民者压迫。但是过去25年里，他们都有了决定自己命运的机会。"在阿拉伯人和犹太人的土地上，不信任、猜疑和仇恨的现实很不幸地与这块土地孕育的心灵教导相悖，因此我们必须让和解的声音响彻这块土地。"[22]

这次会议的重要性不在于会上发生了什么，因为什么也没发生。重要的是办成这次会议，使之能为阿拉伯人和以色列人自1948年以来第一次在政治级别上举行面对面和平谈判盖上认可的戳记。此后，基辛格主要的挑战就是让这个会议风平浪静，好让他在没有苏联插手的情况下进行他逐步双边会谈的进程。数月之内，区域的每一个国家都视美国为区域的最强大势力，基辛格是那个倍增影响力的化身，因为在很大程度上这是他的杰作。

第 24 章

穿梭外交：逐个拿下以色列、埃及、叙利亚

> 他喜欢巧妙的操作胜过正面攻击，而他的理性思维往往使他误把一份写得很好的宣言当作已经完成的任务。
>
> ——基辛格论梅特涅 《重建的世界》，1957 年

第一次以色列-埃及穿梭外交，1974 年 1 月

穿梭外交的诞生并非计划生育。当以色列国防部长摩西·达扬于 1974 年 1 月初，即日内瓦会议象征性开幕式会议召开一个月后抵达华盛顿时，他带来一份新的部队脱离接触建议。达扬建议由基辛格亲自将该建议转交给萨达特，这既与基辛格的本能一拍即合，而且还满足了他的自我感觉。

于是，基辛格前往埃及的阿斯旺，那是萨达特过冬的地方，在那里埃及总统提出了一个同样有吸引力的建议：基辛格何不就留在中东，自己调停细节的讨论，争取尽快达成协议，而不必将问题拿到日内瓦会议的工作组讨论？所以在基辛格往返耶路撒冷后，一种新的外交风格诞生了。当下一次的行程开始时，兴高采烈的约瑟夫·西斯科欢呼："欢迎登上埃及-以色列穿梭机！"[1]

在其后的两年里，基辛格 11 次飞到中东进行了 4 个回合的重要谈判。1974 年 1 月的第一回合导致了在埃及战线上的军事脱离接触，以色列部队从苏伊士运河后撤。接着基辛格进行了为期 34 天，24230 英

里的马拉松式长跑，访问了耶路撒冷 16 次、大马士革 15 次，中间还去了其他一些国家，而于 1974 年 5 月达成叙利亚脱离接触协议。唯一的一次失败是 1975 年 3 月第二轮埃及-以色列会谈破裂。但是基辛格在那年 8 月挽回局势，以色列同意在西奈半岛进一步撤军。

基辛格决定自己主持第一次西奈半岛脱离接触会谈，而不将它交由日内瓦会议讨论，这一决定把苏联排除在进程之外。此外，基辛格承认"当然，这里面也有虚荣心的成分"。他不情愿放弃对一个外交倡议的控制，这通常出于两重考虑：其一，他认为别人不可能做得比他好；其二，同样令他担心的是，可能会有人做得跟他一样好。

所以，按照他自己说的，当他在 1974 年 1 月发现，以色列在日内瓦会议的代表在会上提出达扬私下向他提的一些想法时，他"极为惊恐"。就像他阻止了两位将军在 101 公里标记那里自己谈成脱离接触协议一样，这一次，基辛格也催促以色列撤回在日内瓦会议上提出的建议。虽然他现在是国务卿，掌握了前向和背后渠道，但他还是极度不愿意使用官方渠道。

达扬方案的核心是，以色列把它所有的军队撤到苏伊士运河东边约 20 公里的一条线外。在约 10 公里处设置联合国缓冲区，在每一条线后面 40 公里范围内限制军队、坦克和导弹的数量。其他内容包括中止交战行为，重开苏伊士运河。

萨达特绝不可能对这个建议照单全收，因为除了其他原因之外，40 公里范围的限制区已经延伸到埃及本土（非西奈）的部分。但那个建议是个不错的讨论基础。萨达特（比他的将军或以色列内阁更清楚地）认识到，细节其实不重要。如果协议导致持续的和平进程，这些第一阶段的界线很快会成为次要的脚注；如果不然，那么其后发生的敌对行动将使得建议的地图失去任何意义。重要的是，如果谈成了脱离接触协议，那将是自 1956 年以来以色列第一次从它占领的相当大片的土地撤出。

所以，萨达特马上同意以色列的前沿阵线就定在达扬建议的那里，这令基辛格大吃一惊。萨达特只要求简化限制区的方案。他建议，两国都不应该部署可以打到对方主力部队的导弹或大炮。萨达特说，达扬建议只允许埃及两个营留在运河东边，这是对他打下那块土地的军队的侮辱。他要求10个营和一些坦克。但是他对于一个不久前还是敌国的使者摆出了信赖姿态。萨达特要基辛格帮自己争取到最好的数字。无论他从以色列那里能争取到什么，埃及都会接受。

在耶路撒冷，基辛格发现那里的谈判者愿意就埃及可以留在运河东边几个师的问题讨价还价。伊加尔·阿隆告诉他："关于几个营的问题，我们内部有争议，因为当我们说两三个营时，我们是认真的。如果你能说到五六个营，你就能拿本-古里安奖了。"不容易的是，阿隆和萨达特在跟基辛格打交道时都把他当成替自己一边讲话的人。

基辛格回答："6个营是不可能的。"

阿隆说："如果他们坚持10个，而我们坚持6个，那么也许8个营可以吧？"

基辛格告诉他，如果坚持较低的数字而寄望于以后会有妥协，是愚蠢的。如果以色列可以接受8个营，那一开始就说8个。基辛格警告："如果时间拖得太久，他［萨达特］的顾问们就会反对这个建议。"以色列授权基辛格第二天回到开罗在必要时可以接受8个营。

萨达特同意了这个数字，但他不情愿与埃及不承认的以色列签一个包含埃及在哪里部署军队、何时重开苏伊士运河的承诺的协议。于是基辛格又出了一个他归功于萨达特的想法，就是把所有这些安排都写进埃及和以色列分别致美国的信中。美国则致函给另一方提供这些保证。虽然有点复杂，但实施得蛮顺利。

到1月16日星期三，尼克松在飞机上收到的喜庆报道显示基辛格已接近成功。在白宫，被水门事件缠身的尼克松渴望沾点光，他和葛罗米柯一样都感觉自己被靠边站了。于是他要黑格和斯考克罗夫特各发一封电报给基辛格，要他在达成任何协议前先回华盛顿。这样尼克松就可以在公开场合就基辛格缔结协议前向他下达总统的指示，也让总统分享一部分功劳。

可想而知，基辛格当然是不干的。等了一天后，他发回电报说，此时离开该地区很可能使谈判"功亏一篑"。

基辛格违抗了尼克松的命令，把将近完成的协议带给萨达特，萨达特自发地决定口授第一封现代埃及元首致以色列的直接信函。其内容对基辛格个人所发挥的作用给予高度认可。在他给果尔达·梅厄总理的信中，萨达特宣称："今天我谈和平，我是认真的。我们以前一直没有接触。现在我们有基辛格博士的斡旋。让我们对他善加利用，通过他彼此交谈。"

果尔达·梅厄因为罹患带状疱疹，一个星期都足不出户。当基辛格抵达以色列时，正赶上几十年未遇的大雪。在以色列军车的协助下，他终于得以携带萨达特的信抵达她家，并且把信读给她听。

她的简洁反应是："这是好事。他为什么这么做？"当天稍晚，她草拟了回信。她这样写："我深切意识到以色列总理从埃及总统收到的这封信意义重大。"她表达了和平的意愿，在结尾也赞扬了基辛格："我们非常幸运有我们双方都信任的基辛格博士，而他愿意以他的智慧和才干为和平事业服务。"

脱离接触协议的最后细节很快得到同意，并且由埃及和以色列军事首脑在101公里标记处签署。那时基辛格已经返回到萨达特在阿斯旺的夏天官邸，萨达特刚读完果尔达·梅厄的信，一位助理进来告诉他协议已经签署。萨达特宣称："我要脱下我的军装。从此除了典礼仪式的场合，预计我再也不会穿上军装了。告诉她，这就是我给她的回信。"

当天下午，尼克松在白宫新闻室宣布了达成的协议，让他短暂地摆脱他的国内烦恼，喜庆了一番。但大部分荣耀还是给了基辛格：哈里斯民意调查发现，85%的美国人觉得基辛格干得很好，这是自从有哈里斯民意调查以来，政府官员得到的最高评价。两份以色列报纸在头版也把基辛格描绘成和平天使。在埃及，群众大规模庆祝。在叙利亚，民众的愤懑变成私底下希望他们的国家在基辛格下一次斡旋的名单上。

只有在莫斯科，谴责之声不断。勃列日涅夫在给尼克松的正式信函里抱怨，美国罔顾先前达成的谅解，就是在处理中东问题时要和苏联一起努力。对于基辛格，这个可怜兮兮的抱怨是他能得到的最好的赞扬。他的外交政策的核心目标就是减少苏联在全世界的影响力，现在他已证明，通过孜孜不倦的外交努力，他终于实现了这个目标。[2]

基辛格的谈判风格：概观

在所有的穿梭外交任务中，基辛格都使用了林登·约翰逊担任副总统时使用的波音707。机上的老古董家具包括林登·约翰逊摆在中间机舱的一个巨大的肾脏形的会议桌和椅子。桌子和椅子都可以用液压装置调整高度。基辛格不懂机械，有时不小心把桌子和椅子朝着相反的方向调整高度时会危及他的庞大腰围。

机上还有基辛格可以洗浴的隔间，一个约瑟夫·西斯科统治的幕僚空间，在机舱后段通常还有14名记者的座位。机上一位服务员能把基辛格模仿得惟妙惟肖，有时他会偷偷走到劳伦斯·伊格尔伯格身后，用低沉的声音发出一个荒唐的命令，把这位平常腿脚不甚麻利的助理吓得跳起来。机上还有最多35名特勤人员随行，军事空运司令部的运输机先他们一步，把两部加长防弹轿车运抵每一站。

就像在竞选中使用的飞机上一样，在基辛格的飞机上也形成了一种《愚人船》式的同志情谊，特别是在常常跟着飞的记者之间。全国广播公司的理查德·瓦莱里亚尼制作了一些印有"释放基辛格14"字样的徽章，这14人通常包括他自己、美国广播公司的泰德·科佩尔、哥伦比亚广播公司的伯纳德或马文·卡尔布、《华盛顿邮报》的玛丽莲·伯杰、《纽约时报》的伯纳德·格维茨曼、《时代》周刊的杰拉尔德·谢克特和《新闻周刊》的布鲁斯·范·沃斯特。在大多数航程中，基辛格会邀请记者到他的会议室，或者踱步到后机舱蹭一些肉糕吃。在那里他会以"某高级官员"的身份对于谈判进程给一些（不得引述来源的）背景吹风。事后读起来，这些吹风更多的是旨在抛出炫人眼目的概念，而不是提供一些能一新耳目的有用事实。

在他涉足中东集市之前，基辛格偏爱的谈判哲学是先在心中定一个他希望得到的结果，然后开始摸索实现那个结果的方法。他在1973年的一次吹风会上说："在谈判里，如果你还不知道自己要走到哪里，就先提出具体建议，那简直就是自杀。"他很欣赏中国人的谈判方式：他们先定下一个体现双方基本原则的合理解决方案，然后一步到位。让步是自愿的，而不是在压力下做出的，这样就会促使对方投桃报李。

表面上，基辛格在阿拉伯-以色列间的穿梭外交中使用的逐步谈判的方法似乎违反了他的哲学。这种方法往往沦为每公里竞逐，双方纠缠于细枝末节的让步而没有漂亮地一步到位，实现一个合理解决方案。

但逐步谈判不仅仅是个方法，它是基辛格想要的结果的基础。他觉得不需要，也没有机会，取得一个全面中东和解协议，解决诸如巴勒斯坦问题这样的根本性问题。他觉得最好的解决办法就是说服以色列撤离它占领的土地，而同时诱使阿拉伯国家接受以色列这个国家和它享有安全边界的权利。逐步谈判能发挥奇效就是因为从一开始就定下这个隐含的结果。

通过个人关系在中东开展外交，基辛格得以运用政治家之间的所谓友谊产生的无形善意。以色列前国防部长伊扎克·拉宾说："他打造了一种个人关系，一种在某种意义上使得人们不得不信守与他的承诺的强烈关系。"[3]

在外交事务中，这种个人因素的作用——相对于冰冷的国家利益的盘算——被许多史学家忽视，基辛格自己在学术界那些年也不例外。但是个人的信赖关系带来的压力和诱因也可能成为像穿梭外交这种紧张的高压谈判气氛的一部分。

这在中东尤其如此。在阿拉伯世界谈判的心态不仅仅是价格上的谈判。一位中东问题学者爱德华·希恩说，在达成协议前的某个时间点，"买卖双方也必须建立一种个人关系，一种可以激发友情的相互信赖盟约"。基辛格很喜欢激发友情，特别是在谈判中。希恩说："毕竟他是个闪米特人。"[4]

他打造的最重要的个人关系也是最没有预想到的，那就是他与埃及的安瓦尔·萨达特的关系。基辛格经常以敬重的语气提到萨达特是个"先知"。在基辛格心中，除了对周恩来，没有对任何其他政治家表露如此的尊重和喜爱。

当基辛格在 1974 年 1 月离开阿斯旺，开始他的第一次穿梭外交时，萨达特带基辛格到他别墅的一处热带花园，在杧果树下亲了基辛格。他说："你不但是我朋友，你还是我的兄弟。"（吃了一惊的基辛格后来告诉随行的新闻记者："以色列人没有得到更好的待遇，是因为他们没有亲我。"）

基辛格跟果尔达·梅厄的关系就曲折多了，就像一个意志很强的犹太母亲和一个成功但不知感恩的成年儿子之间的关系。基辛格经常问迪尼茨大使和其他人："果尔达·梅厄是不是恨我？"他们总安慰他说，不是的，但是他们同意，二人经常争吵。

梅厄夫人很固执、脾气火暴，始终不渝地追求她的国家的安全，她与基辛格在一起的大多数时间都是在教训他，基辛格很不欣赏她的这个习惯，所以常常称呼她为"那个荒谬的女人"。梅厄在 1973 年 10 月开战后飞到华盛顿之初，她拒绝见基辛格，然后他又拒绝见她。最后当晚两人终于见了面，一直聊到凌晨 1:00。

虽然她很能令他又气又不顺心，但基辛格对她还是有一定感情的，因为他理解果尔达·梅厄对于她的每一个国民的安全的强烈牵挂，也因为他和她一样在感情上非常在乎以色列的生存。在一次长谈中，当基辛格敦促她变得更像萨达特一点儿时，她反问："你要我怎么样？我毕竟是 19 世纪出生的人。"

基辛格回答："我的专长正是 19 世纪。"

梅厄夫人在 1974 年作为以色列总理最后一个官方活动就是为基辛格举行了一次招待会。在会上，基辛格在众人的笑声中给了她一个大吻，比他给萨达特或从萨达特那里得的吻还要大。她说："我没想到你会亲女人。"

基辛格跟以色列副总理和首席谈判代表伊加尔·阿隆有更亲近的，但同样十分紧张的关系。阿隆曾经参加过基辛格在哈佛大学办的国际研讨会，虽然基辛格觉得他不太懂得反思，但对他还是有很深的感情。基辛格在 1959 年到以色列在一个研讨会担任讲员时，他就住在阿隆在加利利海边的合作农场里。有一天晚上，当他们看着船陆续出海时，阿隆解释为什么以色列的渔夫贴近叙利亚海岸撒网。阿隆说："鱼都聚集在那里，因为约旦河在那里入海。鱼跟人不一样，它们喜欢逆流而上。"

基辛格答道："幸而不是所有人都是一样的。伊加尔，你和我命定是逆流而上的人。"也许是这样的吧，最起码，他们命定要处理加利利海彼岸那个叫作戈兰高地的地方。

基辛格费了很大的劲儿也没有能够与埃及外长伊斯梅尔·法赫米建立像他与萨达特的那种关系。1973年10月开战后，法赫米抵达华盛顿的第二天，基辛格跟他说："我们只见过两次面，但是感觉上我觉得我们像老相识。我认识阿巴·埃班6年了，我还是称呼他部长先生。至于你，我觉得我们可以彼此以名字相称。我可以称呼你伊斯梅尔吗？"

法赫米没有表示不同意，但是他没有成为基辛格的朋友，也没有成为他粉丝。他后来写到基辛格时说："他打扮成和平使者和中间人的角色，干的尽是袒护以色列的事。那也不奇怪，因为他自己是犹太人，他曾经亲自跟我说，他父母是'极端、狂热的犹太人'。"[5]

引发法赫米鄙视的是他发现基辛格的两面性。他说："他总是诅咒以色列人，讲一些有关以色列领导人的笑话或不恭维的话，借此掩饰他的偏向，让我们误以为他站在我们这边。很不幸，他这些明摆着的花招对萨达特蛮管用的。"

基辛格的两面性是许多跟他打过交道的人所诟病的，但不能简单化地看待。外交上不争的现实就是会把真实赋予不同的色调，有时甚至跨越欺骗的界限。基辛格不是在进行提高外交工作道德标准的圣战，就像魅力与虚伪，外交与两面性之间的界线很难区分。

基辛格是个很聪明的人，有时聪明过了头。所以他的一言一行、他的玩笑话和风格往往是刻意为了讨好当时的对话者而调整的。当基辛格描述他们眼前的景色时，他会对一边强调山丘，而对另一边强调低谷；为了讨好，他会跟一边讲另一边的故事或荒唐事。在叙利亚时，基辛格语带讽刺地称果尔达·梅厄为"以色列小姐"；在以色列，他又会讲一些有关阿萨德的粗俗笑话，还模仿沙特阿拉伯国王费萨尔大谈共产主义和犹太教之间的联系。

可是，基辛格的聪明也表现在他很谨慎地避免公然的两面性和两面手法。分析一下他说过的话——包括他在无意间说过的话的记录——就会发现他字斟句酌地避免直接与和另一个人说过的话相矛盾。他会将某些信息按下不表，甚至听任一个人被误导，这当然接近"欺骗"的定义，但是他很少在谈判中赤裸裸地说谎。他后来说："我可能对一些事情秘而不宣，但那和欺骗是两回事。"

在一篇讨论外交政策中的耍手腕和迂回的文章里，基辛格曾写道："我比较同意梅特涅的观点，即在谈判中完全直来直往的坦率的人是最难对付的。"从梅特涅的实际行动看不出他是否真的持这种观点，也看不出基辛格持这种观点。以色列的伊扎克·拉宾说："基辛格有师法梅特涅只说一半真话的做法。他没有说谎，如果说谎，他就没了信誉，但是他没有将事实和盘托出。"

后来成为以色列总理的西蒙·佩雷斯说："如果你不仔细听他说的每一个字，你可能被他糊弄过去。但是你仔细听了他说的每一个字，你又发现他没有说谎。"但是佩雷斯并不因此认为基辛格是诚实的。他曾经私下跟拉宾说："我尊敬基辛格，但他是我见过的城府最深的人。"

佩雷斯在1974年担任国防部长时曾对他的同事就伊加尔·阿隆即将出访华盛顿一事做出严峻的预言：

我告诉你们事情会怎么发展吧。伊加尔抵达美国后，基辛格会告诉他："我们必须为下一阶段制定美以共同战略。"伊加尔为此感到高兴。法赫米抵达后，基辛格告诉他美国和埃及必须制定共同战略。法赫米为此感到高兴。他们都以为基辛格是站在他们那一边的。然后就会在一家以色列报纸上走漏一则不利于基辛格的报道。他就会召见西姆哈·迪尼茨，很生气地说："我可是你最好的朋友啊。"然后我们就忙不迭地道歉。

以色列人对于基辛格的行事风格怀有戒心，从当时流传的一则有关他做媒的老笑话可见一斑。基辛格决定当媒人，他告诉一位贫农，要为他的儿子找到一个绝配。农夫说："可是我从不干预我儿子的事。"

基辛格说："啊，不过那姑娘可是罗斯柴尔德男爵的女儿。"

"哦，如果是那样……"

然后基辛格去找罗斯柴尔德男爵说："我为你闺女找到了绝配。"

罗斯柴尔德男爵说："可是她年纪还太小。"

"啊，可是这男孩是世界银行的副行长。"

"哦，如果是那样……"

然后基辛格去找世界银行的行长说："我给你物色了一位副行长。"

"可是我们不需要另找一位副行长啊。"

基辛格说："啊，可是他是罗斯柴尔德男爵的女婿。"

1974年3月，在耶路撒冷召开的一次研讨会上，力主外交政策采取"现实主义"做法的汉斯·摩根索教授指控基辛格不光明磊落的风格有诸多缺点。他说："亨利很有才干，我认识他20年，我没想到他会每到一个首都，就摇身一变成为那个国家的朋友和代言人。这样的外交作风是有危险的。一开始这个做法可能有效，但是一旦有关政府发展了良好关系，自己之间直接谈判时，他的做法就无用武之地了。"

在那些年里，有时跟基辛格意见相左的詹姆斯·施莱辛格在做类似的指控时毫不留情。他认为这与基辛格的背景有关。施莱辛格说："亨利的欺骗风格在欧洲不像在美国这样受到指摘。过度的操控和玩手段在盎格鲁-撒克逊国家是不受欢迎的。"

施莱辛格补充道："亨利不了解的是，阿拉伯国家领导人会交流和比较他们所听到的故事。"事实上，基辛格至少在理论上是了解这一点的。他在穿梭外交初期给记者做的一次背景吹风会上叙述了玩弄手段的缺点："两边迟早会聚在一起交换看法。如果他们发现你跟双方说的话有出入，你就完蛋了。"

尽管他了解这一点，但基辛格还是被视为变色龙——他会对不同的人强调不同的侧重点，跟一个人说另一个人的坏话。那不单纯是谈判伎俩，而是人格缺陷。他在阿拉伯人和以色列人面前的作风与他在白宫和华盛顿晚宴场合的作风没有多大不同。为了制造亲密气氛，为了骗取信息或施展魅力，他会说一些贬损别人的悄悄话。

他理论上了解人们会交流看法和信息，但是本能上，他从未了解到。交流与基辛格会晤的故事——以及把他不经意说的话夸大其词——会成为从阿拉伯世界到乔治敦的人们的主要娱乐。事实上，基辛格不是个操控老手，看起来他是个笨拙的操控者。如果他操控得再好一些，就不会有那么多人指责他了。[6]

与基辛格对不同的听众讲不同的侧重点的倾向有关联的是他使用的所谓"建设性含糊"。在越南谈判中，他发明了有关非军事区和南越主权的含糊措辞，让双方都能够各取所需。在 SALT 谈判中，他故意对限制发射井改变大小含糊其词，后来又在谈论对空导弹限制上删除了"弹道"这个词，所以最后美苏可以有各自不同的解读。同样，在中东问题上，基辛格试图模糊一些阻碍务实的脱离接触协议的神学争论。

塔列朗在评论梅特涅的谈判作风时曾提到"他善用含糊而毫无意义的辞藻"。基辛格就有那种本领。他曾说："有时，外交的艺术就在于能把明显的东西模糊化。"例如，1969 年的罗杰斯方案非常直截了当，毫不含糊，但是它失败了。

当一名记者想请他澄清以色列和埃及对日内瓦会议的不同解读时，基辛格发了脾气："老天，就让它们都有保全面子的说法吧！如果以色列人愿意认为他们跟埃及人同在一个房间就意味着他们'直接'会谈了，如果萨达特因为有其他人在场而愿意说那是'间接'会谈，那又有什么关系呢？"

支持萨达特的埃及《金字塔报》在一开始反对这个做法。它写道："解决之道不在于用双重意义的词语写出聪明的外交文字，让各方根据自己的目的自行解读。"然而基辛格会证明，那正是解决之道。

例如，埃及和以色列每个阶段商定的准和平都有新发明的委婉语。埃及还没有准备好宣布与以色列处于全面"和平"状态，在初期的脱离接触谈判中，它连承诺两国处于"非交战"状态都不肯。当基辛格带回的以色列建议中包含 5 个不同的词都意味着交战状态已结束时，法赫米发脾气了。于是基辛格发明了新的、换汤不换药的措辞取而代之。[7]

在他之前的国务卿出访较少，比较愿意放权，基辛格和他们不一样，坚持国务院重大决定必须由他在飞机上做出。所以在基辛格出访时，国务院并不是由一位副国务卿代理，而是实际上随着基辛格在移动。有些日子，往返他飞机的电报多达200多封。到了每一站，8个装满机密工作文件的大箱子从飞机上搬到他的酒店。一篇《华盛顿邮报》的报道称这个飞行马戏班为"史上最大的流动外交政策机构"。

即便在他还只戴着总统国家安全事务助理一顶帽子时，基辛格的公文包就已经被认为是一个黑洞。他的助理不停地想各种招数诱使他处理掉等待他批示的堆积如山的文件。除了把他的行程夹在一个标示为"索南费尔特"的文件夹里放在一个秘书桌上——他们知道他一定会抓起来过目的——他的助理开始把需要他过目的重要决定的备忘录放到一些错误标示的文件夹里，例如，"赞扬的电报""斯考克罗夫特与总统的谈话"等等。

到中东穿梭外交的时代，基辛格更是一个人当几个人用。他既是总统国家安全事务助理，又是国务卿，实际上戴着四顶帽子：总统的个人外交政策顾问、国安会机构管理人、美国的环球首席谈判代表，以及管理国务院庞杂机构的内阁官员。

一个再优秀的管理人同时承担所有这些责任也够呛，更何况基辛格并不善于管理。他很不愿意放权，犹豫不决，下达命令不够清晰，时间运用上不善于分清轻重缓急，不太遵守约定时间，常常迁怒于下属，毫不掩饰对官僚机构的蔑视。当他开始频频出访，进行不知尽头的谈判，带上伊格尔伯格和洛德这样的高级官员，让无法交托重大决定的官员，如副国务卿肯尼思·拉什，留守国务院时，这些管理上的缺点就更加凸显。

结果，虽然穿梭外交带来重大成就，但是付出了代价。其他问题就没有得到他的足够重视，包括一些重大问题，如越南重启战端、北约盟国的不满完全搞砸了基辛格宣布的"欧洲年"，以及如塞浦路斯等地酝酿着的区域危机。

基辛格常常连续几天忙于处理停火安排的复杂枝节问题，以及哪些山丘和山口有争议这些细节，这种工作本来完全可以交给有威望的特使处理，自己专门处理重大问题。但是放权是不容于基辛格的性格的。

但总体而言，穿梭外交让基辛格可以放手发挥他的才能。他虽然不是个好的管理人，但他作为一个调停人的确足智多谋，而且他了解在外交上，就像在设计上一样，上帝在细节里。

他向谈判各方极为诚恳地、露骨地描绘失败的灾难性后果。基辛格警告以色列人，他们多犹豫一天，巴解组织进入谈判进程的可能性就会更加提高，美国民众就会厌烦，那时就有可能爆发战争，届时他们就必须在没有美国空援的情况下孤军奋战了。另外，他会跟萨达特说，如果战争爆发，"五角大楼会对你们进行打击"。他对叙利亚也描绘了类似情景，那就是他们除了接受解决方案，没有其他选择，因为除此之外，没有其他方法让以色列撤军。他会一再问及各方："你们还有什么选择呢？"

他最需要以色列让步，基辛格对他们特别生动地从历史角度分析了局势，告诉他们如果继续冥顽不灵，将会迎来启示录般的灾难，并自绝于国际社会。在耶路撒冷的谈判者编制了一本基辛格悲观词汇集：当基辛格说某个做法是"形同自杀"时，他的意思是"非常困难"；"不可能"应翻译为"不太可能"；"有困难"意思是"可办到"；当基辛格说，"我看我能做些什么吧"，他的意思是，"我已经从他们那里取得让步，只是还没有告诉你"。

除了这些招数之外，他还运用了比较传统的施压和影响力。在阿拉伯世界，他会承诺美国的技术投资。埃及因为是签署第一个脱离接触协议的国家，对它的未明说的奖赏是一座美国的核电厂。尼克松在1974年6月访问埃及时宣布了此事。

第二年，由于在基辛格眼中以色列的顽固，使得西奈第二轮谈判破裂，他要国防部长施莱辛格放缓对以色列的武器供应。当时施莱辛格还在为赎罪日战争的争议生气，他坚持要基辛格以书面形式下达这个命令。伊加尔·阿隆到戴维营跟他的前导师会晤，向他抱怨这个新限制，但是基辛格否认那是在对以色列施压。他承诺，绝不会把外交上的分歧和武器供应挂钩。阿隆知道这话是说给记录听的，不是真话，他感到诧异和愤怒。但是这一招儿很灵，下一次，以色列就乖多了。

基辛格就像一个推销地毯的老手一样卖力推销他的想法。阿巴·埃班说："我当时觉得如果他想卖给我们一部缺了一个轮子的汽车，他也能仅凭他三寸不烂之舌为剩下的几个轮子美言再三，而成功地忽悠我们买他的车。"基辛格似乎非常在意被拒绝，他不懈地连哄带骗。有时他好像用疲惫作为武器；他靠垃圾食物以及追求协议的刺激感补充能量，他会不断地、夜以继日地做各方的工作。一位以色列官员说："有时我觉得我被逼到为了能睡一会儿觉，不惜签任何东西的地步。"

穿梭进程本身成为他对双方不断施压的方法。新闻的旋风以及基辛格出访的喷气式飞机的速度把各方的谈判者都席卷进去，产生了一种有助于达成最后一分钟突破的势头。基辛格以善于制造谈判奇迹的魔术师知名，这个名声加强了进程的强度。因为对他有这个制造奇迹的期待，就真的促成了奇迹。接替果尔达·梅厄成为总理的伊扎克·拉宾说："我觉得这是任何其他人都做不到的。只有使用穿梭外交，才能使双方创造足以促成协议的气氛。"[8]

除此之外，基辛格通过他的穿梭外交打造的个人神秘色彩和作秀效应在美国也有它的作用。他把外交政策变得刺激有趣，特别是在醒酲的国内政治气氛下。并且，在后越南的抑郁中，他的穿梭外交的成就戏剧性地证明美国外交政策可以造福世界。就像他打造与苏联和中国的三角关系，这个高能见度、有助于提升美国失去的自信的穿梭外交，其实与基辛格的宏伟蓝图里的一个基本目标是一致的，那就是避免美国在越战之后陷入新孤立主义。

流浪的犹太人

在 1973 年 12 月他访问耶路撒冷行程即将结束时，基辛格摆脱了随行的记者团，去参观犹太大屠杀纪念馆。这是纪念在纳粹反犹大屠杀中丧生的 600 万犹太人的场馆。此行并非出于他的主动要求，以色列要求每一个来访的政治人物到此参观,以便更好地了解以色列是怎么一回事,对他也非例外。虽然作为来自菲尔特的难民,基辛格不需要上这堂有关犹太大屠杀的课,但以色列有些人认为他作为美国国务卿可能需要上这个课。基辛格问他特别满意的大卫王酒店的按摩师史蒂夫·施特劳斯:"以色列人到底对我是怎么想的?"他得到的回答:"很多以色列人认为你已经忘了自己是谁,是从哪里来的。"

在参观犹太大屠杀纪念馆时,基辛格表现了他对自己出身的矛盾感情。一家以色列报纸报道,他是"很勉强地"去的,到了以后,他快步走过纪念石柱。他看着手表,低声问美国大使肯尼斯·基廷:"我们什么时候可以出去?"但是陪同他的以色列主人吉迪恩·豪斯纳一点儿都不想缩短参观时间,或让参观变得轻松些。豪斯纳告诉基辛格,他的名字清清楚楚列在菲尔特之下,豪斯纳还让他看了列有他家族被杀的 13 名成员的册子。

戴着一顶犹太人的亚莫克便帽的基辛格开始喘大气。他后来说,他当时感冒、疲惫,但也是"心碎"。冷雨敲打着山丘上的纪念碑,领唱唱着珈底什挽歌,为死者祈祷。基辛格低头不语,就这样站立一会儿。一位陪同官员说他好像"瘫痪了"。基辛格后来说,他是在沉思"自己的过去、历史的无情,以及政治人物对人的生命的影响"。9

作为美国第一位犹太裔的国务卿①,基辛格不得不面对他的宗教传承在他生命中发挥的作用。总统第一任期间,尼克松不让他碰中东政策,一部分原因,就如尼克松说的,"我觉得基辛格的犹太背景会让他处于不利地位"。更令基辛格痛苦的是,尼克松常常在他的黑笑话里暴露出他对犹太人的偏见。例如,在基辛格对中东问题发表了自己的意见后,尼克松环视他的内阁成员,然后问:"现在,我们可不可以听听美国人的意见?"基辛格后来指出,尼克松觉得"犹太人在美国社会里非常抱团……把以色列利益放在高于一切的地位……他们控制了媒体,所以是

---

① 没有算上朱达·P. 本杰明,他在 1852—1861 年担任路易斯安那州参议员,后来在 1862—1865 年成为美利坚邦联的国务卿。

危险的对手"。[10]

在与埃及外长法赫米的一次私下会晤中，尼克松在提到基辛格时用的词是"我的犹太小子"。他常常这样称呼他；在水门事件调查过程中公布的录音带上都出现了这样的提法。

关于总统的宗教的话题令基辛格很不自在，他认为这与他的工作无关。基辛格在20世纪70年代初期告诉一位犹太朋友："我虽然出身是犹太人，但是那对我而言没有任何意义。美国给了我一切。给了我一个家，一个学习的机会，一个功成名就的机会。我不知道其他犹太人对我的期待是什么，但是我首先把自己当作美国人。"

从基辛格退伍后进入哈佛大学以来，他就不再遵守犹太教规。可是他从来没有扬弃犹太教，他的前妻就跟他不一样，她拥抱了伦理文化学会。基辛格跟詹姆斯·施莱辛格也不一样，施莱辛格的家庭转信了基督教新教。

事实上，基辛格坚持让他儿子接受犹太教受戒礼。他的儿子戴维抵死反对，但是基辛格已经答应他父亲路易要让儿子接受这个仪式，并且他觉得这样才对得起他的祖父。1974年8月，在华盛顿与约旦国王侯赛因举行了三天会议，讨论以色列从约旦河西岸撤军的可能性之后，基辛格飞到波士顿布兰迪斯大学校园教堂出席了这个受戒礼的仪式。[11]

基辛格对他的犹太身份的态度常常反映在他的幽默上。这种幽默大部分是针对"与我有同样信仰的同胞"给他施加压力，要他原谅以色列的任何罪行。在以色列违反了1973年10月停火协议，包围了埃及第三军团后，基辛格对耶路撒冷感到盛怒，他在一次华盛顿特别行动小组的会上抱怨道："如果不是我出身为犹太人，我也会反犹太人的。"有时被逼急了，他也会说"一个民族被迫害了2000年，他们肯定也有错"。

基辛格有理由觉得他在与尼克松打交道时，他的犹太出身是他的软肋。总统对犹太人和对所有其他族裔的态度同样充满矛盾。他的高级助理中确有他信赖的一些犹太人，如基辛格、亚瑟·伯恩斯、威廉·萨菲尔和伦纳德·加尔门特。可是有一次由于劳工部公布了一些不利的经济统计数字，尼克松曾要他的助理弗雷德·马利克查明劳工部高职位犹人有多少，给他开列一个名单。尼克松经常在他的吹风文件页边写一些气愤的小评语，强调他完全顶得住"犹太人"的压力。

约翰·埃利希曼说："基辛格把他的犹太出身视为自己的软肋，而他又很不喜欢自己有软肋。但尼克松就是喜欢在这一点上让他难受。"

基辛格对尼克松的偏见采取顺应的态度。有时他会让索南费尔特和霍尔珀林不要出席某个会议，因为他担心"太多犹太人"同时出现在会议上。当他向纳尔逊·洛克菲勒介绍他的国会联络官约翰·雷曼时，他开玩笑地说，他是个"取了犹太名字的爱尔兰人，如果反过来，我就不妙了"。

虽然他有矛盾心态，但基辛格内心对以色列的生存有感情上的执着，所以在以色列安全真正受到威胁时他是以色列最坚定的捍卫者，而当他觉得以色列走上自杀之路时，他也会是最激动的批评者。他常跟犹太裔领袖说："我是个在大屠杀中失去13个亲人的犹太人，我怎么可能做出背叛以色列的事情呢？"[12]

石油震撼和伊朗国王

在1973年10月的赎罪日战争中，阿拉伯国家兑现了它们多年来的警告，亮出它们的石油武器。石油输出国组织（欧佩克）在阿拉伯成员带头之下将油价从每桶3.01美元提高到5.12美元，并减产5%。在10月20日，也就是尼克松要求国会拨款22亿美元作为美国紧急空运以色列的经费的第二天，沙特阿拉伯推动了完全禁运阿拉伯石油到美国的行动。

这项禁运主要是一个象征性的侮辱，因为世界的石油是可交易的，美国可以轻易找到替代来源。但是又减产又提价，对于全世界使用石油的国家而言都是个真正的危机。在12月23日的欧佩克会议上，伊朗国王坚持更大幅度地飙涨油价。虽然沙特不是很情愿，但油价还是被提高到每桶11.65美元，是10月初的4倍。基辛格说："这个决定是20世纪历史最举足轻重的事件之一。"

西方联盟和日本的能源总账单立刻每年飙涨了 400 亿美元，因此迎来持续将近 10 年的经济停滞和通货膨胀。对欠发达国家，新的花销超过它们接受的外援的总和，因此彻底抵消了外援的作用。很快伊朗国王也不开心地发现，连产油国都无法避免天翻地覆的动荡对它们的影响。[13]

在 1972 年 5 月底从莫斯科返回美国的路上，尼克松和基辛格在德黑兰停留一天会见伊朗国王巴列维。原来伊朗的殖民宗主国英国已经从苏伊士运河以东撤出，并宣称它不再能在波斯湾地区继续捍卫西方利益。基辛格和尼克松决定由伊朗帮助美国根据尼克松主义承担起这个英国已退出的角色。尼克松主义是 1969 年在关岛宣布的战略，就是依靠强大武装的区域盟国，帮助捍卫美国在区域的利益。

尼克松跟伊朗国王说："你来保护我。"成就大业的野心昭然若揭的伊朗国王当然求之不得。作为交换，美国愿意向盛产石油的伊朗供应无限量的任何武器。五角大楼一直在提出警告，伊朗取得太多精密武器，它的军队已经消化不了。但是这个警告由于明显的政治考量被否决了。

1979 年，伊朗激进学生占领了美国驻德黑兰使馆，公布了 58 卷使馆文件，其中有一份 1972 年 7 月的备忘录，在里面，基辛格告诉美国国防部长："关于军购的决定应该主要交由伊朗政府处理。"在 1973 年的一份报告里，基辛格提醒尼克松"我们采取的政策要求我们答应伊朗国王向我们提出的所有军购要求"。[14]

基辛格后来否认那个政策给了伊朗国王一张"空白支票"，让他可以购买任何美国武器，可是伊朗国王和五角大楼对那个政策都是做了这样的解读。伊朗国王兴奋不已，他说，基辛格可能是历来"最聪明的美国人"。[15]

尽管和美国有着这种亲密关系，但伊朗国王在 1973 年是促成欧佩克石油涨价的主要推手。因此有人指责基辛格，说他跟伊朗国王的安排所隐含的一部分就是对伊朗利用提高石油价格的方式筹措新购武器的经费睁一只眼闭一只眼。担任尼克松派驻沙特大使、能源专家詹姆斯·阿特金斯后来声称，沙特曾经试图让基辛格对伊朗施压，要它收回提高油价的要求，但是被基辛格拒绝了。

基辛格称这些指控"荒谬",是"假消息"。他后来承认他推断伊朗国王会把油价提高每桶一两美元来支付其所购的新武器。但是由于伊朗不是主要产油国,基辛格不认为那样的涨价对欧佩克的油价会有很大影响。后来的发展证明他想错了,而伊朗在12月带头飙涨油价时,基辛格立刻以尼克松的名义发电报给伊朗国王,要求他收回决定,并警告说,如果他一意孤行,会造成"灾难性的问题"以及"世界范围的经济衰退"。

伊朗国王不为所动。新油价不变,武器也源源而来。前国安会助理罗伯特·霍马茨说:"伊朗国王转身咬了我们一口。"

有人指控基辛格鼓励伊朗飙涨油价,但是没有证据支持这种指控。尽管如此,他并不能完全撇清责任:这是尼克松-基辛格鼓励无限量售卖武器政策的逻辑后果。伊朗在1972—1977年花了160多亿美元购买美国武器,它的军事预算增加了7倍。到最后,伊朗的军购已占该国庞大预算的40%。

伊朗可以通过三个方式筹措大量军购的经费:大幅度增加石油生产,但是它没有这个能力;向美国提供剩余石油,补充战略储备,以此交换武器,尼克松很不明智地拒绝了这个建议;不然就飙涨油价。伊朗选择了后者一点儿也不奇怪。10月和12月石油涨价后,伊朗石油收入从1973年的44亿美元增加到1974年的214亿美元,用它来支付尼克松-基辛格政策的新武器账单绰绰有余。[16]

在1972年5月德黑兰会议上达成的另一笔交易是美国会秘密援助正在跟伊朗的敌人伊拉克作战的库尔德叛军。不顾美国驻伊朗大使的反对,也没有征得主管秘密行动的40委员会的事先同意,尼克松和基辛格启动了一个1600万美元的武装库尔德的计划。当伊朗国王在1975年与伊拉克修好时,对库尔德人的援助突然被切断。库尔德领袖穆斯托伐·巴尔扎尼在他写给被他崇拜为英雄的基辛格的悲情求救信中说:"我们的运动和我们的人民正在遭到不可思议的摧毁。"基辛格对这封信没有回复。

据一份关于情报活动的国会报告(人称派克报告),在其走漏版本中曾引述基辛格在秘密做证时，如何冷血地解释了为什么决定抛弃即将被击溃的库尔德人。他说："秘密行动不能跟传教士的工作混为一谈。"后来他稍微有了一点良心发现。在讨论1991年伊拉克战争之后发生的库尔德族悲剧的报纸专栏里，基辛格说他在1975年做那个决定时是"很痛苦，甚至感到心碎的"。[17]

即将成为财政部长的能源总负责人威廉·西蒙在1973年底主张用与伊朗国王的武器关系迫使他压低油价。但是即便在12月的欧佩克油价飙涨的震撼弹之后，基辛格还是不愿意使用那个杠杆和挂钩——而这些通常是他的外交锦囊里的两个妙计——向伊朗国王施压。基辛格的理论是，如果美国限制伊朗从美国军购，像法国那样的国家就会乘虚而入抢走这个带来暴利的商机。

西蒙是个脑子极好的主张自由市场的保守派，他自然跟基辛格会有地盘上的争夺，但是他们的争吵是相当文明友好的，特别是根据基辛格的标准。基辛格后来会开玩笑地说："我跟西蒙部长签了互不侵犯条约。只要我不谈经济问题，他就答应只会慢慢地蚕食我的外交政策地盘。"西蒙，像商务部长彼得·彼得森一样，但不像国防部长施莱辛格，他有幽默感和讨人喜欢的个性，所以基辛格能原谅他脑子特别好使（许多年后，他们仍然是朋友，而且西蒙后来还在基辛格的顾问公司的董事会任职）。

1974年，他们因波斯湾政策发生争执。与沙特石油部长谢赫·艾哈迈德·亚马尼关系友好的西蒙主张与沙特而不是与伊朗建立密切伙伴关系。2月，他不留神在公开场合坦率地说出了自己的感觉，公然宣称伊朗国王是个"疯子"。基辛格给西蒙发了一封怒气冲冲的电报，此时西蒙正飞往沙特。"别人追着问我，你为什么称伊朗国王为'疯子'。我该怎么向他们解释？"

西蒙说，就说他的话被人"断章取义"了。

基辛格答复时表现了幽默，也表现了恼火。他回电说："在什么上下文里你可以说美国盟友的元首是个'疯子'？"[18]

基辛格和尼克松依靠伊朗国王保护美国在该地区的利益从理论上来

说是有道理的，但是实际实施起来一团糟，再加上美国的投入又这么大。美国卖给其庞大精良的武库使伊朗巴列维国王的狂妄更不可一世。10年之后，他西化的世界观和他用石油美元带来的异教的现代化，在伊朗社会出现了反弹，他被基本教义的浪潮推翻了。由此产生的反美情绪常年地削弱了美国在该地区的作用和影响。

基辛格对于缓解能源危机的主要贡献就是继续发挥他作为中东调解人的本领。1974年2月在阿尔及尔举行了一个阿拉伯国家的小型峰会。在公开场合，它们发表声明再度确认石油禁运。在私下，它们做了一个秘密决定，要请基辛格展开第二回合的穿梭外交，争取叙利亚-以色列之间的脱离接触协议。

基辛格非常乐意开展叙利亚的穿梭外交努力。但是尼克松一心只想着要结束石油禁运，他觉得如果能搞成，可以缓解水门事件给他的压力。他告诉基辛格："你要明白，我唯一关心的是石油禁运。全国唯一关心的就是这个，他们才不关心叙利亚的局势。"

所幸，埃及外长伊斯梅尔·法赫米和沙特外长奥马尔·萨卡夫飞到华盛顿请求基辛格斡旋时已经得到阿拉伯领袖的授权，可以同时讨论那两个问题。

两位阿拉伯外长下榻于肖汉姆酒店，这是个占地很大的会议中心酒店。这两位外长在酒店发生的兄弟之争变得非常滑稽。基辛格在他们抵达的那天晚上跟两位外长一起谈过话后，又私下与法赫米会晤，之后法赫米坚持一路把基辛格送到他的轿车前，为的是确定他不会接着去私会萨卡夫。基辛格命令他的司机把车开到酒店另一个入口，然后他上电梯去见萨卡夫。基辛格说，两位外长都要求在另一位外长不在场的情况下密会尼克松。

法赫米后来坚称当时的情况正好相反：是萨卡夫把基辛格送到车边，然后基辛格偷偷上楼去会见自己。不管怎么样，基辛格说，这件事说明阿拉伯人"心机太深"。法赫米则说："太明显了，基辛格想在萨卡夫和我之间制造矛盾，这是他惯用的伎俩。"也许心思不那么复杂的人唯一可以得出的结论就是，这个故事的不同版本——以及这个故事居然会有不同版本这个事实——说明基辛格的作风和他的谈判对口的作风似乎非常匹配。[19]

最后，两位阿拉伯访客告诉基辛格和尼克松，3月就会取消石油禁运，而他们期待基辛格很快会展开叙利亚-以色列之间的穿梭外交，两者之间的关联不言而喻。

叙利亚穿梭外交，1974年5月

当基辛格抵达大马士革做预备性访问时，已经可以看出来叙利亚-以色列穿梭外交会是一个耐力测验。哈菲兹·阿萨德总统让基辛格一直谈到凌晨3:00才同意脱离接触谈判的概念，然后他坚持熬夜重谈1970年约旦危机的陈年往事。最后基辛格终于能在墙壁单薄、设备简陋的宾馆的床上躺下，却在4:30又被隔壁清真寺的穆安津（宣礼人）在扬声器里呼喊信众晨祷的尖啸声惊醒。

基辛格敲他助理劳伦斯·伊格尔伯格的门。据伊格尔伯格回忆："这个矮小肥胖的人站在那里哀求，'你能叫他们别喊了吗？'"按照基辛格的说法，伊格尔伯格开始摆出"面对发狂的国务卿一个外交官该摆出的煞有介事的动作"。幸好他没有真的执行这个异教徒的命令。

导致埃及和以色列达成协议的那些必要因素在叙利亚问题上并不具备。叙利亚的军队没有像埃及军队那样收复到被占领土，阿萨德铁了心要在谈判桌上赢取他在战场上没能赢取的东西。当时在苏伊士运河的情况是无法持续的：埃及的第三军团在运河东边，但补给线被切断，以色列的军队在运河西边，处境也相当脆弱。可是在叙利亚战线上的局势却可以无限期地烂下去。此外，阿萨德没有萨达特的远见，也没有与以色列缔造持久和平的伟大政治人物的梦想。

一开始，基辛格就向双方解释，他所构想的解决方案将要求以色列归还它在1973年10月战争中占领的所有土地，以及在1967年"六日战争"中占领的戈兰高地的象征性的一小部分。双方谈判一开始就没有这样妥协的迹象。以色列一开始表示愿意考虑归还它在1973年占领的土地的三分之一。阿萨德总统一开始要求由叙利亚收回它在 1973 年失去的全部领土，加上戈兰高地的一半。

当基辛格在 5 月 2 日抵达耶路撒冷时，他发现很难说服以色列内阁接受让挑起战争而又失去领土的叙利亚得到犒赏，即得到一条比战前更朝以色列方向挪动的脱离接触线。此外，戈兰高地和西奈的沙漠不同，其军事意义几乎被以色列奉为至高原则。在最近这场战争中有 800 名以色列人在戈兰高地被杀。果尔达·梅厄在谈判的第一场会议上告诉基辛格："7 年里打了两场战争，我们付出了沉重的代价。现在阿萨德说他要收回他的失地，他是吃了豹子胆了吧。"

连基辛格在大卫王酒店的按摩师史蒂夫·施特劳斯也同样不肯迁就。他一面友善地敲打着基辛格，一面跟他说，祈祷他心想事成，"我们需要和平。为了得到和平，我愿意少活 10 年"。

基辛格问他："为了和平，你愿意放弃戈兰高地几平方公里的土地？"

"放弃？几平方公里？戈兰高地？你疯了吗？半寸土地也不能放弃！"

"那么，我应该中断谈判吗？"

按摩师更加用力地捶打着基辛格："当然不要中断。为了和平，我愿意少活 10 年。"[20]

基辛格在以色列的主要武器是以色列的部长们听了几十次后开始称之为"亨利的世界末日演说"。基辛格承认让出些许戈兰高地是糟糕的事，但是让谈判失败的后果更糟糕。他在第一天就说："我想必须让大家了解失败的严重性。"他警告，如果失败，美国（和基辛格）就不再愿意做调解人。华盛顿建立在一个"奇怪组合上的"亲以色列联盟就会迅速瓦解，到时以色列会孤立无援。

这个世界末日演说不够简单扼要，但激情有余。可是以色列内阁仍然不为所动，它甚至拒绝拿出任何基辛格可以放心地带给阿萨德作为谈判起点的建议。

在大马士革，阿萨德也一样顽固不化。他坚持以色列必须让出戈兰高地的一半。他说："如果我划定的线不被接受，我们就不可能达成协议，少一米我都不会接受。"

在叙利亚穿梭外交开始之前，新闻界曾问埃及总统他对于他的盟友阿萨德有没有什么忠告。他回答："我会要他信任我的朋友亨利，信任我的朋友亨利就行了。"在一开始无功而返之后，基辛格飞到亚历山大港去请教萨达特。

萨达特告诉他，解决的关键是嵌在戈兰高地山丘下、如今已无人居住的小镇库奈特拉。从前它交错纵横的灰土路上住着两万个开小店的商户和农民，1967年被以色列攻占之前，它一直是戈兰地区的省会。萨达特说，如果以色列肯从1973年征服的土地撤出，并同意将1967年停火线向后挪一点，把库奈特拉还给叙利亚，就有可能达成协议。萨达特说："解决方案必须包括库奈特拉。这样，我就可以让整个阿拉伯世界买这个账，并且保住哈菲兹·阿萨德的面子。"

果尔达·梅厄和她的国防部长摩西·达扬已经在私下讨论库奈特拉的问题，他们认为以色列可以放心地把它作为让步归还给叙利亚，但是他们没有告诉基辛格，他们决定暂时还坚持由双方分治那个小镇的荒谬计划。

当以色列正式提出分治库奈特拉的方案时，基辛格知道那是行不通的。但是他也知道，就像所罗门王要把两方争夺的婴儿切成两半一样，那个方案压根儿就不是为了让对方接受而提出的。基辛格看到，以色列这个建议的重要性在于它帮助以色列从心理上过一个大坎儿：毕竟他们已经愿意从1967年停火线退后一点了。原则定下来了，剩下要做的就只是就退后多少公里讨价还价。不过在叙利亚和以色列之间的谈判里，"只是"这个词和"就退后多少公里讨价还价"这个短语很难兜在一块儿。

基辛格回到大马士革时决定稍微夸大以色列从库奈特拉撤退的事，但是暂时不提以色列在其他方面做出的一些小小让步。基辛格强调，由于以色列的方案将库奈特拉划入非军事区，以色列等于是"放弃"了那个小镇。阿萨德已经从自己的情报来源了解了真实情况，立刻反呛："他们并不是归还库奈特拉，他们要分治库奈特拉。"

至于其他那些让步，基辛格决定暂时不提，等他访问了埃及和沙特

第24章 穿梭外交：逐个拿下以色列、埃及、叙利亚　　547

之后再说，到时他可以把这些让步说成是回应萨达特和费萨尔国王的呼吁而提出的。但是在他返回之前，以色列的全部立场已经在那里曝光了。他向以色列谈判官员大吼："你们怎么能这样对我？政府为什么没有做好新闻审查？"

一位谈判代表向他解释，军事信息的审查是合法的，但是为政治目的做新闻审查就不合法了。基辛格的愤怒难以平息，继续谩骂。最后他从前在哈佛大学的学生伊加尔·阿隆打断他，给他上了一堂民主课。他向美国国务卿解释，公共辩论，有时甚至信息泄露，这些都是民主制度必须付出的代价。他又补充道，阿拉伯国家必须学会接受以色列是个民主国家这个事实。他没有再补一句，基辛格也必须学会。[21]

一个星期的谈判后，基辛格飞到塞浦路斯与安德烈·葛罗米柯会晤，主要是为了挡住苏联外长，而不是把他拉过来讨论。萨达特和阿萨德都在配合基辛格把苏联排除在和平进程之外，这代表着超级大国在该地区的影响力发生了惊人的转变。在塞浦路斯会晤中，葛罗米柯主张必须迫使以色列退出戈兰高地。基辛格告诉苏联外长，如果他要飞到耶路撒冷说服果尔达·梅厄，那他请便。这等于赤裸裸地提醒他，苏联在会谈中没有什么角色可以扮演，因为他们拿不出什么东西摆到谈判桌上。

几天后，基辛格向叙利亚坚持，在他离开前不要让葛罗米柯到叙利亚。葛罗米柯被莫斯科理论上的保护国叙利亚告知，请他暂缓10小时抵达，心里蛮不是滋味。后来由于基辛格还没有完事，叙利亚官员要他的飞机又在空中多盘旋了45分钟才让他降落。

当基辛格继续穿梭于大马士革和耶路撒冷之间时，这个逐步谈判进程变成对库奈特拉逐条街道的讨价还价。以色列逐渐地让出小镇的控制权，但是它坚持在小镇边界设置一条军事线。

这里牵涉小镇边上三块由以色列定居者耕种的农地，他们在这几块地上一年生产的作物还不够支付基辛格的飞机一天使用的燃油。可是这里涉及的是个原则而不只是三块贫瘠的土地，以色列从来没有放弃过已经耕种过的土地，或者从它已经定居的土地撤离过。

5月14日，第二个星期的穿梭努力即将结束时，基辛格决定问以色列最大的可能让步是什么，希望借此取得突破。果尔达·梅厄非常生气。她炮轰阿萨德："他不能要什么就得到什么。他没有权利得到他想要的全部。"

基辛格也没有少生气。"我们现在谈的是距离旧的分界线一公里的一条线上的半公里的问题。"他教训她说，要不是美国的支持，以色列会面对要它撤回到1967年以前的边界，放弃整个戈兰高地的压力。"我们打破了石油禁运，我们让苏联人在中东丧尽颜面。如果你们在苏联人的压力下，在石油禁运之下，要面对所有这一切，你们就不会谈什么北区的德鲁兹人的村庄。你们就得谈更多、更要不得的事了。"

连基辛格这样喜欢扮演谈判角色的人也开始意识到这种鸡毛蒜皮的讨价还价有辱国务卿的身份。他一度高喊："我在这里像个兜售地毯的贩子东奔西跑，谈判的竟然是一两百米地段的事情！我像个集市上的贩子！我是在拯救你们，而你们却认为多给个几米的地就很给我面子了。难道我是库奈特拉的村民吗！"

会议越开越火爆。基辛格提出一个复杂的招数：也许以色列可以制作一张地图，上面标明军事线——这条线距离库奈特拉有一段路——而暂不画出主权线（以色列坚持主权线紧贴着小镇边界）。摩西·达扬觉得这太不光明磊落了，"是不合，不合……"，他一时想不出"宪法"的英文词，他要说的是不合宪法。基辛格毫不留情地说，那么就请达扬亲自到大马士革一趟向阿萨德解释以色列的宪法吧。他本人也回华盛顿报告，就说因为达扬要在一个小镇边界上设置铁丝网，谈判破裂了。"你看看美国人会怎么看这个事情！"

达扬摇着头说，他不知道美国人会怎么看这个事情，反正他知道基辛格这一招儿是不对的。

此时，基辛格开始大喊大叫，挥舞着双臂。他要怎么去跟阿萨德说啊！"难道要我跟他说，我不支持你的立场？因为我实在不支持，绝对不支持你的立场！"此时达扬纹丝不动地坐在那里，基辛格还在声嘶力竭地喊叫，然后把桌上的地图扔到达扬面前。基辛格大喊："你是不是还想在地图上再加些什么？你在地图上爱画什么就画什么吧。我不管了……谈判失败是最理想的结果了……所以你就尽情地画吧,画啊!"

达扬没有去碰那张地图。他用那只好眼睛冷酷地盯着基辛格。基辛格喘着粗气,试图平复自己的情绪。

就在这时,一名特勤人员拿着基辛格的眼镜走进会议室,基辛格总是忘了拿自己的眼镜、公文包或雨衣什么的。全场鸦雀无声,基辛格僵住了。他没有从忐忑不安的特勤人员手中接过眼镜。最后,基辛格瞪了他一眼,问他知不知道正当的礼仪。此时美国大使肯尼斯·基廷站起来接过眼镜,交给约瑟夫·西斯科,西斯科再把眼镜交到基辛格手中。[22]

此时,在水门事件的最后重击之下,尼克松已经脚步踉跄摇摇欲坠。1974年5月叙利亚穿梭外交进行时,众议院司法委员会开始了著名的弹劾听证会。三个月之内,该委员会投票赞成弹劾总统,尼克松随即辞职。

唯一可以让尼克松散心的就是关注基辛格在中东演的大戏,他开始不请自来地施加一些压力。尼克松在给以色列一系列威胁语气的信中,要求它接受基辛格的建议。之后,总统又命令布伦特·斯考克罗夫特切断一切提供给以色列的援助,除非以色列立刻答应他的要求。

尼克松的插手,加上那个星期巴勒斯坦恐怖分子在马阿洛特屠杀了16名学童的暴行,使得基辛格变得比较温和了。他和以色列谈判代表达成协议:基辛格将提出一份"美国建议",要求以色列撤离紧贴着库奈特拉的犹太人耕种区,但允许以色列对周围三个山丘保持军事控制。

起先,阿萨德不接受。基辛格已经跟他草拟了有关谈判破裂的声明。但是正当国务卿准备空手返回华盛顿时,叙利亚总统要求他继续他的谈判努力。5月18日星期六,基辛格终于在大马士革和耶路撒冷争取到双方暂时同意的脱离接触线。

但是还留下一大堆细节有待解决,包括缓冲区、限制武器区、联合国部队,以及是否叙利亚要负责对生活在那里的巴勒斯坦游击队执行停火。又经过10天的穿梭,以及又一次威胁阿萨德谈判即将破裂的边缘政策,终于把这些问题解决了。

自从罗伯特·兰辛于1919年参加凡尔赛会议,一去就去了7个月以来，没有任何国务卿出国在外像基辛格这么久的。基辛格在 34 天里飞了 41 趟，旅行了 2.423 万英里。有些人因此猜测基辛格一部分是为了置身于国内龌龊的水门事件泥淖之外，而埋头于细微谈判点的无休止讨论。《纽约时报》的专栏作家詹姆斯·赖斯顿写道："不禁让人怀疑他甚至可能为了避免比中东谈判更加复杂、棘手的水门事件争议而拖长他的穿梭外交。"哥伦比亚广播公司的马文·卡尔布和全国广播公司的理查德·瓦莱里亚尼继他之后也做了类似报道。

这种说法有一定的道理。但是无论基辛格的动机为何，他事必躬亲地参与谈判的每一步骤最后证明都是对的。只有通过他对细节的掌握，他才能够把双方磨到精疲力竭而最终达成协议。他这样做使得美国成为该地区压倒群雄的首要外交力量。

《新闻周刊》在封面上称他为"超级 K"，《时代》周刊头条标题是"奇迹大师再创奇迹"。果尔达·梅厄总理即将退休，她在交棒给伊扎克·拉宾时为基辛格办了一场招待会。她对基辛格说："如果在问答节目上回答有关戈兰高地的山丘、道路、城镇甚至房舍的细节，你一定赢过我们所有人。"即将接任外长的伊加尔·阿隆给了最热情的祝酒词。基辛格的这位前门生说："你是 20 世纪最伟大的外交部长。"[23]

在回国的飞机上，基辛格品尝着香槟回味他的胜利，但他说的话没有那么欢欣鼓舞。他私下告诉几个记者："叙利亚人和以色列人堪称一对绝配冤家。"

第 25 章

闪光灯下的名人基辛格：垂帘生辉

> 我跟新闻界没有过不好的经验。
> ——基辛格在萨尔茨堡的一次记者会上说，1974 年 6 月 11 日

记者，特别是华盛顿的记者，面对一个古老的记者难题：由于他们的地位随着他们报道对象的地位而浮沉，他们自然希望自己的采访对象成就非凡。这种共生关系在基辛格备受瞩目的穿梭外交里最为明显，报道他的记者不少都因此变成明星。

伯纳德·格维特兹曼在《纽约时报》上写道："无论基辛格的飞机飞到哪里，随机同行的记者都是他们在地上同行的羡慕对象。"另一位记者以新闻行业知名的谦虚宣称："我们知道的比我们所到之处的大多数美国大使知道的还多。"当基辛格的飞机降落后，当地记者，甚至有些外交官会在停机坪上围着基辛格的随行记者进行采访。

这种巡回演出带来另一个记者的难题：由于记者过度依赖单一的消息来源，他们就很怕得罪这个人。对于被戏称为"基辛格 14"的随行记者飞行马戏班而言，这位不刻意掩饰自己就是"某高级官员"的人物是他们唯一真正的消息来源。在每一段旅途上，基辛格都会以他的幽默风趣博得他们的好感，以他的聪颖震慑住他们，跟他们讲一些悄悄话让他们觉得受宠若惊，对他们表示关注使他们如沐春风。他们的报道每天早晨会出现在送到他机上的新闻摘要里，他看了以后常常会踱步到机舱后面向记者们表示他哪里不同意，开开玩笑，做受伤状，或者偶尔发一顿脾气。

当基辛格传话给他们，要他们到他的会议间听他吹风时，他们会一

窝蜂冲过去抢最靠近他的座位。在一次冲锋陷阵中，凶悍的前海军陆战队员、《华盛顿明星报》的杰瑞米亚·欧雷利撞倒了他的对手，那个不如他凶悍但同样当仁不让的《华盛顿邮报》的玛丽莲·伯杰。基辛格当天稍后摒弃了他惯用的外交辞令，走到后舱问："欧雷利在哪儿？我倒要看看他还敢不敢再打女人。"《波士顿环球报》的记者最后找出座位轮调的办法解决了争端。从此这个办法就被戏称为"伯杰-欧雷利脱离接触协议"。

还有一件事使得他们这种共生关系更加牢固，那就是这些记者出于人的本性，都希望基辛格的穿梭外交成功。他们不是在采访政治选战，采访政治选战时记者可以公正报道，他们现在报道的是一次防止再度爆发中东战争的努力。基辛格知道这些记者都在为他打气。他后来写道："一个原因可能是他们希望他们在穿梭奔波中的劳顿有个目的，或许因为我们斡旋成功会让这些记者的曝光度和声望提高。我还认为另一个原因是他们希望虽有水门事件的纷扰，但他们的国家还是能够有让他们感到骄傲的成就。"[1]

在华盛顿能够出人头地的记者一般分为两类：一类是那些有关系、有门路接近要人的记者；另一类是有打破砂锅问到底的调查本能的记者。有门路的记者通常会被派去采访新闻首选地，如白宫或国务院，这些人最可能变成专栏作家或权威专家。热衷于调查的记者往往会得普利策奖，并且在专业领域受到较高程度的尊敬。这两类记者都可能写出信息丰富的报道。他们都不能说他们之间谁比谁更讲道德。但是如果一类报道压倒并排除了另一类报道，问题就来了。

调查性报道——当时被称为扒粪报道——在罗伯特·雷德福和达斯汀·霍夫曼分别扮演卡尔·伯恩斯坦和罗伯特·伍德沃德之前不是很时髦的。德鲁·皮尔逊和他的传承者杰克·安德森自成一格，而越战则衍生出了一批抱有较怀疑态度的新型记者，诸如《纽约时报》的戴维·哈伯斯塔姆、尼尔·希恩和西莫·赫许。但是在建制体系内行走的，在大都会俱乐部与权贵摩肩接踵的记者，如约瑟夫·艾尔索普、沃尔特·李普曼和詹姆斯·赖斯顿之辈仍然是记者的光辉样板。

在 20 世纪 60 年代，许多知名记者摆脱了手上沾满墨水的笔者形象，开始成为肯尼迪家族的社交朋友，与总统交换秘闻，或者在总统弟弟罗伯特在希考里山庄家中的游泳池里戏水，从此"访问式新闻"，即靠接近重要人物采访新闻的做法，大行其道。记者渐渐打入建制体系的社交场合。到 60 年代末期，在华盛顿的乔治敦社交圈子里转悠的人物不再仅限于爱丽丝·朗沃斯和伊万杰琳·布鲁斯这样的贵妇，还包括了约瑟夫和苏珊·玛丽·艾尔索普，凯瑟琳·格雷厄姆，波莉和约瑟夫·克拉夫特，罗兰和凯·埃文斯，戴维·布林克利，汤姆和琼·布雷登之辈，后来又有本·布拉德利和莎莉·奎因加入。

基辛格应付这些靠关系采访新闻的华盛顿记者很有一套，主要因为他满足了他们的需要，慷慨大方地给他们接近的机会。他不太善于对付锲而不舍的调查记者，这一点从他接受伍德沃德电话专访谈到国安电话窃听的那一次失误就可看出。对于基辛格来说，幸而外交记者多半是访问式记者。报道外交政策的记者很少会像《华盛顿邮报》都会新闻部的记者对待水门事件那样对待外交新闻。他们靠挖掘和解释高级官员的私下想法得名。

如此依赖关系门路也有点儿奇怪，因为美国对外政策很容易泄密，所以即便没有关系门路，一个好记者一样能够报道。那个时期的一些最轰动的独家新闻，例如，关于轰炸柬埔寨的报道、在智利的秘密行动、电话窃听、向巴基斯坦倾斜、美莱村屠杀等，都是从未与基辛格吃过饭的记者报道的。英国记者威廉·肖克罗斯说："华盛顿是世界上唯一因为信息如此丰富易得，无须依靠重要人物也可以做政治和外交新闻报道的首都城市。但怪异的是在华盛顿接近重要人物的机会很容易得到，同时又很被珍惜。"

对那个时期的记者进行分类，可以用他们对待基辛格的态度来做一个罗夏墨迹测验：那些称呼他亨利——或者在电视上称呼他为基辛格"博士"的记者——往往是建制体系里的权威专家和高管层级，或想爬到那个位置的记者；那些看到这种亲密和毕恭毕敬态度就翻白眼的记者通常是执着的调查记者。

基辛格常常抱怨，那些报道他的记者想方设法摆出难缠的形象。他说："媒体渴望能接近高级官员，可是又怕被骗。所以他们宁愿持怀疑态度或者寻找不存在的信誉落差。"

其实正好相反：大多数经常报道他的新闻记者因为渴望接近他，而对他格外毕恭毕敬，特别是那些需要基辛格的回电才能赋予他们的报道更多精彩和洞见的专栏作家。极为认真的调查记者同时也是基辛格的批评者西莫·赫许称："那种情况简直就像一种勒索。"[2]

许多记者不知道的是，即便他们写了不利于基辛格的报道，一般也不会失去接近基辛格的机会。其实正相反，基辛格有一种强烈的要把批评他的人变成支持他的人的冲动，他对媒体也是这样。（在一定限度内）攻击他的权威专家多半会接到基辛格的电话，基辛格会哄他们，安抚他们，邀请他们和他共进早餐。有一位随机同行的《芝加哥论坛报》记者从来没有受到基辛格任何注意，直到有一天那家报纸的社论抨击他对南非政权施压过度。下一次行程上，基辛格来到正在打字的那位记者身旁跟他搭讪。他开玩笑地说："又在写社论呢？"

另一位吃了基辛格闭门羹的记者问布伦特·斯考克罗夫特怎么做才能让基辛格见他。斯考克罗夫特回答："你只需要写一篇批评他的文章。他一定会打电话找你。"那位记者就这么做了，基辛格果然给他打了电话。《纽约时报》的伯纳德·格维茨曼曾说过："有一个理论说，你越是批评他，你就能获得越多的信息，因为他特别想说服你。"

基辛格非常在意有利于自己的报道，这不仅仅是因为他的膨胀的自我的渴求，也是为了促进他的外交政策。黛安·索耶说："他的外交成就一部分要归功于他超凡的魅力和伟岸的形象。他利用新闻媒体把它放大加强。"

中情局前局长理查德·赫尔姆斯还记得跟基辛格到他的办公室，看着他一个一个看过电话留言字条。"他把记者的来电放在最上面，有时我就在旁边等着他，他也会立刻给一名记者回电话。"一位非常钦佩基辛格的年轻保守派的演讲稿撰写人约翰·安德鲁斯在去基辛格办公室跟他讨论演讲稿时也有过同样的经验。"有时像克拉夫特或艾尔索普这样的专栏作家给他打电话，他就会打断我，去接他们的电话。我在旁边听着他跟对方花言巧语，猛灌迷汤。"在圣克利门蒂，基辛格常在他办公区的露台上一个又一个地会见接连不断的记者，埃利希曼在隔壁房间的露台上听得十分真切。他回忆："我在旁边听到亨利的甜言蜜语和自鸣得意。那些资深记者居然如此任人利用，这真让我吃惊。"[3]

基辛格对于记者，就像他对任何他想示好的人一样，主打的是恭维策略。他会柔声地说："我给你打电话是因为你是报道我的记者中唯一能了解这一点的人。"这种恭维就像魔法师的咒语一样灵验。为《时代》周刊报道基辛格的克里斯托弗·奥格登说："你明知他把你当小提琴一样耍，但你还是被吸引过去了。"《得梅因纪事报》的老练记者克拉克·莫伦霍夫曾解释道："他告诉你他认为你想听的东西，然后问你有什么看法。这确实让听者十分受用。"

基辛格另外一招儿就是套近乎。基辛格会用不完全是装出来的一时失言和信任对方的神态，跟对方分享一些秘闻和内幕消息。芭芭拉·沃尔特斯说："他总给你一个感觉，好像他比他该说的又多透露了10%。"在社交场合，或者在他认为不会被引述的不经意的谈话中，他会意外地揭露很多信息，特别是对人物的描述方面。连那些与权力摩肩接踵习以为常的权威专家被他摸了头之后也会感觉飘飘然。

但是，基辛格也很会运用愤怒的招数，特别是因为他天生易怒，就像他天生懂得讨人喜欢一样。他是出了名的脸皮薄、易怒，有时读到批评他的报道，他会真的觉得受伤，并且气得双手挥舞。对于那些亲身经历这种场景的记者而言，他们的痛苦强度不亚于被基辛格摸头时的快乐强度。

尼克松常说他跟记者打交道的哲学是"对他们显示冷酷的鄙视"，不管他们怎么报道，都要傲然无视。基辛格的做法正好相反，而他的做法也比较有效。

但是，如果认为基辛格光凭刻意讨好媒体就能够交到那里的朋友，那可就错了。记者自发地喜欢他，觉得跟他谈话很享受，他们就像许多其他人一样被基辛格吸引。他博学多闻，也愿意与人分享。他的幽默风趣透着一种尖锐，让记者们感到耳目一新。在宴会上，他展现魅力，在接受采访时，他语重心长，作为讲故事的人，他对声音和细节的掌握特别对记者的口味。

基辛格也同样真心喜欢跟记者谈话。对于大多数人，在选择宴会陪客时，外交政策权威人士可能不如好莱坞年轻女星那么有意思。基辛格也许也不认为他们那么有意思，但至少他们是他的第二选择。他的夫人南希后来说："亨利是个早起的人，他喜欢讲话。他很晚就寝，那时他还是不停地讲话。他最喜欢的话题就包括对外政策。"除了跑外交的记者，很少人是属于这一类的。

1973 年底，他在中东 15 天里访问了 13 个国家，在回程的飞机上，他的眼睛发红，流着鼻涕，声音嘶哑。助理们想让他补充睡眠，但他却邀请随行记者到他的舱房聊天喝香槟。整整一个小时，他聊着，讲些逸事，分析局势，问问题，倾听记者的话。他这么做并不单纯是为了影响对一个已经成为过去的故事的报道，基辛格是真正享受这样的谈话。

同样，在 1975 年 8 月他的最后一次穿梭任务上，他在一天里分赴亚历山大港和大马士革开会。一天晚上，他在耶路撒冷其下榻的大卫王酒店的套房为《华盛顿邮报》的玛丽莲·伯杰办了一个午夜的生日宴。到凌晨 1:00，多数记者都离开去就寝了。但是基辛格继续坐在沙发上侃侃而谈，跟大家讲述阿萨德、萨达特、周恩来和勃列日涅夫的故事。合众国际社的詹姆斯·安德森曾说过："基辛格不打高尔夫，他的业余爱好是跟我们聊天。"[4]

基辛格完善了华盛顿利用背景吹风来影响新闻报道的做法。他制定了介于"上记录"（允许引述讲话的人）和"无记录"（不可引述所提供信息）之间的一套基本规则。通常他以"背景吹风"的方式发言，也就是说记者可以引述他提供的信息，但只能对外说是"美国某高级官员"或其他类似标签的人士提供的信息。偶尔他会以"深度背景吹风"的方式发言，也就是说记者可以使用他所提供的信息，但不能以任何形式透露提供信息者的身份。

很少人不知道"某高级官员"指的是谁。事实上，那个称呼已成为笑话。幽默家阿尔特·巴克沃德有一次随行，他写了一篇专栏，里面提到一位"鬈发，戴着仿角质镜架的眼镜，操德国口音英语的美国官员"。哥伦比亚广播公司的鲍勃·希弗报道一位"美国高级官员"抽空到德国观看足球赛。

不是基辛格机上常客的《纽约时报》的约瑟夫·莱利维尔德揭露基辛格如何巧妙地利用背景吹风帮助创造有关他的北京之行的有利报道。他报道的开场白是这么说的："如果还有任何残余的怀疑，通常只有一位'美国高级官员'会对基辛格国务卿的各种谈判的进展向记者吹风。"在描述了这位官员的观点后，莱利维尔德最后说："基辛格此行中有一些报道说中方对目前中美关系基本感到满意，这个报道在中方的声明里找不到依据。这些报道其实说明了基辛格先生与新闻界打交道是个长袖善舞的老手。这位国务卿巧妙地交叉使用'背景吹风'、'深度背景吹风'和'无记录'的发言方式影响和塑造了他所得到的新闻消息。"

对这套系统唯一的挑战发生在较早期。1971年12月，基辛格以"深度背景吹风"的方式说苏联在印巴战争中的表现可能使得美国要"重新审视"是否出席1972年5月的莫斯科峰会。各新闻社立刻发出这样内容的通报，但是并没有透露消息来源是基辛格。《华盛顿邮报》编辑本·布拉德利的记者不在吹风现场，布拉德利觉得这个消息太重要了，不能不说出处。他说："我们参与这种欺骗，这样对不起读者太久了。"《华盛顿邮报》记者斯坦利·卡诺报道了有关峰会的这段话，并指名道姓地说此话出自基辛格。

人类仪式中鲜有如记者们集体慷慨激昂地辩论业界行规的道德原则那般精彩。《华盛顿邮报》此举使各方广泛意识到依靠背景吹风的做法已经做过头了。专栏作家汤姆·威克说："基辛格把新闻界当作政府的听差使唤。背景吹风使得官员可以不负责任，使得记者松懈，不知不觉间使记者和消息来源的关系变得过分亲密。"但是也有人感觉，完全不用背景吹风也很糟糕。因此白宫记者协会通过一项决议，敦促记者遵守基辛格的背景吹风规则。

背景吹风的真正危险在于它们经常取代而不是补充真正的新闻报道。

例如，基辛格的中东穿梭外交很大程度上是他飞机上的随行记者报道的，这就意味着他是大多数信息的来源。只有少数比较敬业的记者会一直通过地面的新闻报道，包括采访以色列和阿拉伯当事方或压力集团来补充在基辛格飞机上吹风时拾得的一鳞半爪。背景吹风之所以受欢迎，是因为记者的两大劣质——好逸和恶劳。

当然，背景吹风的规则是有其正当作用的。在外交界，国务卿或其他高官的讲话可能有重大的政策后果。同一个发言如果不标明出处，即便来源若隐若现，也不一定会影响政策，或需要其他国家做出回应。基辛格对于他的谈判或与他打交道的领袖的一些独到的见解都不能放心地公开说出。但是这些不标明出处的信息对于记者和读者可能是有用的，特别是如果这个记者能把这些信息和其他情况对照来看。连《华盛顿邮报》都很快从它的追求纯洁的抽风里苏醒过来，承诺以后会遵守规则。[5]

基辛格与媒体人士的友谊从最底层的记者到媒体机构老板都有。稍微看一下他的最重要的关系即可略窥其对待新闻界态度的一二。

在他机上的三位主要电视记者——哥伦比亚广播公司的马文·卡尔布、美国广播公司的泰德·科佩尔和全国广播公司的理查德·瓦莱里亚尼——受到特别重视。虽然白宫荒谬地怀疑卡尔布是罗马尼亚间谍，而基辛格有时也纵容这种怀疑，但他与司法部长约翰·米切尔下令对卡尔布实施监听并无关系。事实上，联邦调查局还被告知，不得把有关卡尔布的任何材料备份给基辛格。这可能是因为尼克松（正确地）怀疑基辛格是卡尔布的珍贵消息来源。在他的1972年的一份新闻摘要页边，总统写了一个备注给霍尔德曼："霍尔德曼，绝不可以让基辛格接受卡尔布的采访。"

尽管如此，后来卡尔布和他哥哥伯纳德在1974年合写基辛格传记时，基辛格多次接受卡尔布的采访。《基辛格》这本书对于基辛格在尼克松的白宫任职期间的丰富多彩的叙述比较反映了消息来源基辛格的观点，特别是有关一些重要事件，如在赎罪日战争中补充以色列军需问题上他与詹姆斯·施莱辛格的争执。基辛格认为卡尔布很"善解人意，有学者风范"，在这本书出版后，他的这个看法也没有改变（他参加了《基辛格》一书的出版庆功宴，当被问及他是否读过这本书时，他回答，"没有，但是我喜欢这个书名"）。

在叙利亚-以色列脱离接触穿梭谈判期间，即《基辛格》一书出版之后，卡尔布走进基辛格在机舱前端的私人隔间安慰基辛格，因为此时看起来谈判即将破裂。他说："国务卿先生，坚持下去。我们知道你办得到。"基辛格后来追述这件事时写道："在那几个紧张的星期里，那次短暂的谈话却给了我坚持下去的力量，值得一书。"[6]

瓦莱里亚尼也写过一本比较轻松的书，书名是《与亨利同行》。虽然他在电视上或在他的书中对基辛格的一些性格上的缺点津津乐道，但瓦莱里亚尼是他作为政治人物的粉丝。他写道："亨利·基辛格是我认识的最聪明的人。"基辛格常被瓦莱里亚尼逗得很开心。瓦莱里亚尼是这个新闻记者飞行马戏班的班长。瓦莱里亚尼说："我们被一些同事，特别是反基辛格的同事揶揄，说我们跟他走得太近。我们不以为忤，还反唇相讥。其实他们的揶揄一部分是因为嫉妒。"[7]

泰德·科佩尔成为基辛格的私交，这种关系持续到20世纪90年代，紧皱着眉头的基辛格成为他主持的电视节目《夜线》的常客。基辛格曾邀请科佩尔担任他的首席发言人，但遭到了拒绝。在1974年水门事件进入高潮时，科佩尔制作和报道了一个一小时长的有关基辛格的纪录片。泰德·科佩尔在广播中说："到1972年秋天，我们都几乎确信这位杰出的人物没有什么办不成的事。基辛格已经快要成为传奇人物、美国最受钦佩的人物、魔术师、奇迹的制造者。"这个纪录片的播出时间在尼克松辞职前仅仅几个星期，正值基辛格也身陷电话窃听的新争议中。科佩尔最后说："亨利·基辛格也许是我们仅存的硕果了。"

科佩尔对基辛格的报道虽然是有利的，但却并不手软。他似乎比任何其他记者都更能体会到基辛格对美国国家利益评估时所用的务实现实政治考量的优点和缺点。[8]

在《纽约时报》，基辛格与华盛顿分社社长、外交政策专家马克斯·弗兰克尔维持着和睦且纯粹专业上的关系。基辛格在跟弗兰克尔谈过以后，将塔德·肖尔茨的一篇有关入侵柬埔寨的独家报道延后几天发表。但是一般而言，弗兰克尔和他的分社对基辛格的报道最不客气，肖尔茨和西莫·赫许的调查性文章就是例子。

该报负责国家安全事务报道的记者莱斯利·盖尔布在读哈佛大学时曾经是基辛格的博士生，后来又成为他的助教。他对基辛格的重大决定的报道，包括像塞浦路斯危机内情的描述都非常尖锐，而且常常持批评意见。报道国务院的记者伯纳德·格维特兹曼也看不出来会因为与基辛格接近而有损他的判断力。该报的专栏作家有对基辛格最友好的推崇者詹姆斯·赖斯顿，也有对他批评最强烈的安东尼·刘易斯。[9]

基辛格跟《时代》周刊从1969年初开始建立了良好的关系，因为他就职后不到一个月，该周刊就把他这位还名不见经传的总统助理做了封面人物。基辛格禁止他的僚属跟新闻界谈话，但是对为那篇报道进行采访的《时代》周刊记者，他做了例外处理。当新闻杂志发现新人物时，封面报道往往洋溢着佩服之情，把人物描写得神乎其神，超现实般伟大。以后的20年里，他会成为《时代》周刊21期的封面人物，在该周刊历史上仅次于总统尼克松、里根和卡特。

基辛格和当时该杂志的主编亨利·格隆瓦尔德世界观比较接近：他们都是孩提时代逃离纳粹德国的难民，他们都拥有敏捷严谨的思维能力、智慧型的幽默感，以及中欧人特有的、有助于推动有效外交政策的那种建立在实力之上的现实主义。

基辛格与《时代》周刊最亲密的工作关系是与它的华盛顿分社社长休·塞迪的关系，后者为《时代》周刊和《生活》杂志撰文。基辛格知道塞迪的强项就是为读者提供色彩缤纷的亲密细节，他也乐于为这位专栏作家提供其所需要的小小内幕消息。塞迪的报道几乎一成不变地讴歌基辛格。在《生活》杂志一篇标题为"世界是樵夫①的舞会"的文章中，第一句话是："无论在神话，还是在现实中，都很难找到像基辛格这样的人物。"基辛格常常把自己或者尼克松希望见诸报端的一些趣闻透露

---

① 樵夫是特勤称呼基辛格的代号。——译者注

给他。有一次，塞迪写道，基辛格惊讶地发现尼克松和周恩来有相似之处，他随后提到的一些特质正好与尼克松曾经在给基辛格的一份冗长备忘录里要他请记者报道的强项清单吻合。

但是，塞迪不像许多专栏作家，他很清楚，他与基辛格的关系纯属专业上的关系，他们只不过是各自做自己该做的事，他们并无私交。他从基辛格那里得到的至少和基辛格从他那里得到的一样多。在尼克松第一次访华期间，总统一行人在被清了场的故宫参观，于是记者团都去吃饭了。可是塞迪通过白宫通信兵给基辛格留了电话信息，然后在他酒店房间里等候。果不其然，基辛格很快回了他电话，告诉他有关与毛主席会晤的细节。接着的星期一塞迪就发表了他的独家报道。塞迪说："亨利有一点，就是他知道游戏是怎么玩的。"[10]

本·布拉德利在《华盛顿邮报》的新闻编辑室定下了铁面无私的专业行事规定。基辛格在那里主要是培养与乔治敦那帮专栏作家的关系。他最重要且复杂的关系是与《华盛顿邮报》发行人凯瑟琳·格雷厄姆的关系。她很"崇拜"他，愿意为他做任何事情，但就是不会干预她的报纸编辑的决定。他们常一起看电影，有时只有他俩（加上基辛格的保镖）到郊区戏院看《花村》（又译《麦凯比与米勒夫人》），或《法国贩毒网》《歌厅》。她说："基辛格是我认识的最会逗笑的人。"她在越战闹得最凶的时期设宴款待基辛格和罗伯特·麦克纳马拉两人，让他们可以为越战的失利同病相怜一番。

曾有一次，格雷厄姆决定为了基辛格而插手她的报纸编辑的决定，结果一塌糊涂。八卦专栏作家马克辛·切希尔打算报道基辛格在好莱坞与女子约会的故事。事实上"约会"中有两名女子，都是脱衣舞娘：一位曾参加演出一部名为《三人行》的电影，讲的是有关一个男人、一个女人和一个谁都不记得是什么种的动物的故事；另一位女子以在自己的乳房上摆放满杯的香槟而滴酒不洒闻名。虽然基辛格曾告诉该报的《时尚》版记者莎莉·奎因他是个秘密花花公子，但切希尔即将发表的文章也太过头了。

据格雷厄姆女士回忆："我当时很担心。马克辛是个好记者，但是有时报道不一定符合事实。所以我放下身段恳求本（布拉德利）不要登那篇文章。"过了两天，那篇文章没有登出来，她以为这事就过去了。然后故事就登出来了，还附了两名年轻女子的大幅照片。最糟糕的是，那个故事好像是真的。格雷厄姆女士说："亨利非常生气，他在电话里声音之大，我不得不把听筒从耳边移开。"他接着写了一封愤怒的信，坚称他事先不可能知道那两位女子的背景。他问："难道我跟任何人约会都需要事先做安全审查吗？"

格雷厄姆女士对这样的理由并不苟同，她在回信里说："品位是不用安全审查的。"还是约瑟夫·艾尔索普在几个月后让他们言归于好。基辛格在心情平静下来以后告诉格雷厄姆女士："马克辛让我起了杀人的念头。莎莉·奎因让我觉得想自杀。"[11]

基辛格在《华盛顿邮报》培养关系的人中还有鹰派的约瑟夫·艾尔索普和自由派的约瑟夫·克拉夫特。基辛格从哈佛大学时代就认识艾尔索普，那时这位记者是哈佛监事会的成员。虽然艾尔索普在争论时态度比较粗鲁，但品位、风格和宴请都很讲究。能够被邀请到他夫人苏珊·玛丽桌上是乔治敦人们梦寐以求的，基辛格很少会拒绝她的邀请。有一次，他在白宫因事耽搁了，他叫秘书打电话说他会晚会儿到。事后基辛格挨了艾尔索普一顿骂。基辛格要伺候总统可以晚会儿到，但是基辛格没有亲自打电话而是叫秘书打的电话，这样对他夫人的侮辱不可宽恕。基辛格头垂下来说："谢谢你给我上了一堂礼貌课。"

艾尔索普的专栏有时读起来像是在从拉丁文翻译成英文的过程中丧失了原味。在专栏里他大力支持越战，对于基辛格每次的成功都赞誉有加。当基辛格成就了叙利亚-以色列脱离接触协议，回到美国受到热烈的欢呼时，艾尔索普宣称："一位美国国务卿如此完美的外交胜利，毫无疑问堪与塔列朗在维也纳会议上的巧妙胜利媲美，所以要求再多一点儿庆贺也是合理的。"[12]

克拉夫特没有那么多讲究，也不那么容易被迷倒。他很快发现，并不会因为批评基辛格而失去接近基辛格的机会。1970年美国入侵柬埔寨之后，他写了一篇题为"无底洞"的文章，指责"尼克松政府是由没有深思和远见的窝囊废组成的政府"。基辛格气得不得了，叫秘书当晚打电话到克拉夫特家里。这位专栏作家不想挨训，就告诉他妻子波莉他不要跟基辛格讲话。几分钟后，基辛格亲自来电，恳求波莉叫她丈夫接电话。克拉夫特耍脾气，还是拒绝。约半小时后，门铃响了，原来是基辛格上他们家来了。基辛格和穿着睡衣的克拉夫特就柬埔寨问题辩论到深夜。[13]

1974年年中，水门事件大结局时刻，基辛格不可避免地与新闻界有了他自己的一次摊牌。那次摊牌牵涉电话窃听的问题。虽然在1973年窃听装置首次曝光时成了大字标题的头版消息，但那年9月，他被任命国务卿后在国会听证会上，他承认给过联邦调查局一些名字，这事也成为头版新闻。1974年6月，又爆发了新的争议。这牵涉他在否认"启动"窃听上的责任时是否误导了参议院，于是又发生了围绕着"启动"这个词的语义上的争论。

激烈辩论的开展时机正好是在基辛格拖着疲惫的身子从叙利亚穿梭外交回国，准备在掌声中恢复元气之时，结果他等来的却都是有关窃听的一大堆问题。在6月6日回国后第一场记者会上，没有人问有关戈兰高地的问题，一位大学报纸的记者问他是否为了"可能以伪证罪被起诉"而"找了律师"。基辛格开始急了。他的脸红起来，开始顿足："我做我的工作，我不是在搞阴谋。"当《得梅因纪事报》的克拉克·莫伦霍夫用他那低沉的大嗓子追问窃听的问题时，基辛格愤然离场。

大多数问题，以及几乎所有的故事，都不是来自平常报道他的友好记者，而是来自平常不是专门报道他的白宫记者和调查记者。在他举行记者会的那天早晨，《华盛顿邮报》的劳伦斯·斯特恩报道了尼克松有关白宫录音带的一句话，那句话提到电话窃听，似乎是说基辛格"要人做这件事"。三天后，西莫·赫许在《纽约时报》上揭露，基辛格办公室对于窃听计划的某些方面"负主要责任"。接着罗伯特·伍德沃德和卡尔·伯恩斯坦发表了头条报道，里面充满了联邦调查局泄露的备忘录，内中详细列出基辛格打的电话和提出的要求。《新闻周刊》的一篇文章大标题是"清廉先生身上的丑陋污点"。

6月10日基辛格与尼克松离开华盛顿周游中东,本意是借此凯旋之旅暂时摆脱水门事件的阴影。在途中,基辛格在总统座舱后面他自己的舱房里生气地对斯考克罗夫特和伊格尔伯格说,他必须立刻召开记者会证明自己的清白。伊格尔伯格表示同意,斯考克罗夫特则不同意。当基辛格问坐在总统身边的黑格的意见时,这位白宫办公厅主任认为万万不可。基辛格召开记者会会模糊尼克松此行的焦点,但是飞机降落奥地利的萨尔茨堡过夜时,基辛格已经决定要这么做。

他和他的助理们讨论如何面对这些指控,一直讨论到黎明。当太阳升起时,字条已经塞到各个记者门下,通知他们大巴将载他们到市郊的骑士宫会所,去出席一次预先未安排的记者会。当基辛格站到中古时代森林主题挂毯下的麦克风前时,大家知道这次不是笑谈中东的场合。

整个70分钟的时间里,基辛格以单调的声音独白,然后回答问题,没有微笑过。他详尽地解释了他在电话窃听计划中的角色,然后近乎伤感地谈到他所实现的外交目标。他说:"我希望盖棺论定时,人们会记得也许有些人因此性命得到了拯救,有些母亲因此放下了悬着的心。不过,让历史下这个定论吧。"然后他发出威胁:"如果不还我清白,我就辞职。"[14]

参议院外交委员会同意重新调查此事。次月委员会重新调查后的结论,与他的任命确认听证会后的结论一样,是个不温不火的无罪宣告。但是真正的无罪宣告则有待舆论的反应,更具体地说,由华盛顿记者团的舆论制造者决定。面对基辛格辞职的威胁,权威专家群起支持他。

约瑟夫·艾尔索普说:"我们真的要成为将美国最受钦佩的公务员赶下台的罪魁祸首吗?"(他的回答是不,他说这样做将"酿成大祸"。)威廉·F.巴克利谈到那次记者会时说:"就像弗朗西斯·德雷克爵士击沉西班牙舰队之后回国时,在记者会上被问及他船上用的帆是否通过竞标取得一样。"

专栏作家马奎斯·蔡尔兹写道:"炮轰基辛格的一些记者的前提是外交应该像警察巡逻那样。"连约瑟夫·克拉夫特都站出来替他说话,不过那个说法肯定令他生气。克拉夫特写道:"他一定说了谎,但是比起他对国家的贡献，这些谎言是微不足道的。我个人认为辞职的威胁只是一种春天的一时糊涂，是疲惫和自我陶醉的产物，大可不必在意。"基辛格发出辞职威胁两天后，《纽约时报》头版刊登了题为"首都群起支持基辛格"的头条新闻，既报道了舆论，也塑造了舆论。

在萨尔茨堡的记者会进行了相当一段时间后，基辛格停住片刻，自怜地说："我跟记者们没有过不好的体验。"这种使用双重否定的句法是典型的基辛格的含蓄语气。即使在这样的困境里，这位战后国务卿中脸皮最薄的一位能够承认媒体对他不薄，这是很不寻常的。

一年之前，当先前一次的电话窃听争议达到高潮时，威廉·萨菲尔曾说过，基辛格与记者团的亲密关系保护了他。萨菲尔写道："常年接近有影响力的记者就像银行存款一样，明智的存款人一旦遇到困难就可以求得庇护，或至少得到同情的垂听。"即便在水门事件最后的大洪水里，这句话对基辛格也是适用的。[15]

第 26 章

变迁：仕途末期和全新开始

> 那是一个希腊悲剧，是尼克松的天性使然。一旦起步，就只能走到那样的终点。
>
> ——基辛格向詹姆斯·圣克莱尔说的话，1974 年 8 月 8 日

南希·马金尼斯·基辛格，1974 年 3 月

那个星期六，秘书伸头到基辛格的办公室说："记得，那个你安排好的会，不要迟到！"通常如果有人叮嘱他遵守他一向鄙视的日程表，他都会发出低吼。但是这一次他只是转向以色列国防部长摩西·达扬，表示是收起他的戈兰高地地图的时候了。达扬完全不知道基辛格有特别安排，在走廊里围上来要他就中东局势吹风的记者也不知道。

在 1974 年 3 月 30 日下午 4:00，在华盛顿国家机场附近家庭法院法官弗朗西斯·托马斯的办公室里，一个仅仅 4 分钟的非常简洁的仪式，将 50 岁的基辛格和 39 岁的南希·马金尼斯结为夫妻。据托马斯法官后来回忆，通常他主持婚礼收费为 25 美元——他为唯一的另外一位知名人士拉娜·特纳主持婚礼时收了 100 美元——但是这次一时激动，他忘了向基辛格夫妇收费。

南希·莎伦·马金尼斯于 1934 年 4 月 13 日在曼哈顿出生，在韦斯特切斯特县郊区的白原镇长大。她父亲阿尔伯特·布里斯托·马金尼斯，曾经是半职业橄榄球运动员，是在曼哈顿公园大道上专办信托和遗产的富裕律师；她母亲婚前姓名是阿格尼丝·麦金莱，热衷于慈善事业。两人出身都是社交界名人录榜上有名的圣公会名门家族，都是与其身份相

配的俱乐部会所的成员。

南希在家族的20亩大的豪宅大院里和她的两个兄弟，以及一堆表兄弟一起长大。她个子高挑，很矫健，有一匹自己的小马，由于从小与一堆男孩厮混，养成了假小子的坚强个性和思维上的自信。她后来开玩笑说："如果我当时是个可爱的小女孩，也许人们就会把我当成一个可爱的小女孩对待。"

她在附近的多布斯费里的女子预备学校迈斯特中学就读时，曾是学生小报的主编；她在毕业纪念册里被选为班上"最心不在焉"的同学。她在中学时已身高6英尺（约1.83米），她记忆中的母校是个"非常温馨的地方，我并没感觉自己长得很高，因为我用不着跟别人抢衣服或男朋友"。她在1955年毕业于曼荷莲学院，在密歇根大学拿到历史硕士学位，然后回到迈斯特中学教了两年书。

她不安于现状，又没有羁绊，仍有意追寻智力上的刺激，所以她在工作两年后辞去教职，到加州大学伯克利分校修博士学位。她的博士论文题目是"天主教会在维希法国的角色"，她因此到巴黎的索邦大学做了一个学期的研究工作。

在20世纪60年代初暑假期间，南希在曼哈顿西55街纳尔逊·洛克菲勒的办公室担任研究员。基辛格在那里负责协调外交政策研究，他在读过她准备的简报文件和备忘录后，会在上面潦草地写一些意见，然后请她重写。但是他真正注意到南希是1964年在旧金山举行的共和党大会上。基辛格回忆，他在洛克菲勒竞选团队下榻的酒店看到南希和其他工作人员交谈，他问她当晚是否要去牛宫参加大会开幕式。她说要去。他回忆道："你不知道在大会的茫茫人海中找人有多困难，而我就找到了她。"

1964年夏天，南希30岁，单身，自信，认真，十分抢眼。她一头杂色金发，沉烟绿的眼睛，笑容灿烂，长脸蛋棱角分明。她表情丰富，弯弯挑起的眉毛传达一种好奇心，眼皮半垂又为她增添了几分讽刺的超脱。颀长而苗条，徐缓而从容，坚定自信的体态，长期吸烟熏就的嗓音，她没有被基辛格吓到，也没有被他迷倒。

基辛格回到东岸立刻给她写信。她邀请他在下一次到旧金山时来她在加州大学伯克利分校的研究所的一门课上做一个演讲。那年稍后，基辛格假装有要事需要他去那里一趟（其实他只是要去洛杉矶），他打电话邀请她吃饭。那是他第一次向她求婚。她没有答应。她回忆："我当时以为本疯了。"他是个年纪较大、离过婚的犹太裔知识分子，而且有望进入政府担任公职。但是当他提议，要她回纽约做洛克菲勒的全职研究员时，她同意了，因此放弃了取得博士学位的机会。

南希有上流社会的优雅，虽然她像大多数出身名门的女子一样不喜欢抛头露面，但她在社交场合雍容自若。她是那种以她的气质可以令洛克菲勒或艾尔索普之辈刮目相看的类型，对于一个想在高处不胜寒的顶峰争得一席之地的移民教授来说，她也绝对是不会令他尴尬的人物。洛克菲勒团队里的一位女士说："对于一个希望被接受的来自德国的犹太小伙子，马金尼斯的类型是他梦寐以求的对象。她上的是名流学校，出入名流会所，交往的都是社会名流。"

当他已经攻入美国权力顶层的堡垒时，基辛格接着就对于打进美国的社交权贵圈产生浓厚的兴趣。在这个过程中，他并不精挑细选：吸引他的既包括那些一天到晚乘着喷气式飞机满世界玩耍的、照片常常出现在《女装日报》上的咖啡馆社交圈的人，也包括那些较低调的，老牌的纽约社交界名人录上的家族。南希在这两个世界都有一脚，这也是她吸引基辛格的原因之一。他有时对朋友惊叹："你们能相信吗，她这个殖民地俱乐部的女子居然肯跟我结婚？"

基辛格的犹太裔父母或南希的圣公会父母都不怎么待见这样的匹配，但这并不是他们迟迟没有成婚的原因。南希后来说："如果亨利或者我是宗教狂热分子，那就是另一回事了。"结婚计划迟迟没有实现的原因是南希不愿意与在政府任职的人，特别是像基辛格那样知名的人结婚。她与他有很多不同的地方，其中之一就是他太喜欢抛头露面了。但是到1973年初，基辛格已经决定离开政府，所以南希就同意和他结婚了。

虽然水门事件危机和尼克松把国务院大位授予基辛格的决定使得基辛格改变了辞职的心意，但他和南希决定还是维持结婚原议，他们把日子定在10月。因为赎罪日战争，这个日子黄掉了。在其后的5个月，他们至少6次定下新日子，每一次，国务院的一位律师都打电话给阿灵顿的托马斯法官要他为"一位政府要员"安排结婚仪式。

即使到了3月30日婚礼的前一天晚上，婚礼会不会如期举行都还说不准。基辛格刚去了莫斯科访问5天，还带上了他的孩子戴维和伊丽莎白。但是他没有向他们提到计划举行的婚礼，那个星期五早晨他们飞回了波士顿的母亲家。南希比较认真地告诉了她的家人，她的寡母当晚抵达华盛顿参加一个小型晚宴。但是正好摩西·达扬也到了华盛顿，所以南希只好请劳伦斯·伊格尔伯格代替基辛格出席这个晚宴。

当晚基辛格回家时，南希向他确认是否告知了他的家人。"他说告诉了，但说得不是很肯定。过了一会儿，他离开房间去打电话。"

南希怀疑的果然不错，他还没空告诉他父母。那是星期五夜里约10:00，他父母是严守戒律的正统犹太教徒，是不可以在安息日接电话的。所以基辛格一直打不通电话。最后，在他弟弟的帮助下，他终于通知了他们，但是他们没有搭飞机到华盛顿。过去为了参加他在星期六的国务卿宣誓就职典礼，他们把安息日规矩稍微通融了一点，但是他们不肯在周六旅行或者参加婚礼。他的子女刚刚回到他们家几个小时后又赶到波士顿机场搭飞机飞回华盛顿参加婚礼。

那个星期六在国务院，达扬和记者散去后，在基辛格的私人餐厅举行了一个婚礼前的午餐会。除了家人之外，宾客还包括约瑟夫和苏珊·玛丽·艾尔索普、温斯顿·洛德和夫人包柏漪、劳伦斯·伊格尔伯格、布伦特·斯考克罗夫特和帮助安排了婚礼的知名纽约律师兼国务院法律顾问卡莱尔·莫。

只有近亲接着去了托马斯法官的律师事务所。基辛格夫妇交换了传统的婚礼誓词，但是应他们的要求，托马斯法官省去了"服从"这个词。

尼克松当天打电话给南希祝贺她。她无法理解为什么总统在那时开始以生动的描述警告她，在与基辛格去阿卡普尔度蜜月时要当心当地的毒蛇。尼克松说："记得，只要你很快把毒液吸出来，就没事了。"

基辛格夫妇乘坐洛克菲勒的飞机飞到墨西哥，他们在一位富有的

基辛格传

药品进口商、银行家和社交人物尤斯塔齐奥·艾斯堪东借给他们的豪宅大院里度蜜月。他们没法很亲密，因为除了他们两人，还有 12 名特工、20 名墨西哥警察，另外还有 40 名记者扎营在大门外。基辛格的助理杰瑞·布雷默在场处理后勤和通信，摄影师戴维·休姆·肯纳利也来拍摄，屋子里还有一只发疯的绿色鹦鹉，每当基辛格进屋，它就尖叫。当基辛格手臂搂着新婚夫人，乘着一艘 30 英尺长的单桅小帆船在海湾兜风时，一个满载记者和摄影师的快艇紧随其侧。

两个月以后，南希在 6 月陪同她丈夫赴叙利亚进行穿梭外交时显示了她的外交气派。站在阿拉伯领袖身边时，她会弯曲一边膝盖避免她的头高过他们（或者她丈夫）。她的一举一动都被以色列和阿拉伯，以及美国报纸详细报道。它们说，她在飞机上出现在她丈夫的吹风会上时没有穿鞋子，她的脚指甲涂色配她每天穿的衣服的颜色，她跳进大卫王酒店的游泳池，只需优美地划四下水就从一头游到另一头，令大家佩服；一位紧张的特勤保镖穿着短裤和马球衬衫跳进池子在她身边陪游。果尔达·梅厄在一次敬酒时说："现在这里谈南希的人比谈亨利博士的人还要多。"

她的沉着自信帮助她掩盖了她的焦虑，结果回国不久就因胃溃疡住院了。她对丈夫死忠，对他的敌人尖酸刻薄，她忧他之所忧。虽然她很少像他那样爆发，她会一支接一支地抽她的万宝路，她虽然毫不忌口地享受巧克力糖和垃圾食物，但却有足够的紧张精力使她保持苗条身材。

政治上，南希比她丈夫更保守，例如，她对于美国在越南使用武力不像他那样有诸多疑虑。在 1973 年 1 月缔结和平协议时，她私下跟朋友说她担心美国没有履行承诺。她后来说："我有种本能的反应，认为一旦打仗了，打赢比打输麻烦少一点。越南这一块搞得一塌糊涂。"

在华盛顿生活的三年里，南希一直没有喜欢上这个城市，她觉得它太乡下、太蛮荒了。她为了履行职责，参加使馆招待会和大型宴会，但是她更喜欢主持 8 个左右的朋友相聚的晚宴。她在精神上更亲近纽约市的社交氛围，特别是身着高档服饰的那个圈子。

南希的强项包括她的头脑，她根深蒂固的信念，以及她对外交政策的扎实了解。她常常会读基辛格的演讲稿，分析之后给出建议。但是婚后，她被迫放弃为洛克菲勒的"关键选择计划"协调外交政策研究工作后，就不再那么较真，而且——至少她的朋友们觉得——她从此放下原来知识分子的形象，转而与轻松闲聊的社交人士为伍。她喜欢的话题不再是世界大事和概念，而是服装和室内装饰。

一部分原因是她的角色的需要：国务卿的夫人表达她个人的想法是很危险的。她一辈子回避抛头露面的场合，现在突然被满世界的记者包围，她说话不得不字斟句酌。此外，与她结婚的这个男人的世界观沉重到严肃乏味的地步。她帮着他轻松一下要比评论他的政策发言对他更有好处。[1]

理查德·尼克松浮沉记，1974年8月

当水门事件淹没了尼克松政府时，基辛格成为没有被丑闻瘫痪的最重要的政府官员。随着窃听事件曝光，参议院的调查揭露了对柬埔寨的秘密轰炸以及海军文书士官瑞德福的间谍网，都给了他很大冲击。但是他一直没有被卷入水门事件的调查风暴，也没有被迫辞职或面临刑事起诉的真正危险。

相反，华盛顿建制派的一致意见是他应该被保护起来。《时代》周刊在1973年底写道："他是遭难的理查德·尼克松政府废墟里仅存的重量级人物。"连一些最激烈反对总统的人士都非常呵护基辛格：他们担心如果丑闻延烧及基辛格，弹劾尼克松就会变得更难而不是更容易。在有争议的选战中被尼克松击败的民主党竞选人乔治·麦戈文，曾于1974年4月私下告诉一位记者："参议院里很担心如果弹劾了尼克松总统，海外的一切可能会崩解。如果基辛格被扯进像水管工班组的行动，弹劾带来的风险就更大了。"[2]

基辛格天性喜欢对于白宫里的事指指点点，幸好在水门事件关键时期他正忙于奔波海外而没机会放纵他这个天性。当1972年5月27日第一次入室盗窃失败时，基辛格正在出席莫斯科峰会。6月16日窃贼

成功入室时，他正飞往中国与周恩来总理会谈。当"深喉"和其他人在 1972 年 10 月大量揭秘时，基辛格正在越南谈判最后冲刺阶段中穿梭于巴黎和西贡之间。当约翰·迪安在 1973 年 3 月 21 日向尼克松报告掩盖犯罪事实的全部情况时，基辛格正在阿卡普尔科度假一个星期。1973 年 10 月 20 日"周六之夜大屠杀"时，基辛格在莫斯科敲定赎罪日战争的停火协议。当尼克松在 1974 年 4 月 24 日释放白宫录音带时，基辛格正在日内瓦与苏联外长葛罗米柯会谈。

在丑闻开始冒头时，总统的确偶尔问基辛格的意见，但通常都是随便问问。当参议员山姆·艾文作为两院水门事件特别调查委员会主席在 1973 年 4 月开始听证时，他们两人在圣克利门蒂。那个星期，总统把基辛格找来，问他是否觉得霍尔德曼和埃利希曼应该做证。基辛格回答说不，那样就等于认罪了。

那个月当尼克松从前的律师事务所合伙人，现在任尼克松顾问的伦纳德·加尔门特在一个星期六早晨到他办公室找他时，基辛格才对于这个丑闻有了更多了解。加尔门特垂头拱背坐在基辛格的沙发上给他描述了水门事件里非法竞选活动的来龙去脉。他们一致认为只有"大手术"——开除所有相关人士，坦承发生的事情——才能解决问题。加尔门特说，问题是，尼克松本人可能也参与了此事。

基辛格大惊。当晚，他在白宫的年度记者餐会上，有人打电话找他。原来是尼克松，尼克松显得很激动。就像他在这种心情下常做的那样，他突然大声问了一个问题："你是不是同意我们应该团结起来保护白宫？"

从他那个早晨与加尔门特的一席话，基辛格知道这样拖延和阻碍调查是行不通的。他认为——他当时跟朋友们这么说过，后来也一再声称——唯一的解决办法就是尽快挖出所有事实，然后坦承一切。但是这个场合不适合跟总统这么说。更重要的是，依照基辛格的性格，他是不会说总统不爱听的话的。四年下来，他还是习惯迎合尼克松的硬汉心态，要他以"冷酷的鄙视"对待批评他的人和新闻界。于是在一次后人有记录可查，有朝一日会被公之于世的电话谈话中，基辛格诺诺表示同意。

尼克松说:"那好,我们就团结起来保护白宫。"[3]

约翰·安德鲁斯是一位保守派、理想主义的年轻撰稿人,他强烈觉得尼克松只有查出和揭露所有有关水门事件的真相才救得了自己。1973年8月,约翰·迪安做完证之后,安德鲁斯在圣克利门蒂与基辛格散步。安德鲁斯说,应该让总统改变态度,不做逃犯,做检察官。安德鲁斯问:"他为什么不跟着猎犬跑,而跟着狐狸跑呢?"

基辛格回答:"因为他自己就是狐狸之一。他就是那只大狐狸。"

当时,安德鲁斯正在为尼克松写一份尼克松将就水门事件做的重大演说。总统叫他跟基辛格和泽格勒商量怎么拿捏演说的调子。基辛格告诉他:"总统需要显示悔意,就像肯尼迪在猪湾事件之后所做的那样。如果总统表达了悔意,他是会得到国民的海量同情的。"

泽格勒不以为然。这位新闻秘书听说了基辛格的意见后说:"悔意个屁,绝不道歉。"显然尼克松也是这个立场。他改写了安德鲁斯的稿子,否认了约翰·迪安全部的指控(安德鲁斯几个月后因为对水门事件的处理方式感到失望而辞职)。[4]

1973年10月20日的"周六之夜大屠杀"(尼克松罢黜特别检察官阿奇博德·考克斯和司法部长埃利奥特·理查森)发生时,基辛格在莫斯科。但是在赴莫斯科之前,基辛格曾私下会晤他的老朋友和官场盟友理查森,跟他讨论华盛顿的局势。基辛格从莫斯科回到华盛顿时惊诧地发现,有报道暗示他曾敦促理查森执行尼克松的命令,而不要辞职。

10月24日中午——这一天他促成的以色列-埃及停火协议全面崩塌,导致美国启动核警戒——基辛格暂时抽空打电话给理查森,把话讲清楚。基辛格说起理查森辞职一事:"你不知道我对此有多难过。我认为你是能为这个政府守住名节的人。"理查森同意这是很令人难过的事。然后基辛格说到正题。在这通被他的办公室录音的谈话中,基辛格说:"令我不悦的是,默里·马尔德和斯科蒂·赖斯顿都说我试图劝你不要这样做。上次是你主动提议要跟我会晤的,那天一般原则的讨论也应该是会引导你朝另一个方向走的。"理查森同意他的说法。[5]

那个星期稍后,考克斯被罢黜事件引起舆论哗然,有愈演愈烈之势,尼克松答应将部分白宫录音带交给联邦法院。基辛格一直跟他的朋友们说，他主张尽快全面公布事实，但是私下他对黑格表示质疑释放录音带的决定。他问黑格："那我们现在是不是可能要交出其他文件呢？"白宫办公厅主任回答说："走一步看一步吧。"[6]

1973年10月末，斯皮罗·阿格纽的辞职——与水门事件无关的一项税务和贿赂调查的结果——使得基辛格担心副总统的继任人选（由于基辛格是外国出生的，宪法排除了他担任副总统的可能性）。他最担心的就是尼克松会选择约翰·康纳利，此人的顽固外交政策观点缺乏细致，但激情有余。基辛格向黑格表明，他就是不能接受康纳利这个选择。他说他比较喜欢洛克菲勒。当尼克松最后选择了国会议员杰拉尔德·福特时，基辛格虽然缺乏热情，但是也没有不乐意。

在成为国务卿后，基辛格对水门事件——以及华盛顿——采取避之唯恐不及的策略。从1973年10月一直到1974年8月尼克松辞职，基辛格一共出访了28个国家，包括6访中东，访问里程累计19.6万英里，平均每天600英里。基辛格与一国外长在他办公室会晤时还开玩笑："我很高兴你到访华盛顿时正逢我也在华盛顿访问。"

到1974年7月中，基辛格已经确信尼克松会辞职，并且很快会这么做。基辛格后来说，如果他是众议院司法委员会成员，他会投票赞成弹劾总统。那个月，他和黑格随总统到了圣克利门蒂。当他们坐在总统官邸附近一个小办公室里时，基辛格问他的前副手："这个情况还能拖多久？"黑格说他没有把握，并且向基辛格讨教。基辛格说，黑格越快促成尼克松的辞职越好。黑格说他同意这个看法。

面对水门事件，这两位诡计多端、野心勃勃的对手之间的矛盾消退了。虽然他们几个星期前为了在莫斯科最后峰会时谁该分到尼克松在克里姆林宫套房隔壁的一间房间的问题上，曾像小学生一样争执过（黑格赢了），现在为了引导尼克松走向辞职之路，他们开始暂时搁置争夺。每天，黑格都会给基辛格打电话通报进展以及他安排的会议。基辛格也会安排人打电话劝尼克松考虑辞职。到7月底，众议院司法委员会已经通过三条弹劾理由，预期众议院全体会议也将表决同意，届时就会进入参议院审判。

8月3日星期六，黑格夫妇和基辛格夫妇做了一件对他们来说不寻常的事：他们一起出现在一个社交场合。他们在肯尼迪中心的总统包厢里观看《榆树下的欲望》一剧的演出。即使当时上演的是尤金·奥尼尔更好的作品，也比不上他们周围上演的真实生活中的那场大戏。整个演出过程中，基辛格和黑格一直起身到包厢后面讨论迫使尼克松面对现实的策略。

可是，直到8月6日，尼克松决定辞职的前一天，基辛格都没能鼓起勇气劝尼克松辞职。正午刚过，在一次不着边际的、没有结论的内阁会议之后，在黑格同意之下，基辛格不请自来地踱步到椭圆形办公室。基辛格说，如果尼克松继续抗争，随后的弹劾审判会使国家和外交政策瘫痪。尼克松不置可否，他说再联系吧。

总统那晚稍后的确给他打电话了，但不是跟他讨论辞职之事。总统刚刚收到以色列的军事援助请求，他不但会拒绝这个请求，还决定在以色列同意全面和平并从占领的领土撤出之前立刻中断一切运往以色列的军事物资。他告诉基辛格他很后悔没有更早这么做。基辛格觉得这是尼克松对自己当天早先给他忠告的莫名其妙的"报复"，仿佛与以色列切割是他对犹太裔国务卿的一个惩罚方式（基辛格没有把有关的文件呈给尼克松，福特总统在四天后推翻了尼克松的命令）。

第二天下午较晚的时候——8月7日星期三——黑格打电话到国务院给基辛格，要他立刻到椭圆形办公室来。基辛格到了以后，看到尼克松一个人在那里凝望大凸窗外的玫瑰园。他说他已经决定辞职，次日晚间他会在一个演讲里宣布辞职。辞职将在星期五中午生效。基辛格努力把他们的对话维持在讨论正常公务的气氛里，跟尼克松描述应该如何通知其他国家政府。基辛格一面讲，尼克松一面琢磨各国领袖——毛主席、勃列日涅夫、周总理——在当晚收到电报时会有什么样的反应。

基辛格对他说："历史会比你的同时代人更肯定你。"

尼克松说："那也要看是谁写历史。"

基辛格从来没有跟尼克松称得上亲近，在他面前总是很紧张。做他下属已经 5 年之久，他还是称呼他"总统先生"。但是在那个场合，基辛格做了一件不寻常的事：他触碰了尼克松，然后他把手臂围在尼克松肩膀上拥抱了他。[7]

那天晚上，基辛格在家跟南希和专栏作家约瑟夫·艾尔索普一起吃晚饭。他的子女戴维和伊丽莎白放暑假从波士顿来探望他们。9:00 左右，电话响了，是尼克松打来的。他说他现在一个人，基辛格可不可以来跟他谈谈。

接下来发生的就是日后变得非常出名的场景，主要因为罗伯特·伍德沃德和卡尔·伯恩斯坦在他们写的《最后的日子》书中做了生动的描述。只有两个人，尼克松和基辛格在场，他们事后对经过的叙述不太一样。但是有一些其他来源可以提供二手见证。当时劳伦斯·伊格尔伯格和布伦特·斯考克罗夫特都坐在基辛格在白宫西翼的办公室里，当他跟尼克松谈了 90 分钟之后回到他的办公室时，他把整个经过告诉了他们。根据对基辛格、伊格尔伯格和斯考克罗夫特的采访，以及就此跟尼克松的谈话，那个奇怪的夜晚的经过是这样的。[8]

那天晚上尼克松先是忙着让白宫摄影师奥利·阿特金斯给他夫人和两个女儿拍摄在白宫的最后的家庭照。然后他一个人踱步到林肯客厅，这是他的住处二楼的一个小小凹室，是他需要隐私时去的地方。那里的架子上摆着他喜欢的柴可夫斯基和拉赫玛尼诺夫的唱片集，他会重复地播放那些唱片，坐在塞得鼓鼓囊囊的扶手椅里，把脚放在软凳上，膝上放着一本黄色的便笺，冥思默想。

那个炎热的星期三晚上基辛格找到他时，看到的尼克松就是那样。基辛格心里想，这个人把一个名不见经传的人打造成一个政治人物，通过几乎是疯狂的坚强意志把自己推向顶峰，然后在一个他无法了解的过程里，一个在他看来只不过是个三流的入室盗窃事件，却把他打入地狱深渊。基辛格后来说，他的"命运多舛堪与《圣经》故事相比"。

基辛格后来说，那天晚上的理查德·尼克松简直就是个废人，这是一点儿也不奇怪的。他需要安慰，于是基辛格极力安慰他。他们一起回顾他们在外交政策上的成就，各自补充回忆，美化往事。基辛格很体贴：他一直强调，每一次都是因为尼克松在关键时刻做出勇敢的有魄力的决定才取得了胜利。

基辛格告诉情绪沮丧的总统，如果没有出兵柬埔寨和在海防布雷，就不可能在越南取得有尊严的和平。基辛格提醒尼克松，冒着失去莫斯科峰会的危险也是他一个人做的决定，结果成功了。至少在那一个晚上，基辛格愿意把设计向中国开放政策的全部功劳归因于尼克松。他们再次谈到历史的论定，尼克松又一次沮丧地开玩笑说那要看是谁写历史。

尼克松谈到收到周恩来的邀请函的那个晚上，他记得他开了一瓶拿破仑干邑两人举杯称庆。他说那瓶酒还在柜子里。从那次以后还没有人碰过它。尼克松穿过没有开灯的走廊，突然执意要找出那瓶酒。他斟满两个杯子，他们再一次互相敬酒。

整个谈话过程中，尼克松基本上能保持平静。但是当他提到辞职后可能面临刑事审判的时候，他变得非常激动。他说他恐怕熬不过审判的煎熬，而那正是他的敌人希望看到的。基辛格向他承诺："如果他们骚扰你，我就辞职。"他会辞职，然后告诉全世界为什么他要辞职。据尼克松回忆，基辛格做这个承诺时不禁哽咽，然后哭了出来。

尼克松后来回忆，基辛格一哭，他也忍不住哭了。总统说："亨利，你不要辞职。绝不要那么说。"国家需要他，没有人有他这样的能耐，更不用说干得像他一样好了。

基辛格证实他们有这段交谈，至于有没有像尼克松描述的那样激动则不好说。基辛格后来听到尼克松的版本时抱怨："照他那样说，好像我们会晤的目的不是在谈他辞职，而是谈我辞职似的。"

由于情绪激动，加上尼克松崩溃的样子令他不知所措，基辛格开始冒汗。他准备离开，但是总统希望再跟他一同回忆一下他们的共同成就。基辛格答应了。最后，在那里待了一个半小时后，基辛格起身，尼克松陪他走过把生活区隔为两半的宽大的走廊，朝着私人电梯走去。

但是痛苦的一夜还没有过去。在林肯卧室门口，尼克松停下脚步。他跟基辛格说，"从严格意义上说你和我可能宗教信仰不同"。但是他知道基辛格和他一样"强烈相信有至高者的存在"。事实上，他确信基辛格对上帝的信仰跟他一样强烈。尼克松告诉他一个秘密，深夜时，当他在林肯客厅工作完毕，他会停下来，按照他母亲贵格会的习惯，跪下来祷告。

然后，尼克松要求他的国务卿跪下来跟他一起祷告。那个请求令基辛格感到难堪；即便在他小时候还比较虔诚的时候，祷告也不用跪下来。但是他先小心地弯一个膝盖，然后弯另一个膝盖，跪下来和总统一起祷告。

很多年以后，每次谈到这个场景，基辛格仍然觉得尴尬，仿佛那是那个他见过的最奇怪的人加给他的最后一个小小羞辱。他的正式说法是他不记得当时他是否跪下了，这个说法很难让人相信，因为那毕竟是一个很难忘记的时刻。但是私下他并不否认他跪下来跟总统一起祷告，这么做也没有什么可以感到羞耻的。拒绝尼克松的那个请求才是太绝情了。在那种超现实的悲惨的情况下，基辛格觉得祷告没有什么不对。他唯一的问题是当时脑子一片空白，想不出一个祷告词，只有一种他后来描述为"有其自己意义的深刻的敬畏感"。

总统开始哭泣。他没有歇斯底里，也没有捶打地板。但是他一面抽泣，一面怨命，痛斥他的敌人给他带来的痛苦。基辛格再一次向他保证，历史会更肯定他。

当他回到办公室时，伊格尔伯格和斯考克罗夫特已经等得很焦虑了，基辛格的衬衫已被汗水湿透。他说："我从来没有经历过这么痛苦的事情。"斯考克罗夫特说，总统在最后一晚找他谈心，他应该感到很受用才对。伊格尔伯格说，看到基辛格这么激动、感动，这么有同情心，他感到很惊讶。他说："有时，我觉得你不像人，显然我错了。"基辛格又多谈了一会儿，那个夜晚多么痛苦，看到尼克松那个状态给他多大的震撼。基辛格说："他真是一个悲剧人物。"他说这话时语气表达的是同情，甚至悲伤，而不是蔑视。

他们正在谈的时候，尼克松直通基辛格的私人电话响了。基辛格接电话时，伊格尔伯格到房间另一头拿起"死键"分机旁听。一开始他们听不懂总统在说什么。总统的声音低沉单调，因为疲惫，又喝了酒，口齿不清。尼克松恳求基辛格不要把他们的会晤当作软弱的迹象。他应该记得尼克松勇敢果断和向他交心的所有时刻。总统求他千万不要告诉任何人当晚发生的事，或者他看到总统哭泣。

伊格尔伯格轻轻放下分机的电话。基辛格向总统承诺，如果自己谈到当晚的事，会很尊重他。

在基辛格外面的办公室的柜子里，录下基辛格所有电话通话的录音机自动启动了。第二天早晨，按照标准程序，制作出一份通话文字誊本。但是不久之后，在基辛格许可下，斯考克罗夫特亲自销毁了誊本和录音带。

后来，基辛格（以及他的助理们）会在背景吹风的基础上跟伍德沃德和伯恩斯坦谈到这件事，而他们还原了这个场景。但是基辛格坚持他从来没有说过任何对尼克松不敬的话。基辛格后来写道："他的所作所为证明他是个值得尊敬的人。"

基辛格跟水门事件的关系是间接的。他没有参与入室盗窃行动或其后的捂盖子行为，但是他默许了——甚至助长了——并且滋生了这个丑闻的心态。由于他对轰炸柬埔寨泄密的愤怒，才有后来的电话窃听，他对五角大楼文件泄露的愤怒导致水管工班组的设立。

电话窃听与在水门民主党总部安装窃听器之间有一个重要区别：电话窃听是通过调查局做的，至少在当时被认为是合法的，而水门事件是用秘密献金搞的明显非法行为。但是导致电话窃听的那种心态——监听亲近助理和不知情的记者的家里电话，有时不是真正因为有安全顾虑，而是因为政治原因被定为窃听对象——和导致在民主党主席电话上装窃听器的心态是相似的。

基辛格纵容尼克松的硬汉言论，迎合总统对"敌人"疑神疑鬼，因为他知道这是想要被接纳到总统的小圈子里面就必须付出的代价。这种与魔鬼的交易不是造成水门事件的原因。它也不是可以起诉的罪行。如果硬要这么说，也可以说这是为了外交政策的胜利而付出的代价。但是，因为这么多官员，特别是基辛格，愿意做出这些原则上的妥协，才使得水门事件的心态占了上风。

基辛格和福特：帮助新总统进入角色

杰拉尔德·福特是基辛格通过他的哈佛大学研讨会认识的许多人里面的一个。在20世纪60年代，这位密歇根州国会议员是国防拨款小组委员会里最高级别的共和党议员，有一天一位他不认识的教授打电话给他，邀请他在一个国防政策研讨会上做一场客座演讲。福特受到邀请，觉得很荣幸，就去花了两个小时给基辛格的学生讲课。据福特回忆："亨利让我那次讲课很愉快。"由于这次的愉快经历，他两年后又回去讲过课。"我发现他非常聪明，很好客，肯帮忙。"

他们后来继续有交集：福特参加了基辛格帮助管理的洛克菲勒的"关键选择计划"，后来在尼克松第一任总统期间经常参加在白宫举行的共和党领导吹风会。不管谁问他，这位没有什么心机的国会议员都会宣称他对基辛格的头脑佩服得五体投地。所以早在1974年3月，当这位副总统对尼克松可能辞职的事一直避免评论时，就已经告诉《新共和》杂志的约翰·奥斯本，如果有朝一日他做了总统，他会留住基辛格。

尼克松在白宫的最后一个月里，基辛格从斯考克罗夫特手上接过主持副总统的外交政策吹风会的工作。福特记得在基辛格主持下，这些会变得更长、更频繁。

尼克松把福特叫到白宫告诉他自己将辞职时，给他的唯一一个人事意见就是：他应该留住基辛格。但是尼克松加了一个警告。他说："亨利是个天才，但是你不需要接受他提的每一个建议。他可以是很宝贵的帮手，他会很忠诚，但是你不能让他为所欲为。"尼克松对他的一名僚属说得更直白。他说："福特必须了解，必须不时踢踢亨利的屁股。因为有时候亨利开始以为自己是总统。但是有时候你又必须安抚亨利，把他当个孩子。"

那天下午，福特打电话给基辛格，后来他说他当时觉得应该让对方放心。他说："亨利，我需要你……我会竭尽全力跟你合作。"

基辛格回答："总统先生，是我该跟你合作，而不是你跟我合作。"[9]

一个是生于内布拉斯加州奥马哈，在密歇根州大急流城长大的杰拉尔德·福特，一个是在菲尔特出生长大的基辛格，在一个政治体系里，能允许两个政治伙伴有这么大的差异，实属罕见。福特的优点是他的单纯质朴，他的脚踏实地，他对普通美国老百姓重视的价值了如指掌。他对自己和对美国制度的根本信仰没有任何怀疑，这些特质是尼克松和基辛格所没有的，虽然他们非常杰出。

不管是运气，还是偶然，抑或天意，美国的宪法程序所提供的是一位没料想到，但却正合时宜的总统。福特率直，不狡诈，他的爬升源于他的善良本能，而不是精明的操作。他有扎实可靠的常识判断，这种判断没有被过度的聪明和喜欢反思的头脑拖累。

杰拉尔德·福特的善良有时被人小觑，仿佛善良固然是美德，做总统不能只靠善良。如果说尼克松的助理们工作的一部分是防止尼克松最坏的本能毁了他自己，福特的助理们觉得他们必须防止他们的总统最好的本能毁了他自己。但是在艰难时期，善良不只是美德，也是一种恩赐。乔治·奥威尔曾说，当英国的知识分子纷纷拥抱或左或右的暴政时，英国人得以保持头脑清醒靠的就是善良。在一个政府因染上秘密行事和阴谋诡计的恶习而垮台时，需要的正是一剂善良的解药。

福特就职不久，有记者挖苦地问基辛格为什么要总统参加与苏联外长葛罗米柯讨论 SALT II 谈判细节的会议。基辛格顿了一下，调皮地微笑，然后（知道他的记者团不会引述他，把他出卖）回答："我们觉得有必要让有技术专长的人参加讨论。"

但是几个月后，当北越即将攻陷西贡时，福特显露了他自己的外交政策本能的价值。虽然国会投票停止一切援助，但基辛格叫嚣着需要美国重新涉足越南。福特则很清楚，美国人民不会支持美国继续卷入，他觉得基辛格关于美国会因此丧失信誉的预言是过分夸大了。就像在许多其他事情上一样，他周围的聪明人结果证明不那么聪明，福特证明自己不那么笨。

福特谈到他与基辛格的关系时说："那是一种奇怪的友谊。你再也找不到两个比我们背景更不同的人了。我信任他，而他因为没有过这样的经验，所以感到不习惯。我想因为这样，他比较能信任我。"[10]

福特跟基辛格处得很好，秘诀在于他对自己有信心，不会因为基辛格的杰出而感受到威胁。戴维·基辛格说："福特总统明白地说，他认为我父亲头脑比他好，但他并不认为这是问题。"[11]

连基辛格爱出风头的习惯也没有让福特感受到威胁，他知道如果能满足基辛格渴望得到肯定的心理——尼克松很恨基辛格这一点，所以以打击他这个愿望为乐——对大家都好。"当亨利沐浴在荣耀中时，他会更卖力，并做得更好。"

罗伯特·哈特曼是个脾气不好的前新闻记者，在20世纪60年代加入福特的国会议员团队，后来成为白宫顾问，他描述了福特和基辛格关系的这样一面：

> 亨利过去是，现在还是一个天生的名流。他忍不住要自鸣得意，这是天性，就像公鸡要打鸣一样，他喜欢搔首弄姿，就像孔雀用喙整理自己的羽毛一样正常。福特对此比很多人更有智慧。他知道人的本性难改。亨利的虚荣心是他办事能力必不可少的一部分。如果说他比常人需要多一点的肯定，福特很乐意给他这种肯定。[12]

基辛格跟福特在一起的时候比跟尼克松在一起要放松多了。有一个周末福特邀请他到戴维营，基辛格不但自作主张带上他儿子戴维，而且还带来南希才买的名叫泰勒的黄色拉布拉多猎犬。基辛格宠狗是无可救药的。吃饭时，总统在一边看着，他就一直在桌底下喂东西给狗吃。福特自己的名叫"自由"的猎犬很有教养地在一段距离外礼貌地坐着。然后泰勒跑过去把"自由"的食物也吃了。基辛格跟他的幼犬戏耍时，福特在一旁和蔼地微笑着。戴维说："我父亲跟尼克松就从来没有自在到敢把他的狗带到戴维营。"

福特之所以对基辛格如此宽容，是因为真的喜欢他。多年后，福特颁发1991年的纳尔逊·洛克菲勒公共服务奖给他时是这么说基辛格的："我不但非常钦佩亨利，我也非常喜欢他。"[13]

从一个非常关心外交政策、喜欢用谋略操纵人和事的总统过渡到一

第26章 变迁：仕途末期和全新开始

个直率的、对外交政策没有那么大兴趣的总统，问题就来了，基辛格自己会不会改变他的作风呢？理查德·霍布鲁克在《波士顿环球报》的一篇封面故事里问："他会不会仿效他的新总统，采纳一个较开放的工作作风呢？还是会沿袭几年来的老作风，继续做一个捉摸不定、老谋深算、杰出的外交高手呢？"

这个问题涉及基辛格性格的核心。他的秘密行事作风主要是因为替尼克松做事而需要他这样做呢，还是他的个性上的包袱呢？

记录显示，基辛格的作风很大程度上反映了他的天性，为尼克松做事加强了这种风格，但并不是造成这种作风的原因。以往他在不那么龌龊的环境里工作时这种风格已现端倪：在哈佛大学，他跟风度翩翩的罗伯特·鲍伊起了冲突；在为洛克菲勒工作时，他跟埃米特·约翰·休斯和其他一些人发生纠纷。这种官僚内部的倾轧在和气直率的杰拉尔德·福特的政府里虽然不那么明显，但还是看得到的。

福特说："他是我见过对别人的批评最为超级敏感的人。"照顾基辛格脆弱的自我就需要经常处理他对别人怠慢的敏感。他每个星期总会有一天要到椭圆形办公室，就无名人士对他的攻击或者他认为某人侵犯了他的地盘而愤愤不平。福特回忆道："通常是在星期一，他会对新闻界某些评论或信息的泄露，发一顿牢骚，'这些批评太过分了'。他总是认为有人在搞阴谋。他会跟我说，'我必须辞职'。"

福特会抽着烟斗倾听他的抱怨，安抚他，让他恢复平静。"不管需要多长时间，我会安慰他，有时是几分钟的时间，有时一个小时，让他安心，跟他说他对国家多么重要，请他不要辞职。"这不是福特特别喜欢做的事，但是他知道处理这类问题是他的强项，就像处理世界大事是基辛格的强项。

比任何世界问题更令基辛格恼火的就是又得对付新的一拨处心积虑（至少他怀疑）要削减他的权力的白宫高级助理。霍尔德曼和埃利希曼下去了，黑格也即将走人，而他留下了（后来福特解释为什么没有留黑格，"我要的是完全可以跟我合作，我完全信赖的人"）。基辛格回忆："一想到要跟这个新班子展开阋墙之争和权力斗争，我就心生畏惧。"[14]

在一番挣扎后，福特最后选择的办公厅主任是唐纳德·拉姆斯菲尔德，此人曾经是鹰级童军，芝加哥富裕郊区的共和党国会议员。拉姆斯菲尔德聪明、有魅力、有野心，而最后这一点不可避免地使得他与基辛格杠上了。并且拉姆斯菲尔德觉得福特应该显得更像一个发号施令的人，更"有总统的样子"。他曾很生气地跟新总统说，现在看起来总统好像把大多数决策权都交付给别人了，剩下的事只是"接见向日葵皇后和接受感恩节的火鸡之类的琐事"。拉姆斯菲尔德觉得为了解决这个问题，福特就不能再像是基辛格外交政策的应声虫。

拉姆斯菲尔德和新闻秘书罗恩·内森一道放出风声说，福特现在将向更多的人征求有关外交政策的意见。这句看似平常的话其实包含了一定的真实性。当哥伦比亚广播公司的记者鲍勃·希弗问这是否意味着福特现在跟基辛格保持距离了，内森点头表示是的。

报道一出来，整个新闻界哗然。基辛格火冒三丈，怒批内森和拉姆斯菲尔德，然后威胁要辞职。内森赶紧找掩护自保，他告诉其他记者，有关基辛格影响力式微的报道纯属虚构。然后他做了一件他后来承认自己也感到可耻的事：他开除了一个低级别下属，说他泄露了消息，虽然事实上内森知道此人并非泄密来源。结果内森的声誉受损，基辛格的声誉受损，拉姆斯菲尔德的声誉受损，福特的声誉受损。

削弱基辛格影响力的努力在1975年5月北约峰会上继续。拉姆斯菲尔德决定，并获得福特同意，在布鲁塞尔将由总统而不是基辛格主持新闻界吹风会，他与北约领袖会谈的照片里将没有基辛格。这不仅仅是什么反基辛格小集团的个人偏见。即使基辛格，也应该（但他没有）了解，如果一般观感是基辛格在主导外交政策，总统的声誉会受损。

基辛格冲到内森在布鲁塞尔的新闻室隔壁用帘子隔出来的小房间跟他大吵。基辛格咆哮说，如果政府里的对手认为他会坐视他们对他的蚕食鲸吞，他们就是疯了。基辛格警告，如果把他惹恼了，他知道如何反击。据内森回忆："几乎每一次出访，亨利都至少有一次会对不利他的信息泄露发飙，几乎已经成为例行公事。他的语调愤怒而傲慢，他的声音高扬而微颤。"

在回国的飞机上，基辛格侧身向福特脾气不好的演讲撰稿人罗伯特·哈特曼道歉，他不该怀疑对方是主要泄密者。基辛格说："究竟是谁如今已昭然若揭。我们有办法治这些跳梁小丑。"哈特曼貌似脾气不好，其实很有幽默感，对基辛格的行为能够处之泰然，他觉得一个讨厌拉姆斯菲尔德的人应该差不到哪里。此外，就像哈特曼对福特娇惯基辛格的感叹一样："好几位教皇已经从米开朗琪罗那里领教过，雇用天才的人总是要付出代价的。"[15]

但是比所有这些新竞争和较劲更重要的是，一位基辛格在公共生活中最信任和最喜欢的人的出现：他就是纳尔逊·洛克菲勒；一部分是在基辛格的敦促下，福特任命他担任副总统。1975年初，基辛格夫妇和洛克菲勒夫妇在波多黎各的多拉多海滩共度新年。跟一位洛克菲勒家族的人一起晒日光浴，又娶了一位出身名门的洛克菲勒前助理为妻，基辛格好久没有这么感到安详自在了。

他对朋友说，从尼克松过渡到福特之后，他感觉腹中紧张的纠结在折磨他五年之后突然消散了。基辛格私下告诉与他同行的记者团："从人的角度说，现在比以前轻松，轻松太多了。"在其后的两年里，基辛格有时会忍不住对福特的迟钝讲些不敬的话，但讲这些话时他是带有感情而不是怨气的。戴维·基辛格回忆："听我父亲谈到福特，看到他在新总统跟前那种自在，我很受感动。"[16]

这种新心情、新气氛虽然没有防止幕僚间的竞争和个人的不安全感的暗潮汹涌，但它已渐渐体现在更开放和直率的对外政策践行中了。

第 27 章

"缓和"之死：奇怪的联盟，走强硬路线

> 恨共产主义的保守派和恨尼克松的自由派如同日食一样罕见地重合在一起。
>
> ——基辛格 《动乱年代》，1982 年

奇怪的盟友

缓和政策——降低了美苏之间的紧张——受到广泛欢迎。商人很高兴能够跟苏联人在商言商，特别是在贸易上。农场主很高兴他们的谷物有了新市场，写社论的人赞扬军控协议，连一些主流保守派人士都觉得，美国在世界事务上发挥积极作用的意愿正经历后越战的衰退之际，尼克松和基辛格聪明地平衡了各方利益。

但是，因为个人的理由以及意识形态的理由，一个反对这个政策的奇怪联盟开始壮大。当尼克松的权力消退，杰拉尔德·福特就任总统时，基辛格发现自己正面对一群不同于从前的国内批评者，做最后一搏的缓和保卫战。

- 1972 年的贸易协定法案受到民主党参议员亨利·杰克逊、犹太裔美国人领袖和维护人权人士的攻击，他们要求将法案与莫斯科取消对犹太人和其他公民移民出境的限制挂钩。
- 本来就不喜欢苏联或更自由贸易的工会领袖也反对这个法案。
- 与此同时，SALT 进程也遭到杰克逊参议员、国防部长施莱辛格

等人的攻击，因为他们认为苏联因此得以维持重型导弹的数量优势。
- 后来，整个缓和目标也成了一帮自命清高的先知——从丹尼尔·莫伊尼汉到罗纳德·里根，再到亚历山大·索尔仁尼琴——以道德理由抨击的对象，他们批评缓和为现实政治对苏联权力的妥协，忽视了人文价值和美国理想。

反共的保守派和反尼克松的自由派不约而同地走到一起反对缓和，基辛格后来指出，这是两股不同势力"如同日食一样罕见地重合在一起"。[1]

保守派的批判始终如一。他们一直担心共产主义的威胁，他们认为缓和——特别是过分鼓吹它的好处的做法——会使美国人放松警惕而变得自满。以1973年10月中东战争为例，缓和带来的红利之杯可以解释为半满，也可以解释为半空，而这些人立刻就抓住悲观的解释不放，他们指出，缓和并没有阻止危机的爆发。他们也一直怀疑，关于欧洲安全安排的谈判（后来导致1975年在赫尔辛基签署的协定）像当年的雅尔塔协定一样，再度出卖了东欧和波罗的海沿岸国家。时任加州州长的罗纳德·里根是这一翼攻击力量的政治上和象征性的旗手。

保守派的反对势力包括基辛格的老导师弗里茨·克雷默和在基辛格手下工作的导师的儿子斯文。斯文觉得基辛格的问题在于"他在形而上学方面没有定见。他没有宗教，没有亲近的朋友，他是个悲观主义者"。基辛格的这位年轻下属和他父亲一样有强烈信念，常常在长篇大论的备忘录中谈论对苏联软弱可能带来的危险，将其附在基辛格的演讲稿后时，还标记出他认为演讲稿中的不妥之处，通过国务院的"异见渠道"发出。最后基辛格要索南费尔特下令让他停止这种行为。

保守派的攻击是意料之中的事，更具有伤害性的是来自前自由派对缓和的反对，包括那些直到最近还是和平运动里的人士。这些反共圣战里的新来者后来被称为新保守派，他们的领军人物是犹太裔知识分子和其他强烈支持以色列的人士。他们一部分是担心美国软弱的反干预主义心态与讨好莫斯科的意愿加在一起，会使它不再像以往那样大力支持以色列。这伙人中的一员大将理查德·珀尔说："人们强烈感觉,除非美国维持它在世界上的强权,以色列就会遭殃。犹太裔美国人和新保守派的结合就源于那段时间对缓和及以色列的担忧。"

这些担忧因 1973 年 10 月的战争而加深,战争中,以色列强硬派认为基辛格太急于去莫斯科安排停火。许多人认为他对以色列,特别是在 1975 年一开始没有能达成第二个西奈协议后,美国"重新评估"和以色列的关系时,所施加的高压,是他缓和政策的一部分。基辛格说:"特别是在 1975 年重新评估关系以后,对于缓和的攻击都源于有关我背弃以色列的指控。"他还有一个比较涉及他个人的解释:"他们可以不怪我是犹太人或国务卿,但是接受不了我又是犹太人,又是国务卿,又娶了一位高大、金发的白人盎格鲁-撒克逊新教徒为妻。"

坚定反共的尼克松和从权力视角维护美国的国际信誉的基辛格最觉得惊讶的是,诺曼·波德霍雷茨之辈和为他的《评论》杂志撰文的那些人居然批评他们对苏联太软弱,而这些人之中的多数原来都是反对越战和重大军备计划的。新保守派的理念领头羊包括:波德霍雷茨;他的夫人,后来担任"自由世界委员会"负责人的米奇·戴克特;"当前危险委员会"主席尤金·罗斯托;《公共利益》主编欧文·克里斯托;1975年成为美国驻联合国代表的莫伊尼汉;等等。[2]

保守派、新保守派和许多自由派共同的一个批评是尼克松-福特-基辛格的缓和政策太冰冷和算计,太偏重从现实政治角度考虑权力平衡,而因此忽视了人权和作为美国政策基础的基本理想。吉米·卡特攻击缓和就是根据人权的考虑,而罗纳德·里根则抓住了保守派的批评观点。对缓和的这些反应造就了未来两位美国总统。

反对缓和大联盟的另一个组成部分是工会组织,它们一直以反共为傲。码头装卸工人工会常常拒绝将运往苏联的谷物装船,乔治·米尼和劳联-产联的其他领袖都抗拒新的贸易协定。所以他们自然支持杰克逊在苏美贸易法案上加入移民条款的努力。米尼 1974 年在参议院就缓和做证时说:"一些商人为了自身利益淡化苏联政权的压迫和不人道。这是我们不能接受的。我们不愿意看到苏联奴隶劳工制造的廉价产品大量涌入我国。"[3]

自由派反对缓和一部分原因是他们鄙视尼克松的条件反射。他们所辱骂的这位反共人士正在做自由派一贯主张的军控和加强贸易工作。基辛格写道："但是他们与尼克松的宿怨太深了。如果尼克松主张缓和，他们就认为冷战也许还不错！"

虽然这种说法可能有一定道理，但却无法解释为什么在杰拉尔德·福特总统就职后，反对缓和的声浪更加高涨。事实上，如果说这里涉及个人因素，那就是许多批评缓和的人对基辛格产生了一种鄙视。斯坦利·霍夫曼教授说，关于缓和的辩论"成了从各种角度反对或仇视基辛格这个人和他的政策的人都能利用的一个平台"。

这类人身攻击的一个例子是基辛格的长期劲敌保罗·尼采，此人1974年辞去他在美国SALT谈判团队里的职务，转而成为缓和的批判者。他一度问过中情局的反间谍部门领导詹姆斯·耶萨斯·安格尔顿，基辛格有没有可能像一些右翼阴谋论者怀疑的那样，是苏联的卧底间谍。尼采所得到的结论是，他不是卧底。但是当一位朋友在1974年底提到基辛格的名字时，尼采愤愤地说："那家伙是个卖国的货色。"[4]

基辛格在哈佛大学本科生时曾剖析过伊曼努尔·康德的论文《永久和平》，康德在这篇文章里写道，永久和平需要永久的努力，因为和平是个不断变化的东西，它不是一个最终状况。基辛格认为批评缓和的人误解了那个政策。他在1974年9月的参议院外交关系委员会听证会上说："它是一个持续的进程，不是一个最终状况。"原意并不是放弃与苏联竞争，而是为了减轻这种竞争会带来的冲突而打造一个关系网。基辛格告诉参议院："苏联在与西方的关系网里有了一席之地，就会更意识到，如果回到对抗，它的损失会有多大。"

基辛格的和平架构依靠的是关联说：作为苏联在某个领域的行为的奖赏，它可能在别的领域取得协议。但是基辛格和尼克松认为，关联不应该延伸到国家内部事务，例如，国内人权政策。尼克松在1972年与毛泽东初次会见时跟他说："重要的不是一个国家的国内政治哲学，重要的是它对全世界和对我们的政策。"

基辛格在 1974 年 9 月中参议院做证时阐述了这种论点，他斥责那些批评他忽视人权问题的人：

> 在自由与暴政的永恒对抗上，我们绝不中立。但是其他必须考虑的因素限制了我们在别的国家促成变革的能力。意识到我们的局限性就是认识到和平的必要性——这不是道德上的麻木不仁。

基辛格提到的"其他必须考虑的因素"包括苏联拥有氢弹。那就限制了美国攻击苏联体制的热度。他在伦敦的一次演说里说："世界在核浩劫的危险笼罩下，除了寻求缓和紧张关系，没有其他理性的选择。"

基辛格认为缓和必要性的另一个原因是美国人在越战之后已经对干预国际事务感到厌倦。在这种孤立主义情绪之下，对抗苏联在第三世界的扩张，或者持续增加国防建设经费就更难获得支持。他觉得只有通过缓和紧张关系，依靠更有创意的外交，才能扭转美国退缩的情绪。

缓和的一大困难就是在政治上争取支持。基辛格写道："问题是——不，可悲的是——在遏制敌人和与之共处的双重概念上不是必然存在共识的。"美国人传统上持一种非黑即白的二元世界观：国家与国家不是处于和平就是处于战争状态，它们要么是好人，要么是坏人，不是朋友就是敌人。所以历史上美国才在孤立主义和过度干预之间摆动。当国内对缓和的支持度恶化时，基辛格就面临这样的挑战。[5]

《杰克逊-瓦尼克修正案》

华盛顿州民主党籍的亨利·杰克逊参议员在国内问题上是温和自由派，而对苏联则持鹰派观点，若不是他的鼓动，对缓和的批评顶多是零星的狙击。他成功地凝聚了反对缓和联盟立场各异的组成部分——保守派，新保守派，冷战自由派，工会领袖，犹太裔美国人，以及人权维权人士——使他们支持他个人，也支持他提的将苏联正常贸易与苏联允许犹太人移民挂钩的修正案。

杰克逊的挪威血统和路德会信仰，使他成为一个固执，但心思缜密的战士。他的优点在于他的锲而不舍和喜怒不形于色。他是约翰·肯尼迪的好朋友和支持者，但尼克松也曾邀请他担任国防部长。他之所以能得到这两位立场迥异的人物的信任，不是因为他的哲学思想善变（他的哲学始终如一），而是因为他是个信念坚定的人。

但有一个因素却让杰克逊的缜密心思出现了瑕疵：那就是他有意角逐总统大位。这使得他愿意炒作一个能够使犹太人和劳工团结到他旗下的议题；这场圣战一旦开始，他就不那么愿意接受任何妥协了。基辛格做了两年的努力试图弄出一个苏联和这位参议员都能接受的解决方案，他说："在很长一段时间里，我都没有意识到杰克逊是个不接受安抚的人。"

杰克逊不是那种需要一个充满激情的助理告诉他该怎么想的人，不过他的确有这样一个助理——理查德·珀尔，一位热情敬业、锋利的苏联克星，虽然其有一副天使般的微笑，但是其也因为跟无数的公务员进行过官场的鏖战而赢得"黑暗王子"的绰号。基辛格当时曾比较客气地形容珀尔是一名"狠将"，是"小浑蛋"，是"认为所有布尔什维克都是恶人的孟什维克分子的儿子"等。珀尔应该完全能接受最后这个描述，甚至也可以接受另外两个描述。

珀尔是国会山庄一个非正式小组的领导，这个小组强烈支持以色列。很不寻常的是，它的成员包括收受报酬的亲以色列说客和国会的工作人员。其他成员包括当时是参议员亚伯拉罕·鲁比科夫的助手、后来成为以色列游说团美国以色列公共事务委员会负责人的莫里斯·阿米泰，杰克逊的助手多萝西·福斯迪克，为苏联犹太人全国会议工作的琼·希尔孚·罗古尔，美国以色列公共事务委员会的长期游说者 I.L. 凯南，等等。[6]

促使他们和他们的老板杰克逊参议员展开反对缓和的斗争的是1972 年 8 月美苏友好的高峰时发生的一件事：苏联对所有移出苏联的公民征收天价的"教育税"，以补偿国家历年支付的教育经费。事实上，这主要是针对要移民出国的犹太裔苏联人征收的出境税。

即使在那之前，杰克逊已经在考虑用什么方法阻止基辛格争取给予苏联贸易最惠国的地位的努力（"最惠国"听起来很了不得，其实只不过是其他150多个国家已经享有的正常贸易待遇）。珀尔说："杰克逊认为最惠国和贸易协定全是狗屁，因为你不可能跟一个非市场经济体有真正对等的贸易协定。"苏联征收出境税正好给杰克逊参议员一个攻击缓和以及贸易，并同时能显示对苏联犹太人支持的机会：他要在最惠国贸易法里面加一个修正案，规定在苏联取消对犹太人出境限制之前这个贸易法不能生效。①

杰克逊提出的这个修正案在1972年10月得到俄亥俄州民主党籍的查尔斯·瓦尼克在众议院的联署，那时正当基辛格自己的关联说——改善贸易取决于苏联协助取得越南和平协议——初见成效时。因此基辛格对于这个修正案感到不悦，特别是他以为与苏联的贸易协定已是板上钉钉的事。

可是令基辛格感到意外的是，《杰克逊-瓦尼克修正案》似乎发挥了有益的作用。苏联很快取消了教育税。基辛格兴奋地告诉苏联大使多勃雷宁，已经不会有其他问题阻挠最惠国贸易协定了。他没有想到问题不是出在苏联身上，而是出在杰克逊参议员身上。

当基辛格和尼克松邀请一些参议员到白宫，给他们看苏联取消教育税的照会时，杰克逊不为所动。他说："如果你相信他们那玩意儿，你就被骗了。"这位参议员要求，苏联不但必须取消对移民征收教育税，还必须保证大量增加每年签发的出境签证。

基辛格是不会考虑向一个主权国家提出这种要求的。虽然从道义上讲，其目的可圈可点，但是那个问题并不涉及美国的重大国家利益。事实上，杰克逊为了满足支持苏联犹太人带来的道义上的满足感，宁愿牺牲美国的重大国家利益，例如，扩大贸易、缓和的未来、使用经济关系作为在军控或越南问题上的谈判杠杆。没有人比基辛格更了解帮助人们逃避压迫的重要性，而且他一直在幕后积极争取更多犹太人离开苏联。

---

① 这个修正案并没有具体点名犹太人，但其结果就是指犹太人。苏联一般不许任何公民移民出境，但是对于要去以色列的犹太人网开一面。1967年阿以战争结束后，申请出境签证的犹太裔苏联人数目激增，苏联官员才开始限制签证的签发。

但是他认为就这个问题提出正式外交要求并不合适。

他也不认为应该使用外交压力影响别国的内部事务。一个和平的世界秩序仰赖"合法性"的概念（基辛格做研究生时曾经写过与此有关的论文），以及对国家主权的尊重。这就意味着不干涉别国内政，例如，移民出境规则。

基辛格还担心，如果美国在一个已经草签的贸易协定上附加重大新条件，会威胁到缓和。他在1973年10月的《世界和平》演讲里说："我们在谈判时从来没有要求莫斯科改变国内政策，作为最惠国待遇或缓和的先决条件。现在，在双方已经精心打造出一个框架之后加上这个条件，就会引起对我们整个双边关系的质疑。"如果缓和失败，美国就必须花更多钱发展武器，并且要在世界每一个角落准备跟苏联对抗，而这些正是那些现在最为《杰克逊-瓦尼克修正案》叫好的人从前反对的。他问："如果回到冷战状况，我们是不是准备好面对可能出现的各种危机和更高的国防预算呢？"

最后，基辛格还有一个反对《杰克逊-瓦尼克修正案》的更实质的理由：他认为把苏联移民问题公开炒作会产生适得其反的结果。他自己的"宁静外交"一直很有效。在1968年，只有400名犹太人被允许移民出境。那个数字到1971年增加到1.3万，第二年，莫斯科峰会和贸易协定后，增加到3.2万人。1973年，这个数字也稳步增长，虽然赎罪日战争时出现短暂下降，还是高达3.5万人。基辛格后来写道："苏联移民政策当然会取决于整体苏美关系。如果杰克逊搞砸了这个关系，他得到的结果不会是更多而是更少的移民。"[7]

1973年10月的战争使基辛格在犹太裔美国人中取得更大的影响力，他利用这个影响力试图击退《杰克逊-瓦尼克修正案》。10月25日，美国启动全世界美军核警戒的第二天，一些犹太裔美国人领袖在雅各布·斯坦因、马克斯·费雪和理查德·马斯率领下应邀到白宫听取黑格主持的吹风会。正要开始时，基辛格本人出现了，他说他好像来到一个犹太公议会（古代的拉比法庭），他把黑格支开。一位与会者称，当时基辛格说，选择在以色列的存亡攸关时刻"抽苏联的嘴巴太不明智了"。

当天稍后，基辛格给苏联大使多勃雷宁打电话告知了这次吹风的情况。基辛格说："我和犹太人领袖开会讨论了最惠国待遇问题。我们取得了进展。"

多勃雷宁问："我的朋友们也在场吗？"

基辛格做出肯定的回答："有费雪、斯坦因和马斯。"

一个星期后，果尔达·梅厄访美时，基辛格也跟她和她的随行官员提到这个问题。他提出一个很简单的交易：如果以色列能够劝说它在美国国会里的朋友不再支持《杰克逊-瓦尼克修正案》，那么就会出现一个长远而言对以色列有利的政策。

以色列驻美大使西姆哈·迪尼茨抗议道，以色列并没有支持《杰克逊-瓦尼克修正案》。

基辛格回答，那还不够，以色列应该积极反对那个修正案。

美国犹太人领袖照基辛格的要求去找杰克逊，要求他撤回修正案。他坚决拒绝。他怒气冲冲地说："美国政府总是在利用你们。如果要让苏联的犹太人离开苏联，唯一的办法就是坚定不移。"他还嫌不够，又补了一句，基辛格自称他迫使五角大楼在战争期间动员起来给以色列补充军需，那是"说谎"。当时在场的珀尔回忆道："杰克逊晓得是基辛格要他们来游说杰克逊以后，非常震惊和生气。他先痛斥了他们一顿，然后给他们来了个激励士气的讲话。"[8]

结果，基辛格在整个 1974 年夏天和秋天在杰克逊和苏联之间进行了穿梭外交。他的目的就是从苏联那边得到足够令杰克逊满意的犹太移民问题上的让步。作为交换，杰克逊参议员将支持在法案中加一条规定，允许在一年中暂缓实施他的修正案。

为了要让他同意暂缓实施他的修正案，杰克逊要求苏方保证每年有一定数目的犹太人获准移民，他要求保证尽可能明确。而莫斯科则对于要它保证允许自己的公民大批移出这个概念感到受辱，它顶多愿意做出含糊、不明确、私下的保证。据基辛格回忆："从此开始了的对话使我不禁怀念中东谈判的相对宁静。"

杰克逊和他的两个主要支持者——参议员亚伯拉罕·鲁比科夫和雅

各布·贾维茨——建议每年犹太移民名额 10 万人，以及一些其他有关骚扰和地域分配的条款。在莫斯科，后来在日内瓦会议上，葛罗米柯外长很不情愿地同意 4.5 万名额可以"作为一个大约的趋势"。但是基辛格没有立刻把这一点告知杰克逊。他展开了 34 天的叙利亚穿梭外交行程，而与此同时，杰克逊在凝聚支持自己的力量，对于基辛格的沉默感到不悦。

此外，虽然基辛格的中层幕僚不断就此事写备忘录给他，基辛格还是没有防备到杰克逊和艾德莱·史蒂文森三世企图对美国进出口银行提供给苏联的贷款设置 3 亿美元的上限。虽然基辛格把注意力放在《杰克逊-瓦尼克修正案》上而没有多留意史蒂文森的问题，后者后来激起苏联的愤怒不小于前者。

在与杰克逊和犹太人领袖打交道时，基辛格面对的一个问题是他两面性的名声。例如，尼克松在辞职前在安纳波利斯的演讲里谴责《杰克逊-瓦尼克修正案》时说："我们的外交政策不能旨在改变别的社会。"这篇稿子是基辛格的幕僚写的，基辛格要其写得强硬些。可是当一些犹太人第二天去与尼克松会晤前见到他时，基辛格告诉他们：不要跟尼克松提起安纳波利斯那个演讲，他说得有点过头了，他会跟尼克松说的。他们后来说他们没有上基辛格的当。[9]

当福特在 8 月接任总统时，他很快就表明他会更开诚布公。在基辛格安排下与多勃雷宁大使会晤时，福特说贸易法案必然会包括某种形式的杰克逊-瓦尼克措施的。他直截了当地表示自己赞同杰克逊的目标。多勃雷宁同意苏联可以提供隐含的口头保证，每年发给约 5.5 万犹太人出境签证，福特也认为这个数字合适。

第二天，1974 年 8 月 15 日，总统与基辛格、杰克逊和一些其他人的早餐会就不那么成功了。虽然参议员鲁比科夫和贾维茨对于这个妥协感到高兴，但杰克逊却坚持认为福特对苏联太软弱。福特后来说："哎呀，杰克逊可真是够固执的。我认为他的态度没有道理，一定会产生反效果。但是他就是不肯松动，唯一的解释就是他有政治考虑。"

可是，基辛格还是能够——或者他以为他能够——跟多勃雷宁大使和杰克逊做成一个交易，默认将来一年允许 6 万名犹太人移民。这项协议会反映在苏联不直接介入的信件交换中：基辛格写信给杰克逊说他得到保证，莫斯科将允许更自由移民；继而杰克逊回信说他相信这表示每年至少有 6 万人将获得签证；然后基辛格再回信表示他对杰克逊的这个假设没有异议。

基辛格同意可以"确认性地泄露"这些信件，但他坚持不可以正式发布。这种制定外交政策的方式也够奇怪了：通过与一位连外交委员会或财政委员会主席都不是的参议员半私下交换信件来解决一个重大问题。

杰克逊在 9 月 20 日与福特和基辛格确认细节后正要离开椭圆形办公室，就遇到等着要进去确认这个交易的那个苏联对手葛罗米柯。杰克逊把两个手指放到自己耳朵后面，开玩笑地说他是这个谈判里的魔鬼。一位紧张的译员很费劲地想跟苏联外长解释这位奇怪的参议员要表达什么样的意思，但最后还是放弃了。

就在杰克逊略微显示灵活性和幽默时，苏联的态度开始强硬起来。后来人们才知道，那时总书记勃列日涅夫正受到如最高苏维埃主席团主席尼古拉·波德戈尔内之辈的强硬派的挑战。从杰克逊和他的幕僚很快泄露给新闻界的杰克逊协议新闻报道来看，似乎苏联的"保证"比克里姆林宫授权的要明确多了。

于是基辛格开始从原先的立场后退。他要布伦特·斯考克罗夫特打电话给杰克逊办公室说不会有第三封信了。基辛格会陈述他对于苏联政策的一般感觉，杰克逊则回信叙述他理解的数字，然后基辛格不再回信。

杰克逊和珀尔非常生气，但是此时犹太人团体急切地要防止整个交易就此瓦解。他们觉得如果协议瓦解，杰克逊和基辛格会互相指责，而倒霉的是苏联的犹太人。于是他们向杰克逊施压，要他同意。他最后终于同意了。

这笔交易是典型的基辛格式的：它靠的是蓄意的含糊，这是对的。苏联可以说它对于这个涉及内部事务的问题没有做出明确保证；杰克逊和他的同事可以说，的确有允许犹太人移民的具体数字保证。基辛格的秘诀就是让两边都觉得得逞了。但是这个交易的成功需要假设双方都不声张各自的解释。这个假设能不能成立是很难说的，因为勃列日涅夫和杰克逊各有自己的政治盘算。[10]

他们还是忍不住张扬了。

1974年10月18日，杰克逊、瓦尼克和贾维茨到白宫交换信件。基辛格签了一封冲淡的信，说"我们得到保证"，苏联在颁发签证方面将遵循某些惯例。然后杰克逊签发了回函，其中包含他对上述内容的具体意义的"了解"，包括犹太人移民"因此可能超过每年6万人"。然后罗恩·内森邀请杰克逊到新闻室吹风。

杰克逊在讲话时，珀尔和阿米泰分发两封信的复印本——这正是苏方反对的"正式发布"行为。更糟的是，杰克逊的讲话明显是一个有角逐总统野心的人的自鸣得意，而不是为防止苏联反应而谨言慎行的人该说的话。他大言不惭地说："有许多人都说这是绝对办不到的，所以这个成就就更显得伟大了。"

基辛格声称杰克逊召开公开的记者会并发布那两封信令他大为震惊。但是珀尔说，说得好听一点，基辛格这是言不由衷。他声称："基辛格预先看过杰克逊的讲稿。我在前一晚把信稿拿到骑士俱乐部，索南费尔特当时在那里喝酒。"应贾维茨参议员的要求，福特同意发布两封信的安排。珀尔说："又不是生活在外星的人，怎么会认为这些信不会被公布呢？"

当基辛格在当月稍后抵达莫斯科为福特总统参加符拉迪沃斯托克（海参崴）峰会做预备工作时，葛罗米柯交给他一份爆炸性的外交信函。他写道，杰克逊的信以及围绕着这些信件的报道"对于我们的立场以及我们就此事向美国的表态制造了扭曲的印象"。这是对基辛格的诚信的猛烈的人身攻击。"我们当时所说的，国务卿先生，你心知肚明，仅涉及有关问题的实际情况。当我们提到数字时——也是为了告知实际情况——我们要说的意思与报道正好相反，我们要说的是现在希望离开苏联的人数呈下降趋势。"信函最后拒绝了基辛格用来保住协议的蓄意含糊策略。葛罗米柯说："不应该继续存在任何含糊之处。"

但是，基辛格决定将含糊保存下来。他没有将这封信告知杰克逊参议员。他也没有将它发回华盛顿给国务院。他甚至没有告诉福特总统这件事。正如他的忠诚的苏联问题专家比尔·海兰德后来所说："基辛格犯了一个错误。"

基辛格后来也承认犯了错误。他说："没有把那封信给杰克逊和其他人看，是我做错了。"他的借口是，葛罗米柯是在他们去机场的路上交给他那封信的。基辛格当时正赶赴印度，然后将前往巴基斯坦和伊朗。在其后的几个星期中，他还要访问日本、韩国、中国和苏联的符拉迪沃斯托克（海参崴）。他自己也承认，他当时真是忙得不可开交。他说："我当时打算有时间跟杰克逊和其他人坐下来谈的时候再把葛罗米柯的这封信拿出来跟他们讨论。"

基辛格也以为，或至少希望，苏联那封信是为了留下记录而写的，也许是勃列日涅夫防备中央委员会挞伐苏联的保证时用以保护自己的一招。曾就《杰克逊-瓦尼克修正案》撰写过一项详尽的研究报告的波拉·斯特恩写道："那封信可能是葛罗米柯、多勃雷宁、勃列日涅夫和其他与缓和及移民交易密切相关的人准备在紧急情况下使用的。"如果运气好，在符拉迪沃斯托克（海参崴）和华盛顿把安抚工作做好，贸易协定可能就签了，那时这封信就可以埋藏到机密档案中，让几十年后的史学家去试图揭秘了。

与此同时，基辛格在12月3日要在参议院财政委员会做证，该委员会正准备批准贸易法案的最后文本，文本中包括给予苏联最惠国地位，《杰克逊-瓦尼克修正案》，以及总统可以根据杰克逊接受的苏方"保证"暂缓实施该修正案的一套程序。如果基辛格公布了葛罗米柯的信，整个安排可能就会瓦解。所以他决定将这封信保密。

贸易法案及所有配备的文件于12月13日星期五通过，杰克逊、犹太裔美国人领袖和白宫都表态支持（只有工会组织与杰克逊分道扬镳，仍然挺身反对该法案）。其后的星期三，政治局在莫斯科开会。令基辛格大惊失色的是，那天下午，苏联塔斯社公布了葛罗米柯的信，这是自

第27章 "缓和"之死：奇怪的联盟，走强硬路线　　599

从古巴导弹危机以来，克里姆林宫首次公开它的外交记录。

但是，在华盛顿有一股奇怪的力量在发酵：大家都希望淡化这封信的意义，把它当成文字上作秀而不予重视。基辛格因被暴露曾意图瞒天过海，他自然采取这种态度。杰克逊也一样，因为他促成了一个有强大政治影响的协议，又赢得了犹太人领袖的支持，他当然不希望看到这一切功亏一篑，让自己受到责怪。同样，犹太人团体（正确地）假设协议如果瓦解，苏联犹太人的移民会受到严厉限制。杰克逊说："我们要保持冷静。"大家互相安慰，说这封信只是苏联为了向国内交代。

事实并非如此。苏联对于它所做的没有明讲的让步被夸大并广为宣传真的动怒了，而且鲜为人知的美国进出口银行贷款上限定在 3 亿美元的打脸更令它不快，所以苏联决定推翻整个一揽子协议。1975 年 1 月，贸易法案及其附加条款通过不到一个月，苏联正式通知美国，它不再寻求最惠国地位，也不会遵守法案规定。

在莫斯科峰会风风光光举行不到三年后，缓和已在瓦解。美苏之间贸易关系没有改善，反而出现了新的芒刺：虽然苏联拒绝了最惠国地位，但《杰克逊-瓦尼克修正案》已经成为美国法律。此外，莫斯科现在认为它已无义务偿还二战租借法案剩余的债务。

更重要的是，这个发展损害了 1972 年在美国贸易让步和苏联协助抑制北越之间存在的模糊关联。两年间，印度支那的停火一再被违反，但是战场上的力量对比没有改变。1972 年贸易协定瓦解后几个星期内，在北越和柬埔寨的共产党军队就展开攻势，最后取得全面胜利。[11]

并没有直接证据可以证明苏联因为 1972 年建立的关联瓦解而鼓励了印度支那的共产党军队展开攻势。但是可以借用苏联常用的一句话，一件事接着另一件事发生，可能并非偶然。后来被问及此事时，基辛格说他当时没往那里想，但这种关联是有可能的。他说："最惠国协议的瓦解导致与苏联的裂痕，使得河内不受约束。他们很快攻击了一个省会，那是他们从前没有做过的。"[12]

基辛格原先对杰克逊向苏联公开施压所担心的事终于发生了：苏联签发的犹太人移民签证不增反减。苏联犹太人移出苏联人数在 1973 年已高达 3.5 万人，到 1975 年和 1976 年又降至 1.4 万人左右。①

基辛格对《杰克逊-瓦尼克修正案》的评估证明是正确的。那是一个固执的参议员的一次糟糕的赌博，结果搞砸了，不但损害了缓和，也损害了苏联的犹太人的利益。

可是这件事搞砸了，基辛格虽然预见到了，但却也不能完全卸责。在《杰克逊-瓦尼克修正案》吵得沸沸扬扬之际，这位国务卿正在扮演超级外交官的角色，同时还要在飞机机舱里指挥整个国务院的运作。当修正案提出时，以及在众议院通过的那一天，他人都不在美国。

基辛格也没有花时间打造国会内反对这个措施的联盟。不但如此，他还得罪了反对方的几位大人物——特别是外交委员会主席威廉·富尔布莱特——因为他不跟参议院管事的领导打交道，而是私下跟杰克逊及其那一帮小集团打交道。基辛格还是秉持一贯作风，将重要信息保密，包括苏联保证的真正性质和葛罗米柯那封爆炸性的信。到最后，他自己的首席国会联络官林伍德·霍尔顿都辞职了，自称理由是他"被基辛格的保密癖束缚了手脚"。[13]

这件事尤其痛心地说明外交上的含糊是有其局限性的。再怎么巧妙的躲闪回避都无法掩盖一个事实，那就是杰克逊和克里姆林宫对于苏方到底就苏联犹太人移民的未来做了什么样的保证是有完全不同的解释的。

符拉迪沃斯托克（海参崴），1974 年 11 月

杰克逊在贸易和犹太人移民问题上发动攻势的同时，也带头反对

---

① 在其后的 15 年里，这个数字根据美苏关系的温度而波动。1979 年，在卡特总统任内新的小麦协议和 SALT II 后，这个数字骤然增加到 5.1 万人。1980 年，参议院卡住军备条约，美国政府因苏联入侵阿富汗实施谷物禁运后，这个数字回落到 2.1 万人。在 1989 年的戈尔巴乔夫改革与新思维期间，苏联才突然取消了对移民出境的限制。1990 年离开苏联的犹太人数暴增到 15 万人，总共有 40 万各族裔的苏联公民离开苏联。在 1991 年峰会上，乔治·布什总统终于宣布美国打算不实施《杰克逊-瓦尼克修正案》。

基辛格主持限制战略武器会谈的方式。在1972年的莫斯科峰会上签署了《第一阶段限制战略武器条约》后不久，杰克逊参议员就提出修正案，要求所有未来的协议都必须基于数量上的"平等"。这等于直接背弃了《第一阶段限制战略武器条约》的做法，因为在这项条约中，基辛格寻求的是即便苏联（例如，在重型导弹上）当前具有优势，也要冻结双方的武库，他的理论是，美国在其他方面的优势会抵消苏方的这些优势。

基辛格和杰克逊在一系列电话沟通之后，商定了一个白宫能够接受的"平等"修正案的版本。在参议院一个没人使用的办公室敲定最后措辞的人是理查德·珀尔，基辛格的立法顾问（后来担任海军部长）约翰·雷曼，和当时科罗拉多参议员戈登·阿洛特的助理（不久以后成为知名专栏作家）乔治·威尔。据珀尔回忆："我们以威胁冻结三叉戟潜艇的经费作为要挟。最后终于就修正案的确切措辞以及白宫发言人关于不否认该修正案的发言措辞达成了协议。"[14]

杰克逊还要求肃清SALT的谈判团队和军控裁军署。军控裁军署署长杰拉尔德·史密斯被罢黜，由强硬派的战略分析家弗莱德·依克莱接任。基辛格与杰克逊悄悄合作——或至少给人这种印象，他称史密斯和他的团队为"军控狂热者"。但是在那些比较支持军控的人面前，基辛格又换了一个调子，对杰克逊的肃清行动表示遗憾。他抱怨道："只要你的军控团队立场比参谋长联席会议更右，你就被剥夺了在机构里的操作空间。"

在反对SALT的战斗里，杰克逊最厉害的盟友是国防部长詹姆斯·施莱辛格，施莱辛格在福特政府里与基辛格展开斗智。基辛格对他这位哈佛大学同学的评价甚高："论智力，我俩势均力敌。"虽然施莱辛格的头脑不如基辛格那么细致，但是其强度毫不逊色。同样，他的自负也与基辛格不相上下。

施莱辛格已经就谁要为1973年10月战争中拖延了补充以色列军需负责跟基辛格角力过。1974年秋天，伯纳德和马文·卡尔布出版了一本关于基辛格的书，书中对此事采用了基辛格的说法，两人又重新爆发了争执。更令施莱辛格恼怒的是基辛格言不由衷地否认，说他"不知道卡尔布是从哪里得到那种印象的"。从此以后,他们之间的争斗开始针对个人。有一次施莱辛格在电话里建议对以色列施加更大的压力,基辛格大声说:"你想想看那牵涉的伦理问题。"施莱辛格反唇相讥道:"你哪里有资格给别人上伦理课!"说完用力摔了电话。

基辛格和施莱辛格如果能找到一种合作方式,本来是可以在福特政府里一起发挥主导作用的。就像哈尔·索南费尔特说的:"他俩的虚荣心对撞,但其实他们的观点并不是那么不同。"但是跟人协作不是基辛格的作风,也不是施莱辛格的作风。基辛格天性是不会打造平等伙伴关系的。事实上,他似乎从来不认为他的同事可以与他真正平起平坐:不管是在哈佛大学时的罗伯特·鲍伊,还是在洛克菲勒竞选团队的埃米特·休斯,或是梅尔文·莱尔德、威廉·罗杰斯、托马斯·穆勒、霍尔德曼、埃利希曼、黑格、施莱辛格、唐纳德·拉姆斯菲尔德。

施莱辛格在把同事当作伙伴方面也有类似的问题,他的情况比基辛格还严重,因为他态度傲慢,不像基辛格有个人魅力。据威廉·海兰德回忆,施莱辛格的"神态举止仿佛他永远高人一等"。他这种优越感无法讨福特的欢心,福特觉得他太冲,冲得闹心。只要听到施莱辛格的名字福特就恼火,不过他等了近两年才开了他。

后来施莱辛格变得比较圆滑成熟,比较能够冷静地反思自己的个性。他回忆道:"我比较自以为是,喜欢吹毛求疵,也很固执。我很久以后才了解我一定是个很难相处的人。"

让基辛格的问题雪上加霜的是他在官僚机构里的粗暴做法。在SALT II的讨论开始时,他只允许他个人的幕僚参与策略讨论会,而把国防部和穿制服的军人全部排除在外。基辛格坦承:"这种做法不够委婉,也不明智。"这样做的结果当然使得五角大楼官员对基辛格的SALT建议是否成功漠不关心。

施莱辛格的军控重点摆在"投掷重量",也就是导弹的载荷总重,它决定了能向敌军投掷的弹头重量和数量。由于苏联的发展重点是大型、大威力的陆基导弹,而不是多性能的武器系统,他们在投掷重量上比美国更有优势。施莱辛格在任中情局局长和后来任国防部长期间,都常常带着制作精细的比例模型到会，演示美苏的差距。施莱辛格带着一丝微笑回忆道："投掷重量的问题简直把基辛格逼疯了。我也把他逼疯了。"15

施莱辛格在军方内部有海军作战部长埃尔莫·朱姆沃尔特的帮助，此人对基辛格抱有极大的怀疑，因此才在国安会的团队里安插了眼线。他自己建立了一个有关SALT的特别工作组，每天向他报告，他承认经常提供情报给杰克逊参议员。他说："基辛格耍的手腕迫使大家都提高警惕。"

朱姆沃尔特背后说坏话的做法越来越明目张胆，基辛格感受到被背叛的愤怒。他后来很生气地表示："他是所有参谋长里面阿谀奉承到极点的一个。他也是最鸽派的一个。"基辛格一直以为朱姆沃尔特是为他服务的眼线，而不是盯上他的眼线。"他会把参谋长联席会议的所有吹风会情况和他们为了跟总统讨论事情所做的准备都偷偷告诉我。他拼命讨好我。"

在朱姆沃尔特写了一系列备忘录抨击SALT进程后，他终于在1974年年中被解除职务。基辛格叫施莱辛格不要参加朱姆沃尔特在安纳波利斯举行的告别仪式，也不要发勋章给他。虽然施莱辛格的名字没出现在节目单上，但他还是出席了仪式，并且给朱姆沃尔特颁发了勋章。

朱姆沃尔特在离职的第二天接受了全国广播公司《与媒体见面》的采访邀请，基辛格试图让施莱辛格迫使这位将军取消这个访谈。根据朱姆沃尔特的日记，国防部长用了"疑神疑鬼"和"有毛病"这些词来形容基辛格。朱姆沃尔特拒绝取消访谈。朱姆沃尔特在日记里写道："我告诉他这一切源于一个原则问题——基辛格国务卿欺骗了我们，向我们说了谎。"但是令劳伦斯·史匹瓦克和其他工作人员失望的是，朱姆沃尔特上了节目却三缄其口，没有批评SALT或者基辛格。要是说他讲了什么批评的话，那顶多是他引述了古罗马诗人贺拉斯的话——"'正义和有坚定理想的人既不会因为人民的愤怒而动摇他的坚定决心……'"他的声音小了下去，没有把诗人的话说完全："……也不会因为暴君的怒目相视而动摇。"16

当 SALT II 的各种可能提议涉及具体计算时，基辛格最好的做法应该是把这件事交给专家去管。因为在 1974 年，他忙着穿梭中东，还要兼顾其他职责，没法专注这个问题。他大可以让军控裁军署署长弗莱德·依克莱和新任的首席谈判代表亚历克西斯·约翰逊尽可能从官僚机构获得一项可行的建议。即使不成，通过共事和一种新的真正的责任感，也会使得进程中的各个角色态度更加灵活。

最起码，基辛格也可以选择一个更简单的做法。他的助理威廉·海兰德事后说："要争取对美国有利的复杂而细致的协议，（当时的）政治时机不对。"但是基辛格天性不喜欢把责任交给别人，他也不是那种对明知重要的复杂因素视而不见的人。

五角大楼的官员要求任何 SALT II 条约必须实现平等，具体说，即是后来所谓的总量平等，或者说，各方拥有等量的同类别武器。表面上看，这似乎很公平，但是那并不反映现实情况。双方早已决定建造不同类型的武器库，侧重不同的武器。苏联主要依靠大型、重型陆基导弹；美国更侧重轰炸机、潜艇和较小型、更精准的多弹头导弹。由于双方都没有建议大量削减自己的武器，"总量平等"的概念必然意味着一个允许双方各自扩建和追赶对方优势的条约。

但是五角大楼还没有计划建造新的陆基导弹追赶苏联的武器库，所以它主张迫使苏联削减他们的武器数量。换言之，参谋长联席会议想在谈判桌上取得他们靠自己无法实现的导弹平等。基辛格后来说："他们没有提出建造计划来实现数量等同，然而却要我跟苏联通过谈判取得这样的结果。"

施莱辛格和杰克逊似乎嫌问题还不够多，又开始强调必须就平等的投掷重量进行谈判。由于苏联的导弹较大，在可投掷的载荷重量方面，它享有 4 对 1 的优势。五角大楼想出各种办法计算双方的投掷重量，对其设置上限——这些办法非常聪明，但可惜无一能被苏联接受。

如果苏联突然大发善心意外地同意削减它的陆基导弹的数量和投掷重量，那基辛格就再高兴不过了，但他假设这是需要美国做出某种回报的。此外，他觉得导弹数量和它们的投掷重量不如导弹上部署的多弹头的数量重要。如果苏联决定在它的大多数大型导弹上部署多弹头，那将导致不稳定，使得双方都有遭受第一次打击的危险。

他是对的。但是必须指出，他这是犯过错误的人吃一堑长一智的智慧：早在1970年还有机会把那个九头蛇般的MIRV（分导式多弹头）怪物关进笼子的时候，基辛格没有听从其他核战略家要求禁止MIRV的呼吁。如今美国已经将它的大多数武器安装了MIRV，想要让苏联不跟进的话，就需要一个包括其他交换条件的复杂协议。

这就是基辛格所争取的，而不是杰克逊的"总量平等"。基本上他要将SALT I对新的导弹发射器的冻结再延长几年，这样就允许苏联保持它的数量优势。作为交换，苏联将同意允许美方将更多的导弹安装MIRV，这样美国就拥有更多弹头。这个做法被命名为"相互抵消的不对称"，这也可能是它在政治上没有什么吸引力的诸多原因之一。[17]

在1974年10月到莫斯科时，基辛格试了这两种做法。不管是哪一种做法，苏联都能将导弹和轰炸机的总数维持在2400。根据"不对称"的做法，美国只能将导弹和轰炸机的总数维持在2200左右，但是可以增加持有200左右的MIRV。根据"平等"的做法，双方要将导弹和轰炸机的总数维持在2400，双方可以在这些导弹中的约1300枚上配备MIRV。

没想到，勃列日涅夫说两者苏联都可接受，到底用哪个做法由福特总统决定。他邀请新总统下个月到符拉迪沃斯托克（海参崴）参加他的第一次峰会。

此时，在福特同意下，基辛格退让了。施莱辛格和杰克逊都在大力推动"平等"的做法，他们批评基辛格拱手"让"苏联保持优势。基辛格后来说："接受同等数量是个错误。但是在国内政治压力之下，我们接受了《杰克逊修正案》和符拉迪沃斯托克（海参崴）的立场。"[18]

1974年11月23日福特和基辛格飞抵苏联太平洋岸上的符拉迪沃斯托克（海参崴），接着乘一小时的火车穿越荒原去滨海疗养院。那是一个工人度假用的很原始的度假村，在福特眼中，它像是一个废弃的YMCA（基督教青年会）露营地。一位老妪在古典的镀金火车车厢里照看着一个圆形炉子，福特和勃列日涅夫聊着运动，气氛轻松融洽。随行的威廉·海兰德注意到："两人都喜欢户外活动。他们爱好运动和精彩故事。换一个时间地点，他们很可能成为好朋友。"

基辛格说："我一紧张就开始吃东西。"显然，想到福特要跟勃列日涅夫谈判军备协议，他就平静不下来。东道主苏联不断上甜点蛋糕，据福特回忆："亨利根本无法抗拒那个诱惑。"他会张望一下，看看有没有人在看，然后从盘子里抓一个放到嘴里。很快大家都注意到了，他紧张之后食欲大增的事被传为笑谈。在火车到站前，他已经干掉三盘糕点。

基辛格运气不错：当晚的谈判一直进行到午夜过后很久，晚餐都取消了。所有其他人都是饥肠辘辘地就寝的。

谈判进行得很顺利，苏联欣然接受了美方提的"平等"建议，反倒令人有些不安。美方人员在休息时间绕着他们的别墅，冒着严寒和风雪走了一大圈，因为只有这样，才能避免被监听。海兰德后来说："当苏联接受你的建议时，你总会感到不安。"还有很多细节有待敲定，还会有一些争吵，但双方同意宣布达成协议的框架，这个协议将双方的导弹和轰炸机总数限制在2400，包括不超过1320枚装置了MIRV的导弹。他们希望几个月内能够谈成最后协议，然后在美国举行峰会签署该协议。

基辛格在讨论中处于主导地位。一位苏联外交官第二天问《时代》周刊的休·塞迪："到底这位新总统是谁？每次有什么问题，他就找基辛格，然后让基辛格讲话。"更令人惊讶的是，连勃列日涅夫也很迁就基辛格的意见。海兰德记得："在一个极其复杂的问题的讨论中，勃列日涅夫不耐烦地把自己的顾问支开，却像学生一样倾听基辛格的意见。"

在一场谈判结束之后，基辛格跟新闻秘书罗恩·内森闲聊时赞扬了福特的风格。基辛格说，他比尼克松更愿意做真正的交流和互相迁就，而且与他的前任不同的是，他知道如何正眼看人。内森开心地添油加醋一番把这个赞扬的话转告给几个记者。后来在去机场的火车上，内森几杯伏特加下肚，就说得更天花乱坠了。他谈到平等协议时说："尼克松花了五年都没搞成，福特三个月就搞定了。"

这些话一经白纸黑字报道出来就引起轩然大波。基辛格从符拉迪沃斯托克（海参崴）回国途中在中国稍事停留（这样的行程安排实在不够委婉），他发回电报，愤怒地要内森管好自己的嘴。尼克松的前撰稿人威廉·萨菲尔又来煽风点火，他在《哈泼斯杂志》写了一篇文章，把内森比较不利于尼克松的言论怪罪在基辛格身上。基辛格写了三页的回信否认这一指控，然后到圣克利门蒂公开探望在那里隐居的尼克松。萨菲尔写了一篇专栏反击："在高位的人以口沫横飞的欺骗来掩盖错误时，他们就会遭遇极大的麻烦。"

国防部长施莱辛格勉强地支持了符拉迪沃斯托克（海参崴）通过的"框架"，他既然是福特内阁的成员，支持这个框架应该没有困难，但他就是不乐意。此外，国会两院都通过决议表示支持。

虽然他一直主张的平等原则首次体现在框架中，杰克逊参议员还是批评不断，他主要有意见的是武器的上限定得太高，并且投掷重量没有受到限制，这样就无法消除苏联的导弹优势。这个意见有一定道理，但是没有迹象显示苏联会单方面缩小它的导弹优势。

符拉迪沃斯托克（海参崴）框架更严重的问题在于还没有敲定的细节里面的猫腻。第一个就是，2400 的总量上限是否包括美国新的战斧巡航导弹。巡航导弹是通过喷气方式到达目标的，而弹道导弹是由火箭发射，弧形穿越空间后再向下攻击。

军方在 1973 年曾考虑放弃巡航导弹，但是基辛格坚持认为它可能有用，至少可以作为谈判筹码，于是又把它塞回预算。现在五角大楼坚决不同意对这类武器设置任何限制。基辛格嘀咕着抱怨他在军中的对手："那些天才以为那玩意儿是治愈癌症和普通感冒的灵丹妙药。"符拉迪沃斯托克（海参崴）的记录没有澄清巡航导弹的地位，而基辛格和葛罗米柯在草拟解释该框架的外交信函时也无法解决这个问题。这届政府期间，这个问题一直没能得到解决。

另外一个问题是苏联的名为逆火式新型轰炸机。苏联坚持那不是战略武器，意思就是，它不是一个能够打到另一个超级大国的远程武器。它是中程武器，计划在亚洲和欧洲使用。所以苏联声称，它不应该被包括在战略武器限制里面。基辛格总的来说是同意的，对苏联人和听他吹风的记者他都这么说。但是对于参谋长联席会议和五角大楼，这是一个大争议，他们对基辛格在这方面的让步持抵制态度。

后来的信息证明，逆火式轰炸机可能没有战略轰炸机的航程（虽然像任何战机一样，它是可以空中加油的）。但战斧巡航导弹后来证明是很宝贵的，它的一种电视制导的版本在 1991 年对伊拉克的战争中亮相，一炮而红，成为明星。在两个问题上都持反对意见的鹰派代表约翰·雷曼说："回过头来看，在逆火式轰炸机问题上亨利可能是对的，而我在战斧巡航导弹上可能是对的。"[19]

SALT II 注定在基辛格任内不会完成。1976 年 1 月，他出访莫斯科做最后一次努力，希望恢复这个进程的势头，但是就在他人在莫斯科时，一个小小叛变发生了。比施莱辛格更不乐见 SALT 的新任国防部长唐纳德·拉姆斯菲尔德表示对基辛格正在做的事感到沮丧。他们背着基辛格召开了一次国安会部分成员的秘密会议。由于已经进入选举年，福特也被说服暂时搁置 SALT 进程。

后来，福特猜测如果他当时做了不同的决定，会出现什么情形。他琢磨，也许如果达成协议，而勃列日涅夫在 1976 年初秋访美，他就可能不至于以那么少的票数输给吉米·卡特。总之，福特很后悔军控和政治搅和在一起。他说："杰克逊和里根对缓和的批评是出于他们的政治考虑。我对此很不开心，那意味着我们没办法做我们在军控方面应该做的事情。"[20]

第 28 章

奇迹消失与全线挫败：败走西奈和东南亚

> 布痕瓦尔德集中营和西伯利亚劳改营的一代人不可能和他们父辈一样乐观。
>
> ——基辛格 《历史的意义》，大学本科论文，1949 年

第二轮西奈谈判以及"重新评估"，1975 年 3 月

在 1974 年 1 月的埃及-以色列协议和 5 月在叙利亚方面更令人惊讶的成功之后，基辛格犯了一个错误：他对于寻求约旦-以色列谈判犹豫了一下。侯赛因国王知道要收回以色列在 1967 年占领的巴勒斯坦人聚居的约旦河西岸是有诸多困难的，他耐心地等基辛格把自己放到穿梭外交的日程上。但是在总理果尔达·梅厄继任者伊扎克·拉宾领导下的以色列新政府执意不肯跟约旦谈判，虽然（或者正因为）约旦在 1973 年的赎罪日战争中并没有直接攻击以色列。

基辛格后来承认大家都"走最省力的路，取得最糟糕的结果"。以色列是最大障碍。拉宾承诺在签署约旦脱离接触协议前，他会举行新的全国选举，让民众能表达他们的意见。现在他保住政权都很困难，于是这位总理退缩了。基辛格在 1974 年 10 月访问以色列将结束时，回到大卫王酒店房间对着约瑟夫·西斯科发泄："我们绞尽脑汁想找出一个办法，可是每次我提到'约旦'这个字眼，那位总理就怕得发抖。这事没指望了。"[1]

那个月稍后，在摩洛哥举行了阿拉伯峰会，让基辛格意外的是，峰会指定巴解组织（而不是约旦）代表西岸谈判，自此，约旦穿梭外交的选项就寿终正寝了。以色列不愿意跟立场温和的约旦谈判，结果就为亚西尔·阿拉法特铺平了掌权之路。西姆哈·迪尼茨大使感叹道："那是一大失策，而且错在我们。"

剩下的三个选择是：什么都不做（这是耶路撒冷的首选）；把中东的烂摊子交回给日内瓦会议处理（这是莫斯科的首选）；回去谈判第二个西奈协议，让以色列从埃及战线再往后退，作为交换，开罗需做出改善关系的进一步保证。后者最后成为基辛格的首选。

他认为拉宾政府已经心照不宣地保证会同意在西奈再后撤10~15英里，于是他安排了1975年3月的新的穿梭任务。计划是让以色列撤离两个重要山口——吉迪山口和米特拉山口——这相当于从这个沙漠半岛的1/6土地撤离。

据基辛格回忆："我们当时觉得拉宾政府同意撤离这两个山口。"他在一开始去礼貌拜访果尔达·梅厄，给这位退休的总理看他的计划。当她告诉他，以色列内阁绝对不会同意这个计划时，基辛格对他的副手约瑟夫·西斯科说，由此可见一个人一旦离开政府岗位，很快就不在状况了。[2]

当基辛格跟以色列内阁讨论时，他发现梅厄说对了：以色列不肯完全从这两个山口撤离，而是要求在它们之间至少保留一个警戒站。

3月21日星期五下午，基辛格在两个星期的穿梭行程后抵达耶路撒冷，事情发展到高潮。以色列内阁刚刚收到福特签名的一份电报。电报说："我很失望地得知以色列没有走得够远。"并表示，如果谈判破局，美国会"重新评估"它的中东政策，"包括我们对以色列的政策"。外交信函不可能比这个电报更不客气了，以色列内阁惊呆了。

拉宾当年担任以色列驻美大使时是基辛格的朋友。他现在不再是基辛格的朋友了。这位新总理说，以色列不接受最后通牒。基辛格回答道，他不是能向总统发号施令的人，福特的电报与他无关（事实上，与他有关）。

第28章　奇迹消失与全线挫败：败走西奈和东南亚　　611

拉宾点起一支烟,直视着基辛格说:"我不相信你。"

那个安息日晚上,基辛格回到大卫王酒店后大大地爆发了,爆发的强度破了基辛格发脾气的里氏震级纪录。他在房间里怒气冲冲地一面踱步,一面说,从来没有人用这种语气跟他说过话。[3]

基辛格决定第二天早晨去观光旅游一番。他选择的景点是一个俯瞰死海的古老废墟,就是有名的马萨达城堡。在那里,在公元 73 年逾越节前夕,700 多名犹太战士和他们的家属宁愿集体跳崖自杀也不愿意向 1.5 万人的罗马军团投降。虽然基辛格对考古学并没有特别强烈的兴趣,但他是以发送信号的老手知名的。

人们常指控以色列有一种马萨达情结,就是宁愿集体自杀,也不愿为了和平做必要的让步。但是马萨达在以色列又是荣耀与勇敢的象征。进入陆军装甲旅的新兵都会被带到这里宣誓效忠。他们宣誓:"绝不容许马萨达再次失陷。"带他参观的教授不知道到底基辛格是为了向以色列发出隐喻的警告,要以色列不要纵容自己的马萨达情结,还是在强化自己的犹太人良知,表现他对以色列人民历史处境的了解。

参观中间,那位教授担心基辛格太累,跟他说参观其中一个平台恐怕有困难,因为需要往下走 150 级台阶。但是基辛格勇往直前。他故意说得很大声,让记者们都听到:"我们用不着一蹴而就。我们可以一步一步走。"[4]

以色列内阁拒绝了撤军计划后,基辛格与拉宾和他的高级顾问们在星期六晚上开会讨论到午夜过后。他再一次发表了他的末日论演讲,这一次他说得非常有感情,显示了真情。到后来,在一旁的速记打字员眼中都噙着泪水。

基辛格:"逐步谈判进程受阻,先是约旦,接着是埃及。我们失控了。现在阿拉伯国家会团结一致,形成联合阵线,把更多注意力放在巴勒斯坦人身上……苏联会再度登上舞台。美国失去对局势的掌控,我们最好都顺应这个现实。欧洲国家会加速改善与阿拉伯国家的关系……我们就别哄自己了。我们失败了。"

以色列外长伊加尔·阿隆:"那何不在几个星期后重新启动谈

判呢？"

基辛格："情势已经跟从前不一样了。阿拉伯国家不会像以往那样信任我们。我们显得软弱，在越南、土耳其、葡萄牙，好多事情上都如此……我和我的同事气恼的原因是，我们眼看着一个友国为了一些五年后会觉得是鸡毛蒜皮的理由伤害自己……如果产生协议，美国就能继续掌控外交进程。与此相比，停火线退或者进8公里坦白说不是那么重要……我已经看到有越来越大的压力要你们退回1967年前的边界……看到你们注定走上非常危险的道路是极为痛心的事。"

伊扎克·拉宾："你今天还参观了马萨达。"[5]

基辛格承诺不会公开把第二轮西奈问题穿梭外交的失败归咎于以色列。但是他对于他狠狠地称为"同宗教的同胞"怒不可遏。在回国的飞机上，他在不可公开报道的前提下，称呼拉宾为"小鼻子小眼的人"，他说整个以色列内阁都被国防部长西蒙·佩雷斯的气势镇住了。他感叹没有像果尔达·梅厄这样有魄力的领导人执掌国家。

即使没有第二轮西奈谈判的失败，1975年3月对于美国外交政策和基辛格而言也是个惨不忍睹的月份。北越的最后攻势开始了，基辛格离开耶路撒冷回到美国的第二天，古皇城顺化失陷。在葡萄牙，对左倾政府的一次政变失败了，基辛格因此更加担心这个国家会逐渐发展为亲苏的社会主义政权。安哥拉陷入内战，最强的叛军派别得到古巴军队增援和苏联援助物资。《杰克逊-瓦尼克修正案》之乱危害到缓和，与苏联在符拉迪沃斯托克（海参崴）商定的SALT框架由于细节上的争议而瓦解。

在以色列碰了一鼻子灰，基辛格一直耿耿于怀，觉得那是针对他个人的。有好几个星期，他一直在华盛顿到处批评拉宾内阁的"疯狂行为"。他还采取了大大小小不同的行动。他命令切断他的办公室直通以色列大使（从前是，未来还是他朋友的）迪尼茨的私人热线。在福特同意之下，他下令对美国的中东政策和与以色列的关系——以国家安全研究备忘录的形式正式化——进行"重新评估"。

基辛格在3月26日的记者会上说："由于逐步谈判终结，美国进入更为复杂的外交时期，因此我们有必要重新评估我国的政策。"在回答问题时，他用惯用的此地无银三百两的说法："我们重新评估政策不是针对以色列。"

虽然大张旗鼓地炒作重新评估主要是作秀，但基辛格对此还是相当认真的。面前的三种选择如下：

- 日内瓦会议起死回生。同时美国宣布它视为公平的全面解决方案：在小小改动后，并在其国家安全得到强有力的保证后，以色列回到1967年之前的边界。
- 以色列从西奈半岛全面撤军，与埃及签订单独和平协议，这是后来卡特总统在戴维营成就的结果。
- 回到逐步脱离接触谈判的穿梭外交。

基辛格在各个小组里讨论这些选择。其中，一个汇集了外交政策界智囊的会议——出席者包括约翰·麦克洛伊、埃夫里尔·哈里曼、乔治·博尔、麦克乔治·邦迪和戴维·洛克菲勒——不出所料地赞成第一种选择。持同样意见的还有一些学界人士，包括基辛格在哈佛大学时代的粉丝斯坦利·霍夫曼和兹比格涅夫·布热津斯基，这两人不久前才著文抨击穿梭外交。

重回日内瓦会议，从而让苏联重新加入这个进程的想法对基辛格来说毫无吸引力。尽管他做了末日论的演讲，但人们很快就看出来，他会恢复他的穿梭外交，热情地维护美国以及他自己的主导地位。

同时，有助于缩短重新评估的就是以美国以色列公共事务委员会为首的以色列游说团体的鼎力参与。他们使出了浑身解数，还特别猛烈攻击基辛格。这个游说行动最后弄出了一封由76位参议员签名的致总统的公开信。信中要求向以色列提供大量军事、经济援助，并呼吁总统表明"美国出于自身利益坚定地支持以色列"。

基辛格一怒之下召见迪尼茨（他现在称呼他为"大使先生"，而不再是"西姆哈"）训斥了一番。他大喊："你们要为此付出代价！你们以为什么？以为这样会对你们有帮助吗？你们疯了。这封信会害死你们。它会引起更多的反犹太情绪。会落人口实，说犹太人控制了美国国会。"

福特也感到不悦。在担任国会议员时他是以色列的忠实支持者，但是据他回忆，那封公开信"实在令我很闹心"。他后来写道："以色列的游说团体都是爱国的美国人，他们势力很大，声音也大，很富有，但是他们之中很多人只关心一个问题。"

当基辛格在 1975 年 8 月 21 日恢复穿梭外交时，他在耶路撒冷被酒店外面的抗议群众骚扰，这些人高声指控他背信弃义。他们用尼克松在水门事件的录音带上用过的称呼高喊："犹太小子！犹太小子！犹太小子滚回去！"他们知道这个称呼会令基辛格暴怒。的确如此。

足以挽救谈判的突破点在新一轮穿梭外交开始前即已呈现：在有争议的两个山口将由美国技术人员坐镇警戒站，而以色列军队则撤到东端。一共花了 12 天的时间，最后在耶路撒冷彻夜讨论后达成了协议。

这个协议的关键，而且具有长远意义的是，在附加的谅解备忘录中，美国承诺将提供最后高达 26 亿美元的军援给以色列，包括像 F-16 战斗机这样的先进武器。为换取以色列在第二轮西奈谈判中签字，美国付出了如此巨大的代价，后来也引起了争议。

基辛格凯旋归国时被问及福特总统刚刚发布的声明里称他的国务卿的这项成就为"20 世纪最大的外交成就之一"。基辛格的回答是："为什么只有'20 世纪'呢？"但是，全国广播公司的理查德·瓦莱里亚尼不买账。在当晚的《夜间新闻》节目上，他说："这是钱能买到的最好的协议。"[6]

柬埔寨失陷，1975 年 4 月

1973 年整个春天，基辛格一直主张美国应该加大力度轰炸柬埔寨，并攻击越南的渗透路线以彰显执行和平协议的决心。这反映了他认为定点的 B-52 轰炸是有效的，这个策略在战情室里对文官是有吸引力的，但是军事指挥官则不怎么看好。

对柬埔寨的轰炸进一步损害了美国政府的国内外形象。在1973年2月开始的6个月里，美国对红色高棉控制区投掷了25万吨炸弹，这比在整个二战期间投掷到日本的炸弹总吨数还要高。可是即便如此，柬埔寨政府也没有收复任何土地。到了夏天，国会不干了：它宣布从1973年8月开始禁止在印度支那任何地方进行空袭。

即使轰炸结束了，在西贡和金边的亲美政府还在掌权。如果说，像某些批评者指控的那样，巴黎和平协议只是美国在共产党胜利前有个"体面的时段"，以此为遮羞布，让美国得以撤离，至少这个时段比许多人（包括基辛格）预料的还要体面。

就像基辛格警告的那样，美国威胁的可信度、美国总统的权威都大不如前。而随着缓和式微，苏联原先发挥的影响力也不复存在：《杰克逊-瓦尼克修正案》的通过使得苏联觉得美国不肯兑现它在1972年有关越南谈判中为了换取莫斯科默许提供协助而承诺的贸易好处。

虽然在柬埔寨和越南的最后攻势是同时发生的，但不能因此就像当时基辛格和大多数美国官员那样，认定它们是协同作战的。当时任驻柬埔寨使团副团长的托马斯·恩德斯后来承认，这个错误的假设一直持续到1975年底。

即使到了1982年他首次写到这个倡议时，基辛格依然坚持，如果不是国会在他正向中方推销他的建议时中止了对柬埔寨的轰炸，他的建议是可能成功的。

这个解释有很多漏洞。与中方的会谈是在国会两院通过决议中止轰炸之后的一个月才举行的，而稍微读报纸的人都知道类似的措施不久就会变成法律。此外，这个建议没有向柬埔寨任何一个派系的代表提过——西哈努克、红色高棉、朗诺及其政府的任何成员都不知情。

柬埔寨的最后攻势于1975年元旦一大早开始。携带家当的难民开始涌入已经拥挤的金边——这个曾经的鱼米之乡、无温饱之虞的国家的首都。如今市集上挤满了身无分文的农民和嗷嗷待哺的幼儿，有的人在乞讨，有的人在兜售他们从乡下带来的一点点蔬菜或小捆柴火。

有些美国军方人士一直持乐观的官方立场。国防安全局局长霍华德·菲什中将在 1 月表示："总的来说，军方认为柬埔寨的前景光明。"但是柬埔寨的军队只是在浪费弹药，打两下即后撤。五年下来，在得到美国 50 亿美元的支援后，柬埔寨政府军还是敌不过人少装备也少的红色高棉军队。

到了月底，福特总统要求国会批款 2.22 亿美元作为给柬埔寨的追加军援"以促进早日解决争端"。那是一个无意义的姿态：当时并没有任何可以通过拖延时间就能进一步推动的谈判。要求更多军援的理由太不能服人，连保守派都觉得政府提出这个要求主要是为了让国会为必然发生的灾难背黑锅。

鹰派和鸽派都生气了。得克萨斯州保守派民主党人乔治·马洪说："所有负责任的美国人看到柬埔寨瓦解都很痛心，但是实在无法让基层美国民众相信这个事情有个尽头。"鸽派的共和党人保罗·麦克洛斯基访问过柬埔寨后说，美国会给这个国家带来"比在任何其他国家都要大的祸患"。他说如果他能找到"这个政策的始作俑者，我直觉地就想把他吊死"。参议院共和党领袖休·斯科特说："我每支持给这场战争拨款一美元都有罪恶感。"

当有关柬埔寨军援的辩论拖到 3 月时，电视新闻正播放邻国战争中南越士兵节节败退的画面。柬埔寨战争的结束就像它的开始一样：只是越南大戏的一个穿插节目。国防部长詹姆斯·施莱辛格告诉国会："柬埔寨的生存价值源于它对南越存活的重要性。"《巴尔的摩太阳报》记者阿诺德·艾萨克斯后来写道："在柬埔寨人经历了那么多苦难之后，最起码，人们对这个国家的判断应该根据柬埔寨的情况，而不应该再把越南的错误和失败加在他们头上，但是他们连这个权利都被剥夺了。"[7]

国会决定推迟有关柬埔寨援助的决定到复活节休会之后。4 月复会之后，福特总统知道事情已然无望。在向国会提交的一份"世情咨文"里，他附上柬埔寨政府的请求，但他承认："我很遗憾地说，今天晚上可能已经太迟了。"

那一天，1975 年 4 月 10 日，基辛格为和平做了最后一搏。他要美国驻北京联络处主任乔治·布什去联系西哈努克，邀请他回国主事。

4月11日柬埔寨破晓时分，美国的最后撤离行动——使用的代号是"鹰迁行动"，明眼人一看就知道是什么意思——即将展开。朗诺已经出逃，美国大使表示愿意让朗诺的首席顾问施里玛达乘坐降落在大使馆附近的直升机逃生。施里玛达在一份照会中表示："很遗憾我不能像个懦夫一样离开。我错就错在相信你们美国人。"几天后他被红色高棉处决。

约翰·冈瑟·迪恩大使（像基辛格一样，他是童年逃离纳粹德国的难民）夹着美国大使馆的国旗登上直升机。一名在人群周围手持步枪防备恐慌中的愤怒群众可能围攻的美国海军陆战队员，为受伤的青年包扎伤口后，才与队友登上直升机离去。

唯一敢在金边被攻陷时留下来的美国记者——《纽约时报》的西德尼·尚伯格写道："柬埔寨人和外国人都以一种如释重负的心情盼望金边的失陷，因为他们觉得共产党来了，战争终于结束时，至少他们的苦难将基本结束。大家都想错了。"

尚伯格和伦敦《星期日泰晤士报》的乔恩·斯温不但为他们的读者，也为历史见证了此时才刚开始的恐怖。征服者甚至清空了医院，将没腿没手的残疾病患从病床上抬走，他们强迫疏散所有的人，最后将乡村变为杀戮场。挤满300万居民的金边在一天之内就被清空，出城的路上万头攒动，往往每小时只能前进几百英尺。犹豫不决的人被枪毙，身体太弱的人，即便是儿童，也被枪毙，号哭的人也被枪毙。

南越的陷落，1975年4月

共产党在南越的最后攻势也在1975年1月展开，这是美国从越战抽身的两年后。1月8日河内的政治局会议结束后通过的决议宣称："我们的军事政治情况从来没有像当今这样完美，我们的战略优势也从来没有像今天这样巨大；我们要完成南方的民族民主革命，完成祖国的和平统一。"

到4月初，北越和他们在南方的越共盟友已经兵临西贡。在中东和平进程瓦解，与苏联关系降到四年来最低点，柬埔寨濒临崩溃，现在南越又处于围城状态之际，福特总统到棕榈泉去打高尔夫球度假去了。

晚间新闻播出了两个非常不协调的画面，一边是印度支那的垂死呻吟，另一边是福特总统在高尔夫球场畅快挥杆。最糟糕的一幕是有一天电视台播出南越海军陆战队士兵冲上美国的难民船，掳掠、强奸和杀害一些船上乘客。当记者在棕榈泉机场要问福特问题时，他大喊："哦，呵呵！"然后小跑离开，合众国际社的海伦·托马斯在他后面紧追。

基辛格和福特派的陆军参谋长弗雷德里克·韦安德到越南评估局势。回国的路上韦安德的飞机被命令直飞棕榈泉，让他亲自向总统报告。他的建议是：美军恢复 B-52 的轰炸，另外立刻向南越军队提供额外 7.22 亿美元的援助。他建议的前一部分是违法的，至于追加军援，连那些越来越少的还认为南越有望能够撑下去的人士都觉得那个数字也太吓人了。这笔援助将包括 440 辆坦克、740 门重炮、10 万支步枪，以及 12 万吨弹药。

韦安德也没有说，凭这些军援就能够挽救一个溃逃速度似乎可以媲美矫健的福特在棕榈泉机场逃避记者的速度的军队？这位将军的报告里举出的追加援助理由有意配合基辛格的地缘政治观。报告说："美国在世界上是否能继续维持它的信誉，要看我们是否尽力，而不在于成功或失败。如果我们不尽力，我们作为盟友的信誉就荡然无存了，而且也许几个世代都恢复不了。"

换言之，他建议延长战争的理由就是当年基辛格延长美国在越南作战角色的理由：为的是保全美国在其他地区的信誉。在几天后的听证会上，密西西比州的国会议员杰米·惠滕问："我们都知道南越的陷落已成定局，所以你的建议除了做一个样子之外，还有别的理由吗？"韦安德将军回答："议员先生，这么说吧，有时候我们做事的风格，或者就像你说的样子吧，与事情的实质同样重要。"

连基辛格都反对韦安德有关轰炸的建议。他说："如果真的这么做，美国人民又会走上街头。"在棕榈泉总统周围的人辩论的问题则针对军援。大多数福特的国内事务顾问都反对军援，为首的是资政罗伯特·哈特曼和新闻秘书罗恩·内森,后者担任全国广播公司记者时在越南曾经负伤。另外总统的个人摄影师戴维·休姆·肯纳利也持反对意见,他曾经为《生活》杂志报道越战,这次韦安德出访越南,他说服了福特让他随行。肯纳利年轻、时髦,对权威不买账。福特把他当儿子看待,还常常引述他的俏皮话。肯纳利说,说南越还有挽救的希望纯属"鬼扯"。

另外一个反对的人是詹姆斯·施莱辛格,但是他已经被基辛格排除在讨论之外,留在华盛顿了。这位国防部长觉得南越军队已经回天乏术。

基辛格生性悲观,他同意大势已去。不过,他觉得向国会要7.22亿美元的军援是唯一荣誉的做法。福特也同意,但并不那么积极。在去新闻室就总统的决定向记者吹风的路上,基辛格转身对内森说到南越:"这些人为什么不快快死了算了?苟延残喘是最糟糕的结果。"

在吹风会上,基辛格举出地缘政治的论据。他强调世界各国会怎么看有关军援的决定,它给其他地区的敌国、友国会发出什么信号,对于美国的信誉会有什么影响,但他却绝口不提它对于西贡周围有什么军事作用。他说:"我们面对一个大悲剧,这里牵涉美国的信誉、美国的荣誉,以及世界各国对我们的观感。"

即便从这个角度来看,那个决定还是有问题的,因为它假设如果美国努力把一个大势已去的战争再拖得久一点点,美国的声望就会提高而不是受损。《时代》周刊那个星期写道:"美国在南越的表现所危害到的倒不是美国的信誉,而是人们眼中我们成就事情的能力。"[8]

在基辛格和福特为追加军援辩护的那个晚上,美国观众在电视上看到了一个触目惊心的悲剧画面,更让他们觉得美国在越南是受到诅咒的。一架世界上最大的C-5A银河军用运输机满载243名孤儿从西贡的新山一空军基地起飞。这些孤儿有些是父母死于战乱,有些是被没饭吃的母亲抛弃,有些是早已回国的美国大兵的后代。这就是广为宣传的婴儿空运行动,其目的是稍稍缓解越南的痛苦和美国的罪恶感。

飞出西贡几分钟后,飞机开始失去高度。机身后方的一扇门突然脱落,驾驶员意识到他无法安全飞回基地,于是试图在稻田迫降;飞机撞上小型堤坝,因冲力过大而裂解,伤残的尸体遍布田野。机翼断裂,机身起火，许多机舱里的孩子被烧死或致残。将近 140 名儿童和 50 名成人丧生。电视画面显示泥泞中的幼小尸体，婴儿被送往医院，成堆的烧焦的衣物和洋娃娃的惨不忍睹的情景，还有南越士兵掳掠行李箱，从死者身上剥下珠宝的行径。美国这一人道主义姿态以惨剧告终，这也是对这场战争的隐喻：良好的意愿和科技，10 年前被华盛顿的精英誉为拯救越南的钥匙的科技，又一次失败了。[9]

4 月 10 日，福特到国会山庄正式要求国会拨款 7.22 亿美元。基辛格连续奋战到午夜过后，起草了一份演讲稿，把巴黎和平协议的失败归咎于国会。他将在尼克松政府初始就搬出的"信誉"论一直坚持到最后。在他为福特起草的国会演说稿里，他简要地叙述了这个论点："美国如果不愿意提供足够的援助给那些为生存而争战的盟友，就会严重影响美国在全世界作为盟友的信誉，而这种信誉对我们的安全至关重要。"

福特保留了有关信誉的措辞，但缓和了基辛格的语气，并拿掉了攻击国会的内容。福特说："亨利为我起草了一篇'慷慨就义'的演讲稿。我直觉感到这样的说法不合适。"在哈特曼的协助下，总统的演讲稿措辞温和，除了要求拨款，还呼吁民族和解。

即便如此，总统提出军援呼吁时，两党议员无一人鼓掌，两位民主党议员托比·莫菲特和乔治·米勒还起身离场。国会和民众都不愿意支持越南战争继续下去。

在后来的年代，基辛格把巴黎和平协议的瓦解归咎于水门事件，他说由于总统权威的丧失，美国没有能力或者没有意愿强制执行停火。但是事实上造成 20 世纪 70 年代条件反射般的孤立主义，以及令民众对于印度支那战事的延续望而却步的不是水门事件，而是越战的恐怖和徒然。

当然水门事件后人们对总统权威丧失信任，的确影响了有关越南的讨论；同样，越南战争造成的强烈情绪也许使水门事件的调查增添了反尼克松的激情。总之，即使福特入主白宫，水门事件已事过境迁，国会还是不肯拨出新的援助经费，来延长在越南对有尊严的和平的追求。[10]

在外交政策方面，杰拉尔德·福特很少违背基辛格的意见。一个鲜为人知的，但具有历史意义的例子是他在 1975 年 4 月 24 日——在他的

7.22亿美元的军援要求的命运还没有正式决定之时——决定在杜兰大学的一个演讲里宣布，就美国而言，越战已经成为过去。

在那之前几天，福特跟他的长期助理罗伯特·哈特曼说了他想在杜兰大学表达的信息。总统解释说："我想表达的是今天大学生面对各种挑战。在他们的记忆中，越战一直在打。我要告诉他们，战争已经结束。"

哈特曼问："那你何不就那么说呢？"

福特皱着眉头说："我看亨利未必同意。"可是他明显很喜欢那个想法。在一番讨论后，他要哈特曼开始起草这样一个演讲稿，"看看你能写出什么样的稿子"。更有意思的是，他决定暂时还不要冒刺激基辛格的风险。他告诉哈特曼："在我决定之前，暂且不要传阅。"

如同任何演讲稿一样，此文的初稿也发到基辛格的国安会办公室，但是里面没有任何有关越南的字句。这些字句是后来才加入并定稿，并在空军一号上完成并打字的，从来没有发给基辛格。哈特曼把稿子拿到总统舱室，他们仔细过了一遍，写了些备注。福特很满意。

内森也很满意，他读到那一行时，立刻意识到它的重要性。他唯一担心的是，福特一天下来已经很疲惫，而且又"喝了点儿鸡尾酒"，可不要在最戏剧性的那一刻把演讲给搞砸了。新闻秘书向他建议，讲得慢一点。摄影师肯纳利也插进来说："他的意思是，'别砸锅'。"

福特没有砸锅。在杜兰大学篮球场馆里，对着6000名坐在嘎吱嘎吱响的木头座位上的学生，他宣称："美国能够恢复越南之前的那种自豪感。但是不能靠重新打一个对于美国而言已经结束的战争来实现那个目标。"

当他很慢地说出这一段话时，学生们开始大喊、欢呼、跺脚。学生们在木头座位上上下跳跃着，互相拥抱着，闹腾了好几分钟。各新闻社不仅仅报道了演讲，还发出新闻快报。

简单几个字——"已经结束的战争"——在全国产生了共鸣。这段话反映了一位即使在吹了哨子，比赛结束，吃了败仗时，也懂得保持风度的美国老足球运动员的大方、善良的本能。基辛格复杂的地缘政治目标和怪罪国会的愿望可能有一定道理，但是此时已不合时宜。美国为了缓和国民的情绪，甚至为了自己在全世界的信誉，正确选择就是让越战成为过去。

在回华盛顿的空军一号上，当福特走到后舱的记者区时，有一位记者问："基辛格国务卿跟这篇演讲有任何关系吗？他有没有预先同意呢？"

福特为了不让他的话被喷气发动机的声音掩盖，大声说："没有！一点儿关系也没有！"

连哈特曼都觉得那样说会惹麻烦。他插了一句："总统先生，我想你应该解释，演讲稿是走过正常渠道的，包括国安会办公室。"福特对这个澄清似乎不是特别高兴。

一位记者问他说的话是不是标志着美国一个历史时代的结束。福特说："是的，毕竟那是个相当长的时代。我的心情也是五味杂陈。我当然不希望它这样结束，但是我们必须现实。我们在世界上不可能永远十全十美。"

据哈特曼回忆，第二天一大早，他直通福特办公室的电话铃"突然像防火警报一样响起来"。他急忙穿过走廊到椭圆形办公室，福特抽着烟斗，基辛格像头发怒的狮子来回踱步。连福特都没法让他平静下来。基辛格瞪着哈特曼，做着手势说："这怎么可以？我怎么完全不知道这回事？"

哈特曼吞吞吐吐地说因为很晚才定稿，他们没想到那一段话会引起这样的轩然大波。他没有提福特一开始就要写进那一段话。福特同意他的说法："时间有点儿赶。"当总统转过来跟他说"下一次不要再发生这种事就行了"时，哈特曼看到总统跟他眨了一下眼。

多年后，当福特愉快地讲述他总统任期内的故事时，他对基辛格是赞誉有加的。但是当他谈到杜兰大学的那次演讲时，眼中透出无法掩饰的光芒。福特说："关于战争已经结束那句话，亨利不喜欢。我知道他想继续努力争取更多军援，他怪罪国会。我也一样。但是我在国会山庄25年，我觉得跟他们胡搅蛮缠下去不会有什么结果。我和亨利就是在这一点上有分歧，而我是对的。我更了解整个系统。"[11]

他的确更了解整个系统。虽然在制定外交政策方面，基辛格很有直觉，但福特对于在民主体制中制定外交政策的方式有一手的直觉，这是基辛格所没有的。

在最后一刻，基辛格还试图找到一个外交解决办法，他授权格雷厄姆·马丁大使向阮文绍总统建议请他下台。一天后，大使又接到电报，要他暂时不要这么做，好让基辛格取得阮文绍辞职的功劳，以此作为对苏联谈判的筹码（他再一次不现实地希望苏联能帮助拯救美国）。马丁没有理会第二封电报："那封电报直接从收件篮进了档案柜，我们完全没有按照它的指示采取任何行动。"

阮文绍同意辞职，但在冗长的辞职演说里对美国极尽冷嘲热讽之能事。他称美国抛弃他的政府为"一个不人道盟友的不人道行为"，他问："美国说的话算数吗？美国的承诺依然有效吗？"

基辛格后来尝试与阮文绍言归于好。1980年，他给阮文绍写了一封信，重提他的"若不是水门事件"的论点。他写道："我坚持认为，如果不是水门事件使我们在1973年、1974年没法从国会要到足够的援助给南越，巴黎协议里反映的力量平衡就有可能维持下去。"但是他接着又说了像是自相矛盾的话："1972年时的不幸难题是，我们已经达到我们国内可能性的极限。如果再试图拖长战争，国会在1973年就会做出后来在1975年做的事。"基辛格最后要求阮文绍不要再继续生他的气。"这些日子，我为了贵国的生存所做的捍卫柬埔寨的努力正遭到恶毒攻击（威廉·肖克罗斯的新书《穿插节目》刚刚出版），夫复何言。"

阮文绍没有答复这封信。但是后来他对基辛格和从前的美国主子的愤怒减退了。在1990年，他和他的夫人悄悄搬到波士顿郊区牛顿，在他们已长大成人的子女附近住下。他说："我并不怪基辛格。他从未像我们一样从越南的角度看越战。"[12]

共产党的攻势并没有因阮文绍的辞职而停下来。在4月29日早晨（亚洲时间）马丁大使接到命令，实施"常风行动"，这是西贡版本的鹰迁行动。军方无线电开始播放《白色圣诞》的音乐，播音员说："西贡气温 105 华氏度，并继续攀升。"这是预先安排好的暗语，就是要美国人和他们的家属在疏散地点集合。直升机开始飞向大使馆屋顶及其他地点，美国海军陆战队员驱离那些想抓住直升机起落架逃生的越南平民。

在新山一空军基地，越共的火箭炮在跑道边爆炸的同时，一架架C-130带着难民隆隆飞上天空。两名年轻的陆战队下士——艾奥瓦州马歇尔镇的达尔文·贾基和马萨诸塞州沃本的查尔斯·麦马汉，在美国武官办公室附近站岗时，因遭火箭炮袭击身亡。

与在柬埔寨的情况不同，在越南的撤离行动没有那么顺利。许多年后，这些直升机飞离大使馆屋顶时的恐慌景象还深深地烙印在美国人的心上，这是越战又一个久久难以愈合的创伤，又一个十年灾难的象征性画面。

还有许许多多小的场景，因为涉及个人，更加惨不忍睹。有一幅电视画面显示一个越南母亲托着她的瘫痪的婴儿哀求摄影记者帮忙，把孩子带走，带他到美国，救救他。婴儿的腿无助地痉挛着。摄影机渐渐拉远，留下瘫痪和绝望的难以磨灭的印象。

那天下午基辛格步入唐纳德·拉姆斯菲尔德的办公室，白宫办公厅主任罗伯特·哈特曼和其他一些人在那里守夜。基辛格发挥绞刑架下的幽默说："我是唯一在上个星期丢掉两个国家的国务卿。"戴维·肯纳利在现场拍摄。他说："好消息是战争结束了。坏消息是我们打输了。"稍后，南希·基辛格穿着观剧的礼服到场。她和她丈夫手上有诺埃尔·科沃德的喜剧《乐在当下》的票券。基辛格告诉她不能去看戏了。[13]

基辛格后来写道："在二战后美国第一次抛弃了一个曾经信赖我们的友好国家，最后让它落入共产党之手。"10 年前，美国作战部队首次登陆岘港。20 年前，法国撤出它的最后部队。30 年前，法国回到该地区，重新控制了它的战前殖民地。

美国死了 58022 人之后，换来的只是一纸和平协议带来的信誉扫地，那个协议有效期刚刚够让美国用它为撤军打掩护。基辛格在 1973 年 1 月声称的和平或尊严结果都没有持续多久。但是巴黎协议至少发挥了一个作用，就是使得美国抛弃对西贡的承诺，及因此信誉扫地的事情，变得比较模棱两可。这再度验证了基辛格觉得有时能够实现模棱两可是他能争取到的最佳结果。

基辛格依然感到沮丧，他当时以及后来一直觉得1975年越战的最后失败打击了美国的信誉，因而使得它的威胁和承诺在世界上失去力量。他说："由于我们的自我放纵，我们破坏了世界各地的自由的结构。"他说，在印度支那的投降"带来了美国饱受屈辱的一个时期"，这种屈辱从安哥拉到埃塞俄比亚，到伊朗，到阿富汗。

但是，基辛格和其他一些人所预测的——和后来他们声称所看到的——"骨牌效应"并不那么明显。越南和柬埔寨都成为社会主义国家，但它们彼此是死敌。当越南共产党军队于1977年侵入柬共政权的柬埔寨的边境鹦鹉咀地区时——美国和南越军队在1970年就是在这里展开他们的"入侵"的——美国公众有权怀疑他们的领导人是否对印度支那的民族复杂性真的有足够了解，他们让这么多美国人牺牲性命有没有道理。骨牌并没有一路倒到泰国，而是原地倒来倒去，完全不像决策者预测的那样。

同样，有关美国信誉的论点后来发现也不那么单纯。如同基辛格所说，不可否认，一个国家信守承诺和抵御敌人的信誉对全球平衡是有影响的。但是同时又有许多其他因素加强了美国在世界各地的影响力：人们感觉美国代表着某些道德价值；它令人叹服的经济繁荣，它所代表的个人自由，它对其他国家主权和民族渴望的尊重，它在追求全球目标和冷静面对威胁方面的常识判断和能耐，等等。

基辛格在追求虚幻的信誉的同时却忽视了这些其他因素，因而加深了美国是个笨拙的帝国主义国家形象。当美国最后放弃了在印度支那的武力政策，它才得以逐渐恢复其在国内外的名声，这可能才是增加它的全球影响力的最佳途径。

当印度支那战争结束时，基辛格似乎已经在思考这些问题。他坐在国务院的麦迪逊厅接受芭芭拉·沃尔特斯的长时专访，采访将在5月的第一个星期全国广播公司的《今日》节目播出。一开始他好像准备重弹他的冷战哲学老调。他告诉她："每一个重大事件都有它的骨牌效应。"

他接着说，一个原因就是"它会在世界上对于谁在前进，谁在后退产生一种心理氛围"。

但是，随后基辛格开始讨论，在处理越南问题时过分关心骨牌效应，"我们可能犯了错误"。他说："我们也许应该多从越南人的角度看这场战争，而不是把它看作全球阴谋的向外扩张。"《华盛顿邮报》的外交政策分析员斯蒂芬·罗森菲尔德称，这段话为"历史修正主义的迸发，足以使一直激烈批评他的人喜极而泣"[14]。

马亚克斯号事件，1975 年 5 月

继 3 月第二轮西奈穿梭外交失败，4 月柬埔寨和越南溃败之后，基辛格的外交政策以及福特的民调坠入谷底。他急切想找到方法，至少在象征意义上显示美国仍有决心在世界范围内捍卫自己的利益。那个机会于 5 月 12 日星期一在泰国湾，柬埔寨的威岛以南约 7 英里的地方到来了。当时一艘笨重的美国货轮马亚克斯号的船长查尔斯·米勒拿起对讲机听到他的三副告诉他："船长，有个挂红旗的汽艇正朝我们驶来。"

很快一系列"我们被柬埔寨人抓住了"的求救信号传遍全船，并从无线电传到外界。

轮机长克里夫·哈灵顿从机房出来说："柬埔寨人？我们没有跟柬埔寨作战啊。"

虽然前一个星期，一艘巴拿马籍船——原来在白宫会议上被称为 Unid，后来发现其实是 unidentified（不明身份）的缩写——误入柬埔寨新近宣称的领海而被扣留。这一次，在 4 天当中，马亚克斯号和它的 39 名船员将成为承载重大象征意义的摊牌的焦点。

当时，华盛顿还是黎明前时刻。中午召开了国安会会议，基辛格主持讨论。他手撑在内阁会议室的桌子上身体前倾，激动地说，这不单纯是一艘老货轮被扣事件。这是对美国决心的考验。他声称，世界各国都在观察，在柬埔寨和越南的失败是否意味着美国已经失去抵抗侵略的意志。除非我们做出强有力的反应，否则我国的信誉会再一次受到打击。

他强调："到某一时刻，美国必须划线为界。"他最后严肃地表示，借着马亚克斯号被扣留的事件，美国有机会昭告天下，它被逼到一个地步必然会反击。"我们必须抓住机会，果断行动。"

虽然国防部长施莱辛格持怀疑态度，但福特和他的政治顾问都倾向于同意。在这个危机当中，他们还有另一个目标，就是证明福特可以主导外交政策，而不仅仅是基辛格的应声虫。那天下午基辛格原本要去密苏里巡回演讲，他很愿意为了危机取消这个行程。但是福特叫他不要取消。

星期二夜里 10:30，福特主持了又一次国安会会议。刚从密苏里回来的基辛格还是极力强调这件事涉及的利害关系：美国必须以足够的武力果断地做出回应，以防朝鲜、柬埔寨和越南在未来闹事。施莱辛格不同意从全球的角度看待这次危机。他同意应该尽快救出马亚克斯号和它的船员，但是他不愿意把这个事件变成一个向亚洲和全世界炫耀武力的机会。那只是一艘船，也许是一名低级的地方军官扣留了这艘船；应该把船要回来，但是不应该把它变成一个象征符号。施莱辛格回忆："亨利是个无药可救的发送信号老手。即便这样做会有危险，他也在所不惜。"

在第二天的国安会上，讨论围绕着一个比较具体的焦点：是否动用 B-52 轰炸机攻击柬埔寨本土，实施军事救援行动。基辛格和洛克菲勒带头支持这个做法。施莱辛格反对，理由是军事上和象征意义上轰炸都不是必要的。福特选择了中庸之道。B-52 太让人想起越战了。攻击本土是应该的，但是要使用珊瑚海号航空母舰上的战术战斗轰炸机执行这个任务。这要比 B-52 大规模轰炸破坏性小，精确度更高。

外交努力都没有成功：向已经没有任何西方国家使馆的柬埔寨发信都很困难。交给中国转交的一份照会被原封退回；另外一封送到北京的柬埔寨大使馆门口的信被邮寄回美国。于是在星期三晚上，福特最后授权采取军事行动援救船只和船员。

在一支 175 人的海军陆战队特遣队开始降落在通岛之前两分钟，金边无线电开始广播表示柬埔寨愿意归还船只。基辛格刚在白宫洗了澡，着装准备出席一个国宴，一位助理突然带着这个信息冲进来。柬埔寨这个让步是包装在一篇冗长的抨击文章里的，只字不提船员的问题。基辛格的直觉是不要取消军事行动。

福特此时正在白宫的红厅招待他的客人荷兰首相约普·登厄伊尔，他啜饮着加冰块的马提尼，这个国宴注定是不平静的。当基辛格打电话告诉福特柬埔寨的广播内容时，福特同意军事行动按照计划进行。但他说，必须尽快想办法答复柬埔寨，告诉他们只要他们放人放船，军事行动就会立刻停止。

基辛格判断，最快把信息传递给柬埔寨的办法就是向新闻界宣布，让新闻界将信息通过电报和广播散发出去。基辛格此时已穿上燕尾服，他拿起电话找新闻秘书罗恩·内森："快过来！"

内森回忆说，当时基辛格的声音"有点儿激动"，但是他不喜欢这样被人使唤来使唤去。于是他继续在白宫西翼离基辛格只有几个办公室之遥的办公室处理手边的事。过了一会儿，斯考克罗夫特（也打着黑领带）冲进内森的办公室把他连拖带拉地拽到基辛格的办公室。几分钟后，新闻媒体发出新闻快报，引述了总统向柬埔寨发出的声明，说只要释放船员就会停止军事行动。

国宴的整个过程中，助理们不断地把福特和基辛格叫出去向他们报告情况。在甜点的盘子收掉之后，福特和基辛格立刻到椭圆形办公室密切注视军事行动的进展。施莱辛格几分钟后来电报告好消息：船员乘坐一艘渔船已经安全抵达——他们其实在美国军事行动展开前就被释放了——一个个安然无恙。大家齐声欢呼。

但是，基辛格仍然觉得必须贯彻对柬埔寨本土的轰炸，一方面是作为惩罚，另一方面是为了防止柬埔寨最后耍什么花招儿。斯考克罗夫特在群情激动中问："有什么理由不让军方撤离吗？"

根据内森的回忆，基辛格说："没有，不过就叫他们轰炸本土吧。我们要摆出一副凶狠面孔！不然他们可能在船离开时攻击我们。"

但是，福特和基辛格批准的对柬埔寨本土的全面袭击最后没有发生。施莱辛格和他的将军们本来就不赞成用轰炸炫耀武力，最终没有实施全面轰炸。福特有意彻查为什么违背他的命令，但是一直没有得到满意的答复。

这次的胜利代价高昂：为了救出39名船员，18名美军在这次行动中殉职，另外有23名美军在准备行动中因直升机坠毁而丧生。但是即使过了15年，福特在回顾此事时，还是觉得这次行动是值得的。事实上，他认为那是他最重要的外交政策决定。他说："马亚克斯号事件在我们最需要的时候，给我们国家注射了一剂强心针。那个行动让我们的敌人看清楚我们不是纸老虎。"

基辛格在援救行动后的记者会上说话语气比较谨慎。他刻意不直截了当地提及他私下的主张，即这次军事行动旨在发挥全球象征意义。他说："我不愿把它变成一次大灾难性的事件。我们要通过这次行动昭告天下，把美国逼到一个限度就会遭到反击，美国会捍卫自己的利益。但是我们不会到处找机会证明我们的男子汉气概。"[15]

马亚克斯号的援救行动终于为美国外交政策的一个败绩累累的春天画下求之不得的句号。虽然它不能够驱除美国人心中的越战鬼魅——那还要再等10年——但在泰国湾的这次小小军事行动的确使得舆论对福特处理外交政策的能力刮目相看。美国人有一种根深蒂固的倾向，就是每当总统采取了看似果断的武力行动时就会团结在他周围。那种倾向在越战的最后几年被淹没了。马亚克斯号的救援行动，尽管执行得并不干净利落，但是证明了这种倾向并没有消失。

第 29 章

外交政策中的道德：基辛格的现实政治受到挑战

> 如果在有正义的混乱与有秩序的不正义两者之间我必须选择其一，我永远选择后者。
>
> ——基辛格改述歌德的话

现实主义的根源

当基辛格在 1975 年一次国会秘密听证会上被问及美国为何突然切断对那些为了从伊拉克获得自由而作战的库尔德叛军的援助时，他回答："秘密行动不能跟传教士的工作混为一谈。"虽然这话像是有点油嘴滑舌，但是的确反映了他的基本哲学。他觉得道德斗士如果成为政治人物是很危险的。在一个有理想主义倾向甚至有时为了理想而投身运动的国家里，基辛格算是个罕见人物，因为他堂而皇之地主张"现实主义"的政治思想学派。[1]

现实主义的传统——以及它的有普鲁士口音的表兄弟，即现实政治——是建立在人性悲观论的基础上的（基辛格很自然地拥抱这种观点），它主张权力在国际关系中最为重要。各国有自己的利益，所以注定会不时发生冲突。一个现实主义者关心的是国家利益，而不是什么道德或正义的理想愿景。他了解，只有通过军事信誉才能保护国家利益。现实主义者蔑视意识形态，他认为国家的目标是稳定，必须通过没有感情成分的联盟，谨慎维持的权力平衡，以及互相竞争的势力范围才可能实现这种稳定。

一个经典的现实主义观点反映在修昔底德的《伯罗奔尼撒战争史》中。他写道："战争之所以不可避免，是因为雅典权力的膨胀造成斯巴达的恐惧。"在他看来，那些依靠公平和忠实遵守协议的城邦输给了那些赤裸裸地依靠强权政治的城邦。

德国社会学家马克斯·韦伯和两位德国裔美国教授莱因霍尔德·尼布尔和汉斯·摩根索对现代形式的现实主义传统做了最佳的定义。他们都强调在外交事务中，权力发挥至高作用，而道德作用有限。对于人性，他们抱持霍布斯的悲观。俾斯麦在1854年写道："拜托，千万不要搞什么有感情的联盟，因为在那种联盟里，我们做出牺牲得到的唯一奖赏就是行了一件善事的感觉而已。"[2]

就像美国政治性格里的很多事情一样，外交政策中的现实主义和理想主义之间的辩论可以追溯到当年杰斐逊和汉密尔顿之间的辩论。杰斐逊从理想主义角度看美国在世界上的作用："我在上帝的祭坛上已经宣誓永远反对对人的心灵的任何凌虐。"汉密尔顿则更感受到现实政治的重要性："免于外来的威胁才是指导国家行为最强有力的因素。"杰斐逊的理想主义占了上风，而且美国又多出一种抗拒卷入海外联盟的孤立主义情绪，这一点反映在乔治·华盛顿的告别演说里。

美国理想主义的近代典范就是伍德罗·威尔逊总统，他是一个自由派的国际主义者，他宣称第一次世界大战的目的是"为民主创建一个安全的世界"，他认为可以通过国家联盟的道德和法律机制超越国家利益。当第一次世界大战结束时，他说："有时，人们说我是理想主义者。我认为只有这样，我才可能是真正的美国人。美国是世界上唯一的理想主义国家。"[3]

基辛格的现实主义

基辛格对于美国政策里的这一流派总是嗤之以鼻。他曾经跟叙利亚的独裁统治者哈菲兹·阿萨德说，富兰克林·罗斯福总统在第二次世界大战结束时没有了解到在欧洲维持相对于莫斯科的红军的最佳军事态势的重要性。他说罗斯福对地缘政治现实的掌握不如其对美国理想主义价值的了解。

基辛格则正好相反。他曾经写道:"美国人对于鼓吹伟大事业的理想主义传统很能接受,例如,为民主或人权创建一个安全的世界之类的理想。"但是,他常常感叹地说,按美国人的个性,它是不愿意好好坐下来,干一些如经营不完美的联盟,或为了维持权力平衡必须做的无休止的干预这类并非光鲜亮丽的苦活儿。就像斯坦利·霍夫曼说的,美国传统上"对于权力平衡外交及随之而来的瓜分、赔款、秘密条约和炮舰政策是怀有敌意的"。

基辛格认为,这种对秘密条约和炮舰政策,以及现实政治和权力平衡外交的所有其他表征的过分反感,源于大多数美国人单纯、往往过度简单化的天真和善良。基辛格曾经用很不协调的第一人称复数写过下面一段话,其实这段话完全不能适用在他身上:"我们天生喜欢直来直往,我们本能上接受开放嘈杂的政治,我们不信任欧洲风格和欧陆的权贵,这一切使我们越来越不能忍受欧洲外交的套路和模棱两可的妥协。"

美国人性格里这种理想主义的特质,这种追求道德无瑕而拒绝不清不楚的妥协的愿望使得美国长期以来在孤立主义和干涉主义之间跟跄,有时开展正义之战(第一次世界大战、越南战争),然后又自以为是地退缩。基辛格写道:"没有国家利益概念支撑的激情口号,使我们在孤立和过度扩张的两个极端之间摇摆。"他说,要这个钟摆摆幅不那么大,"就需要根据一种比较持久的国家利益的概念来做判断"[4]。

基辛格品牌的现实主义的一个关键组成部分是他对军事实力的作用的特别强调。他曾经写道:"纵观历史,一个国家的影响力基本上是与它的军事实力息息相关的。"这种观点使他偏爱大肆炫耀实力或实力的假象:轰炸、入侵、派出航空母舰驶向动乱地点、核警戒等等。

即便从现实主义角度来看,这种对军事实力的强调也是有可以批评的地方。其他精明的现实主义者,例如,乔治·凯南和汉斯·摩根索,都强调经济活力和政治稳定是国家实力的同等重要的因素。基辛格最佳的外交表现是在中国、中东，后来在非洲，因为在那些地方，美国武力的直接威胁不发挥作用。他最大的失败则在越南、柬埔寨和巴基斯坦，他频频炫耀武力的所在。当然他的政策也受到政治上的束缚：粗暴冷酷地使用武力与美国的自我概念不符，也是20世纪70年代的美国人不愿接受的。

基辛格的现实主义的另一个组成部分是他强调"信誉"在决定一个国家的影响力和实力方面的作用。对信誉的强调决定了在外交政策上，现实主义和务实主义不是必然一样的。例如，在处理越南问题上，务实主义者会更快判定这场战争是得不偿失的，代价比可能的利益高出许多。但像基辛格这样的现实主义者则强调，美国不能放弃其承诺，否则它在世界其他地区的影响力就会受损。

从他1968年在《外交事务》上的撰文，到他1969年对在越南的各种选项的分析，再到1975年初西贡失陷时他提出的论点里，基辛格都特别强调信誉的重要性。如此强调信誉有个问题，那就是它可能——而在越南问题上，它的确——导致无法厘清哪些是重大切身利益，哪些仅仅是边缘的、次要的利益。[5]

基辛格的现实主义的第三个方面是他对于在威权国家支持民主力量和人权运动缺乏关心。他跟世界强势领导人——勃列日涅夫、周恩来、伊朗国王、阿萨德和萨达特——打交道时驾轻就熟，但和欧洲以及以色列的麻烦的民主社会打交道时就没有那么自如。

不管是在职时，还是离开政坛之后，他都反对那些主张美国在苏联、中国、巴基斯坦和伊朗国王时期的伊朗推动其国内改革的道德主义积极分子的运动。在1971年的一次会议上，国务院官员建议对巴基斯坦施压时，基辛格恼火了，他问："他们如何治理自己国家怎么就变成我们的事了？"对于中国1989年的风波后，基辛格拒绝跟大家一起批评中国，也反映了这种态度。

基辛格的现实主义设计复杂，甚至聪明，但它的前提很简单：对于任何事件的判断首先要看它在全球平衡中代表了苏联得利，还是西方得利。那就是他在越南问题上的信誉论点的基础：那场战争将让全世界看到华盛顿是否有决心在其他地区对抗苏联的扩张。他开展中东外交进程在一定程度上也是为了在那里削减苏联的影响力。在印巴战争中,美国之所以站到战败方这边,部分原因是基辛格坚持把这场区域战争看成一个苏联保护国和一个美国保护国之间的代理人战争。

这种通过东西方对立的棱镜看全球争端的倾向使基辛格的外交政策有了一个一贯的框架,但他看到的也可能是扭曲的图像,这一点他后来也承认了。1975年5月,在越南、柬埔寨、葡萄牙和中东连连失利之后,他与苏联缓和的政策备受攻击时,他说:"我们必须摆脱一种想法,以为任何失利都表示苏联得利,或者所有问题都是苏联的行动造成的。"他在这篇讲话里用了"我们"一词,颇有对号入座的意思,因为这正是他6年来一直鼓吹的想法。[6]

索尔仁尼琴、赫尔辛基和人权,1975年7月

到1975年,从左和右批评基辛格的人都开始攻击他漠视理想主义与道德。他个人也得到师从马基雅维利,嗜好权谋的名声,这当然对他不利,因为这使得人们会认为他在外交政策上也是同样的作风。

不诉诸理想主义或意识形态,基辛格很难凝聚支持干涉主义外交政策的力量。在第二次世界大战后,美国主要是因应国际共产主义的威胁,组建了像北约和东南亚条约组织。在奉行与苏联和中国的缓和政策后,基辛格拿掉了海外干预的民粹理由。他同时也令那些从道德上攻击共产主义,并以此为外交政策基础的保守派感到不安。已经对越战和基辛格笃信军事力量感到不满的自由派与保守派结合到一起,批评他的现实政治忽视道德问题。

这些问题在1975年夏天的一场争论中变得更尖锐。当时被放逐的苏联作家亚历山大·索尔仁尼琴受邀到华盛顿在6月30日劳联-产联主办的一个盛大宴会上做演讲,众人就福特总统是否应该跟他见面的问题发生了争论。他的到访产生了缓和的支持者和反对者之间的象征性摊牌。基辛格放出话来,政府行政官员不适合出席该宴会,特别是因为索尔仁

尼琴的演讲可能会攻击美国政府的缓和政策。当然经基辛格这么一说，国防部长詹姆斯·施莱辛格，还有当天刚宣誓就任美国驻联合国代表的丹尼尔·莫伊尼汉就非出席不行了。

福特总统听从基辛格的意见没有出席晚宴，然后又拒绝了一些保守派参议员公开提出的在7月4日由他们带着索尔仁尼琴造访白宫的建议。福特的决定有个人的和政策的理由：他认为这个苏联人是个"讨厌的蠢货"，这是相当严苛的文学论断，但反映了一个事实，就是索尔仁尼琴像大多数满口仁义道德的先知一样缺乏个人魅力；福特提出的各种各样的不能和索尔仁尼琴会面的解释，反而给已经爆发的争议火上浇油。他先是说他"太忙"，这个解释一般都认为不可信。后来一位发言人又说他"不喜欢空洞无物的象征性会见"。这个借口也让人怀疑，特别是因为索尔仁尼琴绝对比福特日程上经常安排会见的许许多多的体育明星、选美皇后要言之有物。

最后，福特不再坚持，他向索尔仁尼琴发出公开邀请，请他随时到白宫访问。但是那位老兄已没那兴趣了。他用福特自己的话拒绝了："没有人需要那种象征性会面。"

7月15日，索尔仁尼琴发表演说，谈到即将在赫尔辛基举行的欧安会首届首脑会议。福特计划在会上会晤欧洲和苏联领导人讨论如何保证欧洲安全与合作。索尔仁尼琴称赫尔辛基会议"是对东欧的背叛"。他发挥诗人意象的天赋，警告"友好协议的外交大铲，将埋葬和压实那些仍然在万人冢里呼吸着的尸体"[7]。

同一天，基辛格发表了他公职生涯里最重要的演说之一，他在这篇演说中解释为什么他觉得道德在外交政策中作用有限。明尼阿波利斯的这场演讲，是基辛格对那些借索尔仁尼琴被冷落一事以及即将召开的欧安会赫尔辛基会议批评他对世界事务的权力取向做法的人士的回应。

就像在马亚克斯号危机的第一天他到密苏里州巡回演说一样，基辛格这次访问明尼阿波利斯是为解释他外交政策的哲学，并了解基层反应的一次值得称道的努力。他在这些他称为"美国腹地的演讲"上下了很大功夫，为了做这些演讲，他在1975年走访了14个地方。

这次腹地演说系列展现了基辛格作风的有趣的二重性：没有一个美国政治人物在管理对外政策策略上比他更隐秘，更善用谋略，可是（特别是在他就任国务卿以后）也没有政治人物比他更努力向新闻界和公众解释他所追求的概念目标。负责安排腹地之旅的温斯顿·洛德说："这个腹地演说之旅旨在教育人民，使他们认识美国在世界上的角色，借此凝聚国内的共识。"

大多数外交政策演讲通常充满不痛不痒的老生常谈，但是基辛格的演讲却并不把听众当白痴，也不刻意冲淡有争议的概念。每次演讲行程之前，他会列出演讲大纲，主管政策规划的马克·帕尔莫就会与彼得·罗德曼一道拟写初稿。然后洛德会把初稿拿给基辛格，准备好承受不可避免的爆发。基辛格几乎每一次都会大叫："这根本不是我要说的！太不清楚了。这是传统思维。这样说不会迫使人们做决定。太没有感染力！太缺乏概念性！"有时他会把稿子扔在地上用脚去踢它，以此表明他的感觉，但洛德通常在事态没有发展到这个地步时已经了解他的意思。最后，基辛格通常会亲自改写某些段落。据洛德回忆："即使当时爆发了战争，他也会在源源不断的电报和突发情况之间强迫自己改稿。"

并不是白宫里所有人都对此感到佩服。负责起草福特总统的演讲稿的罗伯特·哈特曼说："他的学识渊博的拟稿人竭尽所能把他的演讲写得像施洗约翰、约翰·伯奇和普通人三位一体的演讲。"但是基辛格美国腹地之旅的演讲在新闻界却颇得好评，他的民调指数也不同寻常地居高不下。《时代》周刊在他的一次演讲后写道："基辛格不愧为巡回政治演说的老手，在仍然把他视为超级部长的美国腹地，他对各界对他的高度关注亦喜不自胜。"

在去明尼阿波利斯的路上，他到密尔沃基为棒球的全明星赛投出第一球。现场出了一些状况：球场的播报员介绍他为哈里·基辛格博士，当他投出力道相当弱的球时，观众席上的欢呼声中也夹杂着嘘声。第二天他在明尼阿波利斯的演讲过程中屡屡被一小撮起哄的听众打断，于是基辛格说："我想听众里一定有一些我在哈佛大学从前的学生。"

在这个题为"外交政策的道德基础"的演讲中，他并没有刻意模糊他的现实政治观点。他强调，"在这个最终还是实力说了算的世界里促进美国的利益"的重要性。

他维护与苏联的缓和政策，他说由于核武器的存在，我们必须"在我们两国价值观基本对立的情况下，寻求一个更有利和更稳定的关系"。虽然他形式上讲了几句赞扬美国的理想的话，但总会接着说一个"但是"。例如，"我们这个国家必须忠于自己的信念，不然就会在世界上迷失方向。但是，与此同时，我们必须在一个由互相竞争的主权国家组成的世界上生存"。

到演讲结束时，这些"但是"显然占了上风。基辛格抨击索尔仁尼琴和《杰克逊-瓦尼克修正案》的支持者，他指出，世界上大多数国家可能都存在压迫，但是美国必须和大多数国家维持关系，甚至结盟。他说："我们曾经使用，也会继续使用我们的影响力反对压迫。但是现实状况要求我们认识到自己的局限性……我们在多大程度上有能力影响其他国家的内政？我们在多大程度上这样做是可取的呢？"[8]

在演讲后的记者会上，基辛格发现在即将召开的欧安会赫尔辛基会议问题上自己成为众矢之的。这次峰会是为期两年之久的一系列正式名称为欧洲安全与合作会议的终结，在杰克逊参议员和索尔仁尼琴以及其他一些人士开始攻击欧洲安全与合作会议之前，这些会议本来是不痛不痒的鲜为人知的事情。当福特宣布他将参加这次终场会议时，基辛格受到的批评也越来越多，都怪罪他说服了一个耳根子软的总统去参与一次恶劣的出卖行径。

苏联外交自从20世纪50年代中期就一直主张召开一个欧洲安全会议正式批准战后边界。莫斯科希望借此巩固它对东欧的控制，同时或许能让美国军队退出欧陆。虽然美国长期以来一直反对，但它的欧洲盟国在20世纪70年代开始赞成召开安全会议的想法，特别是在《柏林条约》解决了许多有关德国的问题之后。在各方同意会上以协商一致的方式做决定，并且美国和加拿大将作为充分参与的成员之后，华盛顿勉强同意了会议的召开。

会议最后产生了3个"篮子"的协议,即后来的《赫尔辛基最后文件》。第一个篮子"欧洲安全"确认了战后边界,默认了波罗的海国家并入苏联版图,并规定"不得干涉主权国家内政";第二个篮子涉及科技、环境、旅游和贸易;最后一个篮子"人道主义及其他领域"初看仅仅是空洞辞藻,它支持人和观念的自由流动,以及对个人权利的尊重。在会议完成工作之后,决定在1975年7月召开各国领导人峰会批准这些成果。

这是34个国家加上梵蒂冈都同意的事情,本不应该引起任何重大争议。但是当福特即将启程赴芬兰赫尔辛基时,美国的政治风暴却愈演愈烈。白宫收到雪片般飞来的邮件——很多是来自爱沙尼亚、拉脱维亚或立陶宛裔的美国人——一致反对将波罗的海三国划归苏联。《华尔街日报》社论标题为"杰里,别去!"。加州州长罗纳德·里根说:"我反对这件事。"但他没有进一步解释。

赫尔辛基会议触碰到一根神经,那就是雅尔塔会议。它使保守派想起1945年的雅尔塔峰会,在那次峰会上罗斯福和丘吉尔据说给斯大林一个印象,允许他将共产党政权强加于红军占领的东欧国家。从此以后,许多美国人都担心苏美的"势力范围"外交会产生"另一个雅尔塔",再次出卖东欧。

在启程前一天,福特与美国各族裔领袖会晤。在他的下属草拟的并经斯考克罗夫特过目首肯的演讲中,总统宣称:"美国从未承认苏联兼并立陶宛、拉脱维亚和爱沙尼亚,也不会在赫尔辛基会议上予以承认。"这是对美国政策的标准重申,大家都表示欢迎——基辛格除外。他很生气,觉得这一句似乎是打了苏联一个耳光,当着其他在一旁目瞪口呆看着的助理,他在椭圆形办公室外面的走廊里痛斥斯考克罗夫特和哈特曼:"你们会为此付出代价的!我告诉你们,会有人头落地的。"他坚持把这句话从福特在安德鲁斯空军基地的登机前讲话中删去,后来总统果然没说那句话。但是这句话在发给记者的书面稿子里没有被删除,结果反而更受到关注,还有报道称基辛格想封住他老板的嘴。[9]

由于赫尔辛基会议,像福特政府的许多外交政策争议一样,主要涉

第29章 外交政策中的道德:基辛格的现实政治受到挑战

及辞藻而非现实，对于演讲内容的争议就显得特别重要。事实上，早在尼克松时代，当行动少有地比语言更响亮的那段时间，基辛格就已经意识到外交政策很大程度上是总统的言辞勾勒出来的，所以他花了很多时间确保由他而不是尼克松的写作班子最后敲定尼克松的外交政策演讲。现在再这么做就比较难了，因为白宫的写作班子是福特的长期助理哈特曼在负责管理。

像以往一样，总统打算在赫尔辛基做的演讲的第一稿由基辛格的幕僚起草，这次是温斯顿·洛德。哈特曼说到基辛格："他自己的写作班子往往都是些常春藤大学出身的白人盎格鲁-撒克逊新教之辈，他们爱用生涩的词语，把总统整惨了。"哈特曼认为讲稿写得淡而无味，是"外交官样文章"，没有响亮地捍卫美国的原则。他唯一喜欢的部分就是他后来说的"说得很好的最后一句话"。这句话说："历史评价这次会议，不在于我们今天说了什么，而是我们明天做了什么；不是看我们做了什么承诺，而是看我们信守了什么承诺。"

两天的峰会过程中，福特坐在会场聆听了所有其他领导人的演讲。他说别人在演讲时他不在场是不礼貌的。最后焦急的哈特曼递了纸条给他："什么时候可以跟你简短地私下谈一下亨利给你写的讲稿最后的文稿？"他终于在国宴前总统着装时，跟福特讲上了话。

当基辛格发现哈特曼和他的班子在改写讲稿时，他派自己的下属威廉·海兰德盯着他们，不要让任何真正过分批评缓和或苏联的内容被塞进演讲。海兰德就是那喜欢使用生涩词语的写手之一，在他眼中，哈特曼那个写作班子是个"有点奇怪的一伙人"。他发现他们对最后一句"感到非常自豪"，好像人人都忘记了那是基辛格办公室原稿里的一段话。海兰德调皮地问，为什么得花那么多时间推敲一篇在最后一句话里说对我们的评价不在于我们说了什么的演讲稿？

最后，基辛格和哈特曼两个阵营同意最好的途径就是把重点放在人权的篮子而不是安全的篮子上。福特直视着勃列日涅夫说："对于我国而言，人权不是老生常谈或者空谈。你必须了解美国人民和政府对人权和基本自由的挚爱。"在之后全场起立热烈鼓掌时，基辛格找到哈特曼，笑着说："你们的辞令还是好些。"

赫尔辛基会议启动了一个反对福特外交政策的政治连锁反应，一年之后在与吉米·卡特的一次竞选辩论中他"失言"，把波兰给解放了。[①]事实上，赫尔辛基会议是福特1976年败选的一个重要原因。但回顾过去，他和基辛格当时是对的，连他们自己当时都没有想到他们是多么正确：赫尔辛基会议后来证明是西方在欧洲最终胜利的道路上跨出的一步。

与苏联和美国的保守派想的正好相反，赫尔辛基协议中的安全那一个篮子后来证明是协议中最不重要的一部分。"接受最后边界"主要指的是民主德国和联邦德国之间的边界，而后来的发展证明那也不是最后的边界。到1991年，苏联解体，波罗的海三国恢复了独立。

在为赫尔辛基会议后的记者会准备的提要里面，基辛格对一个后来没人问及的问题准备了回答：他是否觉得赫尔辛基协议默许了苏联对东欧的统治。如果有人问这个问题，他会指出最后文件里要求各国"尊重各自发展政治、社会、经济和文化体制的权利"。对基辛格而言，这就直接否定了勃列日涅夫主义，根据这个主义，苏联在1968年入侵捷克斯洛伐克首都后宣称它有权阻止它的盟国偏离共产主义。

至于人权方面的规定，勃列日涅夫似乎在他的演讲中拒绝接受那些要求，他说："除了一个国家的人民之外，任何人都没有解决内部事务的主权权利。"但是在峰会后，几十个由异己分子和民主人士领导的"赫尔辛基小组"如雨后春笋般冒出来，要求共产党政府遵守有关自由和人权的规定。其中包括在捷克斯洛伐克的瓦茨拉夫·哈维尔领导的七七宪章，以及波兰的莱赫·瓦文萨领导的团结工会。在西方，人们组成了"赫尔辛基观察"组织的正式网络来鼓励这些发展。以后不到15年，不久前还因政治活动被监禁的哈维尔和瓦文萨成为他们各自国家的总统。

海兰德后来指出："在赫尔辛基启动的进程与勃列日涅夫期待的——莫斯科长期以来渴望的战后秩序的巩固——相去甚远。东欧的政

[①] 当时他坚称波兰、罗马尼亚和南斯拉夫都不受苏联干涉。——译者注

治现状开始瓦解。"多年后，当这个改变完成后，福特也表示他也有一份功劳。他说："有人指摘亨利和我想冻结雅尔塔体系，但是赫尔辛基会议真正带来的是在人权问题上的施压，那绝对是1989年发生的事的一个因素。"[10]

对不住了，福特和基辛格！历史为赫尔辛基会议正名还得等候多年。可是政治上的诋毁却是马上临头的。为这个问题雪上加霜的是基辛格的助理赫尔穆特·索南费尔特在伦敦向一个美国外交官集会做的秘密吹风。这次吹风内容摘要由国务院电报发出，而且很快就走漏给专栏作家罗兰·埃文斯和罗伯特·诺瓦克。

索南费尔特有"基辛格的基辛格"之称，因为他的战略观点复杂，而且有时很诡异。他的吹风反映了他上司自己对苏联在欧洲势力范围的现实政治观。索南费尔特在伦敦说的话相当微妙，因此容易被过度简单化：

> 苏联在东欧不能获得忠心是个不幸的历史失败，因为东欧的确在它自然关心的范围和地区内……所以我们的政策必须是寻求一种能使东欧和苏联的关系成为有机关系的发展……这个发展在波兰已经发生。波兰人克服了那种在过去曾为他们带来灾难的浪漫政治倾向。

索南费尔特的意思是，一种"有机的"关系不是基于武力，因此是比较好的。但是即便如此，后来被称为索南费尔特主义的观点也相当接近保守派担心的雅尔塔式的秘密出卖的最可怕梦魇，就是美国承认东欧的"被奴役国家"是莫斯科势力范围的天然部分。

罗兰·埃文斯和罗伯特·诺瓦克写道："索南费尔特主义揭露了缓和的基础。"整个新闻界很快拿到索南费尔特吹风的摘要，把它当作基辛格的秘密世界观的阐述。C. L. 苏兹贝格在《纽约时报》写道："无论索南费尔特，这位雾谷的小梅特涅，真正的意思何在，这个想法都令人毛骨悚然。它像是在邀请克里姆林宫更全面地控制东欧，也许甚至把它纳入苏联版图。"《华盛顿邮报》社论也说:"有人传言,国务卿基辛格私下对同一议题表达过类似思维。"

罗纳德·里根抨击索南费尔特主义等于说"奴隶应该接受自己的命运",然后他把"基辛格-福特"团队放弃人权关切的其他例子也归咎于这个主义。这位正在为共和党总统提名而挑战福特的加州州长说:"在基辛格的坚持下,福特先生拒绝会见我们时代的伟大道德英雄亚历山大·索尔仁尼琴。在基辛格的坚持下,福特先生飞越半个地球,到赫尔辛基签署了一份为苏联在东欧的帝国统治签字画押的协议。"

对于这场舆论风暴,基辛格先是觉得茫然、困惑,然后感到愤慨,特别是当他意识到这个风暴使得他成为保守派的眼中钉的时候。虽然他同意索南费尔特那次讲话的基本理论——那个讲话毕竟相当清楚地陈述了基辛格自己有关稳定势力范围的重要性的看法——但他知道越解释越于事无补。所以,他把整个争议说成与美国政策无关。他告诉新闻界的朋友,索南费尔特不小心出了界。对那些知道他与这位同是德国难民的助理之间的长期爱恨竞争关系的人,基辛格则抱怨:"如果这真的是这届政府的新主义,也不会用'索南费尔特'命名。"[11]

丹尼尔·莫伊尼汉和美国理想主义

美国驻联合国代表丹尼尔·莫伊尼汉也和一些人一样,觉得索南费尔特在伦敦向一些大使吹风时忠实地反映了基辛格的想法。莫伊尼汉后来写道:"这是基辛格所知道的世界,索南费尔特和那些根仍然在欧洲的人所知道的世界。我对这样的世界所知甚少,可是我知道威尔逊。"

莫伊尼汉研究过伍德罗·威尔逊,其痴迷的程度不亚于他在哈佛大学的同事基辛格对梅特涅的痴迷。1974年威尔逊总统逝世50周年那一天,莫伊尼汉做了一个演讲,后来刊登在新保守派刊物《评论》上。莫伊尼汉说,威尔逊的"独特贡献"是确立美国"有责任在全世界捍卫,并且在可能的情况下促进民主原则"。由此出发,莫伊尼汉引申出美国在当今世界里的责任。"我们必须打我们手中的牌——我们崇尚自由,我们支持扩大自由。"

这种威尔逊式的理想主义与基辛格的梅特涅式的现实主义是两极对立的。莫伊尼汉因此与从道德角度批评缓和的人站在同一战线，这些人从亚历山大·索尔仁尼琴，到亨利·杰克逊，再到诺曼·波德霍雷茨。这里牵涉的不仅仅是两位哈佛大学教授之间的学术争议：当莫伊尼汉在联合国开始鼓吹和推行道德政治时，他对于那些不满基辛格对人权缺乏重视的人发挥了号召力。

莫伊尼汉长期以来对基辛格有一种在大学教职员俱乐部餐桌上滋生的文人相轻的蔑视。他们在1969年都离开哈佛大学加入白宫成为总统助理，但是两年后莫伊尼汉回到学界，继而又出任驻印度大使。作为个人，莫伊尼汉还是很喜欢与基辛格交谈的，并且钦佩他精力充沛，但是他认为基辛格是危险的。莫伊尼汉常重复赫尔穆特·索南费尔特对他说过的话："你不懂。亨利说谎不是因为说谎对他有利。他说谎是因为那是他的天性。"后来莫伊尼汉常说，基辛格的密谋天性"为水门事件的发生起了推波助澜的作用"。

莫伊尼汉的火眼金睛看透了基辛格密谋套近乎的手法。据莫伊尼汉解释，任何人向基辛格请愿，基辛格立马能猜到他的诉求，然后会立刻"声称他和对方心有戚戚焉"。出于两人目标一致，他会表现出对对方极大的敬意，说他非常感激能有机会与这位来访者拧成一股绳。然后他从讨喜模式转为密谋模式：他们面对强大对手，所以必须先糊弄对手；务请少安毋躁，他会迂回地追求彼此的共同目标。有时需要迁就。基辛格会告诉对方，有时他们会看到貌似让步的举动，但千万不要批评。莫伊尼汉说，基辛格就这样一步步登上了国务卿的宝座。

莫伊尼汉曾为《评论》写过一篇题为"敢于反对的美国"的文章，在1975年2月大张旗鼓地发表，因而成为接替约翰·斯卡利担任驻联合国代表的当然人选。他在文章中写道："美国人完全可以起劲地、热衷地为政治和公民自由发声，并且详细具体地伸张这些自由。现在应该让美国的发言人成为在国际讲坛上被人畏惧的人，因为他会讲出真话。"

基辛格在他的轿车上正在读这篇文章，为了把它读完，他取消了下午的一个约会。他读后印象深刻，但却有些担心：在《杰克逊-瓦尼克修正案》惹出祸患之后，他越发相信从道德角度鼓吹人权会破坏缓和。但是福特却以为把莫伊尼汉放在联合国有用处，因为这样就可以堵住那些指控政府外交政策缺乏道德热忱的人的嘴。当他向基辛格提起这个想法时，基辛格一开始有抵触情绪。福特回忆说："亨利不赞成派莫伊尼汉到联合国，他警告我，莫伊尼汉可能会把那里当作他的政治垫脚石。"[12]

在福特坚持之下，基辛格打电话给莫伊尼汉邀他担任驻联合国代表时完全不提他的这些怀疑。基辛格声称，《评论》上那篇文章"好得令人拍案叫绝"，好得令他不禁惊呼"我怎么没写出这样的文章"。这是一位前教授能给另一位前教授的最高评价，莫伊尼汉非常受用。他同意在3月下旬——就在第二轮西奈穿梭外交失败之后——一个星期三下午来见面，他当场接受了驻联合国代表的职务。

在1975年剩余的时间里，莫伊尼汉在联合国大闹天宫，挑战那些胆敢抨击美国帝国主义的专制国家的虚伪。他的口无遮拦的挞伐高潮发生在11月10日，当天联合国大会通过了一项反以色列的决议，宣称"犹太复国主义是一种种族主义的形式"。决议审议过程中，莫伊尼汉高调反对这项决议，以至于一些国务院官员感到不安，他们觉得最好悄悄投反对票，就像对于大多数大会通过的无聊决议一样给予善意的忽视和冷处理。

决议表决几天后，在一次国宴之后，基辛格邀请莫伊尼汉到他白宫的办公室喝一杯（莫伊尼汉接受邀请时，一直只喝无糖汽水的基辛格找不到别的酒招待这位不忌讳酒精的大使，只找到了茅台酒）。对于莫伊尼汉而言，那次谈话似乎都是寒暄。但是之后的星期一，他在《新闻周刊》读到一位资深政府官员透露"上周，基辛格在白宫痛斥莫伊尼汉在联合国的行为，以及他煽动国会对犹太复国主义决议的反应"。基辛格马上向莫伊尼汉保证，他完全不知道《新闻周刊》是从哪里听到这种荒唐的想法的，但是莫伊尼汉心知肚明。他后来说，这是基辛格的两面手法的又一实例。

第29章 外交政策中的道德：基辛格的现实政治受到挑战

莫伊尼汉觉得，英国驻联合国代表艾弗·理查德对他的攻击也有基辛格的影子。理查德在联合国的发言说："再怎么说，联合国也不是警匪决斗的牧场。"发言大意是莫伊尼汉（发言中没有指名莫伊尼汉）把联合国变成"对抗的斗争场所"的行为会招来危险。后来在一次餐会上理查德特意找到莫伊尼汉，跟他说自己的发言不代表本人的个人想法，只是反映英国政策，这时莫伊尼汉才恍然大悟，这些想法很可能是受了基辛格的启发，因为基辛格最近与英国首相詹姆斯·卡拉汉会见过。基辛格强烈否认有这回事，但是新闻界开始散播这种臆测。威廉·萨菲尔写道："艾弗看见亨利在莫伊尼汉身上贴的'请踢我'的标签，就心领神会地踢下去了。"

觉得受到屈辱的莫伊尼汉飞到华盛顿打算辞职，但是福特有其他想法。莫伊尼汉的战斗性远比基辛格维护缓和更受到公众的激赏。《时代》周刊写道："莫伊尼汉这个大使级的战斗的爱尔兰人，现在变成美国的民间英雄。"总统一个人坐在椭圆形办公室生了火的壁炉边要求莫伊尼汉留任。短短30秒钟，比大多数莫伊尼汉的句子还要短的时间里，他就同意了。在向他愉快地表示支持约半个小时之后，福特才把等在外面的基辛格叫进来。据莫伊尼汉回忆："他脸色很难看。他向我保证全力支持我。"

停战持续了两个月，直到1976年1月。那个月初，莫伊尼汉决定在离开哈佛大学教职期满后不再重返该校，等于是放弃了他在那儿的终身教职。接着，又出现了一系列质疑基辛格是否仍然支持他的文章——特别是詹姆斯·赖斯顿写的一篇严厉的文章说基辛格不支持莫伊尼汉，莫伊尼汉觉得这该是他辞去联合国职位的时候了。

基辛格深信，莫伊尼汉辞职的真正原因是他要参选纽约州参议员的席位，虽然他接受驻联合国代表职位时曾承诺不会这么做。基辛格后来说："他为了摆脱这个不竞选参议员的承诺，就故意挑起跟我的争执。"莫伊尼汉则说，基辛格作为一个"朋友"曾经在1月初一次谈话中劝他竞选参议员。总之，在离开联合国后不久，莫伊尼汉就参加了民主党参议员初选，而且胜出，然后又击败了时任参议员詹姆斯·巴克利。

脱离政府后，莫伊尼汉就立刻正式加入基辛格的缓和政策批评者的阵营。3月1日，卸任的第一天，他飞到波士顿为亨利·杰克逊角逐总统大位助选，后来还帮助将反对缓和的条目写进民主党政纲。[13]

莫伊尼汉的脱队为1976年总统选举中的外交政策的讨论揭开序幕。他是最后一位主张外交政策中应包括坦率的道德诉求的在职官员。他离职后，基辛格的政策成为更显著的标靶。福特在与罗纳德·里根竞争共和党提名，以及与吉米·卡特竞选总统时，都被指控出卖了东欧，以及为了让濒临熄灭的缓和之火重新燃起，而熄灭了美国的道德之声。

万圣节屠杀，1975年10月

在莫伊尼汉离职前，福特政府里与基辛格抗衡的国防部长詹姆斯·施莱辛格也离职了。他的离职不是自愿的。施莱辛格注定会落得这个下场，不仅仅因为基辛格不断地攻击他，还因为他的火辣高傲态度惹恼了福特。施莱辛格在1975年10月成为一次后来被称为万圣节屠杀的没搞好的内阁改组中的焦点。

这件事要从福特与"厨房内阁"——他的老朋友和政府外的顾问组成的团体——跟他聚在一起讨论他民调指数下滑说起。布赖斯·哈洛首先发难。他说官员之间的恩怨敌对让人觉得白宫存在"内部无政府状态"。哈洛一个个列举互相攻讦的官员，特别是施莱辛格和基辛格，然后说，如果只有开除他们才能终止这种内斗，那就"把他们都开除"。

福特无须别人鼓动就开除了国防部长施莱辛格，而且后来说没有早一点开除他是个错误。福特还说："他的高高在上和傲慢的态度让我受不了。我永远没有把握他到底是不是跟我说了实话。"据哈特曼回忆，施莱辛格在许多小事上也会引起敌意。他说："福特不喜欢一个内阁官员来见总统时不记得整理好衬衫，打好领带。"

此外，福特和基辛格都觉得也该让中情局局长威廉·科尔比走人。科尔比这时刚刚在国会听证会里揭露了中情局历史上干的各种恶行。基辛格常常低吼："每一次科尔比靠近国会山庄，那蠢蛋就会忍不住要爆料什么令人发指的罪行。"

福特一旦决定要赶走施莱辛格和科尔比,他几乎没有跟任何人商量,自己导演了一个换位子的游戏。

- 他的白宫办公厅主任唐纳德·拉姆斯菲尔德接替施莱辛格担任国防部长。
- 白宫办公厅副主任理查德·切尼(后来担任布什总统的国防部长)升任白宫办公厅主任。
- 商务部长罗杰斯·莫顿自动请辞,去领导福特的总统竞选团队。
- 长长的履历上最新职位是驻英国大使的埃利奥特·理查森受邀担任中情局局长一职,他拒绝了,但他同意回来担任商务部长。
- 驻北京联络处主任乔治·布什写过信给总统,表示希望从中国调回美国,虽然他才在中国待了一年。原先想让他担任商务部长,但后来福特让他领导中情局。
- 劝退副总统纳尔逊·洛克菲勒,让他不要做福特在1976年的竞选伙伴。这与内阁改组无关。
- 基辛格继续担任国务卿,但将交出白宫里的总统国家安全事务助理一职,这个职位由他的副手布伦特·斯考克罗夫特接替。

福特10月25日召见基辛格和拉姆斯菲尔德,告诉他们这个改组计划。虽然拉姆斯菲尔德想要一个内阁里的高位,但他后来声称对于那个时机感到惊讶。拉姆斯菲尔德在会晤中告诉福特:"哈,亡羊补牢。你现在这样做已经晚了,对恢复你的形象不会有什么帮助。还是等到选举以后再说吧。"基辛格也反对这些变动,但是福特心意已决。

最棘手的是请走施莱辛格。福特在星期日一大早在椭圆形办公室召见他,会晤持续了将近一个小时。施莱辛格的面部表情越来越紧张,福特火气越来越大。当福特提到施莱辛格必须辞职时,国防部长反唇相讥:"我没有辞职,是你开除了我。"

像大多数这次改组涉及的人一样,基辛格认为这次改组是拉姆斯菲尔德抓权的操作。他确信这位前国会议员想成为福特的副总统竞选伙伴，所以把洛克菲勒挤掉了。此外，把布什调回来执掌中情局，就又干掉一个对手，因为总统必须承诺，一旦布什被确认为中情局局长，他就必须脱离政治。

拉姆斯菲尔德后来否认他有野心要做副总统。那个选择说不通：他像福特一样出身中西部的温和保守派乡村俱乐部白人盎格鲁-撒克逊新教背景。拉姆斯菲尔德说："我知道布什觉得与我有竞争关系，但是我告诉他没有那回事，福特也跟他这么说。"但是当布什行情看涨时，拉姆斯菲尔德的政府生涯就此告终。

当基辛格和斯考克罗夫特发现，拉姆斯菲尔德不但是剥夺了基辛格总统国家安全事务助理职位的主要推手，他还劝福特把那个位子给哈特曼，而不是给斯考克罗夫特之后，他们与拉姆斯菲尔德的关系就进一步恶化了。拉姆斯菲尔德这项努力失败后，反而确定了国安会这个跨部门机构将继续朝国务院倾斜而不是朝五角大楼倾斜。

一些批评基辛格的人认为这次改组的策划者是基辛格而不是拉姆斯菲尔德。持这种看法的人包括基辛格在军队里的导师弗里茨·克雷默。克雷默作为一个独立战略家常拄着手杖，戴着单片眼镜在五角大楼里游走。不久前才跟施莱辛格越走越近乎，因为他热烈赞同施莱辛格反对缓和的观点。他们一起慨叹基辛格"不光荣"的一面，他的"历史悲观主义"，他的失败主义，他的愿意与苏联搞交易。

克雷默对施莱辛格被开革一事极其愤怒，决定与基辛格绝交，摆出原则性大姿态，拒绝再跟他讲话。据克雷默后来解释："跟他一起吃饭就等于是个政治谎言。人必须维护政治价值。我必须让人们知道我不赞同他的为人。这是一个政治-道德姿态。"事态变得非常糟糕，于是南希·基辛格抱着她的狗泰勒去找克雷默的儿子，在国安会工作的斯文，请他调停，但是没用。

施莱辛格则知道这件事情并不怪基辛格。他知道基辛格并没有真的要让他走人。据施莱辛格回忆，基辛格就是天性喜欢不断地说他的对手的坏话。施莱辛格说："他花很多时间几乎是条件反射地给我扣帽子、贴标签，但是我不认为他真的想让我走人。对他而言，我担任国防部长比拉姆斯菲尔德当国防部长要好多了。总统告诉他改组计划时，他马上就认清了这一点。"

失去总统国家安全事务助理一职使得基辛格情绪大为低落，几天的时间里他跟周围所有人嘀咕着他必须辞职。他向远方的顾问和智者求教，可能令基辛格很沮丧的是很多人并没有恳求他留任。一位前期的杰出政治人物戴维·布鲁斯到基辛格家，劝他告别信要写得正式而简明。迪安·腊斯克从佐治亚州打电话给他，说的也是同样的意思。

一个密友核心小组先后在基辛格和温斯顿·洛德家连开了四个晚上的会。除了温斯顿·洛德和夫人包柏漪，还有威廉·西蒙、劳伦斯·伊格尔伯格、戴维·布鲁斯等人参加。他们起草了一份又一份辞职信。按照温斯顿·洛德的建议，信中主要提出基辛格希望将来能实现的外交政策目标。他们还很周全地准备好了一套通知各国大使和外国政要的办法。为了让福特知道这不是又一个花招儿，这个辞职信在递交前15分钟才通知总统。

但是，在计划执行前，基辛格决定和福特讨论这件事。福特一面抽着烟斗，一面用温和平静的声音要求他留任。这次他花了一个小时左右，但终于说服基辛格，情况不是那么严重。基辛格再一次决定不辞职了。在后来一个星期的国会听证会上，他被问到一个复杂的问题，他顿了一下，然后回答："我这一阵子一直忙着搞清楚我还剩下几个职务，所以还没有机会研究这个问题。"说完，他脸上露出微笑。[14]

第30章

非洲：秘密介入+穿梭外交

> 我们必须摆脱一种想法，以为任何失利都表示苏联得利，或者所有问题都是苏联的行动造成的。
>
> ——基辛格在密苏里州圣路易斯的演讲，1975年5月12日

通过东西方棱镜看安哥拉，1975年

1974年春，葡萄牙发生了美国情报官员没有预测到，也不了解的军事政变：马尔塞洛·卡埃塔诺的右翼独裁政权被一位戴单片眼镜、像卡通里的将军所领导的意识形态不明的军政府取代。但是到了夏天，大家才发现真正的统治者是一些左翼军官。他们组成的政府包括共产党和其他有亲苏倾向的人士。

一向对欧洲共产主义威胁和北约盟国的软弱持悲观看法的基辛格，对葡萄牙的局势十分不看好。10月，葡萄牙外长社会党的马里奥·苏亚雷斯在出席美国国务院的午餐会时，对抱怀疑态度的基辛格力陈共产党没有能力全面掌控葡萄牙的观点。在基辛格眼里，外长很像个1917年俄国有着类似想法的理想主义的社会民主党人。

基辛格告诉苏亚雷斯："你很像克伦斯基。我相信你是真诚的，但是你太天真了。"

苏亚雷斯立刻回呛："我肯定不想做克伦斯基。"

基辛格回答："克伦斯基自己也不想做克伦斯基啊。"

基辛格悲观地预言葡萄牙已经开始迅速朝社会主义转向，但驻葡萄牙大使斯图尔特·纳什·斯科特不同意这个看法，他敦促美国继续向葡

萄牙新政府提供经济援助以加强它与北约的关系。基辛格的反应是将这位大使解职，转而听信一些退休了的、在葡萄牙有度假屋的美国保守派的意见，包括前海军作战部长乔治·安德森上将的意见。

基辛格任命弗兰克·卡鲁奇（他是位前途无量的职业外交官，后来升任国防部长）接替斯科特大使。卡鲁奇的结论和斯科特不谋而合：最好跟里斯本政府合作而不要担心葡萄牙内阁里的共产党人。基辛格十分不悦："怎么竟然有人跟我推荐卡鲁奇，说他是硬汉呢？"

但基辛格还是暂且采纳了卡鲁奇的建议——也许因为 1975 年的夏天有太多其他烦恼——不再对葡萄牙忧心忡忡。幸而苏联比较克制，没有见缝插针利用这个局势：它没有大力支持葡萄牙的共产党，苏联驻葡萄牙大使一再向卡鲁奇强调，苏联不会试图把葡萄牙拉进它的轨道。莫斯科显然愿意尊重美国在欧洲的势力范围，就像它曾在赫尔辛基寻求对它自己的势力范围的尊重一样。到 1975 年底，亲西方的社会党把共产党挤出了权力圈，葡萄牙的危机就此消退。[1]

但是葡萄牙革命还有一个深远影响：葡萄牙的新领导人——不论是不是共产党——急于放弃它在非洲和亚洲的殖民地，而且做法十分突兀。结果，原来担心苏联在葡萄牙的影响力会增加，现在变成涉及它在南部非洲西海岸、矿产丰富的殖民地安哥拉的更加复杂的问题。

当葡萄牙决定让安哥拉独立时，它邀请了三个以部族划分的叛军势力领袖在 1975 年 1 月开会组成联合政府，由这个政府在 11 月接管国家。三方立刻同意和平合作。随即，在不同外国政府的策动下，他们打了起来。

至少对于想搞清楚该支持哪一方的外部人士来说，安哥拉内战的一个令人不解的方面是，这三个派系都效忠于自己的部族，无法轻易将其归类于某个意识形态或东西方某个阵营。可是这并不妨碍基辛格和其他战略游戏的玩家按如下方式对三方进行分类。

- 安哥拉民族解放阵线（安解阵，FNLA），它以安哥拉北部的刚果人为基础，其领导人是见过世面、长袖善舞的奥尔登·罗贝托。

此人长期以来是拿中情局的钱的。虽然这个派系并不是很明显地亲西方或资本主义，但美国还是决定把赌注押在这匹马身上。当时安解阵的其他靠山则遍及世界各地：罗马尼亚、印度、阿尔及利亚、扎伊尔、美国的劳联-产联工会以及福特基金会。

- 安哥拉人民解放运动（安人运，MPLA），它以罗安达周围的姆本杜族为基础，其领导人是医生兼诗人阿戈什蒂纽·内图。由于它的一些成员是首都的知识分子，这个组织是唯一有真正意识形态的组织，他们一般是欧洲马克思主义者。这个组织得到葡萄牙共产党和一些西欧社会党的支持。但它的主要靠山是古巴，还时不时得到苏联的支持。
- 争取安哥拉彻底独立全国联盟（安盟，UNITA），它以南方的奥温本杜人为基础，其领导人是若纳斯·萨文比，他是个很有个人魅力、很张扬的斗士，原先曾与安解阵结盟。安盟，至少在一开始，扮演三个组织中最激进的左派的角色。萨文比曾谴责"美国利益集团"和"恶名昭彰的帝国主义代理人"；他为了寻求援助，足迹遍及北越、中国，最重要的是朝鲜。朝鲜帮助他训练战士，最早的装备也都是朝鲜提供的。奇怪的是，战争结束时，安盟又跟南非结盟了，并且与美国也有一种松散的结盟关系。更奇怪的是，在古巴人支持的安人运最后胜出后，萨文比继续打游击战，还雇用在华盛顿以权谋私的右翼人士，让这些人把他包装成奉行里根主义、为击败共产主义而奋斗的"自由斗士"。

1975年，安哥拉成为基辛格总喜欢从东西方对峙的角度看复杂的地方斗争的一个鲜活例证。乔纳森·克威特尼在他研究安哥拉战争的著作里写道："我很尊敬基辛格，但是一个人竟然能从谁控制遥远的咖啡园的古老部族争端中，觉察到苏联对美国安全的威胁，我们不禁怀疑这个人是不是疯了。"

不仅如此，基辛格还在安哥拉看到缓和新规则的第一次考验，通过它可以测试到底每一个超级大国在第三世界谋取利益可以走多远。美国承诺的信誉由于越南和柬埔寨的经验教训而受到质疑之际，基辛格觉得必须抓住机会证明美国仍然有决心抗击莫斯科的每一个动作。于是那个本来打得不是很起劲的安哥拉冲突陡然间炽热起来，不再只是又一个混乱的非洲国家的内战了。[2]

后来有关安哥拉的争议是一个先有鸡还是先有蛋的问题：究竟是美国对苏联的干涉做出了反应，还是苏联对美国的干涉做出了反应。事实上，那是一个不断升级的循环。

美国第一次重大参与发生在1975年1月——在葡萄牙与三个叛军集团达成协议一个星期之后——主管秘密行动的跨部门40委员会批准了30万美元的秘密资金支持安解阵的政治活动。数目不大，也不包括武器。但是罗贝托因此有恃无恐，开始向安人运展开军事行动。到3月他已经将一个坦克纵队开进首都罗安达，攻击了安人运总部。

那个月，苏联人加强了对安人运的支持，通过海运、空运向它补给物资。内图也向古巴求援，派出特使索要最重要的资源：训练精良的作战部队。古巴雇佣军在5月开始陆续抵达。虽然他们是作为苏联代理服役，最近获得的文件显示古巴有自己的理由希望共产主义势力在安哥拉获胜，他们不像克里姆林宫那样必须行事谨慎。安人运得到增援后，在7月展开大反攻，同时将北方的安解阵和南方的安盟击退。[3]

现在到了成败关键时刻：基辛格必须决定美国是上阵，还是悄悄从混战中抽身。他安排7月14日——这是他飞往明尼阿波利斯做他的"外交政策的道德基础"演说，以及索尔仁尼琴批评他对苏联太软弱的前一天——召开40委员会的会议对于美国是否应该在安哥拉展开秘密战争做一个决定。

国务院的官员在基辛格钦点的非洲事务助理国务卿纳撒尼尔·戴维斯的带领下坚决反对这个计划。不出所料，国务院一个特别工作小组讨论几个星期后得出一个选项："通过外交-政治措施和平解决争端。"虽然希望通过外交施压可能产生和平的僵持局面有一定道理，但这份报告正是基辛格最不能忍受的那种国务院典型的一摊烂糊文章。他让那个特别工作组别再管这件事，也拒绝了戴维斯提出的参与40委员会会议的请求。

戴维斯被挤出40委员会会议后，写了一份供会议考虑的有先见之明的备忘录。他写道："最糟糕的可能结果就是一场我们会打输的意志和实力的较量。"他指出，连支持美国开展秘密行动的人也没有说秘密行动会导致胜利，而顶多只是僵持局面。"如果我们要同苏联较劲，也应该找一个对我们比较有利的地方。"此外，他指出："被发现的风险很大，因此几乎无可避免地会导致伤害。"

连中情局都不是完全赞成秘密行动。当时的中情局局长威廉·科尔比，在历经越战和国会调查中情局过去恶行的听证会的打击之后，无意再找更多麻烦（在这项计划通过后，他坚持到国会争取正式拨款，因而导致泄密，使得计划胎死腹中）。制订这个计划的中层情报官员也心存疑虑。有关的中情局文件说："在供应武器、装备和弹药方面，苏联享有更大的行动自由，而且能够比我们更快增加他们的援助。"文件里也明确表示，即便在最佳状况下，也似乎无法彻底"打赢"。

中情局在安哥拉特遣队负责人约翰·斯托克维尔写了一本批评中情局的书，书中说："我们针对一个对我们两国都没有什么重要性的国家与苏联对抗。"他当时就提出警告，正在酝酿的计划小到不足以打赢战争，却又大到不可能保密。大多数中情局中层官员觉得更合理的做法就是和安哥拉的三个集团都建立关系，并占据道德制高点，呼吁通过调停解决争端。那样做的话，即便照大势看来安人运胜出，美国也不至于在安哥拉失去全部影响力，而且可能还在非洲其他地方取得影响力。[4]

但基辛格还是建议，通过扎伊尔向安解阵提供3200万美元资金和价值1600万美元的军事装备的秘密行动计划，并获得福特批准。另外还同意对已与安解阵结盟的南方萨文比的安盟军队提供少量支援。纳撒尼尔·戴维斯辞去助理国务卿的职位；基辛格说服他留在国务院，并任命他为驻瑞士大使，这对于一个因为做对了事情而犯错的职业外交官来说也是蛮不错的奖赏。

到此时，谁赌的是哪匹马只有基辛格这号人物才厘得清。除了美国给予的秘密援助，安解阵还得到罗马尼亚等国的一批武器以及朝鲜教官训练的军队。一直与争取纳米比亚摆脱南非控制的西南非洲人民组织结盟的激进左派的安盟突然得到南非白人政权的大力支持。除了其他影响外，这个发展事实上使得美国与南非站在一边了，这是在争取黑人非洲影响力方面最糟糕的选择。

当11月11日的独立日快到时，南非派出5000人的军队连同安盟和安解阵一股分支力量，向罗安达进军。古巴立刻用苏联的飞机运进装备了苏联制造的火箭发射器的大量军队。对于美国而言，到底是它的新盟友，还是它的新敌人而更对它不利，现在已经很难分辨了。

在苏联武器和古巴支援部队的帮助下，安人运在11月底已经稳据罗安达，成为新独立的安哥拉的实际统治者。40委员会非要把已经很糟糕的局势搅得更糟，它要中情局再做一份选项文件。

中情局做出的选项文件包括两个部分：再提供2800万美元给安解阵，让它继续打下去，还有就是派出美国顾问进驻。由于中情局的应急基金已用罄——而且局长科尔比也不反对从国会那里得到对进一步行动的明确同意——就决定在一次国会的秘密但正式的听证会上向国会申请2800万美元的拨款。

派出美国顾问比较有争议，中级官员对于该怎么做有分歧。非洲事务代理助理国务卿爱德华·马尔卡希参与了中情局的跨部门工作组会议，因此受命于12月2日与基辛格面谈此事。必须赶在这个时候让基辛格拿主意，因为他第二天就要展开两个星期的旋风式全球行程。马尔卡希回忆道："我们已经处于敏感地位，因为中情局已经零星派了几名情报员入境（安哥拉）待一两天，帮着架设无线电设施一类的事。"

工作组在下午2:00在中情局位于弗吉尼亚州兰利的总部三楼开会听取基辛格的决定。拥挤的房间里，11位男女官员围坐在4英尺乘5英尺大的安哥拉地图前。大家准备就绪，就请马尔卡希报告基辛格到底怎么说。他把烟斗里的烟草压实，然后紧张地吸了几口烟。最后马尔卡希说："他没说什么。"

有人问他："他看了文件没有？"

他回答："哦，看了。然后他哼唧一声就走出了办公室。"

"哼唧一声？"

马尔卡希学着声音解释："对，就像'哼！'这样的声音。"

大家都对此感到不安，特别是基辛格马上要动身去北京。有人问："那到底是同意的哼唧，还是不同意的哼唧呢？"

马尔卡希停顿一下，然后解释："就是一声哼唧。'哼！'一样的声音。听不出音儿是上扬还是下挫。"

一屋子面色凝重、督导美国目前唯一战争的官员，坐在桌子周围努力琢磨基辛格一声哼唧的意义时，负责这件事的情报官员斯托克维尔不禁感叹。马尔卡希再一次模仿那声哼唧，特别强调声音是平淡的。坐在比较远的一位官员也试着发出一声哼唧。有人试着用各种同意程度的上扬音调发出哼唧声，然后有人用下挫的音调模仿不同意的哼唧声。不同的人做了不同的尝试。

主持会议的中情局官员问："怎么样，我们到底是派还是不派顾问？"

马尔卡希皱起眉头吸着烟斗。最后，在努力解码他老板脑子所想之后，他说："最好不派。基辛格刚刚决定不派美国人进入西奈半岛……"

很多人点头同意，于是要求派顾问的事就搁置了。多年后，马尔卡希回顾此事时说："那样的打仗方式实在令人讶异。"[5]

美国秘密援助计划的点滴传闻已经上报，但是等到中情局向国会提出理论上应该保密的 2800 万美元追加拨款时，真相开始外泄。12 月 13 日西莫·赫许在《纽约时报》头版详细介绍了那个秘密计划的全部内容，并披露了纳撒尼尔·戴维斯为此决定辞职。在国会秘密会议中一直反对这笔拨款的艾奥瓦州参议员迪克·克拉克立刻提出修正案取消所有秘密援助。

此时，基辛格正在环球访问。他陪同福特到了中国，见到了年事已高的毛泽东主席，听到邓小平一段典型的祝酒词，似乎很合时宜但又莫测高深："天下大乱，形势大好。"

基辛格和福特还访问了印度尼西亚；他们离开的第二天，印度尼西亚就用美国提供的武器入侵小小的邻国东帝汶，这是另外一个最近被葡萄牙放弃的、正在被左翼叛军势力掌控的殖民地。基辛格和福特已经从美国情报当局知道印度尼西亚的行动计划，此举其实违反了购买美国武器的相关法律，但是基辛格对于东帝汶叛乱能被镇压私心暗喜，所以美国政府就对此次入侵采取坐视态度了。

在陪同福特访问了其他亚洲国家之后，基辛格独自前往欧洲参加在布鲁塞尔召开的北约会议和与数位美国大使在伦敦的聚会（就在这个会议上，索南费尔特发表了他即将出名的"主义"）。此次环球旅行最后一站是陪同他父母回到菲尔特的怀乡之旅，在那里，基辛格受赠该城市的本地出生杰出公民金质奖章，然后私下祭扫了他的外祖父法尔克·斯特恩的墓地。[6]

人在国外的基辛格还不断收到有关莫伊尼汉在联合国的作为的电报。此外，调查中情局活动的众议院委员会在福特政府拒绝交出国务院的一些保密历史文件后认定基辛格蔑视国会（后来国会取消了这一认定）。

于是，就像基辛格自己说的，他回国后在12月18日的一次高级官员会议上面对安哥拉和东帝汶问题时已经一肚子火"蓄势待发"。根据一份有关这次谈话的10页长的秘密备忘录，基辛格的主要关切——现在和过去一样——都是一些有关保密方面的疏失而不是实质性问题。[7]

在会上，他第一次发火是有关东帝汶问题，印度尼西亚为了赶走那里刚起步的左翼政权而展开的入侵行动据报十分惨烈。基辛格生气的是国务院的法律部门官员提出质疑——更糟的是白纸黑字地写在给他的电报里——怀疑印度尼西亚使用美国武器是否违犯美国法律，因此美国必须对它实施武器禁运。基辛格知道如果正式提出这个问题，答案当然是肯定的。但特别是因为安哥拉的局势，基辛格不打算切断武器供应，他想仅仅用一个不声张的暂时的武器停运过了这一关。

基辛格："关于东帝汶的那份电报……它的唯一后果就是让自己留下记录。这样对待国务卿太不够意思了……这样做有什么理由吗？我叫你们不声张地停止（对印度尼西亚的军售）……"

助理国务卿菲利普·哈比卜："我们已经把它设定为禁止分发的文件，所以不会泄露。我们还是应该看问题本身。"

基辛格："我又没说你们不能口头提建议。"

哈比卜："我们原来估计如果会出问题，也会在你回国之前发生……"

基辛格："没有的话。我说过就暂停（军售）几个星期，然后再放行。"

哈比卜："电报不会泄密。"

基辛格："会的，会泄密的。会传到国会那里，然后就会开听证会讨论。"

哈比卜："我当时人不在。我从电报获悉事情已经发生了。"

基辛格："那就是说有两份电报！也就是说已经有20个人看到了……"

副国务卿西斯科："我们听说你决定我们必须停止。"

基辛格："等等，等等。你们都知道我在这个问题上的立场……这会对印度尼西亚造成很大伤害。你们这是自虐狂到极点了。又没有人抱怨印度尼西亚侵略。"

法律顾问门罗·利："印度尼西亚违反了与我国的协定。"

基辛格："以色列入侵黎巴嫩的时候，我们吭过一声吗？"

利："那个情况不同。"

副国务卿卡莱尔·莫："那是自卫。"

基辛格："难道我们不能把对印度尼西亚紧邻的社会主义政府的攻击行动视为自卫？"

利："我看……"

基辛格（在跑题到安哥拉问题之后）："关于东帝汶，那件事三个月内就会走漏消息，到时候人们会说基辛格否决了他的完美无瑕的下属，违犯了法律……你们有责任认识到我们是处于革命时代。人们会用所有纸面上的材料攻击我。"

印度尼西亚的入侵行动，最后在小小的东帝汶造成10万人死亡，将近全部人口的1/7。在军援短暂停顿后，基辛格恢复了向印度尼西亚提供军援。电报和这个问题上的争议在当时都没有泄露。

在这次幕僚会议上，基辛格还在其他问题上发火，但最让他操心的是安哥拉。他从一个问题跳到另一个问题（一位与会者说，他从一边跳到另一边），最后还是会回到安哥拉内战的问题上。

他第一关切的是莫伊尼汉在联合国处理安哥拉问题的方式。像许多新保守派一样，莫伊尼汉反对美国的干预，但是他觉得应该尽量高调地谴责苏联违反缓和的精神。他主张美国将问题提交安理会，"在最后一名古巴人离开非洲之前要一直吵个不休"。基辛格从亚洲打电报回来说，把问题提到安理会是没道理的。

于是，莫伊尼汉展开了自己的公开讨伐。他在一个周日访谈节目上宣称"苏联人入侵了南部非洲"。在联合国大会上有关南非的年度辩论里，他走上讲台谴责苏联是在非洲的"新殖民主义、帝国主义国家"。与此同时，他不断发电报给基辛格，要求给他机会把他对苏联的讨伐拿到安理会。

基辛格在幕僚会议上抱怨："我没有一天收不到莫伊尼汉有关安哥拉的电报。莫伊尼汉是什么东西？他有什么资格插手安哥拉问题？我们随时可以达成停火，但是如果我们不赶快派兵进去，那个停火就没有任何意义。"基辛格认为，新保守派和自命为鹰派的人士——特别是莫伊尼汉和施莱辛格——嘴上强硬，但是一到要授权美国使用武力时就成了不可饶恕的缩头乌龟。

反之，莫伊尼汉觉得基辛格看不到，除了使用军力，美国还有更有效的方法伸张自己的国家利益。莫伊尼汉后来说："不可饶恕的是——因为他是注定会失败的——他卷入了将中情局的钱通过扎伊尔拨给安解阵和安盟的事情。他还是那老一套，还在轰炸柬埔寨，还在计划如何与黎德寿谈成交易。"莫伊尼汉觉得公开外交比秘密使用武力更为有效。

基辛格抱怨莫伊尼汉一通之后，谈到泄密。

基辛格："你们瞧瞧现在有关安哥拉冒出来的基本说法。那些浑蛋把这一切都泄露给莱斯利·盖尔布（其当时正为《纽约时报》报道国家安全新闻）。"

西斯科:"我可以告诉你是谁。"

基辛格:"是谁?"

西斯科:"海兰德跟他谈过……他说他跟盖尔布吹过风。"

基辛格:"我要让这些人知道,在安哥拉我们所关心的不是那里的经济财富或海军基地。我们关心的是苏联,它从8000英里之外操纵那里的局势,而所有周围的国家都找我们帮忙……"

哈比卜:"我想,泄密和不同意见是你必须承受的重担……"

基辛格:"……总统跟中国说,我们在安哥拉会坚持立场,两个星期之后我们却退出了。我去参加北约的会议时,国务院却走漏风声,说我们担心海军基地的事情,说那是基辛格夸大了,或者是他一时糊涂。我不在乎那里的石油或者基地,我在乎的是当非洲看到苏联搞成功了,而我们却无所作为会有什么反应。如果欧洲跟自己讲:'他们连罗安达都守不住,他们又怎么能守住欧洲呢?'中国会说我们是个战死了5万人然后被逐出印度支那的国家,现在为了不到5000万美元的援助,我们正在被逐出安哥拉。"[8]

第二天,参议院以54票对22票通过《克拉克修正案》,切断了安哥拉行动的新经费。众议院随后在1月以323票对99票做了同样的决定。安解阵就此瓦解,奥尔登·罗贝托迁往欧洲;安盟在以后的15年在南方继续以微弱的游击运动存在,唯一受人瞩目的是它的领袖若纳斯·萨文比散发着魅力在全世界旅行寻求支持。

基辛格私底下埋怨福特任由国会在外交政策上作威作福。他觉得总统应该抗争一番,迫使国会提供安哥拉行动的必要经费——或者也许干脆绕开国会,就像尼克松的作风那样。在《克拉克修正案》通过不久,基辛格到波士顿向《波士顿环球报》的编辑委员会做一次不上记录的吹风。他对福特在安哥拉问题上打退堂鼓表示愤怒,甚至指名攻击他,他一面摇头,一面述说总统的软弱。《波士顿环球报》的编辑们在吹风会散了之后都对基辛格如此强烈攻击自己的总统感到惊讶,但因为会议是非公开的,所以这一切都没有见诸报端。[9]

就像基辛格担心的那样,安哥拉走的是苏联式的马克思主义经济路线。虽然这个国家石油和矿产富饶，但它的经济却萎靡不振。少数访问过首都罗安达的西方记者之一《洛杉矶时报》的戴维·兰姆写道："访客到了这里有一种进入鬼城的阴森感。"古巴确实帮助安哥拉提供了社会服务，例如，农村卫生所、新学校等，但也通过教育系统灌输了社会主义信条。

与此同时，美国的石油公司——它们的老板是那种与第三世界左派打交道时比政治人物更务实的资本家——却与安人运和它组成的新政府相处甚欢。事实上，在战争初期，海湾石油公司就已经支持安人运而不支持安解阵，因为它笃定前者能打赢。该公司的勘探分公司总裁梅尔文·希尔在1980年国会听证会上说："海湾石油公司的业务并没有因为安人运的社会主义倾向而受到影响。我们之间有互相尊重和信任的基础，我认为这是了解我们在安哥拉有成效的关系的关键。"德士古石油公司的吉恩·贝茨基本上与他论调一致："他们是很务实的人。虽然他们倾向于社会主义的治理方式，但他们的社会主义友邦不能提供他们所需要的东西，所以他们转向西方。"[10]

基辛格主张美国介入安哥拉的理由不是为了保护在那里的特定的美国切身利益；他一如既往把它看成一个信誉问题，一个证明美国愿意在第三世界对抗苏联干预的问题。1976年安哥拉行动的经费被切断时，基辛格告诉国会："问题是美国是否仍然有决心做一个负责任的大国。如果美国在世人眼中面对苏联和古巴前所未有的大规模干预显得软弱无力，世界各国领袖在做关乎其未来安全的决定时对美国会有什么样的看法呢？"那个月在他飞机上的一次背景吹风会上，基辛格说："如果这次苏联得逞，它很快会在其他地区这么干。"[11]

基辛格搬出的信誉论点不一定站得住脚，特别是在越南问题上，其所牵涉的信誉远远小于基辛格的估算。但这个论点并非永远是错误的。整个20世纪70年代，苏联都遵循赫鲁晓夫的号召，支持全世界的解放运动，以建立与莫斯科结盟的"人民共和国"。美国对苏联的每一个这样的企图进行对抗，特别是在当地条件不利的情况下，确实不明智；但是完全不对抗，就像越战后很多美国人希望的那样，也可能是很危险的；关键在于得选择适当的地点，用适当的方法进行对抗。

华盛顿其实用不着把安哥拉当作对其信誉的一次考验。美国在那里没有重大利益，也没有必须履行的历史承诺。它大可以像对待临近的、同样是左派解放运动接管的前葡萄牙殖民地莫桑比克一样对待安哥拉。可是基辛格却决定用安哥拉来考验美国的信誉，仿佛美国特意要找出一个敌人来证明它愿意在第三世界与苏联争夺影响力一样。

如果基辛格确信美国愿意并且有能力取得上风，那么把那个本地的战争变成美国决心的展示场所——自愿地赌上美国的信誉——才有道理。正如纳撒尼尔·戴维斯所说，最糟糕的结果就是把一个远在天边、三流的部族斗争，变成美国与苏联的意志较量，而最后却输了。结果，安哥拉却成了一个不必要的、自找的失败典范。

鉴于这样的结果——苏联-古巴的全面胜利，美国不必要地丧失信誉，国内的政治挫败，一个无谓地激化遥远地区战争的耗费庞大的计划——当初采取任何其他做法可能都称得上是上选。武装代理战士，在地球上遥远角落长期使用力度不大的武力——特别是偷偷摸摸这样做——是苏联的拿手绝活；美国是一个天生理想主义的、吵吵闹闹的民主国家，并不善于此道，越南和安哥拉的例子即其明证。[12]

如果基辛格接受了这个事实，他就会设计一个不同的策略，来伸张美国在世界上的影响力和信誉。一个很好的样板就是他的中东穿梭外交。在那里，他成功地伸张了美国的影响力而削弱了苏联（那个地区对美国更重要），他用的是有创意的外交而不是试图使用武力。

在安哥拉惨败后，基辛格得出了这样的结论，他不再寻找可以用来证明美国军事决心的新局势，他出人意料地开始一次协调的外交努力，包括穿梭外交和对美国政策的根本的重新审视，旨在带来南部非洲的和平变革，以及增加美国在该地区非洲国家中的影响力。

罗德西亚：人权问题上的转变，1976年

当他的安哥拉政策在1976年1月失败之际，基辛格在参议院一个

小组里抱怨"国会剥夺了总统必要的灵活性"。缓和的基础是胡萝卜加大棒。当苏联尚乖的时候，就像它于1972年在越南问题上的表现，它就得到奖赏，例如，贸易优惠；当它到处干预时，就与它对抗，必要时动用武力。《杰克逊-瓦尼克修正案》抽掉了最重要的胡萝卜；现在，《克拉克修正案》则把大棒收起来了。

但是，主持听证会的迪克·克拉克表示不同意。他建议对撒哈拉以南非洲政策采取新方向：通过诉诸美国和那些国家都认同的人权和种族平等的价值来提升美国的影响力。克拉克说，如果美国做这样的尝试，"我们在非洲的冷战利益很可能就水到渠成了"[13]。

那个论点不太可能对基辛格有吸引力。他视大多数民族解放运动和叛军为莫斯科奴仆。但是，他知道他需要一个新政策，特别是在非洲，那里还剩下的白人统治的几个国家里，黑人的怒火已经蓄势待发。苏联一有机会必然会利用这一矛盾，而基辛格此时手头却没有什么可以挟制苏联的工具。于是经过现实政治的分析后，他在美国外交政策中加入了新的理想主义成分。

此外，福特在实现这个政策性改变上也发挥了重要作用，主要是用一个以善良为傲的政府替换了以冷酷偏执著称的尼克松政府。福特后来说："1976年的新非洲政策反映了我个人的感觉。我看到那些即将不保的政权，觉得我们应该秉持一个更人道的观点。"[14]

也许，还有一个因素就是基辛格奉行塔列朗的这句格言："政治艺术就是要预见到不可避免会发生的事，然后加速它的发生。"

于是，1976年4月他周游非洲各国时，基辛格就帮助改变了美国的政策。从此以后，美国的政策基础就是坚定反对少数白人政权以及对新兴黑人国家提供财政支援。他如今变得愿意用道德主义作为对外政策的一个工具——这是他曾在7月于明尼阿波利斯演讲里警告不应该使用的做法——这种新意愿甚至表现在非洲以外的地区。他开始讲建立在共同价值上的联盟，他在一篇被广泛认为是"威尔逊风格"的演讲里告诉联合国，世界应该寻求一个"建立在人的精神力量上而不是建立在武器的力量上"的"公正的"新秩序。

基辛格试图利用美国价值的力量是听从了像克拉克一样的自由派人士，以及谴责缓和不道德的保守派人士的意见。这些批评基辛格的人将见识到基辛格把他似乎曾经拒绝的想法收归己用的本事。他的哈佛大学的老同事斯坦利·霍夫曼在分析基辛格的1976年非洲政策时说："他有本事把对手的想法兼并为自己的想法，从而打倒对手。这种变色龙般的、能够接纳一开始他觉得格格不入的观点的能力证明了他很聪明。"[15]

基辛格先前对南部非洲的态度是在1969年根据罗杰·莫里斯编写的一份编码为NSSM39的秘密国家安全研究备忘录定下来的。里面开列了从与罗德西亚和南非白人政权进一步拉近关系到与它们断绝关系共5个选项。经莫里斯和基辛格建议，尼克松同意了第二选项，名为"柏油娃娃选项"。它的前提是"白人是留定了，要实现建设性变革只有通过他们"。美国与罗德西亚和南非保持经济关系可能改善黑人工人的处境这个说法使得自由派的良心稍微好过些。但是事实上，这个决定产生了一个虚伪的政策。文件宣称："我们将公开反对种族压迫，但放松对白人政府的政治孤立和经济限制。"[16]

基辛格在1976年4月23日启程对肯尼亚、坦桑尼亚、赞比亚、扎伊尔、利比里亚和塞内加尔进行为期13天的访问之前的发言里，第一次表示这个政策即将改变。他谈到"美国坚决支持撒哈拉以南非洲国家的多数人统治"，以及联系着"所有美国人"与非洲黑人之间的"价值观和理想上的纽带"。

在首都卢萨卡的一次由赞比亚总统肯尼思·卡翁达主持的午餐会上，基辛格的重要演说里说得更铿锵有力。这篇演说——基辛格花了6个星期，七易其稿才完成——详细阐述了美国政策的大幅改变。他要求听众摒弃对美国以往所持的对他们的目标之态度的感受。他说："现在是我们求同的时候了。"然后，他谈到白人统治的"问题"所在：

> 我们所有的共同目标中，种族正义是最基本的。这是我们这个时代占主导地位的问题……我们在南部非洲支持这一原则不仅仅是一个外交政策问题，也是我们自己的道德传承要求……在通过谈判

第30章 非洲：秘密介入＋穿梭外交　　665

解决争端前，[罗德西亚的伊恩·史密斯的]索尔兹伯里政权将面对我们的坚决反对。

基辛格在演说中提到罗德西亚时特别称之为津巴布韦，这是该国黑人在1980年终于掌权之后给这个国家的正式名称。他说在那里生活的美国人应该离开。为了帮助邻近的因对罗德西亚禁运而受到波及伤害的黑人当政的国家，基辛格提出一个财政援助计划；他甚至承诺给莫桑比克1250万美元，虽然该国已经被与安哥拉的安人运结盟的左派接管；至于南非，他说比勒陀利亚还有时间和平地废除种族隔离制度，但是他警告："这个时间是有限度的，要比几年以前人们期待的时限短得多。"[17]

基辛格在卢萨卡的这个宣言受到热烈欢迎，卡翁达总统称之为"重要转折点"。基辛格的一位助理兴奋地说："这是我们好长一段时间以来第一次做了道德上正确的事。"

基辛格赢得的赞誉似乎使他恢复了活力。不像在多数行程上那样，他似乎很享受礼节性的公开观光行程。他甚至因此打破自己旅行的戒律，就是在外国绝不会去参观在国内不肯参观的东西。他乘船游览赞比西河、扎伊尔河，在维多利亚大瀑布（莫西奥图尼亚瀑布）下行走，吃野猪肉和树薯叶；第一天在肯尼亚看土著舞蹈表演，第二天、第三天又分别在扎伊尔和利比里亚看土著舞蹈表演，都看不厌。他带着参议员亚伯拉罕·鲁比科夫和雅各布·贾维茨搭乘一辆路虎，游览肯尼亚的马赛马拉国家野生动物保护区。在赞比亚，他走上横跨赞比亚与罗德西亚边界的铁路桥，还瞬间跨越一下白线，然后开玩笑道："至少现在我知道问题是怎么回事了。"比较严肃的时刻发生在塞内加尔，他在那里坚持乘40分钟的船去参观戈雷岛上的奴隶城堡，这是当年关押准备贩往美洲的奴隶的仓库。他说："看了以后让人觉得作为人的羞耻。"[18]

在国内，美国的保守派反应却不那么热烈。在罗纳德·里根在党内初选中的强劲挑战之下，杰拉尔德·福特却能继续鼓励基辛格的非洲新路线，这就充分显示了福特的勇气。里根在阿拉莫博物馆前一个正午的竞选集会上演讲时指控基辛格在卢萨卡的讲话可能导致罗德西亚的"屠杀",并且"破坏了那里取得公正、有秩序的解决方案的可能性"。基辛格读到有关里根演讲的报告时非常恼火,他对随行的记者公开表示,这位加州州长"完全不负责任"。

几天后,福特在得克萨斯州的初选中惨败,在每一个县都输给了里根——里根的压倒性胜利被广泛认为是源于基辛格有关非洲的讲话不得人心。尼克松的前撰稿人,后来成为报纸专栏作家(后来为里根工作,还自己竞选总统)的帕特里克·布坎南写道:"现在还为时太早,还不能确定国务卿亨利·基辛格横跨撒哈拉以南非洲的观察野生动物之旅到底对哪个伤害最大——对美国政策利益伤害大些呢,还是对福特总统在剩下的初选中胜出的希望伤害更大些?"众议院共和党的一位领袖罗伯特·米歇尔说,这次出访在美国南方造成"灾难性影响",应该让基辛格噤声。当基辛格的飞机即将在塞内加尔首都达喀尔降落时,初选结果传到机上,温斯顿·洛德和其他助理对这个消息毫不在乎,他们对着国务卿合唱起了《得州的眼睛望着你》。

基辛格回国后在参议院外交委员会做证时,就开始了两军对垒。自由派的休伯特·汉弗莱和迪克·克拉克问他会不会大力推动废除那个允许美国不理会对罗德西亚制裁而向它购买铬金属的《伯德修正案》。基辛格承诺会这样做。其后,修正案的提案人哈里·伯德即从右翼角度攻击基辛格。他说基辛格"虚伪",并指称"我知道你很信任苏联共产党"。基辛格立刻变得面红耳赤,他通常在公开场合会控制自己的脾气,但这次他爆发了。他怒气冲冲地说:"你完全错了!绝对不是的。"[19]

基辛格知道除非他以一定的行动配合他的辞藻,他有关罗德西亚的言论对于赢得影响力和缓和撒哈拉以南非洲的矛盾作用将极为有限。于是他展开了他最拿手的穿梭外交。他的做法有点儿胆大,因为这侵犯了英国的地盘,英国仍然把罗德西亚视为它日益萎缩的势力范围的一部分。但是基辛格担心苏联——在安哥拉和莫桑比克取得成功之后——正在觊觎非洲,意欲把它变成自己新的势力范围,特别是当罗德西亚的战火愈演愈烈之际。此外,这里也牵涉一点儿虚荣心:这是他可以展露穿梭绝活儿的新沃土。

但是，这次和以往的穿梭行动有一个根本性的不同。在中东，双方都希望外交努力成功；在非洲，黑人希望通过谈判过渡到多数人统治，但是罗德西亚白人并不希望这样的解决方案，他们宁可没有任何外交努力。于是基辛格修改了原先在中东使用的策略，也就是好言相劝，分别与双方搞好关系，然后慢慢缩小差距。在非洲，他对伊恩·史密斯在罗德西亚的白人政权凝聚最大限度的压力。最重要的是，他说服了南非——内陆国罗德西亚的经济生命线——一道施压。基辛格警告南非领导人，如果他们不帮忙，他们也会很快面临走向多数人统治的压力。

基辛格最早于6月在巴伐利亚的度假胜地格拉弗瑙与南非总理沃斯特的为时两天的私下会晤中向他提出这种论点。他承诺，如果南非愿意把自己的命运与罗德西亚脱离开来，南非政府就会得到更广泛的接受，人们就会更有耐心地让它解决自己的种族问题。9月，他们在苏黎世再次会晤，进行了两天的讨论。沃斯特同意，如果伊恩·史密斯态度坚决，南非会切断与罗德西亚的铁路线。基辛格会在一个星期后预定的与史密斯的会晤中劝他接受通过谈判解决争端。

基辛格告诉飞机上的随行记者："我相信谈判的条件已经具备。"一个星期后——9月14日星期二——基辛格突然回到非洲开展穿梭外交。

他先在坦桑尼亚停留，向朱利叶斯·尼雷尔总统了解非洲前线国家的想法。一个大纲逐渐呈现：必须在两年内完全过渡到多数人统治；在那之前，必须有某种形式的黑人和白人分享权力的临时政府。一旦这些都被接受，黑人国家就愿意支持结束制裁，降低游击战的暴力。在这个建议之外，基辛格和英国官员又加了他们自己的甜头：他们将提供一个20亿美元的"安全网"基金，保护白人财产不被没收，并在他们觉得被迫离开其土地时给予补偿。

当基辛格在星期五下午抵达比勒陀利亚时，他成为访问南非的最高级别美国官员。伊恩·史密斯预定第二天从罗德西亚抵达，表面上说是要观看一场足球赛。基辛格放话，除非这位罗德西亚领袖事先表示愿意讨论基辛格两年过渡到多数人统治的计划，否则他不会与其见面。史密斯很不情愿地同意了，然后通过沃斯特传了话给基辛格。于是在星期日一大早，基辛格在美国大使官邸与史密斯会晤了4个小时。

会上气氛冷淡，讨论直截了当，基辛格不像在中东穿梭中那样好言相劝和刻意安抚。他给史密斯看中情局的评估，说罗德西亚的经济一年内就会瘫痪，秘密军事评估显示反政府军力量正在增强。基辛格警告，如果不立刻展开谈判，使得温和的黑人掌权，共产主义会得势。

当晚，一个较大的罗德西亚代表团在沃斯特官邸与基辛格的团队开会。基辛格已经把五点计划打印出来，准备好了。里面包括两年的过渡期，经济一揽子计划，以及过渡政府的复杂安排。过渡政府将设一个由两名白人、两名黑人组成的国务委员会；下设部长理事会管理政府各部门。

史密斯隔着桌子看着基辛格说："你这是要我签自己的自杀遗书。"

基辛格一言不发。那个星期稍后，他说当他看着史密斯同意回到索尔兹伯里向其政府建议把国家交出去时，是经历了其一生中最"痛苦"的一刻。结果证明基辛格是一厢情愿。

就像在许多其他的谈判里一样——越南、符拉迪沃斯托克（海参崴）、《杰克逊-瓦尼克修正案》、中东——基辛格用含糊的措辞把有分歧的部分一笔带过。这一次，史密斯要求两个让步。在两年过渡期里，临时四人国务委员会的主席必须是白人，负责警务和国防的部长必须是白人。基辛格答应在回到赞比亚和坦桑尼亚时会提出这些建议，他会赶在史密斯向内阁报告之前告诉其结果。

关于这些和其他细节的最后决定本应在11月由英国主持的日内瓦会议上正式做出，到时罗德西亚的各方以及邻国将谈判正式协议。基辛格的角色就是促使各方原则上接受几个要点。在坦桑尼亚的讨论后，基辛格打电报给史密斯说，如果史密斯初次宣布方案时提到国务委员会由白人担任主席，黑人领袖不会"过分"不高兴。

至于警务和国防部长的问题就没有那么简单了。于是基辛格决定含糊带过，给史密斯一个模棱两可的答复。"根据我们在卢萨卡和达累斯萨拉姆的讨论，我们也相信"可以加上一句，说临时警务和国防部长由白人担任。史密斯没有留意到，这封措辞严谨的电报并没有说黑人领袖是否接受了这一点。

当史密斯宣布这个方案时，没有什么人注意到这些没有解决的细节。头条新闻显著地报道了基辛格促使罗德西亚接受了两年过渡到黑人统治的惊人外交胜利。电视和报纸上的照片中，基辛格手持肯尼亚总统乔莫·肯雅塔赠予的部族仪式中使用的剑与盾牌，宣布了协议达成。他再一次成为新闻杂志封面人物，被赞誉为创造奇迹的人，《时代》周刊称之为"一个细心、精明规划的和平努力的璀璨高潮"。

当史密斯在11月抵达日内瓦与罗伯特·穆加贝、乔舒亚·恩科莫，以及其他与他的政府打仗的黑人反政府军领袖同坐在一个房间里时，看起来好像主要的障碍均已跨越。但结果临时政府的细节问题继续是症结所在。整个11月和12月，在英国主持下，会议讨论了各种变通安排，包括暂时设置一名英国专员，但没有一个安排得到所有各方的支持。

最后，会议以破裂告终。但是在基辛格的继任者赛勒斯·万斯继续这项努力时，还是以基辛格协议的大纲为基础。三年之后在伦敦的兰开斯特宫的另一次会议上，终于达成协议。[20]

虽然基辛格的穿梭外交没有马上产生9月时被称道的解决方案，但它还是在大目标上取得了成功。撒哈拉以南非洲国家原来对美国的态度从存有戒心到抱有敌意，现在它们开始相信美国是个支持多数人统治的力量。这就在一定程度上抵消了苏联越来越大的吸引力。事实上，在罗德西亚问题上的穿梭外交证明，即使是功败垂成的外交，也要比在安哥拉那种笨拙的干预更能够遏制苏联的影响力。

第31章

退场：虎头蛇尾

> 政策的试金石是它能否取得国内支持。
>
> ——基辛格 《重建的世界》，1957 年

1976 年的选举

美国政治的一个主要格言是，总统选举是由荷包问题而不是外交政策决定的。就像大多数美国政治格言一样，它与美国政治没有什么关系。肯尼迪在 1960 年用"导弹差距"的指控攻击尼克松；约翰逊把戈德华特描绘为一个可能会让核弹炸死一个幼童的人；越南战争在 1968 年曾迫使约翰逊退出，使汉弗莱面对尼克松时非常被动，而它也是 1972 年尼克松-麦戈文竞选中的主要议题。

1976 年的两个最重要的问题是福特特赦了水门事件中的尼克松，以及美国停滞的、石油紧张的经济。但是在一个票数很接近的选举中，外交政策扭转了乾坤，它为罗纳德·里根争取共和党总统提名的挑战增添了力量，而福特在辩论中在外交问题上失言，使得他自称比吉米·卡特更有能力的说法受到质疑。当时的外交政策问题有多个部分：缓和、人权、索尔仁尼琴、不分道德是非、秘密行事，以及感觉上好像美国在为自己的战术退却进行谈判。但是这一切可以以一个词概括——基辛格。

那一年，一个接着一个的杰拉尔德·福特的政治操盘手都把基辛格当作必须藏起来的害群之马。竞选团队主席霍华德·卡拉威劝总统跟基辛格保持距离，而且越远越好。这件事很快在八卦的华盛顿不胫而走，基辛格要卡拉威到国务院解释他是什么意思。卡拉威并没有支吾其词。

他解释道，福特跟基辛格保持距离就能突显总统的领导能力。基辛格反唇相讥道，一个逃避自己的国务卿的总统谈何领导能力。

后来罗杰斯·莫顿成为竞选团队主席时，开始公开说出卡拉威原来只是私下透露的话，他特别表示，如果福特连选连任，基辛格恐怕就要丢官了。莫顿在一次向新闻界吹风时说："我预计，我确定我应该没有错，他熬不过今年。"福特的竞选经理詹姆斯·贝克也透露，他认为基辛格是个政治包袱。[1]

虽然基辛格偶尔会在内心琢磨要不要效法他从前的靠山洛克菲勒急流勇退，但他其实还是十分眷恋自己的职位。要知道，梅特涅担任奥地利外交大臣、首相39年之久，基辛格觉得做这么久才够。他在他的波音707上跟朋友谈话时表示："有哪个大学会给我配备这样一架飞机？"此外，当他听说，在得克萨斯州初选接近时，福特的竞选经理们已经在散布谣言，说约翰·康纳利可能接替基辛格担任国务卿，这令基辛格很烦心，也使他挺直了腰杆。

在与基辛格多次讨论这个问题之后，福特公开表示了对他的信任。福特说："只要我担任总统一天，我就会让基辛格做我的国务卿。"当有人在记者会上问及此事时，总统挥舞着他的手臂，赞扬了基辛格，而同时又不给人一种印象，好像他依赖基辛格似的。"基辛格跟我共同努力，在我的指导下，为美国和世界和平做了极其出色的外交工作，堪称美国历史上所有国务卿之最。"[2]

但是，基辛格似乎意识到，他远离公众关注的舞台，甚至走出国门，对福特最有利。1976年罗纳德·里根在初选发动挑战期间，基辛格开展了一长串的出访，有时人们不禁觉得他这样做除了为在竞选期间隐遁，并没有其他意义。1月，他访问了哥本哈根、莫斯科、布鲁塞尔和马德里。2月，他去了加拉加斯、利马、里约热内卢、波哥大、圣何塞以及危地马拉城。4月，他对非洲做了为时很长的访问，还去了伦敦和巴黎。5月，他去了奥斯陆、波恩、斯德哥尔摩（在那里他父亲的弟弟阿诺叔叔曾来听他演讲）、卢森堡和伦敦。6月，他去了圣多明各、圣克鲁斯、圣地亚哥、墨西哥城、坎昆，然后去了巴黎、格拉弗瑙、伦敦、圣胡安。

8月，就在共和党大会前不久，他又展开一次连他自己都认为是毫无意义的旅程，他访问了伦敦、德黑兰、诺席拉、喀布尔、拉合尔、多维尔和海牙。

里根对福特-基辛格外交政策挑战的核心是一次对缓和的全面攻势，这位加州州长认为缓和是个"单行道"。他把每一个海外的挫败——越南、安哥拉、葡萄牙——都作为缓和失败的证据。在竞选行程的每一站他都攻击福特对待索尔仁尼琴——"被基辛格和福特冷落的真正道德英雄"——的态度以及所谓的索南费尔特主义。里根指控欧安会赫尔辛基会议出卖了东欧的"被奴役国家"，并指控福特和基辛格觉得这些国家应该"放弃国家主权，干脆成为苏联的一部分"[3]。

大多数保守派对缓和的批评有一个奇怪的特点：虽然保守派强烈谴责苏联，但里根和其他保守派临到要动用美国军队时就变得相当反干预主义。除非局势需要美国全面、单方面入侵，否则他们总是选择表达义愤而已。他们的反共本能被传统的保守派的孤立主义冲淡了一些。例如，里根和其他右翼人士并没有要求美国坚决援助美国的安哥拉盟友，而是要求美国冷却与苏联的关系作为报复。

这些攻击促使基辛格自作主张撰写了一篇10页长的驳斥文章，这篇文章唯一的作用就是使里根的竞选更增添活力，得到新闻界的更多关注。

福特则像一只受惊的兔子一样逃走，不敢维护缓和。福特没有指出缓和使得世界紧张减少，反倒像是对这个词感到尴尬。3月5日在皮奥里亚的一次演讲里，他干了那一年里最傻的事情之一，他公开把"缓和"从他的词汇里删除。他说："我们就忘记'缓和'这个词吧。"他说，从此以后，它将被"通过实力取得的和平"取代。[4]

基辛格极为震惊。但是应该指出，他自己也已经在重新定义缓和。1974年9月，他说缓和是"寻求与苏联发展更有成效的关系"。1975年7月（南越失陷后），他说缓和是"调节竞争关系的手段"。1976年2月，他说缓和"旨在防止苏联扩张"。最后，在福特放逐了这个字眼一个月后，基辛格在一次记者会上被问及："里根指控缓和是一条单行道，你有什么评论？"他露出微笑，开始回答："我来叙述一下这个从前叫作缓和的政策是怎么回事。"如他所料，这个回答引发了笑声，这样，他就没必要再为它做任何新的定义了。

里根也利用巴拿马运河的谈判攻击基辛格打算把运河"拱手让人"。里根在竞选的大多数场合都宣称，美国应该告诉巴拿马领袖奥马尔·托里霍斯，"运河是我们建的，是我们出的钱，我们不会放弃"。基辛格认为事情没有那么简单，他担心如果华盛顿采取这样的做法，可能会在中美洲激起民族主义的狂热情绪。他知道，美国没有什么理由对运河继续保有主权，如果美国试图这样做，必将出现很大的损失。但是实质不如象征意义重要，因为如果美国把巴拿马运河"拱手让人"，就会给世人以美国软弱的印象。[5]

里根对基辛格的批评其实更反映了对基辛格的个人攻击，他认为基辛格太悲观，对于一个没有决心毅力的美国是否长期有能力对抗苏联帝国的不断扩张，有一种斯宾格勒式的悲观。向里根提出这个论点的是两位从福特政府出逃的反对缓和的人士，两人都是名义上的民主党人：一位是被罢黜的国防部长詹姆斯·施莱辛格，另一位是退休的海军作战部长埃尔莫·朱姆沃尔特。

当时，朱姆沃尔特正在竞选弗吉尼亚州的参议院席位，所以就用攻击基辛格的方式抬高自己。在他的演讲和那一年出版的回忆录里，这位争强好胜的海军上将指称，基辛格的悲观使得他太热衷于跟苏联达成协议。他回忆1970年跟基辛格乘火车去西点军校看比赛后，他在日记中有这样的记载："基辛格觉得美国像许多历史上的文明一样，已经过了它的历史高峰……他说他的工作就是说服苏联给我们最好的条件，因为他意识到历史的发展对苏联有利……（美国人）没有能够持续对抗苏联人的那种毅力。他们'是斯巴达，我们是雅典'。"

基辛格对朱姆沃尔特如此曲解他的世界观非常生气，他后来说那个西点军校的故事"纯属虚构"。照他的回忆，他和南希乘火车去西点军校，这时朱姆沃尔特在他们旁边坐下聊了起来，一副"鸽派、傻乎乎的海军上将"模样。当南希生气时，基辛格跟朱姆沃尔特争辩起来，"而他误解了我的意思"。

但是,朱姆沃尔特关于基辛格悲观的指控有一定的道理。基辛格很有理由判定,美国不愿意承诺在第三世界与苏联影响力做斗争,特别是军事斗争。此外,他天性是悲观的。像斯宾格勒一样,基辛格对于历史的进程是悲观的。像梅特涅一样,他认为他的角色就是撑起一个不靠巧妙的外交功夫就站不起来的过气的世界强权。

这种悲观论调反映在1950年他在念哈佛大学本科时写的论文《历史的意义》中:"活着就是受苦。出生就意味着死亡。存在注定是过眼云烟。没有任何一个文明是长长久久的……布痕瓦尔德和西伯利亚劳改营的一代不可能像父辈那一代一样乐观。"最后,基辛格拒绝接受斯宾格勒的悲观的全部结论,却对康德做了古怪的解释,而得到这样一个结论:"自由的经验使我们得以超脱过去的痛苦和历史的困顿。"换言之,人——特别是伟大的政治家——有一定的自由可以影响局势,避免悲剧。

将近25年后,基辛格在接受詹姆斯·赖斯顿专访时,也在他的反思中透露了同样的想法。基辛格说:"作为一个历史学家,你必须了解所有过去的文明最后都崩溃了。历史叙述的就是努力失败,理想破灭,愿望实现之后却发现与预想的不同。"不过,基辛格接着说,政治家的工作就是防止这样的衰落。但他还是保持他的悲观,他说:"我认为自己更是一个历史学家而不是一个政治家。"[6]

不管朱姆沃尔特是否正确理解了基辛格的意思,基辛格有悲观思维的这种观感相当普遍,所以构成政治问题。很熟悉基辛格私下表达的想法的《华盛顿邮报》在社论中指责:"我们听到有关国务卿基辛格私下表达的悲观思维的传闻。他把东西方的竞争比喻为软弱的雅典(自由力量)与有干劲、有纪律的斯巴达(苏联)之间的较量,在这场较量当中,步履蹒跚的雅典只能接受对方愿意给予的最好的条件。"乔治·威尔也做了类似的评论:"他知道,从战略上讲,时间不在西方资产阶级社会这一边。"

里根在竞选中一直炒作基辛格的悲观思维。里根宣称:"据称基辛格博士说过,他认为美国就像当年的雅典,而苏联则是当年的斯巴达,他认为美国的时代已经过去。"里根指称，由于基辛格对美国丧失信心，他就急于跟苏联达成交易（我们必须替雅典说句公道话，虽然雅典在伯罗奔尼撒战争中战败，但最后成为胜利的城邦，在历史上和文化上，在斯巴达没落后还继续辉煌了几个世纪）。

基辛格没有解释他对康德和斯宾格勒的观点，他在3月底飞往达拉斯出席一次记者会，在会上以比较简单的语言驳斥了朱姆沃尔特海军上将和里根。他说："我提名朱姆沃尔特海军上将为普利策小说（虚构）奖候选人。我不认为美国会被打败。我不认为美国在衰落。"虽然他这么说并没有澄清基辛格式的历史哲学，但至少让基辛格悲观思维的问题不再继续发酵。[7]

8月在堪萨斯城的大会上，里根没有赢得提名的足够代表人数，于是他的战略顾问约翰·西尔斯想出两个最后一搏的招数，试图挽回颓势。第一个就是要求通过一项规定，要每一位竞选人事先透露他的竞选伙伴，这一点里根已经做到（他挑选了宾夕法尼亚州参议员理查德·施威克）。支持福特的阵营称之为"拖人下水规则"，他们以微弱多数击败了这个提议。

第二招比较不容易击败。那是对党纲里"外交政策中的道德"条目的修正案。其实那是谁都看得出来的对基辛格的攻击："我们肯定并赞扬勇气和道德的伟大明灯亚历山大·索尔仁尼琴……在寻求缓和时，我们不可以给予单方面的优惠……我们坚决支持外交政策不搞对人民有所隐瞒的秘密协定。"

堪萨斯城的共和党大会直到很晚才让基辛格参加，他是在一天晚上海兰德到他在国务院的办公室喝酒时才知道有反对缓和的党纲条目这回事。他们一致认为这明显是给给他们的一记耳光，基辛格告诉海兰德，福特的人居然在考虑不反对这个修正案，令他很反感，也很难过。

在大会上，福特阵营对这个问题有两派意见。一边是洛克菲勒和斯考克罗夫特，他们认为必须大力反对这个党纲条目。另一边是一些政治操盘手，为首的是竞选经理詹姆斯·贝克（后来成为国务卿）和福特的办公厅主任迪克·切尼（后来成为国防部长）。斯考克罗夫特说，福特应该从原则上反对这个条目。切尼回答："输了提名，原则有什么用？"

当他们第一次把这个条目给福特看时，他读了以后愤然说道："我不喜欢它。我要反对这个条目。"但是他的操盘手说服他暂且什么都不要说。他们说这是里根设下的陷阱，福特不要急着上钩。

在赢了有关竞选伙伴的规则的投票之后，福特必须对有关外交政策党纲条目做最后决定。他现在倾向于不在这个问题上大动干戈，他知道如果他不反对，即便通过了，里根也没有任何斩获。洛克菲勒打电话给基辛格，做最后的努力，想说服福特，对于这样的是可忍孰不可忍的侮辱不可不站出来反对。但是当时时间已经很晚，贝克说会场有很多空座位。由于里根阵营热情比较高，如果要对抗，他们有可能会留下来打赢这一仗。最终洛克菲勒不再坚持，福特也放弃了。该条目得以无异议通过。

后来贝克说，里根阵营最大的失算就是他们写的党纲条目是福特阵营在不得已的情况下还是能接受的东西。如果写得再强硬一点，就可能让他们不知所措了。他说："比如，我们可以写一个短短几个字的条目，'开除基辛格'，那就会引起激战。如果我们打输了，我们就可能全盘皆输。"[8]

吉米·卡特，1976年秋天

福特离开大会时面对民主党的吉米·卡特民调指数已落后30个点。那个秋天整个大选的竞选过程中，他都非常被动，即使在最后10天，民调似乎赶上来的时候亦如是。

从一开始，卡特，这位佐治亚州前州长就攻击基辛格。他在9月的一次演讲中提到"尼克松、基辛格、福特的外交政策在作风上是秘密、操控和欺骗性的。这种作风违反了我国的基本原则，因为基辛格只对权力集团和势力范围念念不忘"。

雪上加霜的是，卡特的话几乎一字不差地重复了基辛格在哈佛大学的死对头，如今担任哥伦比亚大学教授及卡特竞选顾问的兹比格涅夫·布热津斯基说过的话。1975年，布热津斯基在《外交事务》杂志中曾用同样的话攻击基辛格的政策。他写道："这种秘密、操控和欺骗性作风的政策似乎认定了一种基本上静止的世界观，它建立在传统的权力平衡之上，在势力范围的基础上寻求大国之间的妥协。"

每天听着有人不是用愤怒的波兰口音，而是用和悦的佐治亚州口音把布热津斯基的酸言酸语向他掷来，基辛格简直气疯了。卡特在一篇布热津斯基为他撰写的演讲中说："在尼克松、福特政府下，发展出一种秘密行事的'独行侠'外交政策，一个国际冒险政策的独角戏。"那个外交政策建立在"秘密行事上……极度保密，且不论道德是非"。除了这种尖锐攻击，卡特还加上了自己的一套说教。他一再说："我们的外交政策应该像美国人民一样开放而诚实。"⁹

到福特和卡特于10月6日在旧金山进行第二轮辩论时，福特的声望不断回升，大有在最后一个月赶超其民主党挑战者之势。辩论的题目是外交政策，这本应是福特的强项、卡特的软肋。

如果选民觉得候选人看起来没有外交历练或者比较天真，不放心把世界的命运交托在他手里，那么外交政策就可能对这个候选人不利。这一直是卡特的问题。另外，如果在选民的印象里，一个候选人搞不清楚或看不到苏联共产主义的危险，那么也可能对这个候选人不利。福特在旧金山回答一个问题时，令人讶异地给了一个不清不楚的回答，这下它就给福特带来了问题。

让福特栽跟头的问题——很可能也是使他败选的问题——涉及基辛格说服福特在赫尔辛基签署的协议，以及与之相关的、据称将东欧划归苏联势力范围的"索南费尔特主义"。

当时和后来，福特就这个问题所说的话都被视为失言，都说他这个可笑的失误暴露了他的无知。事实上，这里牵涉一个严肃的哲学问题。尽管有基辛格（和索南费尔特）的非正式否认，但他们的确倾向于认为世界是划分为势力范围的。苏联和美国彼此尊重对方的势力范围有助于维持世界的稳定。但这不方便说出来，于是，福特决定极力否认他愿意在东欧给苏联任何特别权利或影响力。

基辛格的助理威廉·海兰德是帮助福特为辩论做准备的团队成员，他认为一定会有人问到所谓在赫尔辛基"出卖了"东欧以及索南费尔特主义的问题。据海兰德后来回忆："我们都计划好了，福特在被问及这个问题时要立刻否认这个主义的存在，并强调我们没有抛弃东欧。"在白宫剧场里的一次排练中，海兰德扮演提问者的角色。他在东欧问题上穷追猛打，把总统都惹怒了。海兰德说："我提醒他我和他是站在同一边的。"

现在收藏于杰拉尔德·福特图书馆有关福特这次辩论的提要手册第二册里，有海兰德和国安会团队就苏联对东欧的统治的问题准备的回答。令人匪夷所思的是，它跟后来给福特惹来麻烦的说辞没什么不同。国安会建议的回答是：

> 我对于所谓的有关在东欧问题上的索南费尔特主义感到困惑。我作为总统访问过波兰、罗马尼亚和南斯拉夫。我们与东欧国家的关系以及对它们的支持从来没有像现在这么坚定。这一切记录在案，你怎么可以说我们承认苏联在东欧的统治地位。两者间只可能有一个是真的。

这是外交政策专家而不是政治战略家会写的回答。一个更好的回答应该是让福特提到在1956年匈牙利革命时，他作为国会议员曾飞到匈牙利和奥地利边界欢迎逃避来犯苏联军队的难民。他对于东欧人民的恐惧和希望有一手的了解。那就是为什么他绝不会签任何承认苏联在那里有特别权利的文件，并且他还期盼有一天苏联在那里的军事统治将会终结。很不幸，福特没有说这些话。基辛格和海兰德都不知道福特曾在1956年有此一行。

对辩论会上提的第一个问题作答时，或者更准确地说，他在避开这个问题时，卡特对福特展开了人身攻击。他说："在外交问题上，基辛格才是我国总统。福特并未发挥领导作用，也对这个国家缺乏了解。"福特有一个鲜为人知的秘密，那就是他脾气不好。卡特话音未落，总统就开始冒火了。整个辩论过程中，他都显得有些心烦意乱。

到了中场，《纽约时报》的马克斯·弗兰克尔终于问了有关东欧的问题。事实上，那只是一个有关缓和以及苏联的相当笼统的问题，但是在问这个问题的同时，弗兰克尔说"我们在赫尔辛基等于签了一个协议，承认苏联在东欧的统治地位"。

福特指出赫尔辛基最后文件有35国领导人签署，还包括教宗的代表。关于这个文件默认苏联在东欧的统治地位的指控，他说："那根本不是事实。"他应该说到这里就打住的。可是他自找麻烦地试图解释赫尔辛基协议到底说了些什么。他说到最后，又把顾问给他准备的说辞过度简单化。他一面用右手做了一个空手道劈砍的动作，一面说："东欧并不在苏联掌控之下，在福特政府任内，也绝不会发生这种事情。"

弗兰克尔给福特一个补救的机会，甚至还向他挥动警告旗。"您的意思是，苏联并没有用东欧作为它的势力范围，没有占领那里大多数国家，用军队确保那里继续是共产党的地盘？"福特的回答基本比照他的顾问们为他准备的提要：

> 我不认为南斯拉夫人认为他们被苏联掌控了，我不认为罗马尼亚人认为他们被苏联掌控了，我不认为波兰人认为他们被苏联掌控了……美国也不同意这些国家为苏联所掌控。事实上，我曾经访问过波兰、南斯拉夫和罗马尼亚，让那些国家的人们了解美国总统和人民是坚决维护他们的独立、自主和自由的。

这一下，卡特逮到机会了。他也许心里已经在盘算有多少芝加哥移民聚居区的票源源流入，他说："我倒要看福特先生能否让波兰裔美国人、捷克裔美国人和匈牙利裔美国人相信这些国家不是生活在苏联的掌控和监督之下。"

在白宫，海兰德发出一声哀吟。在旧金山舞台边上的房间观看辩论的布伦特·斯考克罗夫特脸色发白。但一向殷勤的基辛格在一个小时后从华盛顿打来电话，告诉福特他表现得很好。他没有提东欧，一直等到他跟斯考克罗夫特讲上电话，才知道福特的回答惹来大麻烦了。

新闻界并不想深究福特讲话的真正含义。新闻报道只说福特犯了大错，仿佛他连苏联在波兰有驻军都不知道似的。斯考克罗夫特和切尼以为他们自己就能够把事情澄清，当夜举行了辩论后的吹风会，让福特去睡觉。吹风会上的第一个问题是："在波兰有没有苏联驻军？"

斯考克罗夫特说，有的，有四个师，然后他试图解释福特的回答："我想总统要说的是，我们不承认苏联在欧洲的统治地位。"切尼坚称，在当时的上下文里，那个回答意思是很清楚的。但是由于没有让福特本人立刻澄清他的本意，第二天报纸和电视节目的报道都让人感觉，他可能不知道苏联对东欧掌控度的事实。

福特固执地拒绝公开承认他没有把话说清楚（通常只有这样做，才能平息媒体的闹腾），这个问题就闹了好几天。一个星期后，他终于承认"我没有把我的意思表达清楚"，这个问题才开始消停了。那个星期，基辛格在一次记者会上把整个事情做了一个客观的解释。基辛格说："在辩论会的压力下，他没有很好地把自己的意思说清楚。知道他的经历的人都不会相信——他不知道这个问题的真实情况。"

可是一些批评缓和的人则认为福特的话不仅仅是误会，还反映了一个事实，就是基辛格是让他陷入维护缓和及赫尔辛基这个没有前途的政策的罪魁祸首。那个星期，威廉·萨菲尔在文章中写道："失言是总统的失误，但是赫尔辛基的根本性政治错误却是国务卿的失误。亨利到今天都不明白这一点。"

总之，福特讲话的政治影响是灾难性的。民调专家乔治·盖洛普称之为"此次竞选中最具决定性的一刻"。政治新闻记者朱尔斯·威特科佛写道："毫无疑问，总统的民调回升的动力受挫了。"从此，福特一直没能恢复他东山再起的动力，他以区区两个百分点的落后，输了大选。[10]

12月，基辛格完成了任内最后一次出访，这次他到布鲁塞尔参加北约会议，途中停留伦敦，尝试恢复罗德西亚谈判的动力，但没有成功。至此，他作为国务卿已经旅行了555901英里，访问了57个国家。飞机上的一位记者问，他认为他的继任者赛勒斯·万斯会这么风尘仆仆地旅行吗？基辛格停顿了一下，想到传言说的布热津斯基可能被挑选担任他的老职位，他扑哧一笑说："那要看谁担任国家安全事务助理了。"

这次出访有一种告别之旅的味道。许多北约的部长送他礼物，北约秘书长约瑟夫·伦斯说的一番话听起来像悼词。他说："历史必将认可你为20世纪最有成效的外交部长之一。我引述一段莎士比亚的话来概括我们共同的感觉：'从各方面来看，他不愧为大丈夫，我再也寻不出能和他比拟的人。'"

基辛格和随行的记者团在一起时，还像以往一样打趣逗乐，尽量避免说到太花精力或伤感的话题。一位记者在布鲁塞尔的记者会上问："你能告诉我们你认为你最大的成就和最大的失败是什么吗？"基辛格回答："我没太听懂你的第二个问题。"吹风会结束时，外国记者们都起立致敬，有几个美国记者也站了起来。在回程上，一些记者甚至讨要他的签名。

一直到他在任的最后一个星期他才肯讲一些个人想法。他在向全美记者俱乐部做告别演说时哽咽地说："我暂时把公共政策的大题目留给你们。如果我说告别是容易的，那我就太虚伪了。我很羡慕你们工作的刺激、责任的重大和你们的机会。"这一次，全体记者起立致敬。

那个星期稍后，他在纽约市的外交政策协会做告别演说。在讲完准备好的稿子后，他开始回忆：

> 1938年来美时，我就读的华盛顿中学要求我写一篇文章，叙述做一个美国人的意义。当然，我写道，跟从小一起长大的人分离，离开我熟悉的地方是很不容易的。但是我觉得在这个国家我可以抬头挺胸地过马路，这一切就都值了。美国对其他国家的意义就在于各地人民也希望能够抬头挺胸，昂首阔步。我们作为美国人的责任就是要永远保证我们的理想超越我们的不同。[11]

第 32 章

平民基辛格：不管部部长的空中飞人生活

我是世界级人物。我不能像一般教授那样过日子。

——基辛格对哈佛大学亨利·罗索夫斯基院长说，1977 年

重返纽约，1977 年 1 月

　　8 年来头一次，亨利·基辛格抵达纽约市时并未乘坐总统的空军专机。那是吉米·卡特就职后的一星期，随权力而来的特殊待遇正开始消失。但与其他卸任的国务卿——甚至卸任总统——不同的是，基辛格却能凭借他专心致志的努力和他超强的个性，得以在他离职后仍享受大人物的待遇。

　　所以，尽管他没有了空军专机，但也没看见他在机场航站楼等行李。虽然服务还行的定期航班并不是没有，但他离职后一周的纽约之行还是借用了洛克菲勒的私人飞机。他认为使用商业航班太麻烦，对他这样身份的人来说又有屈尊的隐含意味，这很快也成了他的朋友之间的闲谈话题。每当有人找他咨询和演讲时，如果可能，他都确保能乘坐私人飞机。

　　同样，基辛格也希望能保留特工对他的人身保护。这个要求也不能算是过分，毕竟基辛格是个打算在曼哈顿定居的有争议的公共人物，哪一天遇上个疯子拦住他去路的可能性还是有的。但这里少不了也有自重的成分。如果去饭店或开会总有一帮特工尾随，即便是在曼哈顿世面见得多到腻味的地方，也是身份的象征，当然也会减少需要在吧台等座位的情况。

几个月间，新政府继续出资给基辛格提供特工保护。但坚持自己提行李的吉米·卡特或他的国家安全事务助理兹比格涅夫·布热津斯基——他对基辛格极度反感长达20年之久——都不会对基辛格长期如此照顾。布热津斯基开始取笑这种保护是一种所费不赀的自我膨胀行为，不久保护就被取消了。基辛格不以为然，说这其实是报复。最后，他自己掏腰包，每年花15万美元，由原来的特工团队队长、为人随和的沃尔特·贝特牵头的5人保镖小组对他提供24小时保护。

有私人飞机和保镖的生活方式也有助于保证基辛格不会被人遗忘。国务卿迪安·腊斯克，甚至迪安·艾奇逊，都回归平民生活，且自称很享受成名后返璞归真的日子。基辛格则不然。这在美国媒体时代也堪称反地心引力的绝技，甚至在他的后继人选都能溜进餐馆用餐而不为人察觉之后，他依然光环不减。

卡特当政两年后，《华盛顿人》杂志问："谁是当今华盛顿最红的明星？"泰德·肯尼迪？伊丽莎白·泰勒？吉米·卡特？在肯尼迪中心一次盛会上答案揭晓了："在这冠盖云集、星光灿烂的盛会上，赢得赞叹声最热烈的、电视镜头捕捉到的第一个人物，竟是前国务卿亨利·基辛格。"这确实有些出人意表。但更令人讶异的是15年后再来一次调查的话，很可能还是同样的结果。

基辛格之所以名人地位经久不衰，部分也归因于他的个性和心智。即便已然退出政坛，在公共场合他还是那么耀眼，私底下还是那么有魅力：在电视上他的话句句语重心长，在晚宴上他知无不言，演讲时历数往事妙语连珠。

此外，他显然也有一套每到一处立即成为所有人关注焦点的本事，这得归功于他自然的吸引力以及他的细致工作。能表现的时候绝不缄默，基辛格深知他的形象是他最了不得的资产。人们愿意给他3万美元的演讲费、25万美元的咨询费，肯定不只是因为他的思想内涵。他的吸引力部分来自他一定的神秘性，于是他就越得在这方面下功夫。

"不情愿变成一个凡夫俗子。"他自己也承认是他的自我在作祟，他的自我之庞大连他自己都拿它开玩笑。有一次参加全国广播公司一个特别节目，他到了罗马，听说教皇正忙于筹划两位新圣徒的宣福礼。他问："另外那一位是谁？"

他眼中即使一些微不足道的怠慢，他也很计较，他的朋友、继任者赛勒斯·万斯有一次在他访问国务院后引领他去乘坐公共电梯，而不是基辛格当年安装的直通国务卿办公室的私用电梯，他颇为不悦。[1]

他们搬到曼哈顿时，基辛格夫妇住在52街可俯瞰东河的一幢时髦、26楼层高的灰砖建筑——河畔大厦——中的四卧双层公寓。其中两间给孩子戴维和伊丽莎白，两人每到夏天和节假日都会与父亲相聚。

在两位设计师文森特·福尔卡德和艾伯特·哈德利协助下，南希把屋子布置得相当舒适、温馨。有个可俯瞰东河的大凸窗的客厅被绿色带衬里的织物覆盖，这是福尔卡德的装潢特点。室内陈设包括壁炉上方的墙上挂的一幅西班牙印象派大师的油画，另外还有一扇中国丝绸屏风，和好几张她丈夫特别爱买的东方地毯。餐厅里的4张圆桌可以坐得下40个人，深蓝色的漆木墙有金色镶边装饰，上面挂着几幅低调的静物画。

基辛格夫妇还在康涅狄格州西北角靠近肯特的地方花了47万美元买了一个占地50英亩的殖民时代风格的木造板房农舍为乡间别墅。这个点缀着乳牛场和新英格兰"十字路村落"的地区在20世纪70年代成了富有的、有艺术气息的纽约客趋之若鹜的去处，它比富人度假胜地汉普顿更为安静。基辛格友人在此地有别墅的不乏其人，从时尚大师奥斯卡·德拉伦塔到参议员亚伯拉罕·鲁比科夫和妻子凯西，再到小提琴家艾萨克·斯特恩。

前房主在地上种植了一片蓝莓，夏末收获季节，当地居民可前来自行采摘。采摘完自己称重，每磅付80美分，主人家会将部分收益捐给当地的公理会教会。虽然这个做法行之已久，也深受欢迎，但基辛格无意允许陌生人在他的产权地上乱转。此外，虽然他的房子隐藏在树林深处，但他希望清理出大片空地，让自己能更好地看到他拥有的这块地上的湖泊和山丘。在邻居们的惊叹声中，蓝莓全被连根拔起。"那里有我们的情感记忆,"《肯特好时光快报》周刊的编辑爱德·拉普说,"我们认为蓝莓对我们来说比亨利更有价值。"[2]

这所住宅的一部分建于1770年,像许多新英格兰老农舍一样经过数十年不断扩充,自有一番风味。基辛格决定进一步延伸加建,增添一间卧房和书房。对建筑比例和空间关系饶有兴趣的他决定了能适当平衡原来设计的大小。加建部分充分体现了他对秩序、结构、框架及平衡的注意。

所有这些需要和欲望决定了一种高消费的生活方式。除了每年自掏腰包付15万美元的保镖费,还要聘用3个律师应付(莫顿·霍尔珀林和安东尼·莱克及其他人)有关他当年在窃听事件里的作用,以及为调阅他的文件和电话记录引起的诉讼。因此,他回去全职重执教鞭的可能性本来就不大。

然而,基辛格还是让他哈佛大学昔日的同事费了不少周章,给他一个教职。他在政府学院作为国际关系学讲席教授已经空置8年,说明学校对他真是极为重视,照顾有加,如今哈佛又把这个讲座给了他。可是教授一职并没有给他什么特殊待遇;他得全职授课,办公室也就那么大,还得跟其他教授一样只配备一个秘书。

基辛格希望学校给他的条件再好一点,但是并未明说如果给他更好的条件,他就会接受这个教职。他觉得以自己的身份,完全可以成为立校级终身教授(全校仅有五位),或类似的位高责任轻的高级讲席教授。他的军中老友、时任院长的亨利·罗索夫斯基到波士顿丽兹大酒店来见他。"我是世界级人物,"基辛格跟院长说,"我不能像一般教授那样过日子。"

但当时哈佛的校长德里克·伯克却对基辛格的处境毫不同情,不愿意给他一个特殊讲座。他对罗索夫斯基说,像亨利这样的人的危险在于,他只会把学校当个基地来用。[3]

罗索夫斯基后来怀疑,即便给基辛格一个立校级终身教授头衔,他也不会留下来,他猜对了。就是因为人家没给,基辛格得以再次认为他的老同事怠慢了他,而为此感受甜蜜的痛苦。

基辛格传

他倒是差一点就接受了哥伦比亚大学的杰出教授职，他可以一边写他的回忆录，一边在纽约干点儿别的。可是因学生开始抗议他在越战中的作用，他打了退堂鼓。"雇用基辛格相当于请（杀人魔）查尔斯·曼森来教宗教课。"一位示威者如是说（牛津大学万灵学院也愿意给他教席，但基辛格开玩笑地说，"那我们的狗泰勒得通过检疫，南希得住进狗旅馆"）。

高盛董事长约翰·怀特黑德希望基辛格加入他们投资银行部门工作，这是基辛格考虑的唯一全职职务。但最终他只跟他们签署了年薪15万美元的顾问协议，高盛成了他后来成立的国际顾问公司的第一家客户。

他还与全国广播公司签了一份担任评论员兼顾问的年薪20万美元的合同，招致该电台许多记者的不满。据帮助处理他个人财物情况的人士说，基辛格第一年其他的收入来源还有大通银行国际咨询委员会年薪1万美元的咨询费，乔治敦大学非全职教授职年薪3.5万美元，阿斯彭研究所高级研究员一年2万美元，十几次主要是针对企业的演讲，每次演讲费高达1.5万美元。

但基辛格去职后的头四年主要还是忙于写回忆录。他的代理马文·约瑟夫森在世界各地给他这本书筹集了500万美元的出书费，包括利特尔＆布朗出版社精装本版权费200万美元。

大部分写作都是在基辛格在华盛顿租下的一个办公室内完成的。他和一群领薪的研究人员——包括国安会前幕僚彼得·罗德曼、罗斯玛丽·尼赫斯和威廉·海兰德——坐在一个长方形条案前，将成千份文件、电话记录、谈话备忘录都捋一遍，为每一章节搜集材料。基辛格有时一天得伏案疾书10小时，在一本黄颜色的拍纸簿上几易其稿，然后交给一班打字员接力打出。

1978年秋，才写到尼克松第一任期结束，他已完成书稿1000多页。于是又重新谈合同，把回忆录改为两部，第一部定于1979年中完稿。就在时限越来越近的时候，基辛格接受了买下英国连载权的伦敦《星期日泰晤士报》的帮助。该报编辑哈罗德·埃文斯鉴于其文字较晦涩，表示愿意做一些编辑处理，让文稿更活泼生动些；于是就有信使跨越大西洋来回传送。埃文斯事后坚称，谣传他是此书真正代笔人，"我听起来很受用，但这纯属无稽之谈"。

记载 1969—1972 年种种的《白宫岁月》叙述细腻翔实，基辛格有为自己辩解之嫌（特别是在越南和柬埔寨问题上），但也进行了毫不避讳的反思。与多数回忆录不同，它不是拉拉杂杂记述零敲碎打的事件，而是颇有史学家作风的学术作品。同时它也展露了一个小说家的观察入微，对人物的刻画更是精雕细琢。许多基辛格政界和学界的批评者都对此书赞誉有加，1979 年圣诞节期间该书在畅销书榜上名列第一。

因为基辛格坚持修改书稿，以驳斥 1979 年 5 月英国记者威廉·肖克罗斯《穿插节目》一书对尼克松-基辛格柬埔寨政策的严厉批评，出书时间推迟了一些，令每月一书俱乐部紧张了好一会儿。肖克罗斯，这位《星期日泰晤士报》的明星记者用"新闻自由法"挖出了五角大楼文件，特别是与 1969 年和 1973 年轰炸有关的文件。他的基本论点是，美国要为把柬埔寨卷入越战旋涡并最终跌入地狱深渊负主要责任。基辛格被这些指控激怒了，在与保利和约瑟夫·克拉夫特造访中国期间始终对这本书耿耿于怀。基辛格与朋友聊起进入政坛的可能性时也曾谈到此书。虽然他对采访人说，为回应肖克罗斯，他打算在书里"加上一两个脚注"，其实他在最后付印清样里起码加了十几页内容。[4]

基辛格回忆录的第二部《动荡年代》花了 3 年才写成，只覆盖了尼克松未完的第二任期的一年半。1982 年春，出版后他就不写回忆录了。关于福特年代的第三部他从未下笔，而对自己出任公职前后的生活，他也不曾着墨。

基辛格把他的写作改朝另外一个方向发展。他与《洛杉矶时报》辛迪加签了合同，每年撰写约 12 篇专栏文章，并由《华盛顿邮报》《纽约邮报》和其他十几家报纸转载。他的专栏一般都比较长，大约是正常特稿专栏的 3 倍，分析性较强，并不表述过激意见或透露内部信息。通常都是基辛格在前往乡间别墅的豪华轿车后座上写成的，没有他的回忆录那么精彩风趣，但一般来说还是根据他的均势原则对有关情况的谨慎推理论述。此外，他也开始为《新闻周刊》一年写四次类似的长文。

基辛格也增加了他作为电视评论家的工作量，成了20世纪80年代最常见的政论专家。他与全国广播公司的关系并不顺畅。他第一次特辑专门介绍欧洲共产主义，收视率竟然是那一周该台65个节目中最差的。当全国广播公司决定播出对他一小时的专访时，公司觉得需要找一位外界的知名记者，于是选中了曾访问过尼克松和其他政界领导人的英国记者戴维·弗罗斯特。帮助弗罗斯特做准备工作的就有肖克罗斯，结果就轰炸柬埔寨问题，基辛格与弗罗斯特有一段激烈的争辩。基辛格致电广播公司高管，坚持把他那一部分要么删掉，要么重拍。弗罗斯特愤而辞职，并公布了原带记录。最后节目还是按照弗罗斯特的要求播出了。

因此美国广播公司，由泰德·科佩尔和鲁恩·阿里基牵头，在基辛格与全国广播公司合同期满后让他跳槽也就不是件难事了。美国广播公司一有需要首先（但并非独家）可以找他，自此他经常出现在泰德·科佩尔的《夜线》节目中。但该台新闻主播彼得·詹宁斯却并不十分追捧基辛格，在晚间新闻时段很少找基辛格出面。他与美国广播公司的关系持续到1989年，基辛格因参加了哥伦比亚广播公司董事会而辞职。

他还当选了大都会艺术博物馆董事会（纽约市社会地位最显赫的董事会）董事，以及外交关系协会董事。他忠心的助理温斯顿·洛德被选为协会会长。但令两人尴尬的是，四年后发生了一件意想不到的事：基辛格连任失败。

当时的情况确实有些诡异。董事会的8个席位获得了9个提名，每位会员可圈选8位。换言之，将由协会的3000名会员把9人中的1人选下来；作为最具争议性的候选人，基辛格就这样败下阵来。有人认为这说明美国建制派的核心否决了基辛格。他倒很幽默地说，本来他打算要求正式重计选票，但后来想想就为那一票重计也没什么意义。以后他在协会的研究小组里相当活跃，但此后再也没有参选董事会。

1982年初，基辛格开始觉得右肩剧痛难忍。起初，他和医生都认定是一次银行业者大会上演讲完毕从讲台上下来时摔伤所致。但在波士顿麻省总医院检查后发现，其实是通往心脏的三根动脉血管堵塞的结果。他开始和医生商量是否能在他的时间表上找出时间动手术，最后发现得三个月以后才匀得出时间。直到他看了血管造影图后才决定一周内动手术。

"我的医生说我需要搭三个桥,"基辛格第二天在医院的记者会上说,"不过我还是希望能搭四个桥,我要比黑格多一个。"起码,他补充道:"这证明我其实是有心之人。"四位总统——里根、尼克松、福特,还有令他没有想到的卡特——都来电祝他好运。手术一切顺利,几个星期后他已经到棕榈泉卢·沃瑟曼——MCA传媒公司总裁——家中休养。

但基辛格的医生倒是告诉他,他必须减肥,改变他糟糕的饮食习惯。1969年他担任公职那年,他几乎算得上是个瘦子,只有155磅重。到他于1977年离任,体重已然飙升到215磅。他最喜欢的食物是肉肠、德国香肠、鸡蛋、奶油、炸洋葱圈、烤肉卷,这些都是美国心脏协会认为最"伤心"的食物。此后,他改吃无胆固醇的蛋类替代物,南希开始严格控制他的饮食。但只要南希不在,他就会要厨师们,特别是在他们乡间别墅工作的爱沙尼亚大厨,给他做烤肉卷、香肠或其他不可以吃的东西。

在赶赴波士顿动手术的路上发生了一件事,说明基辛格喜欢有保镖、乘坐私人飞机也不无道理。他与南希一起步行在纽瓦克机场时,一位林登·拉罗奇政治教派成员上来纠缠。"为什么你在卡莱尔酒店与男童上床?"这个女人不断叫嚣。南希上去抓住这女人的脖子,将她推开并叫道:"你想挨揍吗?"这女人告她殴打,6月基辛格夫妇为此还出庭一日应讯。法官宣布南希无罪,还说她的行动看来是"自然的""人性的"反应。

基辛格手术后几个星期,他的父亲路易在其华盛顿高地的简易寓所内逝世,那是1938年他们刚刚抵美不久他和保拉一直居住的地方。路易享年95岁,他原先在德国平静的教师生涯被打断后经历的所有苦楚,后来都被儿子辉煌成就带来的自豪感一扫而空。

路易在后来那段日子一直搜集有关儿子的报道,一集又一集,既有剪报,也有其他难民和德国友人寄来的材料。他将它们一一整理、剪贴、加注,有越南和中国的头条,也有与(女影星)吉尔·圣约翰和萨曼莎·艾加的花边新闻。1970年初的一个晚上,基辛格正在观看斯坦利杯冰球的淘汰赛,白宫总机找到他,转来一条信息,请他立即与家中的父亲联系。基辛格以为是母亲在家里出了意外,跳起来急忙给家里打了电话。"出了什么事吗?"他问。他父亲说:"亨利,你知道德国报纸《建设周刊》吧?"基辛格说他知道。他父亲接着说:"你晓得吗,他们登了一篇关于你的险恶社论。我是不是该给他们写封信?"

基辛格的名声在1983年受到严厉打击,西莫·赫许的《权力的代价》一书出版,对基辛格头四年总统国家安全事务助理的所作所为提出了严厉批判。针对赫许的指控出现了一系列专栏和新闻报道,其中最值得一提的是基辛格曾在1968年同时给汉弗莱和尼克松提供背后渠道的支持。基辛格对该书"虚假的谎言"愤愤不平了好几个月;他让研究人员找出书中失实的地方,对斯坦利·霍夫曼在《纽约时报·书评版》里给予该书一定的尊敬不禁勃然大怒。

基辛格和南希与大西洋唱片公司负责人艾哈迈德·厄特根和妻子米卡——他们社交界爱旅行的新友人——同游土耳其时还发生了一件趣事。厄特根着令他的办公室事先送一批基辛格的书来,好当礼物赠予他人。可是书运到了,厄特根打开箱子竟发现寄来的是赫许的书而不是基辛格的回忆录。[5]

他们原来一些华盛顿的朋友对基辛格夫妇如今来往的星级人物颇有微词。"在纽约,南希似乎喜欢跟她的裁缝们吃饭,"苏珊·玛丽·艾索普说,她指的是像奥斯卡·德拉伦塔这样的人,"他们是好人,但跟我喜好不同。"

多数老朋友都怪罪南希,说她喜欢跟《女装日报》照片里的人物周旋。其实,喜欢跟这帮国际富豪打交道,更享受个中舒适、乐趣的是她丈夫。无论是在好莱坞、曼哈顿,还是在巴黎,与这些富豪、社交界名流在一起都会让他有一种莫名的兴奋。而20世纪七八十年代,社会名流中最闪亮的人物就有不少是基辛格的新朋友,如德拉伦塔、安妮特·里德、艾哈迈德和米卡·厄特根。

"我想他认为自己跟知识界打了太多交道,"曾经的女友简·库欣·艾默里说，"他想要一群崇拜他的人。"不错，虽然基辛格夫妇仍然偶尔与亚瑟·施莱辛格和少数学界朋友来往，但是他往往回避纽约的学术界，部分也是他感觉到他们已经因为越南和柬埔寨不想理他了。

但基辛格夫妇来往的朋友其实比 80 年代初八卦新闻所描述的更多样化、更有启发性，这再一次说明基辛格愿意主动与宿敌冰释前嫌。比如，在他 60 岁的生日宴上，出席者中就起码有五位被他窃听过的人：威廉·萨菲尔、温斯顿·洛德、赫尔穆特·索南费尔特、约瑟夫·克拉夫特和马文·卡尔布。

两年以后生日宴上的来宾则更能全面反映他的新友人。宴会在曼哈顿上东区最时髦的马戏团餐厅（Le Cirque）举办，主持人是芭芭拉·沃尔特斯。出席的娱乐界人士有二十世纪福克斯电影公司的巴里·迪乐、MCA 的卢·沃瑟曼和大西洋唱片公司的艾哈迈德·厄特根。媒体巨擘则有哥伦比亚广播公司的威廉·佩利、全国广播公司的鲁恩·阿里基、《华盛顿邮报》的凯瑟琳·格雷厄姆和报纸发行人鲁珀特·默多克。知识界经常批评他的新保守主义泰斗诺曼·波德霍雷茨和妻子米奇·戴克特也在场，另外还有罗伯特·麦克纳马拉和威廉·西蒙。其余到场嘉宾有玛格丽特·洛克菲勒、被废黜的伊朗王后、麦克·华莱士、威廉·萨菲尔、泰德·科佩尔（致贺词时他还模仿基辛格说话）、温斯顿·洛德和包柏漪，以及无所不在的奥斯卡·德拉伦塔。[6]

当然他们都谈不上是密友或知交。但这些人所代表的魅力、权力、财力则一向令基辛格神往。吸引他回到纽约的正是这个世界，而如今他与妻子也成了这群人中最为璀璨的明星。

不管部部长

曼哈顿的新生活固然称心如意，但基辛格仍然醉心公权力。当民主党总统上台，他离开华盛顿时，他肯定没有料到以后竟然连着出现两届共和党政府，而两届政府都不曾给他一官半职。整个 20 世纪八九十年代，他始终是局外人，呼之欲出，却从未重回局内。

在卡特任内，基辛格与国家安全事务助理兹比格涅夫·布热津斯基之间长期关系冷淡，好在他与国务卿赛勒斯·万斯交情不错。万斯一直是外交关系协会及其他文人雅士谈论外交政策场合的中流砥柱，人品高尚、为人谦和，是建制派中基辛格自然愿意搞好关系的人。

基辛格与卡特政府最大的冲突发生在1979年，伊朗国王被推翻的那一年。"美国政策几十年来最大的败笔就是眼看伊朗国王垮台不予支持，美国甚至不了解其影响。"他公开这样说，故意弱化其他的败笔。

那年早些时候，万斯的国务院曾请基辛格帮忙给伊朗国王找个安身之地，好劝他不失颜面地退位。基辛格怀疑这个政策是否明智，但他还是答应了，在戴维和纳尔逊·洛克菲勒的协助下，给伊朗国王找了个地方。

可是在国王离开伊朗后，卡特政府又决定不想让他到美国来。"可否请基辛格出面让他不要来？"基辛格愤怒地拒绝了，还反其道而行：他向所有方面表示他觉得美国有道义责任给这位老盟友提供庇护。他曾两度找万斯，请他让国王入境，而且还起码三次给其他高官——包括布热津斯基——打电话。布热津斯基请他给卡特总统打电话，4月初他也真的打了。卡特说他不觉得惹火烧身符合美国利益，于是基辛格决定公开表态。他在4月晚些时候的一次演讲中说，把伊朗国王"像（瓦格纳歌剧）《漂泊的荷兰人》那样对待，让他四处寻找可停泊的口岸"，在道义上是说不过去的。

他与戴维·洛克菲勒和约翰·麦克洛伊一起想办法，替国王伸张正义。洛克菲勒给国王在巴哈马找到了临时居所；基辛格又打电话给墨西哥总统，在那儿给他安排政治庇护；麦克洛伊则给正在美国求学的国王的孩子解决签证问题。10月底，就在基辛格在欧洲旅行时，国王病重，希望能到纽约就医；卡特政府决定让他入境，结果惹怒了德黑兰，导致了美国使馆被占，使馆人员被扣为人质。

对基辛格来说，此事又牵涉美国的信誉。"国王的庇护不仅事关我们国家的道德品格，也关系到我们是否有能力得到其他国家的信赖和支持。"他辩解道。[7]

基辛格的话很有道理，但经不起更深层次分析：国王被推翻及其后强烈的反美情绪，证明尼克松-基辛格大力支持国王，让他成为尼克松主义的支柱的政策根本就是建立在流沙上的危险政策。

基辛格过着纽约流亡生活时，也想过通过竞选参议员的办法东山再起。1980年，他的朋友雅各布·贾维茨任期届满，且他当时已经76岁高龄，身体又不好。自然就有人想到或可由基辛格取而代之，届时可能就会出现纽约州的两名参议员——基辛格和莫伊尼汉——都是曾经的哈佛教授的火爆组合，两人都以学富五车、才高八斗自诩。

基辛格是潜在候选人所激发的电流在1978年10月他和杰拉尔德·福特出席的一次曼哈顿募款晚宴上表露无遗。前国务卿的光芒胜过了前总统。腰缠万贯的商人毫不避讳地要基辛格的签名，还有人听到妻子请丈夫想办法给介绍认识基辛格。"这些日子基辛格在纽约政界还真是香饽饽，"第二天《华盛顿邮报》的戴维·布罗德如此报道，"纽约州共和党政客都对他可能竞选参议员一事到了痴迷的程度。"

宴会上还有一个人说了一段与基辛格在曼哈顿同行的现身故事。"简直就像跟（拳王）穆罕默德·阿里一起一样，"他说，"坐在出租车里的乘客都摇下车窗大声向他问好。办公大楼也有人从窗子伸出头来用手指着他。"

但基辛格不是天生的政客。那天晚上他提前离开了募款晚宴，跟联邦德国外长汉斯·迪特里希·根舍共进晚餐去了。对外，他表示，只要贾维茨想第五次连任，他就不参选。私下里，他担心参议员57000美元的年薪不够他过日子。而南希·基辛格则表示，如果他进入政坛，她的反应将在加入民主党与选择离婚之间。

意识到他需要两党的支持，基辛格于是请金融家费利克斯·罗哈廷安排与民主党人士的晚宴，讨论竞选的可能性。来宾从劳工领袖维克多·戈特鲍姆到作家彼得·马斯。有人问基辛格："你做了这么多事情以后为什么想当参议员呢？""我还有十年的名声资本，"他答道，"每过去一年，资本就递减。除非我做补充，否则我很快就会被遗忘。我需要一个平台。"马斯随后就提起肖克罗斯那本关于柬埔寨的书，说这本书会在你竞选的路上咬着你不放。基辛格爆发了。"书里谎话连篇！"他用手捶着桌子说。在场的人觉得他脸皮太薄，对搞政治的人来说这是障碍。[8]

最后，贾维茨参议员决定他要竞选连任，基辛格就决定不参选了，于是阿方斯·达马托就成了下一任参议员。

1980年在底特律举行的共和党大会上，基辛格介入了一系列大胆的、几乎改写美国总统职位结构并让他个人回归权势的——虽然就此仍存在巨大争议——政治谈判。罗纳德·里根眼看提名在望，在物色竞选伙伴时正考虑强强组合：或可劝说4年前败在卡特手上的前总统杰拉尔德·福特同意出任他的副总统。福特一开始拒绝，但在大会的第二天——7月15日周二——他与里根会面一个多小时后同意再考虑考虑。这位已经做过未经民选的总统和副总统职务的人表示，他只需要一项保证，保证他的工作将负实责。

那个周二晚上，基辛格本打算与内华达州参议员、里根最亲密的朋友之一、未开发西部保守主义急先锋、一向视基辛格为外星人的保罗·拉克索尔特共进晚餐。就在他要离开底特律广场酒店的钢铁和玻璃圆柱形建筑里的套间时，电话响起，原来是威廉·凯西请基辛格到他的房间去一趟。五年前被基辛格从负责经济事务的副国务卿职位上劝退的凯西，如今是里根竞选团队主席。

基辛格到的时候，发现同时在座的还有里根另两位高级助理埃德文·米斯和迈克尔·迪弗。米斯匆匆解释道，里根愿意找福特做搭档，请基辛格帮忙从旁说服。米斯说，能不能立刻就请他去见见就住在楼上的前总统。基辛格发现自己又像以前那样忙碌起来，这些当年整他的保守派现在求他帮忙，一旦福特复出，他还可能重得权势，不禁兴奋起来。他同意稍晚去办这件事。

基辛格也终于有机会争取1976年曾取笑他和他的赞助人洛克菲勒的里根死忠派的支持。当晚他要在大会上发言，而且他准备了一篇战斗性十足的激情演说。他甚至还在一周前争取到与里根的私下会面，基辛格逐一介绍他的演说要点，里根聆听时面带微笑，眼神呆滞。

演说效果很好。虽然在他步上讲台时有零落的喝倒彩的声音，但他很快就在指摘民主党的种种不是时唤起了群众的激情，他说民主党人"让反美极端主义得以在全世界坐大"。他说，过去共和党内部有分裂，"但现在是我们团结一致的时候了"。他的潜台词是，现在是里根派允许基辛格参加他们的大团结的时候了。

回到旅馆套间已是午夜时分，福特与妻子、几位政治助理、经济学家格林斯潘和基辛格相聚。在一旁见证这个历史的还有时年18岁、即将赴耶鲁大学就读的戴维·基辛格。亨利·基辛格也怀疑总统和副总统之间的权力分享是否行得通，但还是想用福特的爱国情操打动他，请他再考虑考虑。基辛格说，国家，其实整个自由世界，都情况危急。如果不击败民主党，必将有大灾难。他说他知道福特需要做很大的牺牲，但这是国家的需要。

会议进行了一个小时后，福特起身，并邀请基辛格与他一起到卧房两个人私下再谈。"可是亨利，行不通啊。"他说。基辛格再次答复道，国家需要他。

从一开始，基辛格在新政府里将发挥什么作用就一直是个难题。里根根本不相信他，不喜欢他，认为他对苏联太软弱。这位加州前演员是位狂热的意识形态斗士，看事情非黑即白，而基辛格则能看到细微差别。

加之里根身边的主要外交政策顾问、他出行时每每随侍左右的，正是12年前尼克松第一次得胜后被基辛格硬生生挤出局的娃娃脸保守派理查德·艾伦。艾伦对基辛格十分厌恶，觉得此人毫无原则。周二那天他特意守在里根身边，谨防迪弗和米斯又会使出什么怪招，特别是涉及基辛格重回政坛的怪招。

基辛格知道他招致某些人的反感，所以他周二晚间告诉福特，不应有"任何人物或人名"阻挠这个安排的成功。但福特挑明了他要基辛格再次担任国务卿，而基辛格并未表示他不应在考虑之列。据福特回忆："我决定如果要我做竞选搭档，我会相当坚持让亨利做国务卿。我告诉亨利这将是我们谈判的内容之一。"

周三，就在与会代表间开始流传这个强强联手阵容时，福特授权四名顾问，包括基辛格和格林斯潘，与里根高级助理会面，试图达成交易。

他们一起弄出了一个两页长的协议，基本上就是让福特做白宫的首席运营官和幕僚长，同时监管国家安全委员会及其国内部分的对口。里根则充当董事长和首席执行官，有最终决策权。基辛格说这份文件"不能算不合理"。

当天下午稍晚，福特来电，问基辛格能否来见一下里根。他决定现在是坚持基辛格任命的时刻了。"罗纳德，我在这儿做了牺牲，"福特抵达时对里根说，"现在我请你也做点牺牲。我希望任命亨利·基辛格为国务卿。"

里根也相当直率，后来他跟助理说他还有些不悦。这超出了他原先预期的界限。"杰拉尔德，我知道基辛格有很多优点，"里根对福特说，"我会经常用他，但不是当国务卿用。过去几年来我全国跑了很多地方，基辛格身上的包袱太多。我不能同意。其实，我自己的人也不会同意。"

"我相当坚持，"福特回忆道，"可是里根不答应。"在与里根谈了不到15分钟之后，福特离开，回到自己的房间，继续思考此事。

但此时这个想法已失去其魔力，多数与会者事后回顾都觉得当时的想法确实有点儿荒诞。是基辛格问题戳破了气球，使国家免于一次改变行政部门权力结构的并不看好的尝试。当晚，福特在电视上公开抛出沃尔特·克朗凯特称之为"双总统"的想法。里根不耐烦了，他电告福特当晚即需要回音。一小时后，福特回电，决定不做他的副总统人选。

里根并没有等多久就打了下一通电话。在大家起哄推举福特之前一直是呼声最高的人选乔治·布什此时正在几条街之外的旅馆房内闷闷不乐，边追踪电视上的新闻报道，边喝着啤酒。当电话铃声响起，他的竞选活动经理詹姆斯·贝克拿起听筒问："你是谁？"对方的回答是："里根州长。"布什做好了听坏消息的准备。因为他听说里根和福特已达成交易。突然，他紧张的脸上绽放出了笑容。他向妻子芭芭拉和贝克挥舞臂膀，竖起了大拇指。"这是我的荣幸，"他对着电话说，"极大的荣幸。"

这次处理不当的福特事件还有一个小小的后遗症，从此在布什心中——除了他在联合国和出使中国所受到的待遇外——又多添了一个与亨利·基辛格保持距离的理由。虽然这并非基辛格策划的，但他似乎也有点过于热衷让福特而不是布什成为1980年的共和党副总统人选。[9]

里根任命黑格为国务卿的结果就是与基辛格保持距离。虽然他俩的关系在水门事件闹得最沸沸扬扬时得到了部分修复，但彼此疑心未减，基辛格看不上他的这位前助理，认为其心思浅薄。不过不久黑格就等于是自焚而灰溜溜地被里根强迫出局，任期短，也不见有何作为。

取而代之的是乔治·舒尔茨，一位深得基辛格喜爱和尊敬的人。基辛格曾公开说过如果他有机会，舒尔茨是他会任命做总统的人。但私下里，基辛格又忍不住向朋友贬低舒尔茨，特别是在他中东媾和陷入僵局时。与往常一样，消息不胫而走。基辛格这些私下侮辱的言论传遍了华盛顿，也传到了舒尔茨的耳朵里。他按捺住自己的怒气，决定以后有什么新倡议不再经常礼貌性地知会基辛格了。认识双方的人，如彼得·彼得森和詹姆斯·施莱辛格，都觉得不可思议，为什么基辛格还没学到，背后说别人的坏话最终总会惹祸上身的教训。

令基辛格吃惊的是，他与里根政策大多数分歧都基于他自己的更右的立场。里根上任时对军控过程颇有微词，认为它仅仅限制却并未减少导弹。令政府强硬派出其不意的是苏联决定摊牌，来场真的削减。其结果就是大家所知的"零选择"协议，从欧洲移除所有中程核导弹。

基辛格十分失望，而且在他的专栏里强烈表达了自己的意见；自从20世纪50年代他提出"有限核战争"理论后，他就一直主张在欧洲部署导弹。费尽政治周折部署了导弹后终于给北约提供了针对大规模苏联地面进攻的威慑。

更令他错愕的是1986年里根在雷克雅未克峰会上竟然同意戈尔巴乔夫提出的"从地球上消除一切核武器"的愿景，甚至支持了把这位苏联新领导人吹捧为冷战结束的象征的戈尔巴乔夫狂热风潮。后来的事实证明，基辛格过度怀疑了戈尔巴乔夫对苏联外交政策做总体改变的意愿，但他对里根个人过分乐观地痴迷于这位苏联新领导人感到沮丧却是对的。

虽然基辛格对里根政策是由衷地反对，但他日益保守的公开作态则出于不同动机。包括他渴望赢得极右派的衷心拥戴，有时渴望到不择手段、笃定要失败的地步。甚至在极右派于1980年控制共和党之前，他们的狂热就已经让他们有力量将打击对象的事业毁于一旦，所以像乔治·布什这样的政客才会拼命想讨这帮人的欢心。

基辛格也跳不出这个窠臼。除了他有拉拢争取对手的天性外，他意识到有实力阻止他在另一届共和党政府任职的将是右翼死忠分子，而不是左翼的学界老同事。所以他使出浑身解数讨好保守派，在他比较温和派的朋友眼中，他这种做法不甚光彩，甚至还有怯弱胆小之嫌。

这还真不容易。这些死忠保守派从缓和之初就是他的敌人。但他们反对的还不只是基辛格的政策立场。他们也不喜欢他的作风，甚至他的背景。里根革命的核心就有民粹主义，经常还有仇恨的色彩。其中大多数活跃分子都是主张集孤立主义和单边主义于一身的美国优先论者，他们不相信像有关大西洋联盟这样的复杂国际主义官样文章。这场革命认定的魔鬼就是东岸建制派、洛克菲勒家族、媒体和银行界精英，换言之，所有赞助基辛格的人。

在里根的造势会上，活跃分子散发的传单自称揭露了外交关系委员会和三边委员会的黑手，里面到处是惊叹号、箭头，无一不是指向黑框框里面的"洛克菲勒"和"基辛格"。这就是里根跟福特提到的基辛格的"包袱"。即便基辛格已经朝右派这边靠拢，他也无法消除运动中骨干分子对他的残余反感。

他顶多也就只能中和某些保守派人士的反对而已。1988年初，他到保守运动知识温床的传统基金会晚宴上演讲，显示他正在朝这方面努力。他说，美国应更注意与苏联的政治差别而少注意军备控制。演讲一部分是从知识层面解释为什么苏联即便在沙皇而不是共产党人领导下仍然会是威胁，但获得掌声的还是"带汁的红肉"部分。"我没有因戈尔巴乔夫狂热而忘乎所以。"他告诉他们。事后，这个智库的国家安全专家詹姆斯·哈克特说："基辛格离任后观点的改变简直不可思议。"[10]

基辛格与尼克松保持着有点儿紧张但却得体的关系。他们从来不是朋友，彼此之间既相互防备，又相互依赖。1977年，尼克松接受戴维·弗罗斯特系列访问后，彼此的猜忌更甚了。尼克松在访谈中描述基辛格神秘、诡秘，私底下常常发表过分言论，权力欲特强。尼克松还透露，1973年中东战争中，基辛格不太敢向以色列提供补给，直到尼克松命令他"提供一切能飞的东西"。制定对中国和苏联外交的是他，而非基辛格。尼克松还略带尖酸地谈起基辛格如何迷恋权贵人物，碰到好消息、坏消息接踵而至时他往往情绪不稳。

基辛格事先不知道访谈内容，他到苏珊·玛丽·艾索普家里看尼克松的访问。看着看着他就有点儿气急败坏，在屋里冲来冲去，并不是因为尼克松如何讲述他的个性，而是因为尼克松贬低了他在他们外交政策成就方面的作用。艾索普夫人生气之余给尼克松写了一封信。尼克松歪歪扭扭的手书回信与其说是写给她的，还不如说是写给基辛格看的：

> 在看了外交政策节目中关于我对亨利的评价部分后没有人会比我更难过。外交政策，我们谈了10小时，最后只留下80分钟。这都不在我的控制范围内。我曾一再表示，如果没有亨利的创新想法和外交技巧，我们是不可能在中国倡议、与苏联的第一阶段限武协议、越南和平协议和减少中东紧张方面取得成功的。我自己的评价是他会因为是我们这个时代最伟大外交家而留名青史……
>
> 又及，如果在亨利生日那天——周五——你能见到他，代我拥抱致意！——RN。[11]

第二年春天，尼克松的回忆录出版，他在书中对基辛格还是相当尊重的，尽管有一点高高在上的姿态。他把自己描述成一位果断的总统，手下这位外交政策天才的确才华横溢，却也比较情绪化。

写完回忆录后，尼克松搬回纽约市附近。最后是在新泽西州马鞍河镇附近密林深处买了一幢颇有风味的农庄式别墅，每天乘大型豪华轿车到城里的办公室写书，努力恢复自己的名誉。到20世纪80年代，就在基辛格遭到保守派民粹主义者和自由派知识分子憎恨时，尼克松却正东山再起。他仍然保有死忠保守派对他的支持，同时里根对苏联频频剑拔弩张的做法也使得外交政策精英们怀念尼克松的冷静务实。

基辛格夫妇并未将尼克松夫妇包含在他们的社交圈内，尼克松夫妇对出席社交晚宴似乎也并不热衷（帕特·尼克松在1976年中风后就一直没有在任何社交场合露面）。一次，在尼克松要求下，基辛格为尼克松举行过一次仅限男士参加的宴会。每年，基辛格也会邀请他的老领导，通常在很抢眼的餐厅吃午饭。尼克松不喜欢在外面吃午饭，有时他会说最好是到基辛格办公室两人边喝百事可乐边聊世界大事。1984年的一天，他们还真一起去了马戏团餐厅，威廉·萨菲尔写了一篇专栏文章，说"在马戏团餐厅，两人的名声正好来了一次耐人寻味的大翻转"。

无论是在公开场合，还是私下，尼克松都请里根多重用基辛格。一次在接受电视访问时，他说基辛格是中东问题的"重量级谈判员"，虽然基辛格还觉得他的举荐力量不够。"这么说吧，亨利是有些狡诈，有点难办，还有人觉得他讨厌，但此人是个绝佳的谈判人员。"尼克松在《新闻面对面》节目中说。[12]

不过，里根团队却让基辛格靠边站。他唯一的任务就是出任1983年里根任命的中美洲两党委员会主席这个吃力不讨好的职位。其实，该委员会就是政府想利用它做幌子，让国会同意拨款1.1亿美元援助萨尔瓦多，并一改此前断断续续的做法，转而坚定支持反尼加拉瓜桑地诺阵线政府的叛军。基辛格并不感到兴奋。"他们把最好的任务都给了我。"他对朋友揶揄道。但起码，这项任命是里根派对基辛格的正式肯定。他接受了，于是他梳理他的新的鹰派羽毛，投身于为里根政策争取两党拥护并提供知识层面的支撑。

我们是否应慨叹基辛格的复出？历史学家罗纳德·斯蒂尔在《华盛顿邮报》提出了这样一个问题。斯蒂尔说："我想，如果我们要恢复我国外交所需的一定的专业性，答案就是否定的……如果我们认为我们的外交政策需要与我们所主张的价值观有联系，答案就是肯定的。"左派方面也有人发声批评了，众议员诺曼·米内塔就说，"给我们带来轰炸柬埔寨的人"，现在又来告诉我们美国应当介入尼加拉瓜和萨尔瓦多。而右派方面的批评也不少，一位保守派筹款人理查德·维格里是这么说的，"基辛格过去的记录显示他是个常败将军"。

不过，主流的意见还是认为找他回来做事是个不错的主意，连民主党人与他共事后都赞扬他。他们说,与他掌权的时候不同,现在的基辛格不再坚持己见,愿意努力建立共识。"对一个曾担任国务卿的世界知名人物来说,他可真是极具耐心,十分公平。"圣安东尼奥自由派市长亨利·西斯内罗斯说,"基辛格博士确实有才华,看他怎么将一个问题换一个说法让你能了解即可见其功夫。"

10月,基辛格委员会成员经过6天对中美洲6国的访问——全程电视转播——出乎各方所料,竟然还真的加深了他们对问题的了解。当他们降落在美国提供军援的萨尔瓦多时,用一位成员的话说,看到所有证据证明军方与右翼暗杀小组有联系时,他们都"震惊不已"。当时极右翼领导人罗伯托·达布松(后来曾参选总统)指责温和派工会领导人是共产党同路人,这下可把委员会成员,特别是劳联-产联主席莱恩·柯克兰,听傻眼了。

最后形成的协商一致赞成把未来对萨尔瓦多的援助与停止暗杀小组活动挂钩,基辛格还在委员会离开该国时罕见地公开警告,不得侵犯人权。"作为委员会成员,我最引以为傲的一天就是在圣萨尔瓦多看见我保守派的同事眼见大量证据证明右翼暗杀小组并非自由派的臆造而越发愤怒。"哥伦比亚大学经济学教授卡洛斯·迪亚兹-亚历杭德罗说。

第二站是尼加拉瓜,成员对左派也同样不满。本来组里面还有人相信桑地诺政权可能并不听命于莫斯科,结果在听了总统丹尼尔·奥尔特加和其他上层领导违反外交惯例的长篇说教后也很失望。他们甚至用苏联情报机构的报告和地图,展示他们的军事优势。这等于是助了基辛格一臂之力,得以让委员会同意一个基本前提,就是这一地区应被视为东西方全球斗争的战场。

委员会这次旋风式访问,每到一处都有大群记者随行,如《华盛顿邮报》报道,这显示基辛格在离任7年后,60岁的他"仍保有世界领导人的光环"。不错,如果不是有基辛格牵头,委员会的一举一动肯定不会得到太多人的注意;而如今,又有停机坪上的记者会,又有与高级领导人物的会面,还真有点儿像他当年在位时穿梭外交的架势。飞机在马那瓜着陆,基辛格一步出机舱门就被在场记者团团围住,动弹不得。

外交部正式的迎接团队只得怔怔地站在一旁，等待他谈笑风生的吹风结束。

最后的产物是 132 页协商一致的报告，总的认同里根政策。报告说当地动乱不安确实有其"地方"根源，但美国在该地区正面临"苏联-古巴"式的挑战。由于基辛格努力争取到全体委员都同意这个报告，这就表示各方都有对报告满意之处：4 亿多美元的军援立即到位，另有 80 亿美元长期的马歇尔计划式的经济和人道主义援助方案。对尼加拉瓜的反对阵线有默示支持，虽然两位民主党人在最后脚注中表示了他们的保留意见。

最大的妥协在于对萨尔瓦多军事援助附加严格条件——必须停止暗杀小组的行动。委员会对此有强烈一致的意见，基辛格有一定的反对意见。最终，他同意把他的保留意见也像民主党人对反对阵线的保留意见一样，都放在脚注里，以大多数人的意见为归依。

里根煞有介事地赞扬这个报告一番，并立即提出军援和人道主义援助的拨款要求。但是那 80 亿美元的一揽子方案从未得到国会或白宫的认真对待。更重要的是，甚至在报告正式公布前，白宫就否定了萨尔瓦多军援与禁止暗杀小组活动挂钩的要求。当里根总统向国会提出援助要求时，他坚持，如果右翼的暗杀继续，是否就应减少军援，这个决定只有他有最终发言权。

因此，导致委员会里的民主党人在莱恩·柯克兰和前党魁罗伯特·施特劳斯领导下谴责这一结果。委员会原来的目的是争取两党支持总统的政策，由于白宫不愿接受报告的关键折中方案而功亏一篑。基辛格委员会的报告虽然写得好，比起其他类似的报告更周详，但最终还是不免两党报告的一般下场——被束之高阁、无人问津。[13]

1986 年，基辛格又对参选公职跃跃欲试，他想看看共和党领导人对他对阵马里奥·科莫竞选州长有多少支持。基辛格做参议员还差不多；但对多数客观观察员而言，做州长需要在州集市上挤牛奶、跟议会里的议员吵要高速公路经费，表面看来有点可笑。大多数纽约州共和党领导人都觉得如此，但他们又急需有人出来对付科莫，所以还在后面怂恿他。"共和党实在找不到合适人选，只好找资格过高的人选。"政治顾问戴维·加思说。经过几周磋商后，基辛格放弃了这个想法。[14]

1988年竞争共和党总统提名者中有两人——罗伯特·多尔和杰克·肯普都可能把基辛格从旷野中召回：两人的保守派声望都十分牢靠，也都需要外交政策专长。对基辛格来说不幸的是，呼声最高的乔治·布什却恰恰相反：他有外交政策专长，但保守派声望则不大。

更重要的是他并不太喜欢基辛格。布什的助理们还记得布什在担任驻联合国代表时，在一次会议上，基辛格有些信息没告诉他；布什愤而离席，嘴上念叨："我用不着受这个鸟气。"布什竞选时写的自传对所有人都非常客气，唯一就撑了一下基辛格；布什抱怨，他在出使北京和联合国时，基辛格都不让他参与决策，他还以略带嘲讽的口吻叙述基辛格曾如何威风凛凛地访问中国。

所以，当布什当选总统后，基辛格等于是又被提了个醒，当年你高高在上时与人为敌，日后是会让你遭罪的。布什不但没给基辛格工作，还从他的顾问公司挖走了两个高级伙伴——劳伦斯·伊格尔伯格和布兰特·斯考克罗夫特。其实，基辛格是很高兴这两人分别被任命为副国务卿和国家安全事务助理的。这两人他都很喜欢，而且他因此也有了了解新政府核心动态的好渠道。

布什和他的国务卿詹姆斯·贝克都是得克萨斯州的务实派，对布什不屑一提的"远见那玩意儿"他们都没有感觉。以地缘战略远见见长的基辛格与他们有点儿格格不入。

这一点在1989年布什就任后不久就得到了证明，当时贝克还对基辛格提出的概念——后来被戏称为"雅尔塔密约二"——巧妙地羞辱了一番。贝克把基辛格的概念往空中一扔，然后摆出一副飞碟射击老手的模样，略略瞄了一下标的物，轻轻松松地把它打了下来。

基辛格"雅尔塔密约二"背后的想法与1972年在莫斯科峰会签署的行为准则和1975年的赫尔辛基最后文件背后的想法类似。基辛格的新计划是弄出一个不声张、心照不宣的"谅解框架"。最好通过像他这样的秘密特使来做这件事，让莫斯科允许东欧自由化，而美国则同意不利用这个变化契机危及苏联安全（如设法引诱莫斯科的盟国退出华沙条约组织）。

这是基辛格式外交的极致：建立在势力范围和均势考虑上涵盖一切的秘密交易。借此，苏联和美国就可以毫无悬念地缓和关系了。这里面的政治风险极大，而且这个计划也让人联想到雅尔塔，即1945年的峰会。据保守派妖魔化理论的说法，在会上罗斯福把东欧出卖给了斯大林。它也会重启索南费尔特主义及赫尔辛基峰会之争——有人指责基辛格和福特再次将东欧出卖给了勃列日涅夫。但基辛格却觉得，恰恰相反，他的计划将导致"扭转雅尔塔，而不是让雅尔塔还魂"。

基辛格在1988年12月一次私人会晤中向待任总统布什、斯考克罗夫特和贝克提出他这一揽子计划。基辛格强调，布什将是第一位有机会结束冷战的总统。不过这需要远见和谨慎。布什似乎感兴趣，他授权基辛格先探探苏联领导人戈尔巴乔夫的口风。

1989年1月18日，当基辛格在一次私人会晤中向戈尔巴乔夫解释这个计划时，苏联领导人身体前倾问道："这里面是不是有什么背后含义？是不是一个想让苏联人暴露他们对东欧的最终意图的伎俩？"基辛格说除了他刚才介绍的东西外，并没有其他用意。戈尔巴乔夫于是请出基辛格当年背后渠道的老伙伴多勃雷宁大使为日后与基辛格会谈的联系人，如果布什政府愿意。

可是贝克虽然一开始同意，但想到如此大的一招先发制人由基辛格而不是自己出面就不怎么来劲儿了。此外，国务院高级别官员对这类计划一向心存疑虑，特别是东欧的发展似乎已经自动往美国方向移动了。"历史免费给你的东西为什么还要花钱买呢？"一位苏联问题专家说。其他人则给了它一个恶毒称号——"雅尔塔密约二"。

到2月，国务院就有人走漏了风声，还添油加醋了一番。"有些东欧事务专家对基辛格的概念感到失望，甚至惊骇。"《华盛顿邮报》如是说。而在《纽约时报》的特稿专栏中，布热津斯基则比较刻薄："有人甚至主张，依照现实政治传统，美苏对东欧达成交易，搞出一个新雅尔塔。"

詹姆斯·贝克在讽刺基辛格的计划时则要婉转、有技巧得多。3月28日，他接受了《纽约时报》新外交记者托马斯·弗里德曼的采访。"我觉得它值得考虑，因为它是一种新对策。"贝克在谈及基辛格计划时故意做了一点歪曲。在略略赞扬之后，他又说这个概念似乎有几个问题，最突出的问题在于它没有必要。东欧已经出现了有利的发展趋势："那么为什么不暂时静观其变呢？"

基辛格觉得受到了伤害、背叛，十分恼怒。在巴黎的三方委员会会议上，他把怒气发泄到了国务卿头上。"贝克发明了一种新的艺术形式，"他跟部分与会者如此说，"他维护了一个我没有提出的建议，然后又表示他从纯知识层面对它感兴趣，接着又因其将东欧拱手送给苏联人而放弃了它。"

基辛格甚至还在报纸上写了一篇专栏文章为自己辩护并点名攻击贝克。他说，国务卿曾"对一次私下会晤只言片语、不完整的总结"表示认可，然后又不具名地拒绝了这个概念的"歪曲版本"。基辛格说，贝克相信只要东欧发展顺风顺水，就不需要谈判。这个想法有问题，因为"一旦出现了无政府状态，坦克上街了，再想用外交手段就太迟了"。

但基辛格的计划也有很多问题。它假设美国和苏联仍然有力量对影响其盟友命运的事务进行谈判。此外，结果证明贝克是对的：苏联卫星国在西方未做任何安全让步的情况下获得了自由。如果真达成了一个宏大的新雅尔塔妥协，或许华沙条约组织的权势会得到维系，这就与1989年历史力量自然发展的结果不同了。[15]

从"雅尔塔密约二"事件后，基辛格与布什和贝克的关系就处于冷却状态。虽然他们偶尔也会与他见面、聊聊，在苏联对东欧的控制土崩瓦解之际，美国政府的一些重大决策都没有让基辛格参与。

与主要角色们断绝往来后，最终基辛格却与副总统丹·奎尔——1988年辩论时基辛格是他的教练，其后一直没少献殷勤——发展出了一段意想不到的关系。奎尔不是基辛格一般情况下选择的宴饮对象。1990年9月，他为副总统在他河畔大厦公寓内举办晚宴，不少来宾都觉得有点儿古怪。照例，他邀请了他商界和媒体界的一些朋友出席，有哥伦比亚广播公司的劳伦斯·蒂施、美国广播公司的托马斯·墨菲,投资人沃伦·巴菲特和保险业大亨莫里斯·格林伯格,《每日新闻》的吉姆·霍格和《麦克尼尔／莱勒新闻时间》的莱斯特·克里斯托。

许多来宾都觉得基辛格和奎尔在一起十分不般配,两人并没有什么共同点。如果有人提问,奎尔总像个学习较差的学生结结巴巴答不上来,然后由基辛格做出正确回答。但他们的关系其实建立在相互需要之上。对奎尔来说,基辛格可以填补副总统一无所知面庞上急需的分量和真材实料;对基辛格而言,奎尔提供了与保守派之间的联系,以及有朝一日或能有一番作为的机会。

第 33 章

基辛格顾问公司：世界顶级顾问是如何发家致富的

此人不同凡响。你感觉跟你同行的他仍然是国务卿一样。究其原因，锲而不舍。

——罗伯特·戴　西部信托公司总裁

待价而沽的外交官

阿根廷国家保险公司在 20 世纪 80 年代初决定涉足国际再保险业。它买到了由美国最大的商业核保人——美国国际集团公司（AIG）发放的一些保单。但保险市场后来不景气，阿根廷国家保险公司开始亏钱，1987 年它决定停止理赔，烂摊子就扔给了 AIG。于是 AIG 总裁莫里斯·格林伯格出面，找基辛格解决问题。

走访阿根廷时，基辛格与财政部长见了面，商讨解决之道。让格林伯格印象最深的还不只是基辛格能够找到门路——虽然他似乎不费力气就能约见财长，这已经很了不起了——而且他研究了问题的细节，想出调停的办法。"他协助双方不再坚持己见。"格林伯格说。就在事情还在谈的时候，格林伯格与基辛格一起去了趟阿根廷，这位前国务卿是卡洛斯·梅内姆总统就职大典的贵宾。[1]

自由港-麦克莫兰铜金公司——一家位于路易斯安那州的矿业和开采公司——与基辛格有一个相当典型的安排：他是公司董事会成员，而他自己的基辛格顾问公司，则是被铜金公司长期雇用的国际顾问。当铜金公司打算在缅甸钻探石油和天然气时，基辛格就安排高级经理与他的另一个大客户——韩国大宇集团公司的高管会面。两家决定成立价值40亿美元的合资企业：铜金负责开采钻探，大宇则负责建液化天然气厂，并将油气输送至韩国。

1990年，缅甸军政府允许选举，不想惨遭败绩，事后军方拒绝交出权力。这个项目也因此在动乱中被搁置。但基辛格顾问公司除照收铜金公司每年20万美元的长期雇用预付费外，每月还收取近50万美元的工作费，这还不包括他从大宇处收取的预付费和工作费。[2]

西部信托公司是一家投资管理公司，是拉美——特别是墨西哥——为国有企业私有化筹集投资资本首屈一指的公司。基辛格是西部信托董事会成员，同时也为好几个公司项目提供咨询，他还定期向公司就墨西哥的政治气氛吹风并对墨西哥领导人做精彩评析。同时，他还做了只有他能做到的事。1990年3月，他在阿卡普尔科度假时，特邀西部信托精力充沛的总裁罗伯特·戴到墨西哥一游。他们乘坐罗伯特·戴的私人飞机，与墨西哥财政部长共进早餐，一天之内把墨西哥所有主要内阁部长见了个遍。当晚，罗伯特·戴出席了曾担任过基辛格白宫幕僚的美国大使约翰·内格罗蓬特为基辛格举行的招待会。当时到场的有80位墨西哥顶级政界、商界领导。午夜时分，他们才飞回阿卡普尔科。[3]

基辛格顾问公司的秘密世界里有战略咨询、外交卓识、良好的关系、现实的门路，再加上世上最具市场价值的名人的金字招牌。这个顾问公司成立于他从政界离任不久，但直到1982年7月——当他意识到他不打算再写第三本回忆录，同时罗纳德·里根总统永远不会雇用他担任国务卿时——才积极开展业务。由于未受过法律培训，又缺乏财务专长，他没法追随其他人的脚步，重回律师事务所或银行。所以他决定做个待价而沽的政治人物，只要对方愿意出高价，他就可以给私人公司提供他外交政策方面的专业知识，为它们承担外交任务，给公司总裁担任个人的"国家安全顾问"。

在华盛顿游说团和以权谋私的大染缸里，基辛格的做法相对无害。与那些前脚才离开政府，后脚立刻开设律师事务所或成立游说团，一心想向大公司兜售自己关系的人士不同，基辛格决定他永远不会为他的客户游说美国政府。此外，他在这中间还等了5年，比一届总统任期还长，之后才积极开展业务。虽然他偶尔会与客户一起旅行，帮他们见到他认识的世界领导人，但他却不是靠关系吃饭的敲门砖。他卖的产品主要是自己在外交事务方面的洞察和分析。

不过，他的非凡成就也让我们一睹重金才能买得到的威望与门路的权势世界的真貌。

拿到高盛和三个其他银行财团借给他的35万美元，基辛格在曼哈顿公园大道和51街以及华盛顿第18街与K街各设立了一个办公室。这笔贷款为期5年，但到第二年底，他已悉数还清。1987年他的年收入达500万美元，90年代初就几乎翻了一番。

基辛格找曾是他的长期副手、前国家安全事务助理布伦特·斯考克罗夫特——他在华盛顿有自己的顾问生意——为公司第一合伙人，斯考克罗夫特签了合同，担任公司雇员、公司华盛顿办事处经理及董事会副董事长。虽然他在华盛顿还有自己的客户，但他在基辛格顾问公司最终一年能赚30万美元。

另一位主角是劳伦斯·伊格尔伯格，他是在1984年6月自副国务卿位子卸任后加盟的。他不惧怕基辛格的威严，总是乐呵呵的，人很可爱，他帮着把公司做成了一个大企业。他曾经担任驻南斯拉夫大使，带来了一些南斯拉夫客户，包括Yugo汽车制造商和一家大型工程与承包公司Energoprojeckt。他也加入了客户国际电话电报公司的董事会。1988年，也就是他加入布什政府的前一年，他的年薪是67.4万美元，外加离职费和其他酬劳24万美元。

还有一位要角，就是被基辛格和他的客户称为"经济学家"的艾伦·斯托加。他曾在福特和卡特政府的财政部工作，后来被指派为基辛格中美洲委员会的经济学家。委员会工作结束后，基辛格留下他担任自己公司的经济学家。此人为人低调、没有架子、脾气好，但人很聪明，与基辛格十分搭配。

在伊格尔伯格和斯考克罗夫特于1989年重回政府任职后，基辛格雇了保罗·布雷默，他曾经做过基辛格的国务卿助理，在卡特执政期间担任主要反恐官员。此外，曾任副国务卿的律师威廉·D. 罗杰斯（并非前国务卿威廉·P. 罗杰斯）也开始在基辛格的华盛顿办公室兼职。

90年代初，基辛格顾问公司已经有20多家公司客户，其中约3/4是美国公司。客户名单是严格保密的，与顾问公司签署的合同也明令禁止任何一方对外透露。但从代理报表、其他财务报表、政府披露规定、访谈以及从企业人士喜欢吹嘘他们与基辛格关系的言谈话语中，我们还是弄出了一份90年代初与顾问公司有合同或项目安排的主要客户清单：

- 美国运通及其子公司希尔森·雷曼·赫顿
- 美国国际集团，保险业核保人
- 安海斯−布希，百威及其他啤酒制造商
- ABB集团（阿西亚布朗勃法瑞），瑞典制造业公司
- ARCO（大西洋富田公司），炼油公司
- 意大利国民劳动银行，曾非法贷款给伊拉克的罗马银行
- 比利时贝尔电话制造商
- 大通银行
- 可口可乐公司
- 康地谷物公司，私营谷物公司
- 大宇，韩国贸易和建筑集团
- 爱立信，瑞典电信制造商
- 菲亚特，意大利汽车公司
- 福陆，全球工程建筑公司
- 铜金公司，石油、天然气、矿业公司
- GTE，美国通用电话电子公司
- 亨氏食品集团公司
- 霍林格公司，总部在多伦多的全球报业公司
- 亨特石油公司，总部在得克萨斯州
- 默克公司，制药业巨擘

- 米特兰银行，英国零售银行
- 露华浓，国际化妆品公司
- 斯安银行，总部在斯德哥尔摩
- 西部信托公司，投资管理公司
- 联合碳化物公司，化学制造业集团
- 沃尔沃，瑞典汽车公司
- 华宝银行，英国投资银行

在电话簿里找不到基辛格顾问公司。它的总部所在地公园大道的钢材-玻璃建筑大厦的公司名录里也没有它。来访者如果在正确的楼层出电梯，就会发现一间摆设简单的接待室，塑料玻璃窗后面坐着一位接待人员，房门上也没有名字。

里面是不显眼的现代装潢——白沙发、一般的书桌——更像一个中型保险公司。基辛格L形的边角办公室摆放着几十张带签名的世界领导人对着他微笑的相片。过道边上的小房间是他的安全和后勤协调员、个人助理、日程安排人员和秘书的办公室。斯托加和布雷默的办公室则挨着另一条距离较远的过道。

基辛格在的时候，办公室里的气氛兴奋并略带恐怖。他一般不会不声不响地坐在桌前。他总是走来走去，到每个人的办公室转一转，详细了解他文件夹里面各个决定备忘录的某些细节，细细审视未来的日程安排，全盘否定，声称完全无法接受。不时还发表一点儿意见，哪些全球性事件或其他琐碎的事如何令人愤慨。他时而抱怨手下雇用这批人，一定是老天对他有意的惩罚。但突然，他又会对正在进行的某个项目提出犀利的意见，赞扬某个人，或开个小玩笑。

就以1991年1月15日为例，那天是布什总统和联合国给伊拉克所定从科威特撤军的最后期限。基辛格当天正要到大通银行的国际咨询委员会开一天的会，这是6个月以前就安排好的。为此他不太高兴。他当然希望能答复忧心忡忡的客户打来的电话，同样重要的是，电视台或许也想听听他对此事的意见。"以后此类情况绝对不能再发生，"基辛格在走廊里边跺脚边生气,"听懂了我的话了吗?"每个人都严肃地点头,虽然他们也不清楚以后怎么跟联合国说要打仗也得选择基辛格不需要开董事会的日子。

办公室有相当大一部分工作竟然是修改基辛格的日程表。他的旅行并不简单。他喜欢用私人飞机,需要配备保镖,抵达后必须有车辆、司机接机。虽然他最痛恨日程安排得太紧,但是一看到有空当,他总能想起个什么人或能在偏远的地方见上一面。然后,经过日复一日的修改,以及他不断抱怨日程太紧,他也可能在最后一分钟取消或推迟旅行。

虽然他不时发发小脾气,但幽默还是能缓和气氛,另外大家也知道他有时就是装装样子而已。似乎总是心不在焉的基辛格前一分钟还在生气,下一分钟又褒奖对方;前一分钟还满肚子不高兴,下一分钟又自我解嘲一番。他下面的人对这一切都习惯了。如果他在外面打电话回办公室,通常会通过特别分机,让每个人看到闪灯而采取行动。办公室的安全系统与电梯附近的监控探头连接;幕僚可以看到他离开,一旦看到他身后的门关上,几乎可以听到每个人都松了一口气。大家有时对他所为的忍让就像对待一个特别聪明但脾气不好的孩子一样。周围人对他的忠诚,主要是出于对他的尊敬,甚至感情,而不是恐惧。

20世纪90年代初雇用基辛格服务的年度预付费是20万美元,如果有具体项目要咨询,每个月还得付额外的10万美元左右,其他开销另计。而公司客户每年将得到两三次关于世界情况的全面吹风。通常都是基辛格与斯托加或布雷默出面,对象只限公司少数高管,而且只限于口头吹风,没有书面的东西。基辛格不愿意看到自己的真知灼见被人拍下来,给人传阅,几个月后被引述。

每次吹风都是针对客户公司特别关心的方面,但并不涉及任何投资建议。通常说的都是中期观点:未来5—10年欧共体或俄罗斯或印度尼西亚会有什么发展。拉美债务和私有化尤其受关注,东欧趋势亦然。

此外,基辛格、斯托加和布雷默也可以通过电话提供咨询。1991年伊拉克战争爆发时,主要客户每天都会打五六个电话,希望对事态状况有更深入的了解和判断。在这种情况下,它们要咨询的通常与商业无关。公司高管也不免因为能说"嘿，我今天早上跟亨利聊了一会儿，他觉得……"而自鸣得意。

其实，基辛格顾问公司一部分卖的就是他的金字招牌和他隆隆的口音。当高管要做一个艰难的对外投资决定，在向董事会介绍计划时，如果他能说他与基辛格共进早餐时谈过此事，而且还请教过他的意见，那就觉得比较安全。"如果我们投资的国家出了点儿事，"一位公司高管解释，"我知道如果我们事先与亨利已经讨论过有关情况，大家就不会认为我们玩忽职守了。"

至于具体问题，那是按项目另外收费的，一个月要支付10万美元。一般来说，都是与公司国外投资项目的批准和开工有关。基辛格坚持公司承接的项目都必须对东道国政府有利。这样他就可以一展所长：就像他在中东那样做个调停人，协助双方就互利双赢的事相向而行。在进行这种谈判时，他希望自己是双方都信任的中间人，而不只是他客户的代理。

听到别人说他有时就是被过分追捧的打通环节的人，基辛格非常不以为然，但他起码有25%的项目工作就是要他帮助他的客户通过外国的官僚关卡。通常这需要给在政府担任要职的朋友打几个电话。

同样，基辛格过去也极力否认他就是起到敲门砖的作用。他在1986年说："过去一年我所到之处，政府首脑都接见我。我没有要他们特别照顾我的客户，我也不带客户去会见他们。"他还常常讲起他拒绝过某公司只要求他安排公司老总与某国财长会面就给100万美元的要求，虽然这事儿他只需要打一个电话就能办妥。

但随着时间推移，基辛格对不做敲门砖这一关把关也不那么严了，这一部分是因为帮助引见和找高官朋友帮忙是商业本能，一部分是因为他从政界离职越久就越觉得这么做没什么不妥了。比如，亨氏食品公司董事长安东尼·赖利就曾很骄傲地叙述基辛格是如何帮他见到津巴布韦、土耳其和象牙海岸（现名科特迪瓦）的总统的。基辛格曾带西部信托公司董事长罗伯特·戴到墨西哥城，为其引见诸多国家领导，他也同样在日本帮过美国运通的詹姆斯·罗宾逊，在中国帮过美国国际集团的莫里斯·格林伯格，在印度尼西亚帮过铜金公司的詹姆斯·墨菲特。

基辛格顾问公司在许多促进与特定国家的贸易和友谊的商界组织中也十分活跃。通过这类组织，企业领导就有机会见到有关国家的高官。一个典型的例子就是马来西亚-美国私营部门咨询小组，基辛格与格林伯格担任美方的主席。其19个成员中就有不少基辛格的客户，如康地谷物公司董事长米歇尔·弗里堡、国际电话电报公司董事长约翰·哈特利、可口可乐执行总裁约翰·亨特和摩托罗拉董事长罗伯特·加尔文等。

有一个团体曾引起一段有些冤枉的风波，就是美国-伊拉克商务论坛，它早在两国1991年交战前即已存在。虽然基辛格和他的公司都并非成员，但经济学家艾伦·斯托加在1989年曾应邀以来宾身份去过巴格达，因此招来日后《新共和》的一篇报道。再后来《60分钟》节目又制作了一段极具杀伤力的报道，说基辛格曾代表过意大利国民劳动银行，言下之意就是基辛格与该银行给伊拉克的非法贷款有间接关系。节目并没有拿出任何确切证据证明这一指控，盛怒的基辛格指责监制唐·休伊特因其未应邀参加哥伦比亚广播公司董事长威廉·佩利葬礼后的招待会而想借此报复，因为招待会的主办人是基辛格，但此说也没有确凿证据。

20世纪80年代，投机买卖大行其道，基辛格也想促成一些交易，类似于他在缅甸想促成大宇与铜金的合资企业的交易。他眼看着他的投资银行朋友，如彼得·彼得森——他们在河畔大厦的邻居——促成大交易后靠抽成的佣金赚得盆满钵满，基辛格意识到这是真正的生财之道。肯特联合公司，以他乡间别墅起名的基辛格顾问公司的子公司，应运而生，为此1990年还雇用了原来在希尔森·雷曼·赫顿工作的投资银行家艾伦·巴特金。

但商业睿智到底不是基辛格的强项，加上等他涉足时大交易之风已势衰，所以这并未成为他工作的主要部分。渐渐地，肯特与基辛格顾问公司的差别就消失了。"就因为他是天才，"莫里斯·格林伯格说，"并不表示他懂得商业或投资银行家的门道。"

90年代，唯一还有点苗头的大交易就是国有企业私有化方面——电话系统、银行、重工业、交通运输——因为世界各国都在朝市场经济转型。由于美国银行对直接贷款给第三世界的国家政府还是有些担心，这些国家越来越需要把国有企业中的资产卖给外国投资者变现。"私有化是最重要的新趋势，"西部信托公司董事长罗伯特·戴说，"而亨利正好站在最前列。今天世界上已经没有第二个人像他这样在这么多政府里有个人关系，可以从旁促成私有化交易。"

罗伯特·戴特别想在拉美找私有化交易的可能性，他在墨西哥、委内瑞拉和智利下功夫。而他自己的公司——一个私营的资产管理基金集团，1990年给400家机构和私人客户管理价值200亿美元的投资。基辛格是公司董事，也曾与该公司有项目合同。此外，罗伯特·戴也帮基辛格管理个人财务。

1990年，西部信托决定集资买下墨西哥国家电话公司Telemex的大股。在基辛格协助下，西部信托决定与基辛格的另一客户美国通用电话电子公司以及西班牙电话公司合作。就在为此事奔波时，基辛格和罗伯特·戴一起去了一趟墨西哥城，会见该国的内阁部长们。为这桩生意他还给美国通用电话电子公司董事长、绰号"洛奇"的詹姆斯·约翰逊提供咨询。虽然这笔生意没做成，但西部信托和美国通用电话电子公司还在追求拉美的其他私有化交易。1991年12月，美国通用电话电子公司付了近10亿美元买下了委内瑞拉电话公司20%的股份。

除了与罗伯特·戴飞往墨西哥城，基辛格还与他一起前往日本和中国。"亨利无论到哪里，每个人都想见他一面，"肤色古铜、身材健硕、为人随和的罗伯特·戴说，"此人不同凡响。你感觉跟你同行的他仍然是国务卿一样。究其原因，锲而不舍。"

与基辛格的商业关系经常也捎带上社交因素。例如，1991年初某个星期当罗伯特·戴到纽约时，亨利和南希·基辛格为他举办了一场小型宴会，同时还请来十几位与他们经常往来的社交界朋友，包括唱片大王艾哈迈德·厄特根和妻子米卡，石油业继承人锡德·巴斯和妻子梅塞德斯，时装设计师奥斯卡·德拉伦塔和妻子安妮特·里德，都是些在八卦新闻里用粗体字标出的名字。

基辛格传　　716

这种到社交界的溢出效应就算是免费赠品，经常随商业关系带来好处。他的晚宴，特别是他为到访的外国领导人举行的晚宴经常也会有几位他的客户或朋友应邀，包括菲亚特的乔瓦尼·阿涅利、美国国际集团的莫里斯·格林伯格，以及美国运通的詹姆斯·罗宾逊。

人称汉克的美国国际集团董事长格林伯格就是在20世纪80年代初成为他的客户兼社交朋友的。格林伯格是个紧张型人物，身材精瘦，为人幽默，双眼炯炯有神，微笑中带着自信。他已将美国国际集团打造成美国本土首屈一指的国际保险公司，公司一半收入来自国外。1987年，他让基辛格出任其国际咨询小组主席，同时开始雇用他一年为公司处理三四个项目，包括该公司与阿根廷国家保险公司的争端。"亨利当年担任国务卿时的神奇魅力丝毫未减，"格林伯格说，"无论到哪里，大家都对他礼遇有加。"

美国国际集团交给基辛格的头一批任务中就有拿到在韩国经营人寿保险的执照一项，该公司花费了15年时间一直没拿到。基辛格到首尔向韩国政府官员问及此事，官员把责任推给下面的官僚。令格林伯格吃惊的是基辛格竟然能娴熟掌握发照程序；他不是只向韩国人提问，把细节丢给别人处理。格林伯格说："他花了时间把程序了解透彻，这就意味他有能力把本来就不该存在的枝节官僚问题都清理干净。"1989年，美国国际集团终于在韩国开设了人寿保险办事处。

另一个项目牵涉秘鲁，美国国际集团曾为一家叫Belco的石油公司设施投保。当阿兰·加西亚总统的政府将Belco收归国有时，美国国际集团就面临2亿美元的索赔。在加西亚执政期间，与秘鲁政府的赔偿谈判始终无果。但就在1990年他任期即将届满之际，基辛格与所认识的秘鲁驻美大使联系，建议通过谈判解决问题。1991年基辛格、大使和美国国际集团高管的谈判开始。

1989年11月，格林伯格与基辛格一起有一次亚洲之行，此行显示了基辛格的关系有多重要。他们的第一站是新加坡，基辛格的亲密朋友、1959年以来一直担任总理的李光耀先是私下午宴款待，接着又为他举行了一个大型招待会。会上，美国国际集团当地的高管在基辛格在场的情况下得以见到总理，这是建立工作关系的良好途径。第二站马来西亚，马来西亚总理马哈蒂尔当年曾是基辛格主办的哈佛国际研讨会学员。访问期间，他请格林伯格和基辛格成立马来西亚-美国私营部门咨询小组。美国国际集团是马来西亚最大的保险公司。最后是三天的北京之行，那是1989年6月以后基辛格第一次重访北京。

基辛格和格林伯格在1991年3月再访印度尼西亚和马来西亚，但这回他是与铜金公司董事长詹姆斯·墨菲特同行。这位历经20多年摸爬滚打把公司打造成世界上一流的磷矿、硫黄、金矿、铜矿、石油、天然气勘探公司的高管，依然意气风发、干劲十足。

敢闯、率真、乐观，不受过度思考烦恼的束缚，墨菲特的个性恰恰与基辛格相反。但他也知道基辛格对一家有全球抱负的公司有多重要。所以他让铜金公司成了基辛格的最大客户：1989年它除了20万美元预约雇用费外，还付了60万美元额外费用。此外，它还承诺当年按顾问公司建议的未来资本投资至少2%的回扣付费。1990年，基辛格的公司自铜金公司收取预约雇用费20万美元和30万美元的额外费用。此外，基辛格因为是董事会董事还领了3万多美元的服务费。

基辛格的名字可以为在很多国家仍无人知晓的铜金公司增加信誉度。"在与对我们不熟悉的外国政府打交道时，我们需要地位、认证，"董事长墨菲特说，"有了基辛格为支撑，我们就有了信誉。可以进去见人。他们也会认真对待我们。"结果有基辛格同行，墨菲特解释道，由于他与众多关键领导人的私人关系，他特别管用。"他们经常会跟他说些我们靠自己永远不会知道的事。"

1991年1月，公司年度董事会前夕，墨菲特包下新奥尔良法国区一家滨水餐馆，在正中间放了一张大方桌。他是属于以听基辛格滔滔不绝为乐的高管类型。所以，这天晚上铜金公司的董事会与高管们均应邀出席，他们享用着生蚝和大虾，听着基辛格高谈阔论在伊拉克即将爆发的海湾战争。

波斯湾的形势对铜金公司影响深远。公司正打算大量注资开采金矿，而金价正因战争焦虑而急剧波动；同样，其石油和天然气业务也受到原油价格波动的冲击；它最大的新投资在印度尼西亚——一个世俗化的伊斯兰国家，伊斯兰激进主义的兴起必将是其软肋。

基辛格没有具体对金价走势或下一次欧佩克定价决定给任何实际建议，他的谈话是有主题的，有时甚至有些抽象。不过，董事会成员和管理层还是把他的话当智慧结晶对待。基辛格谈到了伊斯兰世界未来的动荡，以及孤立阿拉伯极端分子并在中东形成亲西方共识的可能性。

没有人在会上听到任何具体而入微的实际咨询意见，其实，大多数人都不记得基辛格具体说了些什么。但即便数月之后，许多人依然津津乐道基辛格的谈话如何"精彩"。"太有意思了，"墨菲特说，"他讲到穆斯林与西方之间斗争的长期威胁。"

墨菲特也喜欢用基辛格来做政治和风险评估，这正是基辛格顾问公司的核心服务。例如，铜金最大的投资是印度尼西亚的金矿和铜矿。1991年初，公司拿到了为期30年的开矿许可，需要投资5.5亿美元。在敲定这项交易前，墨菲特请基辛格对未来10~20年印度尼西亚的政治做了一个分析。

基辛格的合作伙伴威廉·D.罗杰斯前往印度尼西亚了解情况。此外，基辛格还聘用了一位辅助顾问，他是当年国安会的亚洲专家，后来做过驻印度尼西亚大使的约翰·霍尔德里奇。他们的研究结果由基辛格转交给了墨菲特。后来两人于1991年3月前往与印度尼西亚政府敲定了最后细节。

"如果事关5亿美元的承诺，"墨菲特后来解释，"那花几十万美元请对当地情况了解的人做顾问不算什么。"一旦印度尼西亚发生革命，矿业被国有化，铜金公司的股东也很难怪罪他们的董事长失职（其实，他们也不可能要基辛格负赔偿责任，因为根据合同，如果由于他的建议造成损失，公司还是得付给他钱，保证他不受损失）。

80年代晚期，铜金公司希望能与摩洛哥做一笔肥料交易。该公司就在路易斯安那州海岸拥有世界最大的硫矿场，而摩洛哥基本上就建立于磷酸盐岩石上。两种矿物质都是高质量化肥不可或缺的原料，墨菲特希望能与对方敲定一个贸易安排或合资企业。到1991年，虽然交易尚未达成，但基辛格已经跑了三趟摩洛哥，讨论可能的项目。墨菲特说，特别不容易的是基辛格还得以谒见国王哈桑二世。"亨利与国王非常亲密，"墨菲特解释，"他不但告诉你摩洛哥人喜欢什么建议，他还与当地人保持联系，包括那些认识国王的人，告诉你情况的发展，哪些因素比较重要。"

铜金公司另外一个项目与巴拿马有关。它在那里有一个金矿，可是当美国由于其军事强人曼纽尔·诺列加的所作所为而对巴拿马实行制裁时，金矿被迫歇业。公司希望能将该矿脱手，需要在巴拿马找到可以延续合同、其采矿权得以不被剥夺的买主。"亨利竟然找到巴拿马政府中头脑清醒的人，在诺列加执政期间可以对我们出手相助，"墨菲特回忆道，"在国家管理机构庞大，人家又对你的来历不清楚时，亨利绝对有能耐帮你省掉不少麻烦。他永远都能找到关系人，并打个电话。"

1984年杰拉尔德·福特从美国运通公司董事会退休，他推荐基辛格接替他的位子。"你们当中很多人可能不喜欢亨利，"福特辩解道，"也许他在美国是个有争议的人物，但在国外不是。他认识很多人，可以找到门路，把事办好。"另一位董事不以为然，他说"像美国运通这样精明的大公司哪里需要人为它找门路"。其他几位董事又说美国运通这样的公司对基辛格最好退避三舍，少碰为妙。但基辛格还是被选上了，公司的董事长詹姆斯·罗宾逊对他简直佩服得五体投地。

公司付给基辛格顾问公司的钱每年不同，但就拿1989年为例，为罗宾逊就国际事务提供咨询预付费10万美元，投资银行子公司希尔森·雷曼·赫顿的顾问费20万美元。此外，基辛格个人还因出席公司活动并演讲收到12万美元，担任美国运通公司董事报酬55500美元。多数董事会会议一开始，罗宾逊都会先请基辛格给大家对世界局势做一个评估。

"亨利跟踪情况的能力特强。"罗宾逊说。每次出远门之前，基辛格都会打电话给罗宾逊，看看在他要去的几个国家有没有什么事需要他办。有时，罗宾逊会想到一两件事。例如，美国运通希望为搞投资的子公司拿到在匈牙利的开业许可。基辛格到了匈牙利，跟新政府提及此事，并说美国运通应当有优先权，因为它能帮助做强该国的旅游业。

基辛格和罗宾逊经常一起旅行，特别是到日本。"他介绍我认识了好几位日本政府要员，"罗宾逊说，"也许我也有别的机会见到他们，但是有亨利的引见就多了一层个人介入。"基辛格介绍你认识某人就像他说"这些人我信得过"，罗宾逊如是说。

日本保险公司在1987年耗资5.3亿美元购买美国运通希尔森13%的股权就是一例。日本政府对这笔交易有保留，因为它恐怕此举会增加华盛顿的反日情绪，所以日本保险公司迟迟不行动。3月，基辛格跑了一趟东京，见到了他的朋友日本财务大臣。政府的疑虑就这样解决了，最后交易得以完成。"他之所以擅长穿梭外交，"罗宾逊说，"是因为双方都相信他。"

除了他的顾问公司，基辛格还是好多家公司的董事。1990年，他是美国运通、梅西百货、霍林格、联合太平洋、康地谷物、哥伦比亚广播公司、露华浓、铜金、西部信托公司以及大通银行和美国国际集团的国际咨询委员会的董事。每一个董事会每年标准报酬是5万美元，他每年总计额外的个人收入约有50万美元。

另外还有演讲费。1990年，他的标准收费是3万美元；除了他对美国运通的履约安排，每年他有100多场演讲，慈善（不收费）和收费的演讲大概各占一半。有几年他每年的演讲收入近200万美元。

所以，基辛格的年收入可能高达800万美元。1988年，基辛格还拿投资银行家彼得·彼得森的年收入打趣。彼得森跟他打赌，说他可以先猜猜基辛格的收入，如果他说的误差大于20%，他就同意告诉基辛格自己究竟赚多少。基辛格同意了这个奇怪的游戏，彼得森猜基辛格年收入750万美元。基辛格笑了笑，等于默认他猜得八九不离十。[4]

冲突和利益

基辛格当顾问做的事并不违法，连擦边球都算不上。事实上，他做的事一般来说比华府见怪不怪的做法更干净些。但同他的外交政策一样，从政界离职以后，基辛格的世界充满了联系。他试图身兼数职，既是媒体评论员、企业咨询顾问，又是非正式的政府顾问，这倒是一个很有意思的有关公众、企业和新闻界利益冲突的标准个案研究。

基辛格属于华盛顿比较老一辈、不特别受人尊敬的一种人：离职后的前政府高官发现有人愿意出高价用他们的能力、才干，更要用他们的关系、影响力和名片盒。有人把自己打扮得比较体面，躲在律师的大旗下。有人干脆直呼自己为说客或顾问。哪些能接受，哪些不能，这中间并没有清楚的界限，完全取决于程度、定夺及作风。

有人一再尝试修改政府操守法，也定了几项原则，据此判定哪些可行，哪些不可行：离职后脱密期限越长似乎保密问题就越小，最好不要去游说过去共事过的人。依据这些标准的话，基辛格可算是相当守规矩了。离开公职后前5年，他一直拒绝参加任何公司的董事会或积极开展自己的业务。与那些急匆匆改行当顾问的人不同的是，他给他的客户所提供的是实实在在的专门知识，而不只是关系和引见。此外，他从来不在国内游说，也从来不在白宫、国务院或国会事务方面代表客户。

基辛格担任两党中美洲委员会主席与他私下担任一些因持有拉美债务而会赞成美国经济援助该区的银行和投资公司的高薪顾问之间有利益冲突的可能性。一个在私营部门工作的局外人如果同意出任政府委员会的职务，这种情况经常会发生。但基辛格的例子又远比布兰特·斯考克罗夫特的例子无害得多。后者（除了在基辛格顾问公司兼职）自己开了顾问公司，他在担任军火商洛克希德·马丁公司顾问的同时，还曾主持过一个了解战略导弹选项的委员会。说到底，除非国家规定只有与主题无利害关系的人，才有资格参加理事会或委员会的工作，否则也只有看这些参与人诚实与否了。"如果你能给我一个无利益冲突的例子，"美国运通董事长罗宾逊说，"我就能告诉你这帮庸才和无能之辈一定一无所成。"

但基辛格作为专栏作家和评论员却可能会有利益冲突。美国新闻界有一个基本规定，就是记者与权威评论家对他们所谈问题不应有财务利益的纠葛，特别是未公开的财务利益，而基辛格偶尔会在报端的专栏或电视上发表可能惠及他客户的观点。

当然,不能一概而论,专业的新闻从业人会比一般公民更介意对行业操守的破坏。但最起码,如果基辛格能事先透露他的客户与他所讨论的题目有没有财务联系,这样才更对得起他的读者。

很多情况并没有这个必要。一般他的分析都是与军备控制、北约的未来、冷战后的欧洲安全等有关,或许他的客户会对他的意见饶有兴味,但它并不直接影响他们的企业利益。同样,他在电视上多数评论也是与突发新闻事件——伊拉克战争、巴勒斯坦人民起义、苏联和东欧关系——有关,并不直接牵涉他的生意内容。

但偶尔,基辛格也会论及直接关系到他的客户财务利益的题目。他在这个问题上的自我辩护是,以为他会因为客户的财务利益而调整自己的立场表态实在"荒谬",而且也没有证据证明他这样做过。不过,我们假设他对某些复杂问题的看法会被付给他高薪的人的强烈意见左右也是合理的推断。再说,无论是有意识的,还是无意识的,他对媒体发表的有关外国领导人的评论,很可能会受到这些人对他友好与否以及他是否希望将来与他们维系良好关系的影响。

姑且以基辛格关于墨西哥及其债务问题的专栏为例,这是基辛格所咨询的公司,包括美国运通、西部信托和摩根大通银行具体关心的问题。

1989年,摩根大通银行由于其第三世界的债务,增加了11.5亿美元的储备金,造成了当年的大幅亏损。该行的前董事长戴维·洛克菲勒和现任董事长威拉德·布彻都在积极呼请华盛顿帮助削减墨西哥债务。

同样,美国运通银行——运通公司的借贷银行,1987年有20亿美元以上的拉美债务,后来一直想设法减持。董事长詹姆斯·罗宾逊在1988年曾公开主张成立国际债务与发展机构,以低于面值的价格收购第三世界债务,并提供债务减免,好让发展中国家得以贸易繁荣。当罗宾逊宣布他的这项建议时,他的讲稿曾请基辛格过目,基辛格还提了不少意见,多数均被采纳。

西部信托公司董事长罗伯特·戴同样也对债务问题的处理很感兴趣。此外,他与墨西哥也有一些具体项目,如私有化项目,他付钱给基辛格就是为了确保与债务所在国当政者保持良好关系。他曾与基辛格一起前往该国三次。

基辛格也曾以报界权威评论员和美国政府要员的非正式顾问身份力主给拉美减免债务。另外，他对墨西哥及其领导人的评论都十分友好，有助于他下一次与客户造访时获得优待。

比如，就在卡洛斯·萨利纳斯于1988年当选墨西哥总统后不久，基辛格为《洛杉矶时报》/《华盛顿邮报》的辛迪加写了一篇长文赞扬他，并对该国国内的共产主义威胁提出警告。紧接着，他又说："美国可以在鼓励民主和经济改革方面发挥很大的作用。"如何做到呢？协助减轻债务问题。"萨利纳斯的自由经济政策只有靠增长才能持续，但只要还本付息就会耗去国内生产总值的6%，墨西哥的经济就是不可能增长的。"减免债务的重担不应该全落在借贷的银行身上。"减免的部分重担必须由债权国政府，包括美国政府承担。"基辛格写道。他甚至还倡导一个类似于"美国运通的詹姆斯·罗宾逊"的"创新建议"，但对此人是他的客户，此人的建议是基辛格帮着敲定的事实却只字未提。

一年以后，基辛格又写了一篇专栏文章，谈论主要拉美国家要求召开峰会来讨论"它们日益棘手的债务问题"。基辛格说："即将上任的布什政府应当接受这一邀请。"他还说，这个时候正逢萨利纳斯当政"何其幸运"；墨西哥值得成为拉美债务问题上的第一个突破。基辛格再次强调，担子应该由政府而不是银行承担。"大多数银行都已经承担营利性组织能够承担的极限，"他写道，"一般来说，它们在设计融资计划时都很有创意。"

基辛格的见解出于真心，在拿这些客户的钱以前他基本上就是这么想的。此外，他也有不少建议与他那些银行客户的看法相左。但他的分析很可能是受洛克菲勒、布彻、罗宾逊和戴的强烈意见影响的。"他的看法影响了我的想法，"一年支付近50万美元给基辛格的罗宾逊说，"我当然也希望我的看法也对他略有影响。"[5]

更清楚、更有争议性的利益交织的例子则与中国相关。

1989年风波后的6月5日这天，全国广播公司新闻部用小摄像机到肯特去采访该公司的付费顾问,实时传送到晚间新闻上播放。"基辛格博士,美国该怎么做?"彼得·詹宁斯问。基辛格强调与中国维持友好关系非常重要,所以他说:"我不建议制裁。"整个夏天,他都在全国广播公司——这个与他一年有10万美元合同的公司——做同样表态。

在后来的报纸专栏中,基辛格一再表示强烈反对对中国实施经济制裁。虽然他表示"对所发生的感到震惊",但他说这是人家的内政,还说应当赞扬邓小平这位真正的改革者,说与中国维持良好关系"事关重大"。他警告不要迫于压力匆忙反应,基辛格最后说"这是对美国政治定力的考验"。

夏末,他又在另一篇专栏文章里谴责国会投票"因完全属于其国内管辖内的事件"而对中国实施制裁。虽然他再次对政府的行动表示失望,但他补充道:"世界上没有哪个政府会容许其首都主要广场被数十万人占领8个星期。"不论美国人对所发生的事个人有何感觉,他说:"中国对美国的国家安全实在太重要了,不值得我们因一时的情绪让两国关系承受风险。"

当时,全国广播公司的观众和《洛杉矶时报》《华盛顿邮报》的读者并不知道基辛格与北京有相当大的生意往来。他帮助大西洋富田公司谈判了一个该公司在中国发现的油田的销售交易,他也帮着打算在北京召开董事会的国际电信电话公司找一家愿意做东道主的代理,他给打算在中国设厂生产婴儿食品的亨氏食品公司充当顾问并做介绍。当时,他还代表铜金公司与中国政府谈判在中国开发煤矿和铜矿的可行性(此前他们的努力一直没有成功);美国国际集团——他是该集团国际咨询委员会主席——希望能在上海拿到营业执照,并正在盖一幢写字楼。

此外,基辛格与中国政府的关系不一般,他可以带客户和客人到中国见到最高领导人,这可是了不起的资产。1987年下半年,他曾与西部信托的罗伯特·戴去过中国。1988年初,通过他的精心安排,大通的国际咨询委员会在北京开会,会议期间他与戴维·洛克菲勒拜见了邓小平。还有一个例子说明他专业与友谊的界限已经模糊不清了,他当时要北京一家企业领导做接待大通集团晚宴的东道主。看到那位企业家事后给他一张提供此一服务的账单时，基辛格大怒。

基辛格跟中国雄心最大的一项计划就是成立了一家叫"中国商机"的股份有限投资合伙公司。1988年12月，该公司正式开张，目的是让美国一流企业对中国的一些新企业及合资企业投资。

基辛格是"中国商机"的董事长、总裁和普通合伙人。每年可收取高达100万美元的管理费以及合伙公司如盈利向投资人资本付8%的回报后另付给他剩余盈利的20%。

参与投资公司的名单是保密的，但大多都是基辛格的客户。大投资方有美国运通、铜金、美国国际集团、西部信托、亨氏食品和可口可乐；它们的董事长，连同基辛格顾问公司董事、美国前财长威廉·西蒙，都是投资委员会成员。

他们汇集的总投资额是7500万美元。比如，美国运通就答应出1000万美元，1989年还付给了基辛格20万美元的管理费。铜金则承诺投资330万美元，付了基辛格66667美元的管理费。

"中国商机"一直也没能起飞。首先，基辛格对风险投资所知有限——他的朋友莫里斯·格林伯格如是说——大多数提出的项目违反经济常识。对铜金感兴趣的矿业，中国希望能由自己控制；在上海附近计划建的纺织厂，据格林伯格说，"规模太小，浪费了每个人的时间"。

更重要的是，1989年6月之后西方制裁之声四起，让许多合伙人因此却步，没有一项投资成功，承诺的资金也从未到位。1990年底，合伙公司正式解散，所有投资都返回了原公司。

基辛格坚持说他公开呼吁美国与中国保持友好是出于自己的生意考虑是不对的，"因为'中国商机'没有做任何投资"。可是，如果美国对北京的反应真像基辛格所要求的那样温和，"中国商机"可能就会继续，基辛格就会赚一大笔钱。此外，基辛格还是好几家企业在中国的代表，他与中国政府关系好已让他获益匪浅。因此可以说，是不是能保住他与中国领导人的关系，对他来讲是有利害关系的。其实，在他的公司内部也曾讨论过这个潜在的冲突问题，当"中国商机"结束时大家也松了一口气，因为少了一个是非。

《华尔街日报》记者约翰·菲亚尔卡在1989年9月挖出"中国商机"的存在，基辛格在《麦克尼尔/莱勒新闻时间》以评论员身份出现时被问及这个问题。他答道，影射他因为生意考虑而维护中国政权的说法十分可恶。自由派民主党人斯蒂芬·索拉兹似乎出面为他辩护。"我确信生意不在考虑之列，"这位国会议员说，"基辛格博士不管有没有财务利益一向都维护压迫人民的独裁政权。"基辛格长期助理、当时任驻中国大使的温斯顿·洛德，在维护中国领导人这方面虽与基辛格意见不一，但与索拉兹一样，他这样说基辛格："即便在中国没有一分钱商业利益，他的立场也不会有变化。"

其后，《洛杉矶时报》和《华盛顿邮报》鉴于基辛格曾在专栏中为北京辩护，登载了"编者的话"，指出基辛格在中国有潜在的商业项目，但它们并未提及他还帮五六个客户处理在中国的其他项目。

11月，基辛格决定高姿态访问中国，以此宣示——至少他个人认为——排斥孤立中国的做法该告一段落了。这是他第15次访问中国，与他的第一次访问一样，又与尼克松前后脚。就在他1971年第一次访华前，尼克松问他可否在北京以外的地方见中国领导人，好让尼克松成为第一位造访新中国首都的美国官员（基辛格未予理睬）。如今1989年11月尼克松打算去北京，希望成为风波后第一位到访的美国高级别人士。基辛格希望两人的时间隔得越远越好，一再询问尼克松办公室他们计划何时成行，但一直没有得到答复。令基辛格不快的是，他在新闻里得知尼克松就比他早到了几天。

与基辛格一起去中国的还有莫里斯·格林伯格——美国国际集团董事长，如今处于休眠状态的"中国商机"的要员；一同前往的还有华盛顿知名律师、联合太平洋公司董事、哈佛校董朱迪思·霍普。

当时，美国国际集团正在上海——公司创始人曾经70年前在此地销售人寿保险——建一座写字楼。虽然基辛格此前并未参与上海的项目，但据格林伯格说，只要基辛格人在就能帮助公司与中国的官方打交道。"亨利在中国的威望和影响力可不一般，你只要跟他在一起就能沾光，"格林伯格后来说，"他在那个国家极受推崇，所以跟他一起去是件好事。"

基辛格在中国外交部长的欢迎晚宴上的祝酒词里说："美国有些人觉得在目前情况下，中国应该先迈出第一步，而中国也有些人觉得美国应该先迈出第一步。"既然双方都想维持关系，他的结论是，"两国应同时迈步让关系走上坦途"。

邓小平在人民大会堂设宴款待基辛格和他带来的客人。在那次小型午宴上，谈到了那场风波。基辛格解释道，美国政策必须反映自己的价值观和利益，但他希望双边关系很快能得到改善。邓小平谈到"文化大革命"，他被批斗，他的儿子受到造反派的迫害，最后从窗子摔下去，落下残疾。基辛格猜测，邓小平之所以说这段往事，就是他觉得6月他面临另一场风波的开端，而与基辛格一样，他从生活中吸取的教训是要珍惜秩序和权威。

基辛格和格林伯格也会见了其他重要的中国领导人，包括李鹏总理。温斯顿·洛德大使——基辛格的前助理——在美国大使馆办了一场招待会，宴请了北京的政治、文化和财经界要员。无论中美关系如何，基辛格的人脉都并未受损。

当基辛格回到美国后，他应邀赴白宫参加晚宴，并向布什、贝克和斯考克罗夫特通报情况。他说，如果真要恢复关系，美国得做出姿态。他解释，中国人对外人试图干涉其内政十分敏感，30年前就因为这类问题与苏联闹翻了。

布什的决定似乎更让基辛格显得有影响力了：他派了斯考克罗夫特和伊格尔伯格——基辛格的两位前商业伙伴及国安会幕僚秘密前往中国，向邓小平祝酒，希望与中国修复关系。基辛格事先并不知情，了解后大吃一惊，他知道，这让人感觉他像是这个决定幕后的推手。

基辛格错综复杂的评论、内部影响力和商业关系网都无恙。1990年2月，他在他河畔大厦的公寓里宴请中国驻美大使朱启祯。应邀作陪的有他的一些客户和媒体红人芭芭拉·沃尔特斯等。基辛格在祝酒时说，美国人并不完全了解中国人抵制外国干预的骄傲传统。就在宴会结束时，朱启祯大使拉住基辛格在门厅耳语，表示担心正在国会辩论的赞成制裁的决议。基辛格的商业伙伴眼看他掏出黑皮封面的记事本，写下"电布兰特"的字样。没有办法证明他是否打了电话。但就是这样小小的姿态就足以让任何人印象深刻,从中国大使到企业高管。

"如果当时我就知道了我今天知道的一切,我压根儿就不会让他上我的节目。"彼得·詹宁斯日后在谈及 6 月 4 日过后的第二天他访问基辛格时如是说。但另外,正因为基辛格有商业、新闻和政府利益的交织,他才是特别了解情况的分析师。[6]

与他在政府任职时的许多行动一样,这些相互交织的利益更因为基辛格特喜欢保密而让问题变得更糟。阳光是很好的消毒剂;如果他在就某个问题发表评论前透露他的商业和客户利益,读者和观众就能有自己的权衡判断。即便他不愿意透露具体客户的名字,起码可以一般地说一说某个题目涉及他提供咨询的客户的利益。挑明潜在的冲突并不会使冲突因此就不存在,但这是赢得信任的最好办法,而信任又是优质的新闻工作和商业关系以及良政的基础。

熠熠生辉的黄昏

20 世纪 90 年代初,基辛格的光环与能量丝毫未减,但他再次担任政府要职的希望却逐渐渺茫。将近七旬的他已逐渐习惯于晚宴、商务旅行、周末回乡间别墅的循环,在曼哈顿社交界的旋涡中度过熠熠生辉的暮年。他的日程仍然排得很紧,从凌晨到午夜,诸事都需要数月前安排妥当。他仍与往昔一样,每到一处必有相关人员随侍左右,依旧锐气十足,略显急躁。因为他仍有雄心壮志,且名气可谓家喻户晓,睿智元老政治家的称号与他不符,他似乎在商业活动、当媒体名人以及与满世界跑的社会名流交往中找到了一个很好的平衡,让他的精力、干劲得以继续发挥作用。

特别忙的那几个星期,基本上都是在秋天和春天。每周基辛格夫妇要在他们的公寓举行两次晚宴,周六则在肯特别墅举行一次晚宴。他们的宴会对象不外乎三大类:曼哈顿追求时尚的社交名流、媒体和娱乐界大腕、政界名流和政府要员。

社交界宴会的来宾一般都有布鲁克·亚斯特、玛格丽特·洛克菲勒、艾萨克·斯特恩和亚伯拉罕与凯西·鲁比科夫，加上《女装日报》宴会上的常客，如艾哈迈德·厄特根、奥斯卡·德拉伦塔、锡德·巴斯、格蕾丝·达德利和杰恩·赖特斯曼。

为媒体或娱乐界贵宾举办的宴会，无论是史威夫蒂·拉扎尔，还是芭芭拉·沃尔特斯的生日宴，规模一般都比较大，来宾都有三四十人，而不是十几人。总少不了一两位媒体大佬——哥伦比亚广播公司的威廉·佩利，他过世后就是劳伦斯·蒂什；全国广播公司的托马斯·墨菲；《洛杉矶时报》的汤姆·约翰逊，后来他转而在有线电视新闻网工作；《华盛顿邮报》的凯瑟琳·格雷厄姆。影视界出席的有柯克和安娜·道格拉斯、捷克导演米洛斯·福尔曼和英国导演彼得·格伦维尔。一些名记者也会在宴会上露面，如戴维和苏珊·布林克利、汤姆和梅瑞狄斯·布罗考、阿贝和雪莉·罗森塔尔、亨利和路易斯·格伦瓦尔德以及威廉和帕特·巴克利，还有一些杂志或报纸不那么出名的编辑。

围绕政府官员的晚宴，在各国部长们群集曼哈顿准备出席联合国大会开幕式的初秋时分最为常见。90年代初应邀赴宴的有巴西和墨西哥总统，中国外交部长，新加坡、牙买加、马来西亚和法国的总理，韩国的贸易部长，法国前总统，美国副总统；应邀出席的来宾通常也有几位新闻记者和商界领军人物——多数为基辛格的客户——还有其他举足轻重的人物，如劳联-产联主席莱恩·柯克兰和妻子伊雷娜、前商务部长彼得·彼得森和妻子琼·甘茨·库尼。

每年2月，基辛格夫妇都会在阿卡普尔科待上几周。他们通常住在洛尔·吉尼斯家中，风度翩翩的洛尔出身英国有名的银行世家，而他的妻子格洛丽亚则是一度与埃及亲王结婚的墨西哥美女。吉尼斯的宅院建在可俯瞰全城的山上，主体建筑的两边都是芦苇棚顶的客宅。在1989年去世前，吉尼斯是每年冬天来此度假的美国和欧洲满世界飞的名流社交中心人物。

基辛格夫妇在访问阿卡普尔科时比较张扬的社交友人是恩里科·波塔诺瓦男爵，此人受外祖父——休斯敦的石油亿万富翁休·罗伊·卡伦——余荫，每月有200万美元的收入，经常在各国游荡。他的爵位和作风怪异则是父亲的遗传，他父亲偶尔客串演员，同时也是意大利贵族中不太起眼的一员。在阿卡普尔科，男爵与妻子亚历山德拉（休斯敦人，本名珊迪·霍法斯）建了一所摩尔式建筑，有32个卧房，三个游泳池，两个室内瀑布（一个高达80英尺），屋顶上还打造了真实大小的几匹石膏骆驼。他们曾多次宴请基辛格夫妇，基辛格在其中一次的祝酒词中说"几百年后，考古学家或将争议这座神奇的庙宇当年到底崇拜的是什么奇怪宗教"。

风格与品位和男爵迥异的是英国导演彼得·格伦维尔，他住在墨西哥，经常到阿卡普尔科看望基辛格夫妇。此人感情细腻，有英式幽默，是《雄霸天下》(*Becket*)和《孽海游龙》(*The Comedians*)等影片的导演，在伦敦和纽约也曾导演过十几出舞台剧。据格伦维尔回忆，基辛格即便在度假时，"他体内的巨大引擎仍不断轰鸣，真是非同凡响。他参加完男爵的宴会，回家已是午夜时分，但坐下就写文章"。

每年夏天，基辛格夫妇整个8月都在肯特度过。虽然并不擅长莳花弄草，但基辛格却对景观设计有自己的看法。他继续把林木往后推，扩大视野，放眼就能望见自己地里的山石和溪流（德拉伦塔和厄特根夫妇有一年给南希的生日礼物是一台割草机）。1989年宠物狗泰勒死后，南希又买了一条拉布拉多猎犬，基辛格就领着这条狗在林子里散步。

基辛格夫妇的多数圣诞节都是与奥斯卡·德拉伦塔一家在圣多明各占地3英亩的海滨豪宅——除宽敞的主建筑外还有9座小屋——度过的。除基辛格夫妇，通常来做客的还有锡德和梅赛德斯·巴斯、阿涅利夫妇、格蕾丝·达德利、布鲁克·亚斯特、史威夫蒂和玛丽·拉扎尔，以及约翰·理查森。

基辛格与他的两个孩子的关系一直很好。伊丽莎白考上了剑桥医学院，后来在波士顿行医。长大后很像父亲的戴维，后来在曼哈顿一家大律师事务所做律师。但随后似乎让他父亲为之一震的是他放弃了律师的行业，做起了记者。他担任过娱乐界杂志《综艺》驻洛杉矶的首席记者，也曾尝试担任电视监制。

基辛格对足球——不论是美式橄榄球还是足球——的热爱与日俱增。每周日与三五好友聚在电视机前，他会解析每队的战略，并预测结果。1990年，这位在菲尔特出生、不得观看足球赛的少年，在罗马世界杯足球赛时受到了明星级待遇。"我在这次世界杯足球赛中得到的关注比我在非足球领域的活动还多。"他在记者会上说。在协助安排选定美国为1994年世界杯主办方后，他又被选为球赛监督委员会名誉主席。他说，把足球带到美国来"有点像传教士的工作"。[7]

基辛格不是个喜欢参加俱乐部的人，但喜欢参与各种散发权势光环的团体，越是对会员精挑细选、越是秘密的越好。从不严肃的波希米亚丛林俱乐部到严肃的彼尔德伯格俱乐部，不一而足，1990年5月，他获得了同一周先在前者的东岸宴会，稍晚又在后者的年会上担任特别讲员的殊荣。

波希米亚丛林俱乐部是秘密的、只有男性参加的团体，主要活动就是每年夏天在旧金山北边红木林里接近大自然而又设备齐全的营地举办务虚会。在那儿，美国企业界大亨和权力掮客以唱歌、演滑稽短剧、听演讲、饮酒、在树干上小便等自娱。其会员包括四位美国总统：布什、里根、福特、尼克松。会员与他们的客人分住在100多个营地，就像俱乐部中的俱乐部。基辛格住在曼德勒营地，那里也是福特、乔治·舒尔茨、尼古拉斯·布雷迪、托马斯·沃森，以及其他行业巨头的营地。

基辛格以演滑稽短剧著称。1988年，他参加了《彼得与狼》的演出。第二年，有一个人戴了一副根据基辛格的面貌制作的面具参演闹剧项目，此人说话的声音像极了基辛格。等他摘下面具，并非别人，正是基辛格。"我之所以参加闹剧演出，因为我深信闹剧是最佳春药。"他以低沉的声音说。那一年，大家还记得他非常不符合波希米亚精神的打电话插队行为，和非常符合波希米亚精神的做法，带来了一位客人——法国总理米歇尔·罗卡尔。

彼尔德伯格俱乐部也一样秘密，波希米亚丛林俱乐部以嬉笑打闹著称，而它则以严肃著称。其目的是促进欧美领导人之间的友谊，是1950年由荷兰的伯恩哈特亲王、美国理想高远的政治家乔治·博尔、抵抗纳粹的波兰斗士约瑟夫·瑞廷格和宝来公司总裁约翰·科尔曼共同创立的。第一次聚会就在荷兰欧斯特贝克的彼尔德伯格举行。以后每年都会有80多位北约组织高级领导与行业界巨头参加门禁森严的3天聚会。

他们于1990年5月在长岛某庄园的聚会是少数几次在美国举行的聚会，基辛格应邀担任特别讲员，他同时也设法让丹·奎尔应邀出席。可是，副总统不了解俱乐部的规矩，主办方不悦地发现他打算带上助理、顾问、保镖等一行人做简短的逗留。基辛格与戴维·洛克菲勒商量后决定告诉奎尔，他身后那帮人都不能带。[8]

每一年基辛格与罗伯特·戴坐下来规划他的个人财务时，他们都假设他的演讲费收入会逐年递减。毕竟，他已经与权力诀别长达15年，他的名声和吸引力肯定会随之下降。但即便在整个90年代，这一切却都没发生。就像被魔力悬停在那儿一样，他的声名仍如日中天，远远高于几乎所有其他世界级人物。过去的国务卿在离任后仍享有类似光环的少之又少——或许迪安·艾奇逊、乔治·马歇尔、亨利·史汀生可堪比拟，但他们都比基辛格低调；也许他是马丁·范布伦——最后一位担任国务卿后跃升为总统的人——之后的第一位。

基辛格是怎么做到让他的名流地位经久不衰的呢？主要就是因为他锲而不舍。就像演员要在聚光灯下，他也要在电视摄像机前，而新闻制作人也觉得他是节目里最璀璨的珠宝。1988年底，戈尔巴乔夫访美期间，两天之内基辛格两次出现在有线电视新闻网，并在《麦克尼尔/莱勒新闻时间》、全国广播公司的《早安美国》、《哥伦比亚广播公司晚间新闻》、《哥伦比亚广播公司夜间新闻总结》和《哥伦比亚广播公司晨间新闻》里现身。

1991年的一天，他还同意为《哥伦比亚广播公司晨间新闻》播报气象，他跟主持人宝拉·赞恩透露，他私底下一直想预报天气而不是地缘政治大势。"如果你住在埃及、宾州和黎巴嫩之间的任何地方，我预计你们那儿天气良好。"他煞有介事地说，接着他又预报了有外国名字的美国城市的天气，指的方向全都错了（预报用的气候图通过电子手段只在家里的屏幕上能见到，播报室里是看不见的）。平日的气象播报员马克·麦克尤恩在一旁打趣,他说他真担心基辛格抢走他的饭碗。

在维护自己形象的同时,基辛格像当年在尼克松白宫年代愿意与反战者面谈一样,仍念念不忘赢得敌对阵营的支持。对那些批评他的人,出于他自己的不安全感和傲慢,他总想对自己的行为做出解释,以争取对方的首肯。基辛格曾出面支持反对在曼哈顿的纽约会议中心原址兴建一组办公大楼的运动,后来见到开发商莫蒂默·祖克曼时,他说:"你知道,我是为安抚我自由派的朋友才出来站台的。"

同样,当新闻记者肯·奥莱塔著文对彼得·彼得森在雷曼兄弟倒闭中起的作用直言不讳时,基辛格对他当年的内阁同事遭到这种批评深表同情;奥莱塔同时却收到基辛格的来信,赞扬他的报道。他推崇编辑哈罗德·埃文斯介绍其与报业巨擘默多克斗法真相的书,但回过头来又对默多克说他不同意该书的观点。有些故事经过多人转述可能有被渲染之嫌,但之所以有这么多故事,就是因为基辛格没有意识到话是会传出去的。[9]

他甚至还试图拉拢多年来经常讽刺基辛格的《杜恩斯伯里》卡通作者漫画家加里·特鲁多。基辛格在莉兹·史密斯的八卦新闻专栏获悉特鲁多和妻子简·波利在给儿子取名时,本来考虑叫泰勒,后来因为知晓基辛格的狗也叫泰勒而作罢,于是他以泰勒的名义给波利写了封信。"倒不是我不了解结仇容易解仇难,"信里如此说,"至今我在经过 10 年前咬过我的贵宾犬悉尼家门口时也难免项毛竖起,并在他家门口撒了泡尿。但它毕竟曾咬过我,可我怎么也想不起我什么时候跟你老公有任何过节。"

特鲁多回信是写给"亲爱的基辛格先生"的,谈起了自称出于泰勒这条狗手笔的信。"其实我还很高兴泰勒叫泰勒,因为这正好说明我妻子的话'这名字连给狗都不值'根本站不住。但结果是我的妻子赢了,我们的孩子现在的名字虽不如'泰勒'高雅,倒也过得去,他叫托马斯,跟我们家认识的一位不辞劳苦周末也加班干活的水管工名字一样。请转告你的狗别什么事都为自己辩护。"[10]

总想要争取大部分人对你的首肯也是人之常情,但在基辛格身上这

基辛格传   734

种愿望则过于强烈，对他的朋友来说，这说明权势和财富并未消除隐藏在这位来自菲尔特难民内心深处的伤痕。同样，他对别人的攻击依旧在意，对敌人仍耿耿于怀，对朋友还是猜疑。虽然他有时摆出派头十足的模样，在他希望赢得尊重的人前，他还是会展露关爱甚至谦逊的一面。

"他在人的层面一直很难觉得像在知识层面那样绝对安全，"有时与基辛格一起旅行的英国导演彼得·格伦维尔说，"'不安全'这个词通常有贬义，但当我用它来形容亨利时却是褒奖之词。经过了这么多年，他的内心深处仍然觉得不安全。这个个人的弱点也正是他性格的强项。"[11]

20世纪90年代初，如果暮年的基辛格还有什么欠缺，那就是无论是在社交界，还是在专业界，他的世界现在表演的成分都多于实质。偶尔，他也会在反省后挖苦自己，说他新结交的社交名流是一帮"缺乏教养的富人"，与这些朋友当中的大多数他都没有心灵或知识上的契合，他还是不习惯他们的轻佻言行。然而，宴会有魅力，旅行有气派，大家都那么和和气气、不争不吵，多么自在。

虽然他事业很成功，但给不了他在发挥治国安邦之才时能得到的满足感；让铜金公司得以在印度尼西亚安全运营是比不上能让中国觉得世界安全的成就感的。不过，到底这也让他有机会坐私人飞机到处跑，发挥外交官和外交事务顾问的作用，这是他最擅长的两件事。

年轻的基辛格曾征服学术界。后来他在华盛顿和外交事务方面又展露辉煌，接着，他成了媒体红人、名人，再后来事业有成，成了阔佬。大到全球外交，小到八卦新闻栏目，无论哪一行，由于他才华一流却作风生硬、自视颇高，但又缺乏安全感，魅力十足却仍有所遮掩，有幽默感兼有抱负，使得他好歹成为他所处时代的当红明星。

1991年2月，适逢保拉·基辛格九十大寿。这位洛伊特斯豪森贩牛商的女儿昔日与校长成婚，成功地让一家人逃离纳粹，如今在华盛顿高地的公寓里正享受身为人母见到孩子功成名就、人尽皆知的喜悦。照例她冬天都在波多黎各一个不张扬的滨海公寓度过，这是她早年与丈夫一起的例行租赁安排。

她精神矍铄、诙谐、明智、质朴，依然那么和蔼可亲，而且健康。

她的公寓在10层,而那个月有几天电梯坏了。人家愿意给她换一个比较方便的楼层,但是她不想搬。每天她都得靠爬楼梯上下10层。她唯一服老的举动就是每爬三层左右就稍事休息;楼里的朋友看见她在那儿喘气,都会出来端给她一杯茶缓一缓。

她过生日那个周六晚上,沃尔特·基辛格的一个儿子——同他多位祖辈人士一样,他也是老师——从加州飞过来看她。他是来接她去他住的加勒比希尔顿酒店的。当她走进他的房间时,吃惊地看到她的两个儿子——亨利和沃尔特,还有其他家人都到齐了。

在那天的晚餐聚会上,亨利·基辛格讲到了他母亲的坚强。他说,就因为她不屈不挠的个性,全家才得以逃离纳粹德国。在到达美国以后他们才能衣食无忧,儿子们才能上大学。他说:"每遇困境,是您的毅力、精神和关爱让我们永不放弃。我能有今天,我们一家人能有今天,一切都是您的功劳。"

保拉·基辛格认真地看着眼前的一切。然后,用她无可挑剔的漂亮英文说:"我这一辈子太值了!"[12]

第34章

基辛格的政治遗产：政策与个性

> 由于不喜欢梅特涅踌躇满志和僵硬的保守主义，人们往往连他的成就这个现实也一并否认了。
>
> ——基辛格 《重建的世界》，1957 年

拿破仑一度说梅特涅把政策与阴谋混为一谈。论政策和阴谋，基辛格都是高手，同梅特涅一样，他的政策反映了他复杂的个性。

基辛格最大的特点——他的个性和政策的铺垫——就是他的才智，连批评他最猛烈的人也不得不承认这一点。无论是随意对话还是正式会议，他都能把各方的细微差异和意见归纳整理，让讨论进入一个更高的层次。正如周恩来1971年在北京与他第一次会面，探讨了世界平衡问题后所说："基辛格博士，你太有才了。"

而他的才华的核心就是他能看到不同事件之间的联系，并把所观察到的规律现象予以概念化。就像蜘蛛网上的蜘蛛，他能感觉，有时过于敏锐地感觉到，世界上某一个角落的一个行动会在别处引起什么反响，在一个地区使用权力会如何波及其他地区。

在探究概念时，他在学术上是诚实的，连那些认为他为人狡黠的人也对此颇感吃惊。他喜欢与持不同哲学观点的才思敏捷的人一起，不断挑战他们的想法，也愿意接受他们的挑战。

批评他的人说基辛格的才华显示他主要是战术家而非战略家。换言之，他长于策划完成任务必需的步骤，而缺乏制定宏图伟略的眼光。莱斯利·盖尔布在1976年曾写道，基辛格并不是俾斯麦，而是"国际外交界的剑侠唐璜，风流倜傥，各处留情，最终克服困难，赢得胜利"。

其实，基辛格既是战略家，也是战术家。他心思的强项在于他有能

力在不同水平——从宏大到微小——运作。他的文章中有放之四海而皆准的隽语箴言，也有对小事件的精细勾勒；在日常工作中，他既担心席卷一切的历史力量，也在意官场中微不足道的怠慢；他胸中既有宏伟的地缘战略规划——针对中东、缓和、苏联-中国-美国的三角关系——也怀揣着希冀能牛刀小试的无数细微战术谈判杠杆。[1]

基辛格欧洲式的国际事务哲学——面向权力的现实主义或现实政治——可溯源于他的成长背景。由于他生于魏玛共和国，是纳粹狂热意识形态的受害者，对稳定和秩序的渴望已成为他性格的一部分。在他成长的环境中，不易培养信赖，也看不到善有善报，所以他自然而然地对人性持悲观看法，而这正是现实政治的基本前提。他有"儿时惨遭不幸的人一辈子挥之不去的忧思抑郁"，他哈佛的老同事斯坦利·霍夫曼说。斯宾格勒的幽灵一直伴随着他。

他变得凡事猜忌，倾向于操弄人们的对立情绪，而不以人们的善良面为切入点。诚如他1945年在叙述集中营生还者的信中所说："他们看到了人性最丑恶的一面，谁还能责怪他们多疑呢？"于是，他开始相信决定世界秩序的是权力而不是正义，为自己眼中的道德正义而奋战的国家比根据自身利益行事的国家更危险。他从犹太人大屠杀里吸取的教训之一，正如他在战争刚结束的信中所说，有时候"只有撒谎才能保命"，"软弱是死亡的同义词"。[2]

1972年峰会召开前，基辛格访问克里姆林宫，勃列日涅夫带着他观看大厅里摆放的擦得锃亮光鲜、被小心翼翼盖着的瓮。勃列日涅夫说，要在尼克松抵达前才会取下那块布，保证它们纤尘不染。基辛格后来说，这显示苏联人的灵魂一直为深度不安全感所困扰。"不过，可别忘了，"他补充道，"不安全感会导致夸夸其谈和自以为是。"[3]

基辛格应该也会承认，他自己的灵魂也一直为不安全感所困扰，他也有众人熟知的自大的毛病，也许这是儿时感觉到自己比周围的人都聪明但又不得发挥的后遗症。在知识层面他很有把握：对观念的碰撞他乐在其中，也欢迎别人对他的理论提出坦率挑战。他对他人的怠慢极为敏感，近乎到有疑心病的地步；而与同事相处时往往遮遮掩掩，后来更因偶然与理查德·尼克松搭档，而更趋严重。

他凡事喜欢保密，甚至不讲实话，部分也是他这个人缺乏安全感、比较紧张的反映，但也与他奉行的政策有关。基于道德理想或国际法的外交行为容易公开宣讲，然而牵涉模糊妥协和权力花招儿的现实主义路线难免需要隐藏和欺骗，因为如果公开宣讲势必引发民众挞伐。由于基辛格内心认为他对国家安全利益的冷静计算不会得到民众或国会的支持，于是他的外交政策特点是隐蔽和出其不意。"如果他的聪明才智少10%，如果他的诚实能多加10%，他将是个伟人。"美国犹太裔领袖、基辛格一家的老友纳胡姆·戈尔德曼曾如是说。

当然，基辛格喜欢保密也和尼克松的性格与愿望有关。基辛格反映——并加强了——提拔他的总统的阴暗面。两人都对戏剧性的震撼之举——如宣布对中国开放——有偏好；两人都渴望掌控一切，独享荣耀，不喜欢责任分摊；两人基本上都心存疑虑，特别信不过官僚体系。所以，他们喜欢搞暗箱操作，特别担心泄密。

基辛格总是想让他的同事置身事外，部分是受虚荣心驱使，但多数时候他的虚荣心也有事实依据。基辛格相信——其实有一定的道理——为了建立细微联系并调试微妙平衡，他必须通过背后渠道运作，以严格把控政策的各个方面。此外，他觉得如果把国务院蒙在鼓里，他能更好地谈判对中国的开放；如果不让阮文绍了解情况，他可以更容易就南越达成协议；如果绕过杰拉尔德·史密斯和他的限制战略武器谈判专家，他就能和苏联敲定一个军控协议。

在这些和无数其他个案中，基辛格的确取得了一些非凡成就，但同时他也埋下了破坏性的怨恨情绪。他偷偷摸摸的工作风格短期内或许有令人称羡的成功，却更加重了围绕尼克松的猜疑气氛，损害了官僚对总统的支持，最后导致对总统政策的诘难没有必要的反弹。

基辛格个人缺乏安全感和知识上的唯我独尊还有一个反映——他迫切想说服对手，并深信自己做得到。他有舞蛇者那样高超的迷人本领，而且并不挑拣迷惑对象。他知道如何满足虚荣心，如何给人戴高帽子，如何引发对手间的争斗，如何对彼此的朋友在背后说长道短。

最奇怪的是他渴望争取的对象几乎无所不包：从巴里·戈德华特到富布赖特，从诺曼·梅勒到威廉·巴克利，从霍尔德曼到莫顿·霍尔珀林。"一个人竟然想让人人为他所倾倒，说明此人的虚荣心和不安全感到了何种程度。"亲眼见到基辛格积年累月地在她丈夫约瑟夫身上下功夫的波莉·克拉夫特说。[4]

用亚瑟·施莱辛格的话说，这个特点反映的是"一个难民的心灵"。戴安·索耶也说这是"一个典型的移民需要讨好人的心态"。一个更简单一点的解释是，基辛格这样做的理由与其他人别无二致，虽然程度或者不同：就是渴望别人喜欢自己，肯定自己。他天生脸皮薄，进入政府工作后特别感觉被包围、不安全。在他那看似忧伤的面庞上的双眼却流露出亟待被认可的神情。

而基辛格的功夫通常还挺灵验，因为他的确有吸引力、聪明、诙谐。但也不免有负面影响，就因为他想诱惑的人太多，免不了赢得两面派的名声。"亨利对曲里拐弯这一套似乎乐在其中，"詹姆斯·施莱辛格说，"别人撒谎时显得不好意思，亨利却很从容，就像摆芭蕾的阿拉贝斯克舞姿一般。"

基辛格曾跟埃夫里尔·哈里曼说，如果哈里曼不再攻击尼克松，或许政府会请他发挥一点作用。在一旁听到这段对话的莫顿·霍尔珀林问他是不是真有这个可能性。"亨利的答复是他没有认真想过这个问题，"霍尔珀林回忆道，"在决定要不要说什么话时，真实与否并不在考虑之列。"[5]

基辛格的魅力和迷惑力、恭维和口是心非，都是他外交的一部分。就以中东为例，美国的政策围绕着一个进程，即一步步的穿梭外交，而穿梭外交又围绕着基辛格的个性。在以色列和埃及，甚至在叙利亚和沙特阿拉伯，基辛格都能凭借他的谄媚功夫，假装与他们是一伙儿的，言谈间中伤他们的对手，骗得这些国家领导人团团转。

1974 年在萨尔茨堡一次情绪激动的记者招待会上，他担心可能因为窃听事件曝光而辞职，基辛格显得异常伤感。他说，有人说他对稳定均势比对道德问题更关心。"我宁可希望，"他补充道，"当盖棺论定时，人们会记得或许有些性命得到了拯救，有些母亲因此放下了悬着的心。

不过，一切留待历史论断吧。"

要下这个历史论断并非易事。基辛格设计的和平结构让他与亨利·史汀生、乔治·马歇尔和迪安·艾奇逊并列为现代美国政治先贤。此外，他还是20世纪首屈一指的谈判专家，与乔治·凯南一起同为最具影响力的外交政策思想家。

但基辛格对美国价值和道德原则——如史汀生永远更重视诚信而不是阴谋，重视理想主义而不是国家利益——一直没有本能感受。他也不理解，美国政治的健康喧闹、民主社会的开放性决策正体现了美国的强项。"亨利是个均势思想家，"他最亲密的同事劳伦斯·伊格尔伯格说，"他对稳定深信不疑。这种目标是美国经验的对立面。美国人往往想追求一套道德原则。亨利对美国政治体系没有内在的感觉，他的基本价值和假设的起点也不同。"[6]

基辛格掌权时正值收容他的国家外交政策处于危险的时刻，由于考虑欠周而卷入南越，美国正出现孤立主义的反弹；国会和老百姓对花钱买新武器，或在第三世界与自己关系不大的地区与苏联进行对抗都没有兴趣。

基辛格给我们迎来了缓和时代，从而确保与苏联的竞争将在可控范围内，摊牌也不那么危险了。通过联系网的设计，他让美国有了一些外交手段，以弥补军事决心的欠缺。20年后回看当时，他大可以说："或许我们在美国濒临基本瓦解时保全美国肌体完整方面，确实功不可没。"[7]

他在这个过程中提出的一些倡议很有见识和想象力，有些则略显粗暴、鲁莽，有些很聪明，有些又聪明过头。作为唯一指导美国外交政策的欧式现实主义者，一位不受充斥美国历史的情感理想主义束缚的掌权人，他有时似乎完全无视道德规则。但他头脑清晰，一步步建立了一个新的全球平衡，保住了美国在越战后的影响力，最终也对冷战的结束做出了贡献。

虽然每次出现区域危机，他总能看到背后或有或无的莫斯科授意的威胁，但基辛格抵制当时试图放弃与苏联竞争的鸽派、孤立主义力量还

第34章　基辛格的政治遗产：政策与个性　　741

是对的，他抵制鹰派和新保守主义意欲放弃与苏联合作的压力也是对的。如凯南在20世纪40年代所说——基辛格在70年代重申过——克里姆林宫的统治者只有靠扩大他们的帝国或援引外国威胁，才能支撑起其体系。如果没有这些机会，苏联体系最终将土崩瓦解，果不其然。

另外，基辛格和尼克松把原来世界的两极拔河比赛变成三方棋局，给美国提供了更多建设性外交的机会。过去的总统想都不想的与中国的新关系，也让这个世界上两大社会主义国家更愿意与美国交好而不是彼此交好。

因此，就出现了美国战后外交政策的根本改变：从1945年波茨坦会议后，我们第一次看到，与莫斯科和北京的合作及竞争可以是大国平衡战略的一部分。这本身就是相当于梅特涅一级的犀利现实主义胜利。

这个新框架包含了一项对美国力量有限的新认知，但仍相信美国在抵制苏联影响的扩散方面可以发挥重大作用。反苏情绪不像批评他的保守派那么炽烈，愿意干预的程度又超出了大多自由派能忍受的极限，这就是基辛格在越战后给美国的定位，确定钟摆不会来回剧烈晃动。

这项政策的主要内容被奉行了20年：与莫斯科既遏制又合作，让苏联体系的内在矛盾释放出来；中东步步为营的做法使美国在该地区一直扮演主要角色；现实对待中国所产生的全球平衡较之前更稳定，同时也给了华盛顿更多的回旋余地。当冷战结束时，这一剂现实主义之药也帮助美国在基于多元权力中心及平衡的新全球环境中继续运作。[8]

但基辛格以权力为导向的现实主义和对国家利益的聚焦后来之所以举步维艰，是因为它对道德作用的过分忽略。对柬埔寨先是秘密轰炸继而入侵，对河内的圣诞轰炸，破坏智利的稳定，这一切再加上其他的粗暴行径，所展现的是一种对美国人自认的外交政策历史根基——尊重人权、国际法、民主及其他理想价值——的漠视。基辛格作为政治人物所遭遇的挫折，作为一个人所引起的对抗情绪，都是因为在许多人眼中，他的地缘政治计算完全忽视了道德。

基辛格的做法导致了对缓和的反弹；民间情绪又从卡特的道德主

义到罗纳德·里根的意识形态狂热来回摇摆。结果，与梅特涅并无二致，基辛格给我们留下的是一时的光辉，而不是牢靠的基础，不是用砖块不加稻草砌成的精湛结构。

对基辛格而言，强调现实主义和国家利益——即便执行时看似冷酷无情——并不代表拒绝道德价值。相反，他认为这是追求稳定世界秩序的最佳途径，他认为这才是至高道德责任，特别是在核时代。

他在1988年诺贝尔奖得主的巴黎聚会上曾试图解释现实主义与道德之间的关系。在一次闭门会议中，有人攻击他以权力为导向的、不考虑道德准则的做法。诺贝尔和平奖得主、阿根廷的阿道弗·佩雷斯·埃斯基韦尔斥责他搞"种族清洗和集体谋杀"。基辛格开始谈到他的童年，全场顿时鸦雀无声。

基辛格说，他有十几位亲人死于犹太人大屠杀，所以他对种族清洗的性质略知一二。对人权斗士和反战人士而言，坚持世界必须完美不难。但与现实打交道的决策者只能设法做到可能的最好，而不是想象的最好。若能禁止军事力量在世界事务中发挥作用，这将何其美好，但他在孩提时代就学到我们的世界并不完美。真正要为和平负责的人不同于旁观者，他们不能冒纯理想主义的风险。他们必须有处理模糊情况和妥协让步的勇气，才能实现只能通过不完美的每一小步达成的更大目标。没有任何一方拥有道德的专利权。[9]

但基辛格的现实主义政治与一个开放、民主的社会并不相容，因为这样的社会不太能接受为了遥远的目的不得不采用难以接受的手段。只有相信美国的行动是崇高的道义行动，才能凝聚一个有孤立主义天性的民族。无论是勇敢地走向战场，还是唤起民众抗击苏联的共产主义扩散，美国人的积极性都来自维护其价值观的渴望，而不是对地缘政治利益的冷静计算。即便在美国的介入不无经济的自我利益考虑时——1990—1991年的海湾战争就是一例——公开强调的也是那些高尚的目标。[10]

基辛格认为美国精神中的理想主义层面是在一个紊乱的世界中维持政策的软肋。他在一定程度上是对的，但其实它也是美国的强项。近代政治影响力最伟大的胜利是20世纪90年代初期民主资本主义美国战胜了共产主义苏联。这部分得益于基辛格和其他人在70年代建立的新全球平衡——保全了后越南时代的美国影响力的新全球平衡。但美国在冷战中得胜的主要原因并不是它赢得了军事力量和影响力的比拼，而是美国体系反映的价值——包括其外交政策因依赖人民的理想而得力——最终证明更具有吸引力。

致谢

首先感谢斯特罗布·塔尔博特。他说服我撰写本书，一路对我鼓励有加，逐个主题给我做解释，不断给我提供载有具体细节和卓见的备忘录，着力修改了我的初稿，更重要的是，在工作和生活两方面给我提供了诚实调研的楷模，他值得任何新闻人员或历史学家仿效。

有机会与斯特罗布共事只不过是在《时代》周刊工作时最愉快的体验之一，那是一个人人得以抒发对世事好奇的富有启发性、娱乐性、友好的工作场所。主编亨利·穆勒对本项目十分大度和谅解，他的建议也很中肯。此外，还要感谢诸位审稿人：理查德·邓肯、约翰·斯塔克斯、詹姆斯·凯利、玛格丽特·卡尔森、休·塞迪、迈克尔·克雷默、理查德·史丹格和埃利奥特·拉维茨。他们除提供必要的反馈意见外，还在其他方面帮助甚多。

西蒙与舒斯特出版公司的编辑艾丽斯·梅休十分尽责，而且要求很高，对本书从概念到标点，她都积极献策。我也感谢她的助手阿里·胡根布姆独具编辑慧眼以及他的组织能力。还要感谢发行人杰克·麦克恩对本项目的卓有见识的支持。从本书撰写伊始至完工，理查德·斯奈德都提供了专业和个人指导、精辟的见解和鼎力支持。我的代理人阿曼达·厄本也始终热心、明智。

还要感谢几十位愿意与我交换有关基辛格的故事，并花时间听我描述我的想法的人。特别是阅读过我部分初稿的斯特罗布·塔尔博特、理查德·霍布鲁克、理查德·史丹格、詹姆斯·凯利、约翰·刘易斯·加迪斯、法里德·扎卡利亚、莫蒂默·祖克曼、乔纳森·奥尔特和玛丽莲·伯杰。

我父亲和继母——欧文及朱兰娜·艾萨克森，也都阅读了本书的全稿，并做了许多评论和纠正。我一向觉得他们的智慧和爱心似乎永无穷尽。

我最重要的读者、批判者和支持者是我的妻子凯西。对我的判断她循循善诱，过度的地方她及时打住，她戳破了我的虚伪，坚定了我的信念，让我忠于自己的信仰。她是最可靠的常识与理性的试金石，每时每刻让我受益匪浅。

还得感谢我的女儿，如果要赞扬她的耐心，那未免言过其实，因为她像所有两岁的孩子一样处处要大人注意。不过，老实说，她的确让我分心，不时让我离开书桌，或坐在我膝盖上玩我的键盘。但那却是最具神奇效果的分心，让我乐此不疲。所以，借 P. G. 伍德豪斯的话说，谨以此书献给贝齐·艾萨克森，没有她的宝贵协助，成书的时间大可以减半。

注释

除非另有说明，所有总统言论均载于《总统公共文件》，外交言论则载于《国务院公报》。所引述未进一步注明出处的电话记录、会谈备忘录及其他文件均由他人提供。作者拥有所引述基辛格信件的全部影印本。

本部分所用缩略语：
LAT=《洛杉矶时报》
NPP= 尼克松总统文件，弗吉尼亚州，亚历山德里亚，国家档案馆
NYT=《纽约时报》
WHSF= 白宫特别文档
WHY= 亨利·基辛格的《白宫岁月》
WP=《华盛顿邮报》
YOU= 亨利·基辛格的《动荡年代》

1992 年版序

1. Henry Kissinger, "Impressions of Germany," an unpublished story written as a letter to his parents in 1945, courtesy of Paula Kissinger.
2. Gallup poll, *WP*, Dec. 30, 1973; Valeriani, *Travels With Henry*, 33.
3. Robert Manning, Jan. 23, 1990.

第 1 章

1. Paula Kissinger, May 8 and May 16, 1988; Kissinger family tree, an unpublished paper by Martin Kissinger; local birth records, vicar's office of the Rodelsee church.
2. *Encyclopedia Judaica*, passim; Martin Kissinger paper.
3. Henry Kissinger, Dec. 7, 1988; Lina Rau Schubach, Dec. 8, 1988.
4. Paula Kissinger, Dec. 17, 1988; Arno Kissinger (Louis's brother), Jan. 4, 1989.
5. Paula Kissinger, May 8, 1988; letter from Louis Kissinger to Lloyd Shearer, Sept. 22, 1971, courtesy of Shearer; Tzipora Jochsberger, Dec. 6, 1988; Mazlish, *Kissinger*, 21-22; Blumenfeld, *Henry Kissinger*, 18-33.
6. Letters of Louis Kissinger; Paula Kissinger, May 8, 1988; Jack Heiman, Dec. 5, 1988; Jerry Bechhofer, Dec. 2, 1988.
7. Paula Kissinger, May 8 and Dec. 17, 1988; Jack Heiman, Dec. 5, 1988; Henry Kissinger, Dec. 19, 1988; "From Fürth to the White House Basement," *Time*, Feb. 14, 1969; Mazlish, *Kissinger*, 26-27.
8. Paula Kissinger, Dec. 10 and Dec. 17, 1988. Some accounts say that his name was originally Alfred Heinz Kissinger. According to Kissinger, his mother, and his birth records, this is not correct.

9. Paula Kissinger, May 8, 1988; Walter Kissinger, Mar. 17, 1988; Henry Kissinger, Dec. 7, 1988; Harold Reissner, Nov. 30, 1988.
10. Blumenfeld, *Henry Kissinger*, 18-34; Paul Stiefel, Dec. 6, 1988; Henry Gitterman, Dec. 5, 1988; Jerry Bechhofer, Dec. 2, 1988.
11. Jack Heiman, Dec. 5, 1988; Paul Stiefel, Dec. 6, 1988; Henry Kissinger, Dec. 19, 1988.
12. Walter Kissinger, Mar. 17, 1988; Tziporah Jochsberger, Dec. 6, 1988; Paula Kissinger, May 8, 1988.
13. Walter Kissinger, Mar. 17, 1988; Paul Stiefel, Dec. 6, 1988; Jack Heiman, Dec. 5, 1988; Kalb and Kalb, *Kissinger*, 32.
14. Paula Kissinger, May 8, 1988; Henry Kissinger, Nov. 24, 1987. Other accounts say that Kissinger was expelled from the *Gymnasium* with Jews of his age; in fact, neither of the Kissinger boys was ever allowed to enroll in the *Gymnasium*, despite their parents' hopes.
15. Henry Kissinger, Dec. 19, 1988; Tzipora Jochsberger, Dec. 6, 1988.
16. "Kissinger's Boyhood Buddy," *Hadassah* magazine, Mar. 1974, 35; Menachem (Heinz) Lion, May 10, 1988; Heinz Lion changed his name to Menachem when he moved to Israel. His name is pronounced "Leon" and in some sources is incorrectly spelled that way. Kalb and Kalb, *Kissinger*, 34.
17. Jack Heiman, Dec. 5, 1988; Blumenfeld, *Henry Kissinger*, 18-33.
18. Lina Rau Schubach, Dec. 8, 1988; Tzipora Hilda Jochsberger, Dec. 6, 1988; Paula Kissinger, May 8, 1988; Henry Kissinger, Dec. 19, 1988.
19. Jack Heiman, Dec. 5, 1988; Menachem Lion, May 10, 1988; Jerry Bechhofer, Dec. 2, 1988; Lina Rau Schubach, Dec. 8, 1988; Walter Kissinger, May 8, 1988. Blumenfeld, *Henry Kissinger*, 18-33; Kalb and Kalb, *Kissinger*, 33.
20. Paula Kissinger, May 8, 1988; Henry Kissinger, Dec. 7, 1988.
21. Paula Kissinger, May 8, 1988.
22. "America's Clausewitz was banned from Fürth's city schools," *Fürther Nachrichten*, Oct. 15, 1958; Bernard Law Collier, "The Road to Peking," *NYT Magazine*, Nov. 14, 1971. As noted in *Kissinger* by Kalb and Kalb, p. 35: "Almost word for word, he has relayed the same disclaimers to other interviewers."
23. Lina Rau Schubach, Dec. 8, 1988; Paula Kissinger, May 8, 1988; Hunebelle, *Dear Henry*, 36-37.
24. Menachem Lion, May 10, 1988.
25. Blumenfeld, *Henry Kissinger*, 35-43.
26. Henry Kissinger, Dec. 7, 1988; Paula Kissinger, Dec. 17, 1988.
27. Interview with Menachem (Heinz) Lion, May 10, 1988; "Impressions of Germany," an unpublished letter home by Kissinger, 1945; Paula Kissinger, May 8, 1988.
28. *NYT*, Dec. 16, 1975; *WP*, Dec. 16, 1975; Paula Kissinger, May 8, 1988.
29. Paula Kissinger, May 8, 1988; Henry Kissinger, Dec. 7, 1988; Kissinger family tree, an unpublished paper by Martin Kissinger; Lina Rau Schubach, Dec. 8, 1988.
30. Henry Kissinger, Dec. 7, 1988; "Kissinger: Action Biography," reported by Howard K. Smith and Ted Koppel, ABC-TV, June 14, 1974.
31. Fritz Kraemer, May 14, 1988. Kraemer, who tends to repeat the same pronouncements almost verbatim years apart, gave a similar assessment to the *New York Post*, June 3, 1974.
32. Kissinger's childhood has produced a spate of clinical and psychoanalytic portraits—based on few biographical facts—that probe Kissinger's complexity by invoking Freudian concepts. Mazlish, *Kissinger*; and Dana Ward, "Kissinger: A Psychohistory," in *Henry Kissinger: His Personality and Policies* by Caldwell, ed.
33. Dickson, *Kissinger and the Meaning of History*, 43.
34. Arthur Schlesinger, Jr., Feb. 16, 1989.
35. Landau, *Kissinger*, 15; *WHY*, 229.

第 2 章
1. Henry Kissinger, Nov. 24, 1987; Paula Kissinger, May 16, 1988; *WHY*, 229.
2. Paula Kissinger, May 8, 1988; Dorothy Zinberg, Aug. 28, 1988. In 1991, Paula Kissinger was still living in the same apartment she moved into the day they arrived more than fifty years earlier. Her cousin still lived across the hall, and they would meet their friends on a bench in nearby Fort Tryon Park and reminisce about the days in Fürth and the successes of all of their children, Henry among them.
3. Blumenfeld, *Henry Kissinger*, 34-44.
4. Henry Kissinger, Dec. 19, 1988; Kissinger's high school transcript, George Washington High School registrar's office; Blumenfeld, *Henry Kissinger*, 38-42.
5. Jerry Bechhofer, Dec. 2, 1988; Paula Kissinger, May 8, 1988; Erich Erlbach, Jan. 30, 1989.
6. Henry Gitterman, Dec. 5, 1988; Kurt Silbermann, Dec. 5, 1988.
7. Walter Oppenheim, Feb. 13, 1989.
8. Walter Kissinger, Mar. 17, 1988; Kurt Silbermann, Dec. 5, 1988; Blumenfeld, *Henry Kissinger*, 34-44. Paula Kissinger, May 7, 1988; Henry Kissinger, Dec. 19, 1988; Kurt Silbermann, Dec. 5, 1988; Henry Gitterman, Dec. 5, 1988; Walter Oppenheim, Feb. 7 and Feb. 13, 1989.
9. Henry Kissinger, Dec. 19, 1988; Blumenfeld, *Henry Kissinger*, 40-44; Alan Ascher, Jan. 30, 1989.
10. Henry Kissinger, Dec. 19, 1988.
11. Walter Oppenheim, Feb. 13, 1989.

第 3 章
1. Letter from Henry Kissinger to Walter Kissinger, Aug. 13, 1943.
2. Henry Kissinger, Dec. 19, 1988; Blumenfeld, *Henry Kissinger*, 45-57.
3. Letter from Henry Kissinger to Walter Kissinger, Aug. 13, 1943.
4. Walter Oppenheim, Feb. 13, 1989; Charles J. Coyle, Feb. 8, 1989; transcript of academic record, Lafayette College.
5. Leonard Weiss, Dec. 10, 1988; Henry Kissinger, Dec. 19, 1988.
6. Paula Kissinger, May 8, 1988; Charles Coyle, Feb. 8, 1989.
7. This incident has been frequently recounted, often with minor variations. This version is from an interview with Fritz Kraemer, May 4, 1988, and with Henry Kissinger, Dec. 19, 1988. See also: Bernard Law Collier, "The Road to Peking," *NYT Magazine*, Nov. 14, 1971, 107; Mazlish, *Kissinger*, 49; Landau, *Kissinger*, 19.
8. Nick Thimmesch, "The Iron Mentor of the Pentagon," *WP Magazine*, Mar. 2, 1975; Fritz Kraemer, May 4 and May 14, 1988.
9. "Kissinger: Action Biography," reported by Ted Koppel and Howard K. Smith, ABC TV, June 14, 1974.
10. Fritz Kraemer, May 4 and May 14, 1988.
11. Blumenfeld, *Henry Kissinger*, 45-68; Henry Kissinger, Dec. 19, 1988; Fritz Kraemer, May 14, 1988.
12. Henry Kissinger, Dec. 19, 1988. For a similar version, see "Kissinger: Action Biography," reported by Koppel and Smith.
13. Kissinger's letter, written in 1945, is among the papers at his mother's apartment in Washington Heights.
14. Blumenfeld, *Henry Kissinger*, 4-5, 75; Harold (Helmut) Reissner, Nov. 30, 1988.
15. Letter from Kissinger to "My dear Mrs. Frank," Apr. 21, 1946, courtesy of Harold Reissner and Paula Kissinger.
16. "Memories of Mr. Henry," *Newsweek*, Oct. 8, 1973, 48.
17. Henry Kissinger, Dec. 19, 1988; Fritz Kraemer, May 14, 1988; Blumenfeld, *Henry Kissinger*, 68-80.

18. Harold Reissner, Nov. 30, 1988; Jerry Bechhofer, Dec. 2, 1988.
19. Paula Kissinger, May 8, 1988; Henry Kissinger, Dec. 19, 1988.
20. Henry Rosovsky, Feb. 24, 1989; Henry Rosovsky toast, Kissinger sixtieth birthday dinner, May 26, 1983; Donald Strong, Apr. 13, 1992; Blumenfeld, *Henry Kissinger*, 68-80; Fritz Kraemer, May 14, 1988.
21. Letter from Kissinger to parents, Dec. 22, 1946.
22. Joseph Kraft, "In Search of Kissinger," *Harper's*, Jan. 1971, 57; Henry Kissinger, Dec. 19, 1988.
23. Walter Kissinger, Mar. 17, 1988
24. Letter from Kissinger to his parents, Aug. 12, 1947.
25. Paula Kissinger, May 8, 1988.
26. Fritz Kraemer, May 14, 1988; Henry Kissinger, Dec. 19, 1988.
27. Letter from Kissinger to Wesley Spence, Harvard counselor for veterans, May 10, 1947; application for admission to Harvard College, by Kissinger; veteran application for rooms, by Kissinger, Aug. 19, 1947; all in Kissinger's House file, Registrar's Office, Harvard.

第 4 章

1. Smith, *The Harvard Century*, 168-178; McGeorge Bundy, Feb. 8, 1989. The college informed Kissinger that it did not give credit for night school, thus discarding his CCNY courses, but his record at Lafayette College and in the army qualified him to enter as a sophomore. When the Russian Research Center was founded, Harvard chose an anthropologist to run it, prompting Isaiah Berlin to remark that "the choice was based on the profound hypothesis that Russians are human beings."
2. Henry Rosovsky, Feb. 24, 1989; Sam Beer, Feb. 14, 1989; McGeorge Bundy, Feb. 8, 1989; David Reisman, Feb 13, 1989; "Delmore Schwartz's Gift" in *Memories of the Moderns* by Harry Levin (Boston: Faber & Faber, 1981), 156; Henry Rosovsky, "From Periphery to Center," *Harvard Magazine*, Nov. 1979, 81; Nitza Rosovsky, *The Jewish Experience at Harvard and Radcliffe*; Marcia Synnott, *The Half-Open Door*.
3. Henry Kissinger, Mar. 8, 1989; Arthur Gilman, Feb. 14, 1989; Herbert Engelhardt, Feb. 27, 1989; Kissinger transcripts, House file, Harvard Registrar's Office.
4. Kissinger transcripts; Paul Doty, Feb. 13, 1989; Henry Kissinger, Mar. 8, 1989. Some accounts (such as Blumenfeld, Mazlish, and Graubard) report that Kissinger considered going into medicine. Kissinger says that, although he was interested in chemistry, he did not consider medicine as a profession. In December of his first term, his adviser noted in Kissinger's file that he "probably will go into social sciences or government."
5. Herbert Engelhardt, Feb. 27, 1989; Henry Kissinger, Mar. 8, 1989; Blumenfeld, *Henry Kissinger*, 86-87.
6. Henry Kissinger, Mar. 8, 1989; Stanley Hoffmann, Feb. 24, 1989; Sam Beer, Feb. 14, 1989; Arthur Schlesinger, Jr., Feb. 16, 1989; Sam Beer, Feb. 14, 1989; Landau, *Kissinger*, 42.
7. Kissinger tribute to William Elliott, Harvard Archives, Pusey Library; Kant, *Fundamental Principles of the Metaphysics of Morals*, 46.
8. Recommendation for Phi Beta Kappa, by Elliott, Kissinger House file.
9. Stoessinger, *Henry Kissinger*, 4. Elliott's book was *Western Political Heritage*; Friedrich's was *Inevitable Peace*.
10. Blumenfeld, *Henry Kissinger*, 87, 189.
11. Kissinger's transcripts; Henry Kissinger, Mar. 8, 1989.
12. Kissinger, "The Meaning of History" (the Descartes quote is on p. 4); Dickson, *Kissinger and the Meaning of History*. Kissinger's thesis has gone unread by most of those who have written about him, which is unfortunate. Dickson's book provides an excellent analysis.
13. Kissinger's two token British academic subjects, Arnold Toynbee and Viscount Castlereagh, serve

as little more than sidebars to his main subjects.
14. Kissinger, "The Meaning of History," 1-17. Spengler also fascinated Paul Nitze, who in the late 1930s quit his Wall Street job to go to Harvard and study *The Decline of the West*.
15. Stanley Hoffmann, Feb. 24, 1989. Hoffmann, a Harvard colleague, is the foremost analyst of the relationship between Kissinger's intellectual ideas and his policies. Particularly valuable are *Dead Ends*, 17-66, and *Primacy or World Order*, 33-97.
16. Kissinger, "The Meaning of History," 133, 20, 234, 237, 238.
17. Friedrich, ed., *The Philosophy of Kant* (includes "Perpetual Peace"); Friedrich, *Inevitable Peace*; Kissinger, "The Meaning of History," 261, 280, 262, 324-28, 348; Dickson, *Kissinger and the Meaning of History*, 35, 47.
18. Blumenfeld, *Henry Kissinger*, 79, 89-90; Henry Kissinger, Dec. 19, 1988; Paula Kissinger, May 8, 1988; Harold Reissner, Nov. 30, 1988; Kurt Silbermann, Dec. 5, 1988; Arthur Gilman, Feb. 14, 1989.
19. Walter Kissinger, Mar. 17, 1988.
20. Scholarship application by Kissinger, Feb. 20, 1950, House files, Harvard Registrar's Office.
21. Kissinger's senior-year transcript and application to the Graduate School of Arts and Sciences, both in House files, Harvard.
22. Graubard, *Kissinger*, 55; Sam Beer, Feb. 8 and Feb. 14, 1989; John Conway, Feb. 13, 1989; Adam Ulam, Feb. 14, 1989.
23. Memo from special agent in charge, Boston, to the Central Research Division, FBI, July 15, 1953; see Sigmund Diamond, "Kissinger and the FBI," *The Nation*, Nov. 10, 1979.
24. Blumenfeld, *Henry Kissinger*, 95-97, 106; McGeorge Bundy, Feb. 8, 1989; Virginia Bohlin, "Summertime, Busiest Season of All," *Boston Traveler*, July 7, 1959; "Seminar Brings Together Future Foreign Leaders," *Harvard Crimson*, May 27, 1959; "Harvard Programs Received C.I.A. Help," *NYT*, Apr. 16, 1967.
25. Henry Kissinger, Mar. 8, 1989; Blumenfeld, *Henry Kissinger*, 107; *Confluence*, Mar. 1952. The final volume was Summer 1958.
26. Judis, *William F. Buckley, Jr*, 300.
27. Thomas Schelling, Feb. 3, 1989.
28. Stephen Graubard, Apr. 23, 1989; Graubard, *Kissinger*, 59.
29. Kissinger, Apr. 25, 1989; Stoessinger, *Henry Kissinger*, 1-3.
30. Kissinger, *A World Restored;* Henry Kissinger, Mar. 8, 1989.
31. Hoffmann, *Primacy or World Order*, 36.
32. Stoessinger, *Henry Kissinger*, 14.
33. Kissinger, *A World Restored*, 1-2; for examples of these ideas applied to the twentieth century, see Kissinger, *Nuclear Weapons and Foreign Policy*, 4, 10, 203.
34. Kissinger, "The Limitations of Diplomacy," *New Republic*, May 9, 1955.
35. Henry Kissinger, Apr. 25, 1989.
36. Kissinger, *A World Restored*, 9-12.
37. Letter from Henry Kissinger to Louis Kissinger, Jan. 31, 1954.
38. Fritz Kraemer, May 14, 1988; Sam Beer, Feb. 14, 1989; Adam Ulam, Feb. 14, 1989; Herbert Spiro, June 9, 1989; John Conway, Feb. 13, 1989.
39. Stanley Hoffmann, May 11, 1989; Zbigniew Brzezinski, July 6, 1989.
40. Henry Kissinger, Mar. 8, 1989; letter from Kissinger to his parents, June 4, 1952.

第5章
1. Arthur Schlesinger, Jr, Feb. 16, 1989; Henry Kissinger, Mar. 8, 1989. "Massive retaliation" was spelled out in the NATO strategic concept MC 14/2, adopted by the North Atlantic Council in 1957. Epigraph is from *Nuclear Weapons and Foreign Policy* by Kissinger, 427.

2. Kissinger, "Military Policy and Defense of the Crey Areas," *Foreign Affairs*, Apr. 1955, 416-28.
3. Letter from Kissinger to Paula Kissinger, Feb. 23, 1955.
4. Council on Foreign Relations archives, nuclear weapons and foreign policy study group, minutes of the first meeting, Nov. 8, 1954, 11.
5. Ibid., minutes of the third meeting, Jan. 12, 1955, 3-4; Paul Nitze, "Atoms, Strategy, and Policy," *Foreign Affairs*, Jan. 1956; Nitze, *From Hiroshima to Glasnost*, 150.
6. Letter from Kissinger to Ceorge Franklin, Jr., Apr. 26, 1955, CFR archives; minutes of the sixth meeting, May 4, 1955, 2.
7. Talbott, *The Master of the Game*, 65.
8. Letter from George Franklin, Jr., to Carroll Wilson, Aug. 4, 1955, and from Wilson to Franklin, Aug. 12, 1955; from Kissinger to McCeorge Bundy, Sept. 22, 1955; from Kissinger to Maxwell Taylor, Oct. 24, 1955, and from Taylor to Kissinger, Oct. 29, 1955; subcommittee II minutes, Dec. 20, 1955, 7; letter from Kissinger to study group members, Sept. 23, 1955; minutes of Nov. 14, 1955, study group meeting; letter from Kissinger to Carroll Wilson, Dec. 9, 1955; all in CFR archives. Craubard, *Kissinger*, 104.
9. Kissinger, *Nuclear Weapons and Foreign Policy*. Ideas and excerpts from the book-in-progress were the basis for three articles by Kissinger: "Force and Diplomacy in the Nuclear Age," *Foreign Affairs*, Apr. 1956; "Reflections on American Diplomacy," *Foreign Affairs*, Oct. 1956; "Strategy and Organization," *Foreign Affairs*, Apr. 1957. Blumenfeld, *Henry Kissinger*, 119.
10. Kissinger, *Nuclear Weapons and Foreign Policy*, 4-7. Compare this idea and the invocation of the Creek goddess Nemesis to the virtually identical ideas on the first page of *A World Restored*.
11. Kissinger, *Nuclear Weapons and Foreign Policy*, 11, 12, 15, 132, 30, 199, 176, 180-81,426-47; Henry Kissinger, Mar. 8, 1989; Freedman, *The Evolution of Nuclear Strategy*; Halperin, *Limited War in the Nuclear Age*; Bernard Brodie, "Nuclear Weapons: Strategic or Tactical?" *Foreign Affairs*, Jan. 1954; Bernard Brodie, "Strategy Hits a Dead End," *Harper's*, Oct. 1955; Blumenfeld, *Henry Kissinger*, 134.
12. Edward Teller, "A New Look at War-Making," *NYT Book Review*, July 7, 1957, 3; Kalb and Kalb, *Kissinger*, 54.
13. Russell Baker, "U.S. Reconsidering Small War Theory," *NYT*, Aug. 11, 1957, 1; "The Cold War and the Small War," *Time*, Aug. 26, 1957, 14.
14. Paul Nitze, "Limited Wars or Massive Retaliation," *The Reporter*, Sept. 5, 1957; Talbott, *The Master of the Game*, 65; Paul Nitze interview, U.S. Air Force Oral History Project, 468-72; Callahan, *Dangerous Capabilities*, 166; Mazlish, *Kissinger*, 109-10; unpublished paper on Paul Nitze by his nephew, Scott Thompson; Henry Kissinger, Mar. 8, 1989; "MacNeil/Lehrer NewsHour," May 5, 1989. The meeting near Rome is also recounted, with slightly different wording, in *From Hiroshima to Glasnost* by Nitze, 296.
15. Eulogy for Nelson Rockefeller by Kissinger, Feb. 2, 1979, Rockefeller family archives.
16. Despite some of Kissinger's and Rockefeller's published recollections (and such books as *Henry Kissinger* by Blumenfeld, 108-10), Kissinger was not at the first Quantico meeting of 1955 where the "open skies" plan was developed. The records of those meetings are now open and available from the Rockefeller family archives. Interviews with Hugh Morrow, July 12, 1989; Walt W. Rostow, July 18, 1989; Henry Kissinger, Apr. 6, 1989; Persico, *The Imperial Rockefeller*, 82.
17. Blumenfeld, *Henry Kissinger*, 117-18.
18. *Prospect for America: The Rockefeller Panel Report;* Philip Benjamin, "Arms Rise Urged Lest Reds Seize Lead in Two Years," *NYT*, Jan. 6, 1958; Kalb and Kalb, *Kissinger* 56; "Rockefeller Report Seen Clue to 1960," *Christian Science Monitor*, Jan. 8, 1959.
19. Note from Nelson Rockefeller to Kissinger, undated, and Jan. 17, 1969, Rockefeller family papers; "Rates of Compensation Paid to Henry Kissinger by Nelson Rockefeller," documents and hearings of the Senate Rules Committee, Nov. 1974, 883; Henry Kissinger, Apr. 6, 1989.

第6章

1. Letter from McGeorge Bundy to Robert Bowie, Apr. 25, 1957, records of the Harvard Center for International Affairs; McGeorge Bundy, Feb. 8, 1989. The epigraph is from Kissinger, "The White Revolutionary: Reflections on Bismarck," *Daedalus*, Summer 1968, 898.
2. Thomas Schelling, Feb. 3, 1989; Morton Halperin, Nov. 15, 1989.
3. Laurence Wylie, Apr. 22, 1989; Stanley Hoffmann, May 11, 1989; McGeorge Bundy, Feb. 8, 1989; Herbert Spiro, June 9, 1989; Henry Kissinger, Mar. 8, 1989.
4. Letter from Henry Kissinger to Paula Kissinger, Mar. 5, 1958.
5. Henry Rosovsky, Feb. 24, 1989.
6. Sam Beer, Feb. 14, 1989; Adam Ulam, Feb. 14, 1989; records of the Department of Government, Harvard University.
7. *Harvard Crimson Confidential Guide to Courses*, 1963.
8. David Riesman, Feb. 13, 1989.
9. Gerald Ford, July 24, 1990.
10. Graubard, *Kissinger* 117-18; Thomas Schelling, Feb. 3, 1989; Paul Doty, Feb. 13, 1989; Carl Kaysen, Feb. 12, 1989; Laurence Wylie, Apr. 22, 1989; Morton Halperin, May 24, 1988; Leslie Gelb, Jan. 9, 1990.
11. See also analysis in *Kissinger* by Landau, 83.
12. Tom Schelling, Feb. 3, 1989.
13. Laurence Wylie, Apr. 22, 1989; Tom Schelling, Feb. 3, 1989; Stanley Hoffmann, May 11, 1989.
14. Elizabeth Epstein Krumpe, May 5, 1989. (Klaus Epstein died in a car crash while a professor at Brown in 1967.)
15. Letter from Kissinger to "My Dear Parents," Sept. 8, 1961, courtesy of Paula Kissinger.
16. Virginia Bohlin, "*Traveler* Visits One of Nation's Outstanding Young Men," *Boston Traveler* July 7, 1959; Arthur Schlesinger, Jr., Feb. 16, 1989; Leslie Gelb, Jan. 9, 1990; Blumenfeld, *Henry Kissinger*, 128-29, 144-47.
17. Tom Schelling, Feb. 3, 1989; Joan Dreyfus Wylie, Feb. 4, 1989; Blumenfeld, *Henry Kissinger*, 143.
18. Kissinger at the Council on Foreign Relations, June 9, 1989.
19. Kissinger, "Reflections on American Diplomacy," *Foreign Affairs*, Oct. 1956, 38-39. Kissinger discussed the implications of his ideas in two lectures to military conferences: "The Relation Between Force and Diplomacy," reprinted in *Armor Magazine*, July-Aug. 1957; "Strategy and Policy," reprinted in *Army Magazine*, Dec. 1957. Kissinger, "Missiles and the Western Alliance," *Foreign Affairs*, Apr. 1958, 389; Kissinger, "Nuclear Testing and the Problem of Peace," *Foreign Affairs*, Oct. 1958, 2; Kissinger, "The Search for Stability," *Foreign Affairs*, July 1959, 548; Kissinger, "Forget the Zero Option," *WP*, Apr. 5 1987; Kissinger, "Arms Control Fever," *WP*, Jan. 19, 1988.
20. "Refusal of Missile Bases Seen as Danger to Europe's Future," *NYT*, Mar. 10, 1958; "Beware the Ban," *Time*, Oct. 6, 1958, 30. Also: interview with Kissinger, *Der Spiegel*, Feb. 9, 1959; "Professor Favors a Test on Berlin," *NYT*, Feb. 10, 1959; "NATO Cautioned on Atomic Shield," *NYT*, June 8, 1959. Kissinger, "As Urgent as the Moscow Threat," *NYT Magazine*, Mar. 8, 1959, 19; Kissinger, "The Khrushchev Visit—Dangers and Hopes," *NYT Magazine*, Sept. 6, 1959, 5.
21. The book appeared in stores and was reviewed during the second week of January 1961, a week before Kennedy was inaugurated. The book included two previously published articles by Kissinger: "Arms Control, Inspection and Surprise Attack," *Foreign Affairs*, July 1960, 557; "Limited War: Conventional or Nuclear?—A Reappraisal," *Daedalus*, Fall 1960, 800. The *Daedalus* issue is devoted entirely to arms control and contains important articles by Robert Bowie, Herman Kahn, Edward Teller, Jerome Weisner, and Thomas Schelling
22. *Necessity for Choice*, ix-xi, 2-6; Tom Schelling, Feb. 3, 1989.
23. *Necessity for Choice*, 32-36, 57, 59, 81-83, 87, 89; Henry Kissinger, Mar. 8, 1989.
24. Kissinger, "The White Revolutionary: Reflections on Bismarck," *Daedalus*, Summer 1968, 888,

893, 898, 906, 910.

第 7 章
1. Arthur Schlesinger, Jr., Feb. 16, 1989; McGeorge Bundy, Feb. 8, 1989; Abram Chayes, July 13, 1989; Ted Sorensen, Feb. 16, 1989; Henry Kissinger, Aug. 28, 1989; *WHY*, 9. Epigraph from Hugh Sidey, "An International Natural Resource," *Time*, Feb. 4, 1974.
2. *WHY*, 13-14; Henry Kissinger, Mar. 8, 1989.
3. Letter from Kissinger to Bundy, Mar. 1, 1961, national security files, Kissinger folder, Kennedy Library.
4. Letters from Kissinger to Bundy, Feb. 8 and May 5, 1961, ibid.
5. Letter from Kissinger to Bundy, Mar. 20, 1961, and Bundy to Kissinger, Mar. 22, 1961, ibid.
6. Arthur Schlesinger, Jr., Feb. 16, 1989; Kalb and Kalb, *Kissinger*, 63.
7. Letter from Kissinger to Bundy, June 5, 1961, national security files, Kissinger folder, Kennedy Library.
8. Schlesinger, *A Thousand Days*, pp. 386-88; Arthur Schlesinger, Jr., Feb. 16, 1989; Abram Chayes Oral History, 247-49, Kennedy Library; Abram Chayes, July 13, 1989. Schlesinger and Chayes disagree on whether they had lunch that day or merely met after lunch; I have used the Chayes account after discussing the discrepancies with him.
9. Letter from Kissinger to Acheson, July 18, 1961, and Dec. 14, 1966, Acheson papers, Kissinger folder, Yale University Library.
10. Kissinger memo to Bundy, July 15, 1961, national security files, Kissinger folder, Kennedy Library. Kissinger discusses the "missile gap" in *The Necessity for Choice*, 26-39. Bundy later criticized Kissinger's analysis in *Danger and Survival*, 346-48.
11. Bundy, "Covering note on Henry Kissinger's memo on Berlin," July 7, 1961, national security files 81, Kennedy Library; Kennedy's July 25 speech on Berlin, Public Papers of the President, 1961, 535; Bundy, *Danger and Survival*, 377. Bundy adds in his covering memo that he, Carl Kaysen, and other advisers "all agree [with Kissinger] that the current strategic war plan is dangerously rigid." For a fuller discussion of "flexible response" and "assured destruction," see Newhouse, *War and Peace in the Nuclear Age*, 162-64; Kaufmann, *The McNamara Strategy*.
12. Kissinger memo to Bundy, Aug. 11, 1961, national security files 81, Kennedy Library.
13. Henry Kissinger, Aug. 28, 1989; letter from Kissinger to Bundy, Oct. 19, 1961; from Bundy to Kissinger, Nov 13, 1961, national security files, Kissinger folder, Kennedy Library.
14. Carl Kaysen, July 12, 1989.
15. Abram Chayes, July 13, 1989; Henry Kissinger, Mar. 8, 1989; Richard Holbrooke, Sept. 25, 1989; *WHY*, 9.
16. Letter from Kissinger to Louis Kissinger, Jan. 25, 1962, courtesy of Paula Kissinger.
17. McGeorge Bundy, Feb. 8, 1989.
18. Kissinger, "The Unsolved Problems of European Defense," *Foreign Affairs*, July 1962, 525, 530, 531. Kissinger's 1989 comment is from the "MacNeil/Lehrer NewsHour," May 5, 1989.
19. Kissinger's writings included "Strains on the Alliance," *Foreign Affairs*, Jan. 1963; "The Skybolt Affair," *Reporter*, Jan. 17, 1963; "NATO's Nuclear Dilemma," *Reporter*, Mar. 28, 1963; "Coalition Diplomacy in the Nuclear Age," *Foreign Affairs*, July 1964; "The Illusionist: Why We Misunderstand De Gaulle," *Harper*'s, Mar. 1965; "The Price of German Unity," *Reporter*, Apr. 22, 1965; "For a New Atlantic Alliance," *Reporter*, July 14, 1966.
20. "Reflections on Cuba," *The Reporter*, Nov. 22, 1962.
21. Melvin Laird, Dec. 18, 1989.
22. James Reston, Dec.19, 1989; Walt Rostow, July 18, 1989; Reston, *Deadline*, 425; *WHY*, 230-31.
23. Letters from Kissinger to McGeorge Bundy, Mar. 30 and Apr. 13, 1965; Bundy to Kissinger, Apr. 12, 1965; national security files, Kissinger folder, Johnson Library.

24. Letter from Kissinger to his parents, Oct. 17, 1965, courtesy of Paula Kissinger; Hersh, *The Price of Power*, 46-48; *WHY*, 232-33; Landau, *Kissinger*, 157.
25. Jack Foisie, "Viet Regime Shaky, Johnson Envoys Find," *LAT*, Nov. 2, 1965 (also carried in *WP*); Barry Zorthian, Aug. 2, 1989. Letter from Kissinger to "Dear Mac" Bundy, Nov. 6, 1965; telegram from Kissinger to the White House, Nov. 7, 1965; letter from Kissinger to Clark Clifford, Nov. 10, 1965; all in national security files, Kissinger folder, Johnson Library. Clifford and Holbrooke, *Counsel to the President*, 429-32.
26. McGeorge Bundy memo to William Bundy, Nov. 10, 1965; Kissinger letter to "Dear Mac," Nov. 6, 1965; both in national security files, Kissinger folder, Johnson Library.
27. "Town Meeting of the World," hosted by Charles Collngwood, CBS News, Dec. 21, 1965; "Educators Back Vietnam Policy," *NYT*, Dec. 10, 1965.
28. *WHY*, 233; Kalb and Kalb, *Kissinger*, 69-70.
29. Kalb and Kalb, *Kissinger*, 67-68; Daniel Ellsberg, Aug. 8, 1989; Daniel Ellsberg interview, *Rolling Stone*, Nov. 8, 1973; Dan Davidson, July 31, 1989.
30. Kissinger, "What Should We Do Now," *Look*, Aug. 9, 1966.
31. The full documentation on the Pennsylvania initiative is contained in "The Pentagon Papers," volume VI.C.4, *Negotiations 1967-1968*. It is reprinted in *The Secret Diplomacy of the Vietnam War*, edited by Herring, 717-71. See also Kraslow and Loory, *The Secret Search for Peace in Vietnam*; Landau, *Kissinger*, 164-91. Kissinger's and Walt Rostow's notes are in the national security files, Vietnam, box 140, in the Johnson Library. Kissinger's letter to his parents is dated August 5, 1967, courtesy of Paula Kissinger.
32. Paul Doty, Feb. 13, 1989.
33. Transcript of the Oct. 18, 1967, meeting with President Lyndon Johnson, Henry Kissinger, Dean Rusk, and others, from the private papers of Clark Clifford; Clifford and Holbrooke, *Counsel to the President*, 457.
34. Transcript of the June 1968 seminar of the Adlai Stevenson Institute of International Affairs; Pfeiffer, ed., *No More Vietnams*, 12-13. For more on Kissinger's belief in a "decent interval" solution, see Chapter 21.
35. Persico, *The Imperial Rockefeller*, 70.
36. Hugh Morrow, June 28, 1989.
37. Speech to the World Affairs Council of Philadelphia, May 1, 1968, the public papers of Nelson Rockefeller.
38. R. W. Apple, "Rockefeller Gives Four-Stage Plan to End the War," *NYT*, July 14, 1968; Persico, *The Imperial Rockefeller*, 73.
39. Oscar Ruebhausen, Aug. 3, 1989; Hugh Morrow, June 28, 1989; Henry Kissinger, Aug. 28, 1989; "Rockefeller Coup Gave Platform a Dovish Tone," *NYT*, Aug. 6, 1968.
40. Richard Allen, Aug. 7, 1989; Safire, *Before the Fall*, 52.
41. Oscar Ruebhausen, Aug. 3, 1989; Blumenfeld, *Henry Kissinger*, 167-70; Collier and Horowitz, *The Rockefellers*, 358; *WHY*, 7; "The Casper Citron Show," Aug. 8, 1968, transcript courtesy of Casper Citron; Brandon, *The Retreat of American Power*, 24; Henry Brandon, Nov. 15, 1989; Daniel Davidson, July 31, 1989.

第8章

1. Hersh, *The Price of Power*, 12-13; Richard Allen, Aug. 7, 1989.
2. Nixon, *RN*, 323.
3. Henry Kissinger, Aug. 28, 1989; *WHY*, 10.
4. Daniel Davidson, July 31 and Aug. 3, 1989; Richard Holbrooke, Sept. 25, 1989; letter from William Bundy to the author, Feb. 24, 1991; William Bundy, Mar. 1 and 3, 1991; Clifford and Holbrooke, *Counsel to the President*, 691.

5. Henry Kissinger, Aug. 28, 1989; Richard Allen, Aug. 7, 1989; H. R. Haldeman, July 24, 1990; Hersh, *The Price of Power*, 13-18; Nixon, *RN*, 323-25; Haldeman meeting notes, Haldeman papers, box 45, WHSF, NPP; Bui Diem, *In the Jaws of History*, 235-42. (For Mitchell's denial of the quotes attributed to him by Hersh, see *National Review* June 24, 1983.)
6. Ted Van Dyk, Aug. 3 and 7, 1989; Samuel Huntington, Aug. 6, 1991; Henry Kissinger, Aug. 28, 1989; *NYT*, Mar. 12, 1973.
7. Henry Kissinger, Aug. 28, 1989; Richard Holbrooke, Sept. 25, 1989.
8. Gloria Steinem, Nov. 29, 1987; Kissinger, *A World Restored*, 19.
9. Kalb and Kalb, *Kissinger*, 14-15; *WHY*, 9.
10. Nixon, *RN*, 340; Kraft's interview was filmed but not broadcast by WETA in Washington and is quoted in *The Price of Power* by Hersh, 19; Polly Kraft, Nov. 16, 1989; Sulzberger, *The World According to Richard Nixon*, 180.
11. *WHY*, 8; Henry Kissinger, April 25, 1989.
12. *WHY*, 10-12; Nixon, *RN*, 341; Morris, *Uncertain Greatness*, 63-64.
13. *WHY*, 14-15; *NYT*, Nov. 30, 1968.
14. Landau, *Kissinger*, 134; Henry Kissinger, Apr. 25, 1989; *WHY* 15-16; McGeorge Bundy, Feb. 8, 1989; Bernard Law Collier, "The Road to Peking," *NYT Magazine*, Nov. 14, 1971; Fritz Kraemer, May 14, 1988; Carl Kaysen, July 18, 1989; Abe Chayes, July 13, 1989; Oscar Ruebhausen, Aug. 3, 1990; H. R. Haldeman, Feb. 20, 1989; Kalb and Kalb, *Kissinger*, 26 (Kraemer is quoted as telling Kissinger he owed it to the country to take the job; Kraemer in 1989 did not remember it that way); note from Nelson Rockefeller to Kissinger, Jan. 17, 1969, Rockefeller family papers; *Rates of Compensation Paid to Henry Kissinger by Nelson Rockefeller*, documents and hearings of the Senate Rules Committee, Nov. 1974, 883; Henry Kissinger, Apr. 6, 1989.
15. *NYT*, Dec. 3, and editorial, Dec. 4, 1968; Evans and Novak column, Jan. 16, 1969; *WHY*, 16. (Based on interviews with H. R. Haldeman and other top Nixon aides, the *New York Times* on Nov. 14, 1968, produced a page-one assessment that would prove breathtakingly wrong: "Richard M. Nixon intends at this time not to allow his personal White House staff to dominate the functions or control the direction of the major agencies and bureaus of the Government. Sensitive to the possibility of empire building within his own small cadre of assistants, he plans instead to organize his White House staff in a way that will encourage and not inhibit direct communication between his Cabinet officers and the President. He is said to be firm in his view that his Cabinet officers should have the major responsibility for policymaking.")
16. *Time*, Dec 13, 1968, and Feb. 14, 1969; *NYT*, Dec. 4, 1968.
17. Nixon, *RN*, 341; Kissinger, "The White Revolutionary," *Daedalus*, Summer 1968; *YOU*, 221; William Watts, Dec. 13, 1989.
18. Lawrence Eagleburger, June 25, 1990.
19. Similar analyses include: Ambrose, *Nixon*, vol. 2, 233, and Joan Hoff-Wilson quote, 490; Ball, *Diplomacy for a Crowded World*, 9; Brandon, *Retreat of American Power*, 34; Morris, *Uncertain Greatness*, 48.
20. Thomas Hughes, "Why Kissinger Must Choose Between Nixon and the Country," *NYT Magazine*, Dec. 30, 1973.
21. Susan Mary Alsop, Dec. 13, 1989.
22. H. R. Haldeman, Feb. 20, 1990; Kalb and Kalb, *Kissinger*, 29.
23. Richard Nixon, Oct. 11, 1990; Morris, *Uncertain Greatness*, 2; Brandon, *Special Relationships*, 292.
24. Richard Nixon, Oct. 11, 1990; letter from Nixon to the author, Oct. 12, 1990; David Frost interview with Nixon, broadcast May 12, 1977 (see *NYT*, May 13, 1977, for excerpts); John Connally, Apr. 16, 1990; H. R. Haldeman, Feb. 20, 1990.
25. Kissinger, *A World Restored*, 19, 83, 211, 322.

26. *YOU*, 74, 1183, 1185-86.
27. *WHY*, 11, 951, 1175, 1475; Henry Kissinger, Aug. 28, 1989; Nixon memo to Kissinger, July 19, 1971, H. R. Haldeman papers, box 140, NPP; Nixon memo to Haldeman, Mar. 13, 1972, H. R. Haldeman papers, box 162, NPP; Kissinger at dinner in Ottawa, in *Time*, Oct. 27, 1975; *YOU*, 95-96.
28. One of the first descriptions of Kissinger's taping system is in Woodward and Bernstein, *The Final Days*, 204. The descriptions I use are from some of the secretaries and aides involved and have been confirmed by Kissinger. Safire, *Before the Fall*, 169; Morris, *Uncertain Greatness*, 3, 147; Moynihan, *A Dangerous Place*, 8.
29. Winston Lord, Oct. 25, 1989; Henry Kissinger, Aug. 28, 1989; *WHY*, 163, 603.
30. Schulzinger, *Henry Kissinger*, 28; *WHY*, 93, 143; Nixon, *RN*, 369, 407, 715; Morris, *Uncertain Greatness*, 145; Kissinger letter to Nixon, Apr. 7, 1971, president's personal files, box 10, NPP; Hersh, *The Price of Power*, 40, 44.
31. Peter Peterson, Nov. 16, 1989; Henry Brandon, Nov. 15, 1989; Lawrence Higby, Jan. 29, 1990; Les Gelb, Jan. 9, 1990.
32. Safire, *Before the Fall*, 157-58; Hugh Sidey, "Shaking Down the Crisis," *Life*, May 22, 1970.
33. John Ehrlichman, Feb. 27, 1990; H. R. Haldeman, Feb. 20, 1990.
34. *YOU*, 202; Hersh, *The Price of Power*, 84-85; John Ehrlichman, Feb. 27, 1990; H. R. Haldeman, Feb. 20, 1990.
35. Nancy Kissinger, Jan. 25, 1990; Richard Nixon, Oct. 11, 1990; letter from Nixon to the author, Oct. 12, 1990.
36. Haldeman, *The Ends of Power*, 62; Safire, *Before the Fall*, 97-98.
37. *YOU*, 94, 112; John Ehrlichman, Feb. 27, 1990; Haldeman, *The Ends of Power*, 64; H. R. Haldeman, Feb. 20, 1990; Diane Sawyer, Sept. 7, 1990.
38. Morton Halperin, May 24, 1988; John Ehrlichman, Feb. 27, 1990. See also: Morris, *Uncertain Greatness*, 145; Kalb and Kalb, *Kissinger*, 92; Hersh, *The Price of Power*, 110.
39. David Frost interview with Nixon, syndicated broadcast May 12, 1977.
40. *WHY*, 305, 606, 696, 1168; Haldeman, *The Ends of Power*, 59; Henry Kissinger, Aug. 28, 1969; H. R. Haldeman, Feb. 20, 1990.
41. Nixon, *RN*, 340; *WHY*, 11; H. R. Haldeman, Feb. 20, 1990; George Ball, *Diplomacy for a Crowded World*, 10; Rather and Gates, *The Palace Guard*, 30.
42. Safire, *Before the Fall*, 437; Sulzberger, *The World and Richard Nixon*, 182.
43. Kissinger, *The Necessity for Choice*, 345-48; Morris, *Uncertain Greatness*, 24-36.
44. Morton Halperin, May 24, 1988; Kissinger memo to President-elect Nixon proposing a new NSC structure, Ehrlichman papers, box 19, NPP; Morris, *Uncertain Greatness*, 78-88; Sulzinger, *Henry Kissinger*, 24; *WHY*, 805; Kalb and Kalb, *Kissinger*, 90; Prados, *Keeper of the Keys*, 267; Shana Alexander column, *Newsweek*, Aug. 21, 1972; *YOU*, 414.
45. Morris, *Uncertain Greatness*, 83-85; Andrew Goodpaster, Feb. 7, 1990; *WHY*, 42-46; *NYT*, Dec. 29, 1968 and Jan. 24, 1973; Robert Semple, Sept. 28, 1990; Richard Moose, Feb. 1, 1990; U. Alexis Johnson, *The Right Hand of Power*, 514-16; Elliot Richardson, Dec. 13, 1989; Henry Kissinger, Aug. 28, 1989.

第9章
1. *WHY*, 3; Szulc, *The Illusion of Peace*, 11-13; Morton Halperin, Nov. 15, 1989.
2. *WHY*, 56-57, 66; Brown, *The Crisis of Power*, 1-3, 142-43; *The President's First Annual Report on U.S. Foreign Policy* ("State of the World" report), Feb. 18, 1970, 1; Chang, *Friends and Enemies*.
3. *NYT*, Dec. 11 and 30, 1968; *The Pentagon Papers*, *NYT* edition, 496.
4. Whalen, *Catch the Falling Flag*, 137; Haldeman, *The Ends of Power*, 81.

5. *WP* editorial, Dec. 24, 1968; Joseph Kraft column, *WP*, Dec 19, 1968; Kissinger, "The Viet Nam Negotiations," *Foreign Affairs*, Jan. 1969, 214, 216, 219. For a later version of the exact same type of credibility argument, see: Kissinger, "Decision Time in the Gulf," *LAT* syndicate, Sept. 25, 1990.
6. *WHY*, 110; Landau, *Kissinger*, 157-58, 249; Daniel Ellsberg, "What Nixon Is Up To," *New York Review of Books*, Mar. 11, 1971.
7. Kissinger, "The Viet Nam Negotiations," 231; *Time*, Feb. 5, 1969; *Nhan Dan* editorial, Aug. 31, 1972, cited in *Without Honor* by Isaacs, 33.
8. Fred Ikle, Oct. 2, 1990; Daniel Ellsberg, Aug. 8, 1989; Henry Kissinger, Oct. 2, 1990; Ikle and Ellsberg, "Vietnam Options Paper," Dec. 27, 1968, copy courtesy of Ellsberg; Jann Wenner interview with Ellsberg, *Rolling Stone*, Nov. 8, 1973; Hersh, *The Price of Power*, 48-49; Kalb and Kalb, *Kissinger* 125; Nixon, *RN*, 347, 387.
9. Haldeman, *The Ends of Power* 83; H. R. Haldeman, Feb. 20, 1990; Hersh, *The Price of Power*, 51; Eisenhower, *Mandate for Change*, 180; interview with Nixon, *Time*, Apr. 2, 1990; *WHY*, 195, 607; interview with Ellsberg, *Rolling Stone*, Nov. 8, 1973.
10. Sven Kraemer, Nov. 16, 1989.
11. Daniel Ellsberg, Aug. 8, 1989; interview with Ellsberg, *Rolling Stone*, Nov. 8, 1973; Hersh, *The Price of Power*, 50; *WHY*, 238; NSSM-1 (Jan. 20, 1969) and responses, inserted by Congressman Ron Dellums into the *Congressional Record*, May 10, 1972.
12. Kalb and Kalb, *Kissinger*, 120; Morton Halperin, Nov. 15, 1989; Tony Lake, Jan. 11, 1990.
13. *WHY*, 228, 261; Henry Kissinger, Oct. 2, 1990; Richard Nixon, *RN*, 348; Richard Nixon, Apr. 2, 1990.
14. *WHY*, 130-35; Kalb and Kalb, *Kissinger*, 103-5; Kissinger-Halperin memo quoted in *The Price of Power* by Hersh, 66; Garthoff, *Détente and Confrontation*, 129; Nixon's news conference, Jan. 27, 1969; Kissinger background briefing, Feb. 6, 1969; *NYT* editorial, Feb. 18, 1969; *WP* editorial, Apr. 5, 1969.
15. *WHY*, 265-68; Henry Kissinger, Oct. 2, 1990; Georgi Arbatov, Nov. 18, 1989.
16. Nixon, *RN*, 370; *WHY*, 105.
17. Nixon, *RN*, 371-74; *WHY*, 73, 95, 104-8, 170; Safire, *Before the Fall*, 123-26.
18. Morton Halperin, Nov. 15, 1989; H. R. Haldeman, Feb. 20, 1990; Helmut Sonnenfeldt, Nov. 16, 1989.
19. *WHY*, 79, 75, 93.
20. *WHY*, 239-41; Shawcross, *Sideshow*, 40-46.
21. Abrams to Wheeler, MAC 1782, Feb. 9, 1969. This was given to the House Judiciary Committee looking into impeachment charges against Nixon in 1974 but kept classified. It was obtained by William Shawcross under the Freedom of Information Act and is quoted in *Sideshow*, page 19. See also, *WHY*, 241; testimony by Gen. Earle Wheeler and Gen. Creighton Abrams, *Bombing in Cambodia*, hearings before the Senate Armed Services Committee, July and Aug. 1973, 131, 341.
22. McConnell to Abrams, JCS 01836, Feb. 11, 1969, and Wheeler to Abrams, JCS 03287, Mar. 1, 1969; Shawcross, *Sideshow*, 20-22; *WHY*, 242.
23. *WHY*, 243-44; Melvin Laird, Dec. 26, 1989; Henry Kissinger, Oct. 3, 1990; Hersh, *The Price of Power*, 60; Nixon, *RN*, 380.
24. Nixon press conferences, Mar. 4 and 14, 1969; Henry Kissinger, Oct. 3, 1990; Melvin Laird, Dec. 26, 1989; *WHY*, 245.
25. *WHY*, 246; Szulc, *The Illusion of Peace*, 53; Nixon, *RN*, 381.
26. Shawcross, *Sideshow*, 23-24 and 26; *WHY*, 257.
27. Testimony of Randolph Harrison, Special Forces unit commander, *Bombing in Cambodia*, hearings before the Senate Armed Services Committee, July and Aug. 1973, 232-45; Melvin Laird, Dec. 26, 1989; Shawcross, *Sideshow*, 25-26; Hersh, *The Price of Power*, 63-64.

28. Testimony by Maj. Hal Knight, Gen. Earle Wheeler, and Gen. Creighton Abrams, *Bombing in Cambodia*, hearings before the Senate Armed Services Committee, July and Aug. 1973, 5, 134, 484; Hersh, *The Price of Power*, 61-65; *WHY*, 250-53; *Department of Defense Report on Selected Air and Ground Operations in Cambodia and Laos*, submitted to the Senate Armed Services Committee, Sept. 10, 1973.
29. *WHY*, 247; *Department of Defense Report on Selected Air and Ground Operations in Cambodia and Laos*, submitted to the Senate Armed Services Committee, Sept. 10, 1973.
30. Gen. Earle Wheeler to the secretary of defense, Nov. 20, 1969, submitted to the Senate Armed Services Committee.
31. A fuller discussion of William Shawcross's thesis that the 1969 bombing and the 1970 invasion were responsible for the "destruction of Cambodia" is to be found after the section on the invasion. A good guide to the controversy is the 1987 Touchstone edition of Shawcross's *Sideshow*, which includes an analysis of how Kissinger's memoirs dealt with the allegations, an attack on Shawcross by Kissinger's aide Peter Rodman (from *The American Spectator*, March 1981), a response by Shawcross (from *The American Spectator*, Apr. 27, 1981), and a further response from Rodman (from *The American Spectator*, July 1981).
32. Shawcross, *Sideshow*, 417 (Rodman article reprint), 435; other quotes can be found in *WHY*, 251.
33. Morris, *Uncertain Greatness*, 154; *WHY*, 252, 245; Nixon, *RN*, 382.
34. Lawrence Eagleburger, June 25, 1990.
35. Melvin Laird, Dec. 26, 1989.
36. Impeachment of Richard M. Nixon, report of the House Judiciary Committee, dissenting views, 323; Shawcross, *Sideshow*, 22; *WHY*, 249; *NYT*, Apr. 27, 1969; *WP*, Apr. 27, 1969.
37. Richard Nixon, convention speech, Aug. 8, 1968; *WHY*, 351-53.
38. Melvin Laird, Dec. 26, 1989; Rogers speech, *NYT*, Apr. 17, 1969; Johnson, *The Right Hand of Power*, 524-25; Hersh, *The Price of Power*, 70-75.
39. H. R. Haldeman, Oct. 3, 1990.
40. Morton Halperin, May 24, 1988.
41. Richard Nixon, Oct. 11, 1990; Nixon, *RN*, 380-83; Hersh, *The Price of Power*, 70-75; Nixon press conference, Apr. 18, 1990; *WHY*, 320-21.
42. Nixon, *RN*, 384-85; Richard Nixon, Oct. 11, 1990; *WHY*, 319-20; Morris, *The General's Progress*, 107.
43. Garthoff, *Détente and Confrontation*, 75; *WHY*, 318.

第 10 章

1. Richard Allen, Aug. 7, 1989; Arthur Schlesinger, Jr., Feb. 16, 1989.
2. Richard Allen, Aug. 7, 1989; Evans and Novak, "Nixon's Appointment of Assistant to Kissinger Raises Questions," *WP*, Dec. 26, 1968; Hersh, *The Price of Power*, 38; Lehman, *Command of the Seas*, 67; Evans and Novak, "Submerging Richard Allen," *WP*, Jan. 19, 1969.
3. Richard Nixon, Oct. 11, 1990; Hersh, *The Price of Power*, 37; *WHY*, 23.
4. Morris, *Haig*, 115; Lawrence Lynn, Jan. 12, 1990; Kissinger-Halperin phone call summary, Aug. 9, 1969, evidence in the case of *Halperin vs. Kissinger*, U.S. District Court, Washington; Szulc, *The Illusion of Peace*, 185; William Hyland, Oct. 22, 1990.
5. Helmut Sonnenfeldt, Sept. 12 and Nov. 16, 1989; Lawrence Lynn, Jan. 12, 1990; Valeriani, *Travels With Henry*, 57-58; Lawrence Eagleburger, June 25, 1990; Hersh, *The Price of Power*, 114-15; William Hyland, Dec. 11, 1989; Morris, *Haig*, 132; Woodward and Bernstein, *The Final Days*, 207; Robert McCloskey, Feb. 2, 1990.
6. Marjorie Hunter, "Four-Star Diplomat," *NYT*, May 5, 1973; West Point Yearbook, 1947; Morris, *Haig*, passim; Morris, *Uncertain Greatness*, 141-42; Schell, *The Village of Ben Suc*; Fritz Kraemer, May 14, 1988; *YOU*, 107; Tony Lake, Jan. 11, 1990; Bette Bao Lord, Aug. 15, 1990;

Hersh, *The Price of Power*, 57-58; Winston Lord, Oct. 25, 1989. See also, Truscott, *Dress Gray.*
7. Lawrence Eagleburger, June 25, 1990; Tony Lake, Jan. 11, 1990; Morris, *Haig*, 115.
8. *NYT*, Sept. 12, 1969; I. M. Destler, "Can One Man Do?" *Foreign Policy*, Winter 1971-72; *NYT*, Jan. 19, 1971.
9. Lawrence Eagleburger, June 25, 1990; Szulc, *The Illusion of Peace*, 19; Helmut Sonnenfeldt, Sept. 12 and Nov. 16, 1989; Winston Lord, Oct. 25, 1989; Smith, *Doubletalk*, 109-11; Valeriani, *Travels With Henry*, 21.
10. Zumwalt, *On Watch*, 308, 397; Elmo Zumwalt, Aug. 9, 1990; Daniel Ellsberg, Aug. 8, 1989; John Connally, Apr. 16, 1990; Elliot Richardson, Dec. 13, 1989; Henry Brandon, Nov. 15, 1989.
11. *YOU*, 93; Blumenfeld, *Henry Kissinger*, 271; Arthur Schlesinger, Jr., Feb. 16, 1989; Judis, *William F. Buckley, Jr.*, 304.
12. Moynihan, *A Dangerous Place*, 50; Haldeman, *The Ends of Power*, 94; Nixon, *RN*, 734.
13. John Lehman, Jan. 11, 1990.
14. Ray Price, Jan. 23, 1990.
15. Peter Rodman, Nov. 16, 1989; William Hyland, Dec. 11 and 20, 1989; Lawrence Eagleburger, June 25, 1990; Nancy Kissinger, Jan. 25, 1990; interview with David Kissinger, Feb. 14, 1990; Valeriani, *Travels With Henry*, 24, 81; interview with Diane Sawyer, Sept. 7, 1990; Hyland, *Mortal Rivals*, 7; *Time*, Mar. 8, 1971.
16. Safire, *Before the Fall*, 389-90.
17. Winston Lord, Oct. 25 and Dec. 20, 1989.
18. Parmet, *Richard Nixon and His America*, 168, 243, 254; Safire, *Before the Fall*, 21-22; Ambrose, *Nixon*, vol. 2, 234; Klein, *Making It Perfectly Clear*, 308; Morris, *Uncertain Greatness*, 85.
19. Sulzberger, *The World and Richard Nixon*, 180; Evans and Novak, *Nixon in the White House*, 22; *WHY*, 26.
20. John Ehrlichman, Feb. 27, 1990; Henry Kissinger, Dec. 14, 1989; *WHY*, 28-29; Elliot Richardson, Dec. 13, 1989.
21. Elliot Richardson, Dec. 13, 1989; William Watts, Dec. 13, 1989; Hedrick Smith, "A Past Master of the Soft Sell," *NYT Magazine*, July 27, 1969; John Connally, Apr. 16, 1990; William S. White column, *WP*, Mar. 31, 1969; Milton Viorst, "William Rogers Thinks Like Richard Nixon," *NYT Magazine*, Feb. 27, 1972.
22. *WHY*, 31; Elliot Richardson, Dec. 13, 1989; Henry Kissinger, Dec. 14, 1989; Morris, *Uncertain Greatness*, 134.
23. Morris, *Uncertain Greatness*, 133, 156; John Connally, Apr. 16, 1990; Hersh, *The Price of Power*, 108, 113; John Andrews, Jan. 11, 1990; Joseph Sisco, Mar. 5, 1990; H. R. Haldeman, Feb. 20, 1990; Safire, *Before the Fall*, 406.
24. Melvin Laird, Dec. 18 and 26, 1989; *WHY*, 33.
25. Melvin Laird, Dec. 18 and 26, 1989; Evans and Novak, *Nixon in the White House*, 24. *WHY*, 32; Henry Kissinger, Dec. 14, 1989; James Schlesinger, Nov. 17, 1989; Zumwalt, *On Watch*, 335-36; Richard Helms, Nov. 15, 1989.
26. Melvin Laird, Dec. 26, 1989; *WHY*, 925. Laird insists Kissinger's version of smoke pouring out is exaggerated.
27. Melvin Laird, Dec. 18, 1989; *NYT*, June 11, 1970.
28. Klein, *Making It Perfectly Clear*, 311; H. R. Haldeman, Feb. 20, 1990; Morris, *Uncertain Greatness*, 136; Hersh, *The Price of Power*, 90, 112; Laurence Lynn, Jan. 12, 1990.
29. Some of this information was provided by former White House staffers who preferred not to be identified. It was corroborated through the following sources: H. R. Haldeman, Feb. 20 and Oct. 3, 1990; John Ehrlichman, Feb. 27 and Oct. 10, 1990; Melvin Laird, Dec. 18 and Dec. 26, 1989; memorandum for record, Maj. Frederick Swift, "Subject: Charlie Brown for John Ehrlichman," Feb. 6, 1990, White House Communications Agency files, NPP; Gulley, *Breaking*

Cover, 158, 217, 219.
30. Elmo Zumwalt, Aug. 9, 1990.
31. Haldeman's handwritten meeting notes, June 4, 1969, Haldeman papers, box 40, WHSF, NPP.
32. Morton Halperin, Nov. 15, 1989; he tells a similar version of this story in Hersh, *The Price of Power*, 36.
33. *NYT*, Feb. 5, 1969; *Time*, Feb. 14, 1969.
34. Hyland, *Mortal Rivals*, 7; William Watts, Dec.13, 1989.
35. *First Annual Report on U. S. Foreign Policy* ("State of the World" report), Feb. 18, 1970, 124-25; John Leacacos, "The Nixon NSC," *Foreign Policy*, Winter 1971-72, 7; *NYT*, Jan 19, 1971.
36. Richard Helms, Nov. 15, 1989; Elmo Zumwalt, Aug. 9, 1990; Zumwalt, *On Watch*, 310.
37. Morris, *Uncertain Greatness*, 96-103.
38. *WHY*, 29-30; Kissinger talk at the University of California, spring 1968, reprinted in *WP*, Sept. 17, 1973; see also Szulc, *The Illusion of Peace*. 14.
39. Haldeman's handwritten meeting notes, Feb. 15, 1969, Haldeman papers, box 40, WHSF, NPP; H. R. Haldeman, Feb. 20, 1990; Nixon, *RN*, 369; Hersh, *The Price of Power*, 40-41.
40. *WHY*, 728, 806, 822, 840-41, 887; Nixon, *RN*, 390.
41. Winston Lord, Oct. 25, 1989; Tony Lake, Jan. 11, 1990; *YOU*, 263.
42. Lawrence Eagleburger, June 25, 1990; Georgi Arbatov, Nov. 18, 1989.
43. H. R. Haldeman, Feb. 20, 1990; John Ehrlichman, Feb. 27, 1990; Ehrlichman, *Witness to Power*, 297-98; Haldeman's handwritten meeting notes, Aug. 27, 1969, Haldeman papers, box 40, WHSF, NPP.
44. *NYT*, Jan. 18 and Jan. 19, 1971; Safire, *Before the Fall*, 403-4, 391.
45. Haldeman's handwritten meeting notes, Jan. 14, 1972, Haldeman papers, box 45, WHSF, NPP; Safire, *Before the Fall*, 170.

第 11 章
1. H. R. Haldeman, Oct. 3, 1990; Haldeman, *Ends of Power*, 100.
2. William Beecher, "Raids in Cambodia by U.S. Unprotested," *NYT*, May 9, 1969; Richard Nixon, Oct. 11, 1990; Nixon, *RN*, 388; Melvin Laird, Dec. 26, 1989; *Dr. Kissinger's Role in Wiretapping*, Senate Foreign Relations Committee, 1974, 23. Laird has said, and some books have reported, that Beecher based his story on a similar one that appeared in the London *Times* two days earlier. This is not true; no such story appeared. For a different version of Laird's conversation with Kissinger, see *Sideshow* by Shawcross, 105.
3. Richard Nixon, Oct. 11, 1990.
4. Wise, *The American Police State*, 31-33, 47; depositions in the case of *Halperin vs. Kissinger*, U. S. District Court, Washington, D.C., case 1187-73; Richard Nixon, Oct. 11, 1990; Morton Halperin, Nov. 15, 1989. Wise's excellent book, based on more than two hundred interviews, gives a colorful account of the wiretapping and was particularly helpful.
5. Wise, *The American Police State*, 33-38; depositions in the case of *Halperin vs. Kissinger*, op. cit.; *Dr. Kissingers Role in Wiretapping*, op. cit., 23, 199; Gentry, *J. Edgar Hoover*, 632-36. In the documents released by the Senate, the names of the participants are all replaced by coded letters. Henry Brandon, for example, is referred to throughout as P, Helmut Sonnenfeldt as B. The code turns out to be simple: the people involved were listed in reverse alphabetical order and then assigned letters, starting with *A*.
6. Kissinger-Halperin phone call summary, Aug. 9, 1969, evidence in the case of *Halperin vs. Kissinger*, op. cit.
7. Helmut Sonnenfeldt, Nov. 16, 1989.
8. Melvin Laird, Dec. 26, 1989.
9. Daniel Davidson, July 31 and Aug. 3, 1989; Sullivan, *The Bureau*.

10. Tony Lake, Jan. 11, 1990; Roger Morris, Mar. 26, 1990; Morris, *Uncertain Greatness*, 159; Hersh, *The Price of Power*, 101.
11. Presidential news summaries and Butterfield memos, WHSF, NPP; John Ehrlichman, Apr. 2, 1990; Ehrlichman, *Witness to Power*, 175
12. Nixon deposition, Jan. 15, 1976, and Kissinger deposition, Mar. 30, 1976, case of *Halperin vs. Kissinger*, op. cit.; Kissinger testimony, *Dr. Kissinger's Role in Wiretapping*, op. cit., 195; Haldeman's handwritten notes, Haldeman papers, box 40, WHSF, NPP.
13. Sullivan memo and written testimony, Kissinger and Haig testimony, in *Dr. Kissinger's Role in Wiretapping*, op. cit., 63, 64, 118, 124, 214, 259; Henry Kissinger, May 8, 1990. See also, Wise, *The American Police State*, 48; Szulc, *The Illusion of Peace*, 186.
14. Henry Brandon, Nov. 15, 1989; Richard Nixon, Oct. 11, 1990; Brandon, *Special Relationships*, 269-74; Wise, *The American Police State*, 49; Morris, *Haig*, 158.
15. *Dr. Kissinger's Role in Wiretapping*, op. cit., 104, 184-87; Morris, *Haig*, 159-60; notes for June 4, 1969, meeting, Haldeman papers, box 40, WHSF, NPP.
16. Safire, *Before the Fall*, 167-69; Safire, "Concerto in F," *NYT*, July 25, 1974; Haig testimony, *Dr. Kissinger's Role in Wiretapping*, op. cit., 254; Wise, *The American Police State*, 59.
17. Safire, *Before the Fall*, 167; Wise, *The American Police State*, 68; Shawcross, *Sideshow*, 155; Szulc, *The Illusion of Peace*, 286; H. R. Haldeman, Oct. 3, 1990.
18. Tony Lake, Jan. 11, 1990, Jan. 6, Jan. 8, Feb. 11, 1991; transcripts of wiretapped phone conversations, May to Dec. 1970, and related reports from the FBI to the White House, courtesy of Tony Lake; letter from Kissinger to Lake, Jan. 12, 1989; William Sullivan memo, May 13, 1970, in *Dr. Kissinger's Role in Wiretapping*, op. cit., 28.
19. Winston Lord, Oct. 25, 1989; Bette Bao Lord, Aug. 15, 1990.
20. Henry Kissinger, Oct. 9, 1989; meeting notes for May 11, 1970, and similar ones from May 10 and 12, Haldeman papers, box 41, WHSF, NPP; Nixon deposition, *Halperin vs. Kissinger*, op. cit.; Richard Nixon, Oct. 11, 1990; H. R. Haldeman, Feb. 20, 1990; memos to Sullivan on May 13 and 15, 1970, in *Dr. Kissinger's Role in Wiretapping*, op. cit., 28.
21. Helmut Sonnenfeldt, Nov. 16, 1989; William Sullivan memo of May 18, 1970, Hoover memo of Oct. 15, 1970, in *Dr. Kissinger's Role in Wiretapping*, op. cit., 28, 201-3, 277, 151 (includes reproductions of the Ehrlichman-Haldeman-Magruder correspondence); Hersh, *The Price of Power*, 322; Wise, *The American Police State*, 65-71.
22. Safire, *Before the Fall*, 169; Nixon conversation with John Dean, Feb. 28, 1973, the White House tapes, Nixon archives.
23. Nixon letter to Sen. J. William Fulbright, July 12, 1974, in *Dr. Kissinger's Role in Wiretapping*, op. cit., 111; see also, Nixon press conference of May 22, 1973; Nixon conversation with John Dean, Feb. 28, 1973, the White House tapes, Nixon archives.
24. Kissinger testimony, James Adams testimony, Elliot Richardson testimony, in *Dr. Kissinger's Role in Wiretapping*, op. cit., 99, 102, 186, 188; Nixon deposition, Jan. 15, 1976, case of *Halperin vs. Kissinger*. op. cit.; Henry Kissinger, Feb. 16, 1990. The three criteria for selecting wiretap victims are in *YOU*, 120; also, in Kissinger's testimony, nomination hearings, Senate Foreign Relations Committee, Sept. 7, 1973, 12. The criteria are so nebulous and convoluted that it is hard to believe that they were taken seriously at the time.
25. Kissinger testimony, nomination hearings, Senate Foreign Relations Committee, Sept. 7, 1973; see also, *YOU*, 429.
26. Adams testimony, Smith testimony, *Dr. Kissinger's Role in Wiretapping*, op. cit., 93, 94.
27. Safire, *Before the Fall*, 169; Szulc, *The Illusion of Peace*, 181; Richard Holbrooke, "The Price of Power," *WP* op-ed page, June 16, 1974; *YOU*, 121.
28. Meeting notes for May 11, 1970, Haldeman papers, box 41, WHSF, NPP; DeLoach FBI memo, Sept. 10, 1969, and Hoover memo, Nov. 4, in *Dr. Kissinger's Role in Wiretapping*, op. cit., 26;

Nixon's handwritten notes, news summaries, Mar. 2, 1971, and Sept. 8, 1972, boxes 31, 32, WHSF, NPP, Wise, *The American Police State*, 62-64.
29. Wise, *The American Police State*, 3-30; Caulfield testimony to the Senate Select Committee on 1972 campaign activities (the Watergate committee), 1973; John Ehrlichman, Oct. 10, 1990; Polly Kraft, Nov. 16, 1989; Lloyd Cutler, Oct. 8, 1990; Nixon's handwritten notes, news summaries, Feb. 1970, box 31, WHSF, NPP. The Wise book is the source of the colorful details of the case.
30. Brent Scowcroft, July 16, 1990; Charles Colson, Sept. 10, 1990; Henry Kissinger, Oct. 9, 1989; Woodward and Bernstein, *The Final Days*, 203; Safire, "The Dead Key Scrolls," *NYT*, Jan. 16, 1976; Safire, *Before the Fall*, 169.
31. Lawrence Higby, Jan. 29, 1990; H. R. Haldeman, Oct. 3, 1990; John Ehrlichman, Oct. 10, 1990.
32. "Kissinger: No Book," *WP*, Feb. 22, 1971; Gulley, *Breaking Cover*, 208; *NYT*, Dec. 29 and 30, 1976. Interviews with Kissinger assistants. An excellent discussion of Kissinger's papers is to be found in "Who Owns History?" by Steve Weinberg, a paper for the Center for Public Integrity, Washington, D.C.
33. H. R. Haldeman, Feb. 20 and Oct. 3, 1990; John Ehrlichman, Feb. 27 and Oct. 10, 1990; Henry Kissinger, Feb. 16, 1990; Haldeman, *The Ends of Power*, 97.
34. Henry Kissinger, Feb. 16, 1990; Charles Colson, Sept. 10, 1990; H. R. Haldeman, Feb. 20 and Oct. 3, 1990; Lawrence Higby, Jan. 29, 1990; John Ehrlichman, Feb. 27 and Oct. 10, 1990; Lawrence Eagleburger, June 25, 1990; Roger Morris, March 26, 1990.

第 12 章

1. Richard Nixon, Oct. 11, 1990.
2. Nixon talk to Southern delegates, Aug. 6, 1968, in Chester, Hodgson, and Page, *An American Melodrama*, 462; Evans and Novak, *Nixon in the White House*, 76, 82; *WHY*, 272.
3. Nguyen Van Thieu, Oct. 16, 1990; Schecter and Hung, *The Palace File*, 32-33.
4. *WHY*, 274; Nixon, *RN*, 392; Nixon press conference, June 8, 1969.
5. Kissinger background briefing, Laguna Beach, Calif., June 6, 1969; Clark Clifford, "A Vietnam Reappraisal," *Foreign Affairs*, July 1969; Nixon press conference, June 19, 1969; Ambrose, *Nixon*, vol. 2, 278.
6. Kissinger, *Nuclear Weapons and Foreign Policy*, 50; *WHY*, 275.
7. Melvin Laird, Dec. 26, 1989; Nixon note, news summary, Feb. 9, 1970, WHSF, NPP.
8. Tony Lake, Jan. 11, 1990; *WHY*, 284. Kissinger discusses the memo and reprints it in the notes of *WHY* (p. 1480), but does not describe its genesis or Lake's role.
9. Kissinger background briefing, Aug. 22, 1969; Ehrlichman notes, Oct. 6, 1969, Ehrlichman's meetings with the president, box 3, WHSF, NPP.
10. Inaugural address, John Kennedy, Jan. 20, 1961; *WHY*, 56-57; Richard Nixon, Oct. 11, 1990.
11. Kissinger, "The Meaning of History," unpublished undergraduate thesis, Harvard, 136; Kissinger, "Central Issues in American Foreign Policy," in *Agenda for the Nation* edited by Gordon, 612. See also, Brown, *The Crisis of Power*, 6-8.
12. *WHY*, 223; Nixon background briefing, July 25, 1969.
13. Richard Nixon, Oct. 11, 1990.
14. *U. S. Foreign Policy for the 1970s*, a report from the president to the Congress ("State of the World" reports), Feb. 18, 1970, 3, and Feb. 25, 1971, 11, 16.
15. Walters, *Silent Missions*, 508-12; Szulc, *The Illusion of Peace*, 138; *WHY*, 278.
16. Tony Lake, Jan. 11, 1990.
17. *WHY*, 259, 281, 448; Walters, *Silent Missions*, 511; Tony Lake, Jan 11, 1990; Winston Lord, Oct. 25, 1989; Melvin Laird, Dec. 26, 1989.
18. Nixon, *RN*, 399; *WHY*, 280.
19. Tony Lake, Jan. 11, 1990; Winston Lord, Oct. 25, 1989; Laurence Lynn, Jan. 12, 1990; Peter

Rodman, Sept. 12, 1989; Charles Colson, Sept. 10, 1990; H. R. Haldeman, Oct. 30, 1990; Richard Nixon, Oct. 11, 1990; Henry Kissinger, Mar. 26, 1990; "North Vietnam Contingency Plan," a memo from Kissinger to Laird, Oct. 24, 1969; Hammond, *Public Affairs*, 225; Morris, *Uncertain Greatness*, 164-67; Nixon, *RN*, 403; Hersh, *The Price of Power*, 125-33; Szulc, *The Illusion of Peace*, 150-56.

20. Henry Kissinger, Mar. 26, 1990; *WHY*, 285; Richard Nixon, Mar. 21 and Oct. 11, 1990; *Time* interview with Nixon, Apr. 2, 1990; Nixon, *RN*, 405.
21. Nixon, *RN*, 407; *WHY*, 305.
22. President Nixon's address to the nation, Nov. 3, 1969; Nixon, *RN*, 409-10; *WHY*, 306.
23. Nguyen Van Thieu, Oct. 15, 1990; Ambrose, *Nixon*, vol. 2, 311.
24. William Watts, Dec. 13, 1989.
25. U.S. Department of Defense casualty figures for the Vietnam conflict, revised as of 1985; *WHY*, 524.
26. *NYT*, Feb. 19, 1990; *U. S. Foreign Policy for the 1970s* ("State of the World" report), Feb. 18, 1970, 12, 17; Tony Lake, Jan. 11, 1990.
27. *Newsweek*, Feb. 10, 1970; *WHY*, 435; U.S. Department of Defense figures, submitted to the Senate Foreign Relations Committee, Feb. 20, 1970.
28. Winston Lord, Oct. 25, 1989; *WHY*, 438-40.
29. Morris, *Uncertain Greatness*, 172; Szulc, *The Illusion of Peace*, 226; Roger Morris, Mar. 26, 1990.
30. Walters, *Silent Missions*, 512-14; *WHY*, 439.
31. *WHY*, 441; Isaacs, *Without Honor*, 31.
32. Morris, *Uncertain Greatness*, 172; *WHY*, 442-44, 437; Szulc, *The Illusion of Peace*, 228; Winston Lord, Nov. 2, 1989; Anthony Lake, Jan. 11, 1990; Roger Morris, Mar. 6, 1990; Richard Smyser, Jan. 12, 1990.
33. Walters, *Secret Missions*, 578-80; *WHY*, 440.
34. Tony Lake, Jan. 11, 1990; Winston Lord, Nov. 2, 1989; Roger Morris, Mar. 26, 1990; Richard Smyser, Jan. 12, 1990; Henry Kissinger memo to Richard Nixon, Feb. 27, 1990, *WHY*, 447; Nixon, *RN*, 447; *Philadelphia Bulletin*, Feb. 22, 1970; *Vietnam Policy Proposals*, hearings before the Senate Foreign Relations Committee, Feb. 3, 1970, 4. One particularly good article about peace prospects was by Richard J. Barnet, who had recently visited Hanoi. He explained the Hanoi leadership's willingness to allow such prominent noncommunists as Duong Van Minh, a once and future presidential candidate, to serve in a coalition. Richard J. Barnet, "How Hanoi Sees Nixon," *New York Review of Books*, Jan. 29, 1970.

第 13 章

1. Thomas Enders, Jan. 16, 1990; *WHY*, 457-69; Henry Kissinger, Dec. 21, 1990; Tony Lake, Jan. 11, 1990; Nixon, *RN*, 447; Shawcross, *Sideshow*, 112-27, 403; Richard Helms, Nov. 15, 1989; Hersh, *The Price of Power*, 176-83. Hersh argues that some U.S. military officials in Vietnam may have encouraged the overthrow of Sihanouk, but he does not pin such plots to Kissinger or Nixon. Roger Morris, in *Uncertain Greatness*, p. 173, says that the CIA had a station in Cambodia and gave advance warning of the coup, but based on interviews and papers I have seen, and the investigations of such Kissinger critics as Hersh and Shawcross, I think that this is incorrect. The day of the coup, a CIA report was circulated that quoted a businessman as saying the demonstrations in Phnom Penh might be a precursor to a coup (see *WHY*, 464).
2. Kissinger-Le Duc Tho memo of conversation, Apr. 4, 1970, and Nixon note to Kissinger on March 19 memo, in *WHY*, 468, 465; Shawcross, *Sideshow*, 124-25, 411; Sihanouk, *My War With the CIA*, 28; Nixon, *RN*, 447; Hersh, *The Price of Power*, 186-87; Thomas Enders, Jan. 16, 1990; Winston Lord, Nov. 2, 1989; Peter Rodman, Sept. 12, 1989.
3. *WHY*, 487, 489; Nixon, *RN*, 447; Roger Morris, Mar. 26, 1990; Tony Lake, Jan. 11, 1990; Winston

Lord, Nov. 2, 1989; Kalb and Kalb, *Kissinger*, 154.
4. Shawcross, *Sideshow*, 136; *WHY*, 480, 482, 475-78; Szulc, *The Illusion of Peace*, 250.
5. Nixon, *RN*, 448; *WHY*, 489-92, 1484 (Nixon's version of the memo is slightly different from Kissinger's).
6. Shawcross, *Sideshow*, 410; Shawcross, "Through History With Henry Kissinger," *Harper's*, Nov. 1980, 90; *WHY*, 488-92; Thomas Enders, Jan. 16, 1990; Melvin Laird, Dec. 26, 1989.
7. J. William Fulbright, Jan. 30, 1989; Henry Kissinger, Mar. 26, 1990; William Watts, Dec. 13, 1989; White House logs of the president's telephone calls, Apr. 1970, WHSF, NPP; *Kissinger's Role in Wiretapping*, Senate Foreign Relations Committee, 358; *WHY*, 495; Safire, *Before the Fall*, 182; Kalb and Kalb, *Kissinger*, 157.
8. *WHY*, 495-96.
9. Henry Kissinger, Oct. 9, 1989; William Watts, Dec. 13, 1989; Roger Morris, Mar. 26, 1990; Winston Lord, Nov. 2, 1989; John Ehrlichman, Feb. 27, 1990; Wise, *The American Police State*, 92; Morris, *Haig*, 141; Morris, *Uncertain Greatness*, 95, 147.
10. Tony Lake, Jan. 11, 1990; Laurence Lynn, Jan. 12, 1990; Winston Lord, Oct. 25, 1989 and Apr. 24, 1990; William Watts, Dec. 13, 1989; Roger Morris, Mar. 26, 1990.
11. Richard Nixon, Oct. 11, 1990; *WHY*, 497-98.
12. *WHY*, 498-99; Diane Sawyer, Sept. 7, 1990; unpublished galley proof of *WHY;* William Shawcross, "Through History With Henry Kissinger," *Harper's*, Nov. 1980, 95; Kalb and Kalb, *Kissinger*, 160.
13. Haldeman notes, Apr. 27, 1970, Haldeman papers, box 41, WHSF, NPP; Melvin Laird, Dec. 26, 1989; Richard Nixon, Oct. 11, 1990; *WHY*, 499-501; Nixon, *RN*, 450.
14. Melvin Laird, Dec. 26, 1989.
15. Memorandum of meeting by John Mitchell, Apr. 28, 1970, country file: Cambodia, NPP; *WHY*, 502, 1485.
16. Nixon's address to the nation, Apr. 30, 1970; *WHY*, 503-5; Safire, *Before the Fall*, 183, 187-88; Kissinger background briefing, Apr. 30, 1970; William Shawcross, "Through History With Henry Kissinger," *Harper's*, Nov. 1980, 95; Shawcross, *Sideshow*, 407-8.
17. David Frost, Oct. 24, 1990.
18. Westmoreland, *A Soldier Reports*, 388-89; Shawcross, *Sideshow*, 152; Nixon, *RN*, 453-54; Melvin Laird, Dec. 26, 1989.
19. Egil Krogh memo, WHSF, and Nixon's telephone logs, May 8-9, 1970, NPP; Safire, *Before the Fall*, 202-4; Henry Kissinger, Oct. 9, 1989; Nixon, *RN*, 460; *WHY*, 512-14; Johnson, *The Right Hand of Power*, 530.
20. Henry Kissinger, Oct. 9, 1989; Richard Nixon, Mar. 13 and Oct. 11, 1990; David Frost, *I Gave Them a Sword*, 164; Safire, *Before the Fall*, 192.
21. Haldeman notes, May 11, 1970, Haldeman papers, box 41, WHSF, NPP; John Ehrlichman, Feb. 27, 1990; Katharine Graham, Dec. 14, 1989; Safire, *Before the Fall*, 192.
22. Winston Lord, Oct. 25 and Dec. 20, 1989; Nixon's address to the nation, June 3, 1970; Susan Mary Alsop, Dec. 13, 1989.
23. *WHY*, 508-9, 547, 693-96; Joseph Alsop, "Dobrynin on Mideast," *WP*, Sept. 9, 1970.
24. William Shawcross, "Through History With Henry Kissinger," *Harper's*, Nov. 1980.
25. Kissinger testimony, Apr. 18, 1975, *The Vietnam-Cambodia Emergency*, House International Relations Committee, Part 1, 152.
26. Morris, *Uncertain Greatness*, 175; Shawcross, *Sideshow*, 391-96, 414, and passim; *WHY*, 470, 497, 517, and passim; Henry Kissinger, May 10, 1990; Kissinger testimony, Apr. 18, 1975, *The Vietnam-Cambodia Emergency*, op. cit.; Szulc, *The Illusion of Peace*, 273; Kalb and Kalb, *Kissinger*, 171-72; Brown, *The Crisis of Power*, 57; Peter Rodman, "Sideswipe," *American Spectator*, Mar. 1981; William Shawcross, "Shawcross Swipes Again," *American Spectator*, Apr. 27, 1981;

Rodman, "Rodman Responds," *American Spectator*, July 1981 (all reprinted in the Touchstone paperback of *Sideshow*); William Shawcross, "Through History With Henry Kissinger," *Harper's*, Nov. 1980.
27. William Watts, Dec. 13, 1989. See also, Woodward and Bernstein, *The Final Days*, 205; Hersh, *The Price of Power*, 191.
28. Roger Morris, Mar. 26, 1990; Anthony Lake, Jan. 11, 1990; Morris, *Haig*, 114; letter from Lake and Morris to Kissinger, Apr. 29, 1970, made available to the author.
29. Laurence Lynn, Jan. 12, 1990.
30. Winston Lord, Oct. 25, Nov. 2, and Dec. 20, 1989; Bette Bao Lord, Feb. 15 and Aug. 15, 1990.
31. Don Oberdorfer, "Kissinger's Open Line," *WP*, Mar. 25, 1971; *WHY*, 510; Brent Scowcroft, July 16, 1990; Joseph Kraft, "The Bottomless Pit," *WP*, May 3, 1970; Polly Kraft, Nov. 16, 1989; *YOU*, 102.
32. Mailer, *St. George and the Godfather*, 119; Kissinger background briefing, May 4, 1970; Roger Morris, Mar. 26, 1990; Helmut Sonnenfeldt, Nov. 16, 1989; Tony Lake, Jan. 11, 1990; Blumenfeld, *Henry Kissinger*, 186, 192.
33. Michael Kinsley, "I Think We Have a Very Unhappy Colleague-on-Leave," *Harvard Crimson*, May 16, 1970; Michael Kinsley, "Eating Lunch at Henry's," *Washington Monthly*, Sept. 1970; Thomas Schelling, Feb. 3, 1989; Paul Doty, Feb. 13, 1989; *WHY*, 514-15.
34. Brian McDonnell interview, Philadelphia *Bulletin*, Apr. 3, 1971; Bette Bao Lord, Aug. 15, 1990; *WHY*, 1015.
35. Mary McGrory, "Kissinger Meets Plotters," *Washington Star*, Mar. 12, 1971.
36. Daniel Ellsberg, Aug. 8, 1989; Lloyd Shearer, Apr. 18, 1990; Ellsberg interview with *Rolling Stone*, Nov. 8, 1973. Ellsberg also gave me his notes and some unpublished memoirs.
37. Joan Braden, Feb. 26, 1990; J. William Fulbright, Jan. 30, 1989; Barbara Howar, Dec. 8, 1989; *WP*, Mar. 21, 1971; Henry Kissinger, Jan. 21, 1990.
38. Fritz Kraemer, May 14, 1988; Lawrence Eagleburger, June 25, 1990; John Lehman, Jan. 12, 1990; H. R. Haldeman, Feb. 20, 1990.

第14章

1. Henry Kissinger's appointment calendar, Sept. 14, 1970; Richard Helms's desk diary, Sept. 14, 1970; Richard Helms, Nov. 15, 1989; Haldeman papers, box 42, WHSF, NPP; Edward Korry cables, Sept. 12, 14, and 15, 1970, shown to the author; *Covert Action in Chile*, report of the Senate Intelligence Committee, Dec. 18, 1975; *Alleged Assassination Plots*, report of the Senate Intelligence Committee, 1975, 230 and passim; Edward Korry, "The Sellout of Chile," *Penthouse*, Mar. 1978; notes taken at the 40 Committee meeting, Sept. 14, 1970, shown to the author; Hersh, *The Price of Power*, 270-73; *WHY* 608, 637, 671-73, 929-30; Polly Kraft, Nov. 16, 1989.
2. Judis, *William F. Buckley, Jr.*, 302, 389.
3. Kissinger's appointment calendar, Sept. 15, 1970; Helms's desk diary, Sept. 15, 1970; Richard Helms, Nov. 15, 1989; Powers, *The Man Who Kept the Secrets*, 234-35; Helms's notes, Sept. 15, 1970; *Covert Action in Chile*, op. cit., 92; *Alleged Assassination Plots*, op. cit., 228; Ranelagh, *The Agency*, 516; Cord Meyer, *Facing Reality*, 186.
4. Kissinger's appointment calendar, Sept. 15, 1970; NSSM-99, shown to the author.
5. Kissinger's appointment calendar, Sept. 15, 1970; personal notes from WSAG meeting, provided by a participant to the author; *WHY*, 610-11; Joseph Sisco, Mar. 5, 1990; Quandt, *Decade of Decisions*, 112; Kalb and Kalb, *Kissinger*, 197; Nixon, *RN*, 483; Brandon, *The Retreat of American Power*, 133; C. L. Sulzberger column, *NYT*, Sept. 25, 1970; Sulzberger, *An Age of Mediocrity*, 655.
6. *Time*, Sept. 28, 1970; Kissinger's appointment calendar, Sept. 16, 1970; *WHY*, 612; Nixon speech at Kansas State University, Sept. 16, 1970; Helms's desk diary, Sept. 16, 1970.

7. Kissinger briefing, Chicago, Sept. 16, 1970.
8. Kissinger's appointment calendar, Sept. 17, 1970; *Chicago Sun-Times*, Sept. 17, 1970; Brandon, *The Retreat of American Power*, 134; *WHY*, 614-15; military deployment notes, from Adm. Elmo Zumwalt.
9. Kissinger's appointment calendar, Sept. 17, 1970; *WHY* 978; Richard Smyser, Jan. 12, 1990; Winston Lord, Nov. 2, 1989.
10. Kissinger's appointment calendar, Sept. 18, 1970; Helms's desk diary, Sept. 18, 1970; Nixon's schedule, Sept. 18, 1970, president's personal files, NPP; Richard Helms, Nov. 15, 1989; H. R. Haldeman, Oct. 3, 1990; Garthoff, *Détente and Confrontation*, 77; "Soviet Naval Activities in Cuba," House Foreign Affairs Committee, 1971; Garthoff, "Handling the Cienfuegos Crisis," *International Security*, Summer 1983, 46; *WHY*, 638-42; Nixon, *RN*, 486.
11. Helms's desk diary, Sept. 18, 1970; Richard Helms, Nov. 15, 1989.
12. Kissinger's appointment calendar, Sept.19, 1970; *WHY*, 617, 639-40; Helms's desk diary, Sept. 19, 1970; Richard Helms, Nov. 15, 1989 and Nov. 13, 1990; Ranelagh, *The Agency*, 516; weekly military report on Indochina, Department of Defense.
13. Kissinger's appointment calendar, Sept. 20, 1970; *WHY*, 620-23; Quandt, *Decade of Decisions*, 115; Kalb and Kalb, *Kissinger*, 201-3; Rabin, *The Rabin Memoirs*, 187-90; Nixon, *RN*, 485. Some critics (see Hersh, *The Price of Power*, 245-46) suggest that the invasion was really led by the Palestine Liberation Army based in Syria rather than by the Syrian army. The commander of the tank force was in fact a former Syrian prime minister, Yussef Zaylin. He was later arrested when his rivals within Syria, led by Hafiz Assad, came to power and denounced the folly of Syrian involvement in the war.
14. Kissinger's appointment calendar, Sept. 21, 1970; *WHY*, 622, 625-28, 640-41; Joseph Sisco, Mar. 26, 1990; handwritten notes of Sept. 21, 1970, NSC meeting, provided to the author.
15. Kissinger's appointment calendar, Sept. 22, 1970; Helms's desk diary, Sept. 22, 1970; Richard Helms, Nov. 15, 1989, and Nov. 13, 1990; *WHY*, 628-29; *Time*, Oct. 5, 1970.
16. Kissinger's appointment calendar, Sept. 23, 1970; Richard Nixon, Oct. 11, 1990; Joseph Sisco, March 5 and 26, 1990; *WHY*, 630, 643; Quandt, *Decade of Decisions*, 119; Nixon, *RN*, 487; Hersh, *The Price of Power*, 253.
17. Kissinger's appointment calendar, Sept. 24, 1970; *WHY*, 675; *Covert Action in Chile*, op. cit., 26; Hugh Sidey, Oct. 16, 1989; *Life*, Oct. 2, 1970; *Time*, Oct. 5, 1970.
18. Kissinger's appointment calendar, Sept. 25, 1970; *WHY*, 631, 644-46; *NYT*, Sept. 25, 1970; Kalb and Kalb, *Kissinger*, 211-12; Brandon, *The Retreat of American Power*, 282; Hersh, *The Price of Power*, 255; Henry Kissinger, Mar. 31, 1990; Rabin, *The Rabin Memoirs*, 189; Quandt, *Decade of Decisions*, 123.
19. *WHY*, 979; Winston Lord, Nov. 2, 1989.
20. *WHY*, 649-50; Zumwalt, *On Watch*, 311-13; Elmo Zumwalt, Nov. 20, 1989; Garthoff, *Détente and Confrontation*, 79-81.
21. *WHY*, 676-83; *YOU*, 374-413; *Covert Action in Chile*, op. cit.; *Alleged Assassination Plots*, Nov. 1975 report, op. cit., 223-45; Phillips, *The Night Watch*, 220-23; Powers, *The Man Who Kept the Secrets*, 228; Hersh, *The Price of Power*, 283-90; Elmo Zumwalt, Nov. 20, 1989; Zumwalt, *On Watch*, 326-27; *NYT*, Mar. 7, 1971. My conclusions generally follow those of the Senate Intelligence Committee, known as the Church Committee after its chairman Frank Church. For further discussion of the extent to which the CIA and the Nixon administration's policies destabilized Chile after Allende's election, see: Sigmund, *The Overthrow of Allende and the Politics of Chile*, and Davis, *The Last Two Years of Salvador Allende*.
22. Neff, *Warriors Against Israel*, 41; Riad, *The Struggle for Peace in the Middle East*, 165; Quandt, *Decade of Decisions*, 124-27; Heikal, *The Road to Ramadan*, 98-100; Nixon, *RN*, 490. My conclusions generally follow those in Quandt.

23. Kissinger background briefing, Oct. 8, 1970; Kissinger background briefing, Aug. 14, 1970; Kalb and Kalb, *Kissinger*, 175; Richard Smyser, Jan. 12, 1990; Hugh Sidey, "The Story of a Peace Initiative," *Life*, Oct. 16, 1970.
24. Kissinger note to Nixon, Dec. 4, 1970, president's personal files, NPP; Ehrlichman notes of meeting with the president, Dec. 3, 1970, Ehrlichman papers, box 4, WHSF, NPP; Szulc, *The Illusion of Peace*, 376; *President's Report on Foreign Policy*, Feb. 25, 1971; Ehrlichman's notes of meeting with the president, Jan. 12, 1971, Ehrlichman papers, box 4, WHSF, NPP; Landau, *Kissinger*, 101; *Harvard Crimson*, Jan. 15, 1970; *Boston Globe*, Jan. 17, 1970; *NYT*, Jan.17, 1970.

第 15 章

1. Hyland, *Mortal Rivals*, 43.
2. Carl Kaysen, July 18, 1989; *WHY*, 210-12, 540; Hersh, *The Price of Power*, 151-55, 164; *NYT*, June 20, 1969.
3. Gerard Smith, Aug. 1, 1990; Smith, *Doubletalk*, 158-61.
4. Richard Helms, Nov. 15, 1989; Powers, *The Man Who Kept the Secrets*, 211-12; *WHY*, 37; Garthoff, *Détente and Confrontation*, 135; Newhouse, *Cold Dawn*, 50; William Hyland, Oct. 22, 1990; Hersh, *The Price of Power*, 158; unpublished paper by Hyland analyzing Hersh's *The Price of Power*, used with Hyland's permission. Garthoff, who was on the SALT delegation and is often critical of Kissinger, has produced a useful documented survey of Soviet-American relations. Kissinger gave Newhouse access to the NSC staff and documents.
5. Halperin-Gelb conversation, May 27, 1969, part of the record of the case of *Halperin vs. Kissinger*, U.S. District Court, Washington, D.C., case 1187-73.
6. Smith, *Doubletalk*, 109; Morris, *Uncertain Greatness*, 210; *WHY*, 540-44; Garthoff, *Détente and Confrontation*, 138-39.
7. Garthoff, *Détente and Confrontation*, 138-39; *WHY*, 541-43; Smith, *Doubletalk*, 171-72; Gerard Smith, Aug. 1, 1990; Newhouse, *Cold Dawn*, 16.
8. *WHY*, 541; Kissinger press conference, June 15, 1972; Garthoff, *Détente and Confrontation*, 140. Kissinger, in 1972 testimony about why there had not been a MIRV ban, misstated the Soviet position by saying that they "refused a deployment ban as such. What they proposed was a production ban." In fact, they proposed banning both, just not testing.
9. *WHY*, 540-44; Garthoff, *Détente and Confrontation*, 142; Smith, *Doubletalk*, 152; Gerard Smith, Aug. 1, 1990.
10. *WHY*, 525, 534, 544-45; Smith, *Doubletalk*, 147; Gerard Smith, Aug. 1, 1990; Nitze, *From Hiroshima to Glasnost*, 309.
11. Smith, *Doubletalk*, 154; speech and arms control discussion by Dobrynin (attended by the author), Georgetown University, Nov. 17, 1989; Kissinger background briefing, Dec. 3, 1974.
12. Egon Balhr, Mar. 19, 1991.
13. Melvin Laird, Dec. 26, 1989.
14. Gerard Smith, Aug. 1, 1990; Henry Kissinger, Mar. 31, 1990; William Hyland, Oct. 22, 1990; Winston Lord, Nov. 2, 1989; Georgi Arbatov, Nov. 18, 1989; talk by Anatoli Dobrynin, Georgetown University, Nov. 17, 1989; unpublished paper by Hyland analyzing Hersh's *The Price of Power*, used with Hyland's permission; *WHY*, 805-30, 992; Garthoff, *Détente and Confrontation*, 148-60; Smith, *Doubletalk*, 195, 218-46; Newhouse, *Cold Dawn*, 222-29; Hersh, *The Price of Power*, 340-42.
15. Colson, *Born Again*, 43-45, 57-59; Charles Colson, Sept. 10, 1990.
16. H. R. Haldeman, Feb. 20, 1990; Daniel Ellsberg, Aug. 8, 1989; John Ehrlichman, Feb. 27, 1970; Ehrlichman, *Witness to Power*, 302; Hersh, *The Price of Power*, 384; Richard Nixon, Oct. 11, 1990. Ellsberg's name did not surface publicly until three days later, but Haig and Kissinger figured it was him the moment they heard the papers had been leaked. There is no

independent evidence that these charges against Ellsberg are true and he has denied that he shot at peasants in Vietnam.
17. John Ehrlichman, Feb. 27, 1990; Ehrlichman meeting notes, June 17, 1970, Ehrlichman papers, box 5, WHSF, NPP; Ehrlichman affidavit, Apr. 30, 1974, U. S. District Court, Washington, Watergate special investigation; Haldeman, *The Ends of Power*, 110; Hersh, *The Price of Power*, 325, 330-31; 383-85; Charles Colson, Sept. 10, 1990; John Ehrlichman, Feb. 27, 1990; H. R. Haldeman, Feb. 20, 1990; Jack Anderson column, June 11, 1973, *WP; YOU*, 118; Haldeman, *The Ends of Power*, 113-14; *Dr. Kissinger's Role in Wiretapping*, Senate Foreign Relations Committee, 174. The Ehrlichman notes of the June 17 meeting, along with the secret White House tape recording, were subpoenaed by the Watergate special prosecutor.
18. *WHY*, 1018, 1043, 1488, 1020; Ball, *Diplomacy for a Crowded World*, 77; Richard Smyser, Jan. 12, 1990; Henry Kissinger, Dec. 21, 1990; Nguyen Van Thieu, Oct. 15, 1990.

第16章
1. Nixon, *RN*, 552; *WHY*, 163, 691.The belief that Chinese expansionism was behind the Vietnam War is reflected throughout the Pentagon Papers.
2. Speech to the World Affairs Council of Philadelphia, May 1, 1968, the public papers of Nelson Rockefeller (written by Henry Kissinger); Graubard, *Kissinger* 250; *WHY*, 165, 169.
3. Speech to the Commonwealth Club of California by Richard Nixon, Apr. 2, 1965; Schecter and Hung, *The Palace File*, 9; Richard Nixon, "Asia After Viet Nam," *Foreign Affairs*, Oct. 1967, 121; Safire, *Before the Fall*, 366, 367.
4. Nixon memo to Kissinger, Feb. 1, 1969, and Nixon memo to Kissinger, Sept. 22, 1969, confidential files, box 6, China, NPP; Schulzinger, *Henry Kissinger*, 76; Haldeman, *The Ends of Power*, 91.
5. *WHY*, 172, 190; magazine news summary, Apr. 1969, president's office files, box 30, WHSF, NPP; address in Canberra, Australia, by William Rogers, Aug. 8, 1969.
6. Richard Nixon, Mar. 13 and Oct. 11, 1990; H. R. Haldeman, Oct. 3, 1990.
7. *WHY* 686-732; Georgi Arbatov, Nov. 18, 1989; Nixon, *RN*, 550; Richard Nixon, Oct. 11, 1990; Garthoff, *Détente and Confrontation*, 227; Edgar Snow, "A Conversation with Mao," *Life*, Apr. 30, 1971; *NYT*, July 10, 1971.
8. *WHY*, 733-44; Kalb and Kalb, *Kissinger*, 245; Szulc, *The Illusion of Peace*, 406.
9. *WHY*, 743-46; Nixon, *RN*, 554; Winston Lord, Apr. 24, 1990; Garthoff, *Détente and Confrontation*, 233; Richard Helms, Nov. 15, 1989. Certain briefing papers and reports from the trip were shown to the author.
10. *Time*, July 26, 1971; Valeriani, *Travels with Henry*, 89; *WHY*, 749-55; Winston Lord, Apr. 24, 1990; Nixon, *RN*, 554-55; *NYT*, July 17, 1971.
11. Ehrlichman, *Witness to Power*, 293; John Ehrlichman, Apr. 2, 1990; *WHY*, 760; *Dr. Kissinger's Role in Wiretapping*, Senate Foreign Relations Committee, 1974, 174.
12. Morton Halperin, Nov. 15, 1989; Johnson, *The Right Hand of Power*, 553-55; *WHY*, 761-62; Ball, *Diplomacy for a Crowded World*, 22; Melvin Laird, Dec. 18, 1989.
13. *WHY*, 766, 836-37; Georgi Arbatov, Nov. 18, 1989.
14. *NYT*, July 17, 1971; "To Peking for Peace," *Time*, July 26, 1971; Haldeman meeting notes, July 13-16, 1971, Haldeman papers, box 44, WHSF, NPP; Joseph Alsop, "Jade Body Stockings," *WP*, July 21, 1971; "The Secret Voyage of Henry K," *Time*, July 26, 1971; "I Will Go to China," *Newsweek*, July 26, 1971; "Blazing the Trail to Peking," *U.S. News and World Report*, Aug. 1, 1971; author's conversations with Hugh Sidey, Bruce Van Voorst, Jerrold Schecter.
15. John Scali, Nov. 15, 1990.
16. Nixon memo to Kissinger, July 19, 1971, Haldeman papers, box 140, WHSF, NPP; Hugh Sidey, "The Secret of Lincoln's Sitting Room," *Life*, July 30, 1971.

17. *WHY*, 779; Nixon, *RN*, 555; Bush, *Looking Forward*, 116.
18. Ball, *Diplomacy for a Crowded World*, 19; Morris, *Uncertain Greatness*, 205-7.
19. Isaacs, *Without Honor*, 27-29.
20. Richard Smyser, Jan. 12, 1990; Hersh, *The Price of Power*, 375.
21. Nguyen Van Thieu, Oct. 15, 1990; Schecter and Hung, *The Palace File*, 9-10.

第 17 章

1. Barbara Howar, Dec. 8, 1989; *WP*, Oct. 10, 1969; Blumenfeld, *Henry Kissinger*, 211; Safire, *Before the Fall*, 159.
2. Valeriani, *Travels With Henry*, 2, 14, 98, 114; Hugh Sidey, "The Most Important Number Two Man in History," *Life*, Feb. 11, 1972; *Newsweek*, Feb. 7, 1972; Bette Lord, Aug. 15, 1990; David Kissinger, Feb. 14, 1990; Karen Lerner, Nov. 27, 1989; *Women's Wear Daily*, July 10, 1973; Jill St. John, Apr. 13, 1990; Robert Evans, Feb. 9, 1990; Joan Braden, Feb. 26, 1990; Lloyd Shearer, Apr. 18, 1990.
3. *WHY*, 20; Barbara Howar, Dec. 8, 1989; Nancy Kissinger, Jan. 25, 1990; Susan Mary Alsop, Dec. 13, 1989; Polly Kraft, Nov. 16, 1989; Joan Braden, Feb. 26, 1989; Katharine Graham, Dec. 14, 1989.
4. Barbara Howar, Dec. 8, 1989; Nancy Kissinger, Jan. 25, 1990; Hunebelle, *Dear Henry*, 102.
5. Jill St. John, Apr. 13, 1990; Blumenfeld, *Henry Kissinger*, 216; *Women's Wear Daily*, Sept. 8, 1971; *NYT*, Aug. 28, 1972.
6. Jill St. John, Apr. 13, 1990; Blumenfeld, *Henry Kissinger*, 216-22; Robert Evans, Feb. 9, 1990.
7. *Life*, Jan. 28, 1972; *Time*, Feb. 7, 1972; Fallaci, *Interview With History*, 42-43.
8. Robert Evans, Feb. 9 and Sept. 10, 1990; *Time*, Mar. 27, 1972; *Harvard Lampoon Cosmopolitan* parody, Oct. 1972; Georgi Arbatov, Nov. 18, 1989.
9. Lloyd Shearer, Apr. 18, 1990; memo from Charles Colson to Kissinger, Feb. 1, 1972, Colson papers, box 13, WHSF, NPP; David Kissinger, Feb. 14, 1990; H. R. Haldeman, Feb. 20, 1990; memo from Haldeman to Alexander Butterfreld, Feb. 9, 1971, Haldeman papers, box 196, WHSF, NPP; Oudes, *From the President*, 215, 363; Richard Nixon, Oct. 11, 1990; Frost, *I Gave Them a Sword*, 72.
10. Blumenfeld, *Henry Kissinger*, 209-27; Bette Lord, Aug. 15, 1990; Jill St. John, Apr. 13, 1990; Diane Sawyer, Sept. 7, 1990.
11. Jan Golding Cushing Amory, Oct. 18 and Oct. 22, 1990.
12. Blumenfeld, *Henry Kissinger*, 211, 226.
13. Danielle Hunebelle, *Dear Henry*, 168-76 and passim; Kissinger appointment calendar, Sept. 9, 1970; Kalb and Kalb, *Kissinger*, 182.
14. Barbara Howar, Dec. 8, 1989; Nancy Kissinger, Jan. 25, 1990.
15. Nancy Kissinger, Mar. 6, 1991.

第 18 章

1. Christopher Van Hollen, "The Tilt Policy Revisited," *Asian Survey*, Apr. 1980, 342. At the time, Van Hollen was deputy assistant secretary of state for Near Eastern and South Asian affairs. His article strongly criticizes Kissinger's mishandling of the affair.
   In addition, overall information on the India-Pakistan crisis comes from the following sources: Garthoff, *Détente and Confrontation*, 262-88; Jackson, *South Asian Crisis*; Blechman and Kaplan, *Force Without War*, 135-221; Nicholas and Oldenburg, *Bangladesh: The Birth of a Nation*; *WHY*, 842-918; Hersh, *The Price of Power*, 444-64; Morris, *Uncertain Greatness*, 214-27; Kalb and Kalb, *Kissinger*, 294-301; Anderson, *The Anderson Papers*, 205-69; as well as the interviews and documents cited below.
2. Nixon's annotated news summary, Feb. 10, 1970, box 31, president's office files, NPP;

WHY, 848, 854, 864-65, 879, 915; Christopher Van Hollen, "The Tilt Policy Revisited," *Asian Survey*, Apr. 1980, 341, 347; Hersh, *The Price of Power*, 447.

3. State Department notes, Senior Review Group, July 23 and 31, 1971, Christopher Van Hollen, "The Tilt Policy Revisited," *Asian Survey*, Apr. 1980, 346-47; Kissinger memo to Nixon, July 27, 1971, *WHY*, 864-67, 876; Hersh, *The Price of Power*, 452; L. K. Jha, "Kissinger and I," *India Today* magazine, Nov. 1-15, 1979; Nixon, *RN*, 526.
4. *WHY*, 878-96; Nixon, *RN*, 531; *WP*, Dec. 30, 1979; Hersh, *The Price of Power*, 456; Christopher Van Hollen, "The Tilt Policy Revisited," *Asian Survey*, Apr. 1980, 350.
5. The full Dec. 3 WSAG minutes were published in the *NYT*, Jan. 6, 1972. Also, Jackson, *South Asian Crisis*, 213; Anthony Lewis, "Tilt," *NYT*, Jan. 10, 1972. The text, based on Defense Department copies, is slightly different from the brief quotes in *WHY*, 897.
6. *WHY*, 898, 887, 900; Nixon, *RN*, 527; Morris, *Uncertain Greatness*, 224.
7. Kissinger background briefing, Dec. 7, 1971, in *Congressional Record* (insert by Sen. Barry Goldwater), Dec. 9, 1971; "Regarding Government Duplicity," *Wall Street Journal* editorial, Jan. 14, 1972; Keating to State Department, Dec. 8, 1971, author's possession.
8. CIA report, Dec. 7, 1970, reported by Richard Helms at WSAG meeting, Dec. 8, 1971, minutes in *NYT*, Jan. 15, 1972; Joseph Sisco, Mar. 5, 1990; Christopher Van Hollen, "The Tilt Policy Revisited," *Asian Survey*, Apr. 1980, 351; Powers, *The Man Who Kept the Secrets*, 206; Garthoff, *Détente and Confrontation*, 268; Hersh, *The Price of Power*, 459-60; *WHY*, 901-4; L. K. Jha, "Kissinger and I," *India Today*, Nov. 1-15, 1979.
9. *WHY*, 767, 900-904, 909-13; Garthoff, *Détente and Confrontation*, 270, 276; Nixon, *RN*, 528; Elmo Zumwalt, Nov. 20, 1989; Zumwalt, *On Watch*, 368; Jackson, *South Asian Criis*, 141.
10. *WP*, Dec. 15 and 16, 1971; *NYT*, Dec. 15 and 16, 1971; Tom Wicker, "Background Blues," *NYT*, Dec. 16, 1971; Kalb and Kalb, *Kissinger*, 261-62.
11. *WHY*, 913; Garthoff, *Détente and Confrontation*, 277, 284-88; Benazir Bhutto, June 9, 1989.
12. Christopher Van Hollen, "The Tilt Policy Revisited," *Asian Survey*, Apr. 1980, 358-59.
13. In addition to interviews, overall information about the Radford spy ring came from *Transmittal of Documents from the National Security Council to the Chairman of the Joint Chiefs of Staff*, the hearings of the Senate Armed Services Committee, Part I (Feb. 6, 1974), Part II (Feb. 20-21, 1974), Part III (Mar. 7, 1974), and *Final Report* (Dec. 19, 1974), referred to below as *Transmittal Hearings*. Welander's testimony about suspecting Radford is in *Transmittal II*, 124-25 and 147-48; Radford's is in *Transmittal Hearings II*, 16-17.
David Young, "Special Report for the President," Young papers, boxes 23 & 24, NPP; interview of Radford by Ehrlichman, Dec. 23, 1971, Ehrlichman papers, special subject file, Young project, NPP. Most of these papers are still sealed, but participants with copies of them have made them available.
Silent Coup by Colodny and Gettlin provides a wealth of detail about the Radford spy ring. It argues that Haig was involved in the affair and was part of a military conspiracy to undermine Nixon. Haig's actions during Watergate, the authors say, were partly designed to force Nixon's resignation and to prevent Haig's involvement in the spy ring from coming to light. Although I am not persuaded of this thesis, the colorful book contains much useful reporting and information, including Admiral Welander's taped confession to John Ehrlichman.
14. *Transmittal Hearings II*, 9-16; Hersh, *The Price of Power*, 466-69.
15. John Ehrlichman, Mar. 27 and Apr. 2, 1990; Henry Kissinger, Feb.16, 1990; H. R. Haldeman, Feb. 20, 1990; *Transmittal Hearings II*, 124-26, and *III*, 21; Ehrlichman notes of meetings, Dec. 13, 23, and 24, 1971, Ehrlichman papers, WHSF, NPP; Ehrlichman, *Witness to Power*, 304-8.
16. Richard Nixon, Oct. 11, 1990; H. R. Haldeman, Feb. 20, 1990.
17. John Ehrlichman, Feb. 27 and Apr. 4, 1990; Ehrlichman, *Witness to Power*, 305; Hersh, *The Price of Power*, 476.

18. Colodny and Gettlin, *Silent Coup*, 3-46. (See note 13 above.)
19. John Ehrlichman, Mar. 27 and Apr. 2, 1990; Henry Kissinger, Feb. 16, 1990; H. R. Haldeman, Feb. 20, 1990; Ehrlichman notes of meetings, Dec. 13, 23, and 24, 1971, Ehrlichman papers, WHSF, NPP; Ehrlichman, *Witness to Power*, 304-8.
20. H. R. Haldeman, Feb. 20, 1990; Nixon, *RN*, 600; Richard Nixon, Oct. 11, 1990; Charles Colson, Sept. 10, 1990.
21. William Watts, Dec. 13, 1989; Safire, *Before the Fall*, 165; Gulley, *Breaking Cover*, 143; Hersh, *The Price of Power*, 317.
22. James Schlesinger, Nov. 17, 1989; Diane Sawyer, Sept. 7, 1990; Morris, *Haig* 199; Colson, *Born Again*, 67; Charles Colson, Sept. 10, 1990.
23. Nixon letter to Reagan, Dec. 1980, courtesy of Nixon; Nixon, Oct. 11, 1990.
24. H. R. Haldeman, May 7, 1990, also discussed Feb. 20, 1990; Lawrence Higby, Jan. 29, 1990; Brent Scowcroft, July 16, 1990.
25. James Schlesinger, Nov. 17, 1989; Elmo Zumwalt, Nov. 20, 1989; Palmer, *The 25-Year War*, 124; Zumwalt, *On Watch*, 399.
26. Laurence Lynn, Jan. 12, 1990; Roger Morris, Mar. 26, 1990; William Watts, Dec. 13, 1989; Morris, *Uncertain Greatness*, 143; Bette Bao Lord, Aug. 15, 1990; Winston Lord, Oct. 25, 1989; Woodward and Bernstein, *All the President's Men*, 211; John Ehrlichman, Feb. 27, 1990; *YOU*, 107; Hersh, *The Price of Power*, 318; Elmo Zumwalt, Nov. 20, 1989; Zumwalt, *On Watch*, 318-19; Kutler, *The Wars of Watergate*, 640; Ranelagh, *The Agency*, 507.
27. Peter Rodman, Nov. 16, 1989; Laurence Lynn, Jan. 12, 1990; Richard Nixon, Oct. 11, 1990; Roger Morris, Mar. 26, 1990; Charles Colson, Sept. 10, 1990; Morris, *Uncertain Greatness*, 142-44; Ehrlichman, *Witness to Power*, 308.
28. Ehrlichman, *Witness to Power*, 307-8; John Ehrlichman, Feb. 27, 1990; H. R. Haldeman, Feb. 20 and Oct. 3, 1990; Elmo Zumwalt, Nov. 20, 1989.
29. Tim Heald, ed., *The Rigby File*, 223-24. (Ehrlichman says this fictional account is based on the truth.)
30. Richard Nixon, Oct. 11, 1990.
31. Henry Kissinger, Feb. 16, 1990; H. R. Haldeman, Feb. 20 and Oct. 3, 1990; Lawrence Higby, Jan. 29, 1990; Charles Colson, Sept. 10, 1990; Colson, *Born Again*, 41; *WHY*, 648; *YOU*, 96-97; Robert Semple, Sept. 28, 1990; Christopher Ogden, Feb. 28, 1990; Haldeman, *The Ends of Power*, 95-98.
32. Henry Kissinger, Feb. 16, 1990; John Ehrlichman, Feb. 27, Apr. 2, and Oct. 10, 1990; Ehrlichman, *Witness to Power*, 288-314; *WHY*, 74; *YOU*, 94; Ehrlichman conversation with John Dean, Mar. 7, 1973; Christopher Ogden, Feb. 28, 1990.
33. Henry Kissinger, Feb. 16, 1990; Brandon, *Special Relationships*, 275; *WHY*, 918; Haldeman notes from meeting with Nixon, Jan. 13, 1972, and notes of meeting with Kissinger and others, Jan. 14, 1972, Haldeman papers, box 45, WHSF, NPP.
34. Safire, *Before the Fall*, 398-406.
35. *Time*, Feb. 7, 1972; *Newsweek*, Feb. 7, 1972; *WP*, Feb. 3, 1972; Hugh Sidey, "The Most Important Number Two in History," *Life* Feb. 11, 1972; *WHY*, 1045.
36. Kissinger speech to the Washington Press Club, Jan. 27, 1972.

第 19 章

1. *WHY*, 1050-67; Nixon, *RN* 560; Ambrose, *Nixon*, vol. 2, 524; Winston Lord, Nov. 2 and Dec. 20, 1989; John Chancellor, "Who Produced the China Show," *Foreign Policy*, Summer 1972. (One unfair little rap Nixon has gotten: many commentators, including Kissinger in his memoirs, are rather snide in quoting him as saying, "This is a great wall," when he was shown the Great Wall. They leave out the rest of his sentence, which was: "and it had to be built by a great people.")

2. *WHY*, 1057-79; Nixon, *RN*, 562-64; Winston Lord, Nov. 2 and Dec. 20, 1989; Hersh, *The Price of Power*, 442.
3. *WHY*, 1074-87; Hersh, *The Price of Power*, 497-500; Hugh Sidey, "Making History in Peking," *Life*, Feb. 25, 1972; Stanley Karnow, "Nixon Pledges Pullout of Forces in Taiwan," *WP*, Feb. 28, 1972; Kissinger press briefing, Feb. 27, 1972.
4. *WHY*, 1088-96; Henry Kissinger, Oct. 9, 1989; Winston Lord, Nov. 2, 1989.
5. Nixon memo to Haldeman, Mar. 13, 1972, Haldeman papers, box 162, WHSF, NPP; Nixon memo to Kissinger, Mar. 9, 1972; *WHY*, 1094-95, 1081.
6. H. R. Haldeman, Oct. 3, 1990; Richard Nixon, Oct. 11, 1990; William Hyland, Oct. 22, 1990; *WHY*, 1113.
7. *WHY*, 1104, 1114-22; Nixon, *RN*, 587-94; Richard Nixon, Oct. 11, 1990; Nixon's diaries are excerpted in his memoirs.
8. Hugh Sidey, "The Advance Man Strikes Again," *Life*, May 5, 1972; Gulley, *Breaking Cover*, 137; Nixon, *RN*, 592; *WHY*, 1136, 838; Kalb and Kalb, *Kissinger*, 295.
9. Viktor Sukhodrev, May 8, 1990; *WHY*, 1138-40, 1153; Georgi Arbatov, Nov. 18, 1989.
10. *WHY*, 1144-48; Morris, *Haig*, 198. John Negroponte, Kissinger's Vietnam expert who was on the trip, felt that the U.S. proposals in Moscow went further than previous ones. This analysis is reflected in Szulc, *The Illusion of Peace*, 545.
11. Winston Lord, Oct. 25, 1989; Helmut Sonnenfeldt, Sept. 12, 1989; *WHY*, 1148-54; Nixon, *RN*, 592; Richard Nixon, Oct. 11, 1990.
12. *Time*, May 8, 1972; *NYT*, Apr. 26, 1972; *Life*, May 5, 1972.
13. Nixon memo to Kissinger, Mar. 11, 1972, Haldeman papers, box 230, WHSF, NPP; Nixon address, Apr. 26, 1972.
14. *NYT*, May 2, 1972; Nixon, *RN*, 594-95; memo from Nixon to Kissinger, Apr. 30, 1972, the President's Office files, box 3, NPP (still classified); Hammond, *Public Affairs*, 870.
15. *WHY*, 1169-77; Nixon, *RN*, 602; Richard Nixon, Oct. 11, 1990; H. R. Haldeman, Feb. 20, 1990.
16. H. R. Haldeman, Feb. 20, 1990; John Connally, Apr. 16, 1990; Helmut Sonnenfeldt, Sept. 12, 1989; William Hyland, Oct. 22, 1990.
17. *WHY*, 1179-83; Kissinger back-channel message to Ambassador Ellsworth Bunker, May 4, 1972, NSC files, back channels, box 414, NPP (still classified); Hammond, *Public Affairs*, 878; Zumwalt, *On Watch*, 398; Szulc, *The Illusion of Peace*, 552; Winston Lord, Nov. 2, 1989.
18. Kissinger message to Bunker, May 6, 1972, NSC files, back channels, box 414, NPP (still classified); Hammond, *Public Affairs*, 881.
19. Personal memoir by John Andrews, June 25, 1972, courtesy of the author; John Andrews, Jan. 11, 1990.
20. Johnson, *The Right Hand of Power*, 534; Henry Kissinger, Dec. 21, 1990.
21. H. R. Haldeman, Feb. 20, 1990; *WHY*, 1186, 1188; Roger Morris, "The Ultimate Betrayal," *NYT*, June 1, 1972; Hugh Sidey, "How the President Made Up His Mind," *Life*, May 19, 1972.
22. Georgi Arbatov, Nov. 18, 1989; Shevchenko, *Breaking With Moscow*, 211-12; Garthoff, *Détente and Confrontation*, 100.
23. Peter Peterson, Nov. 26, 1989; Sven Kraemer, Nov. 16, 1989; *NYT*, May 12, 1972; *Time*, May 22, 1972.
24. Nguyen Van Thieu, Oct. 15, 1990; Hung and Schecter, *The Palace File*, 60-61.
25. Morris, *Uncertain Greatness*, 186; Helmut Sonnenfeldt, Sept. 12, 1989; Henry Kissinger, Mar. 31, 1990; Nixon, *RN*, 609.
26. Morris, *Uncertain Greatness*, 1-2; Hugh Sidey, "Peaceful Victory in the Kremlin," *Life*, June 9, 1972.
27. Kissinger background briefing, Salzburg, May 21, 1972; Kalb and Kalb, *Kissinger*, 314; *WHY*, 1203; William Hyland, Dec. 11, 1989; Hyland, *Mortal Rivals*, 52.

28. Viktor Sukhodrev, May 8, 1990; Georgi Arbatov, Nov. 18, 1989; *WHY*, 1208.
29. Brezhnev gave Nixon a hydrofoil as a gift; Nixon responded with the gift of a Cadillac. In the Nixon archives a note from Haldeman to Dwight Chapin suggests he ask Ford Motors to donate a Lincoln, saying "it would be a pure business deal, since they are negotiating with the Russians for putting in a plant." As it turned out, Ford got to give a Lincoln when Brezhnev visited in 1973, but the Moscow summit was Cadillac's turn. Haldeman memo to Chapin, May 15, 1972, Haldeman papers, box 199, WHSF, NPP.
30. *WHY*, 1222-29; Hersh, *The Price of Power*, 527; Winston Lord, Nov. 2, 1989; William Hyland, Oct. 22, 1990.
31. "Basic Principles of Relations," May 29, 1972, *Department of State Bulletin*, vol. 66, 898; Hoffmann, *Primacy or World Order*, 64; *WHY*, 1205, 1209, 1213.
32. Peter Peterson, Nov. 26, 1989; Garthoff, *Détente and Confrontation*, 305-7; *WHY*, 1271; Trager, *The Great Grain Robbery;* Hersh, *The Price of Power*, 343-48, 531-34.
33. The description of the ICBM and SLBM dispute is largely based on *Détente and Confrontation* by Garthoff, 163-98. He was a negotiator of the agreement, and his resentment over Kissinger's intrusions are reflected in his criticisms. But his account is well documented. *Doubletalk* by Smith, 370-433, is likewise a SALT negotiator's perspective and is both more colorful and emotional. *Cold Dawn* by Newhouse, 246-55, is an early account by a journalist with good access to Kissinger's staff. *The Price of Power* by Hersh, 535-55, presents his far more critical account. William Hyland has written, and allowed me to use, an unpublished rebuttal to Hersh's account of the SALT talks. Kissinger's blow-by-blow recounting is in *White House Years*, 1216-41. See also, Zumwalt, *On Watch*, 400-404; Nitze, *From Hiroshima to Glasnost*, 318-28. Kissinger's comments to Senator Jackson were at a congressional briefing, June 15, 1972. I also relied on interviews with Winston Lord, William Hyland, Helmut Sonnenfeldt, and Gerard Smith.
34. William Hyland, Dec. 11, 1989; Gerard Smith, Aug. 1, 1990; *WHY*, 1230, 1243; Smith, *Doubletalk*, 433-41; press conference of Henry Kissinger and Gerard Smith, Moscow, May 26, 1972; press conference of Henry Kissinger, Moscow, May 26-27, 1972; Kalb and Kalb, *Kissinger*, 329; Kenneth Rush, Jan. 9, 1991.
35. James Schlesinger, Nov. 17, 1989; *WHY*, 1233; Hyland, *Mortal Rivals*, 54; Ambrose, *Nixon*, vol. 2, 548; Garthoff, *Détente and Confrontation*, 311.
36. Henry Kissinger, Feb. 16, 1990; Safire, *Before the Fall*, 453; Garthoff, *Détente and Confrontation*, 191-93; Gaddis, *Strategies of Containment*, 287; Kissinger talk to foreign service officers, Nov. 30, 1968; Kissinger, *A World Restored*, 1-3; Nutter, *Kissinger's Grand Design*, 10-13; Brown, *The Crisis of Power*, 14-15; Kissinger speech to the Pilgrims of Great Britain, Dec. 12, 1973.
37. Peter Lisagor, "The Kissinger Legend," *Chicago Sun-Times*, June 18, 1972; Kalb and Kalb, *Kissinger*, 345; New York *Daily News*, May 31, 1990; John Andrews, Jan. 11, 1990; John Andrews, private memoir of the Moscow summit, June 1972; Safire, *Before the Fall*, 459.

第20章
1. Isaacs, *Without Honor*, 16-21; *WHY*, 1301.
2. Henry Kissinger, Oct. 9, 1989; *WHY*, 1308; Kissinger meeting with Hedley Donovan, Henry Grunwald, and others, Sept. 29, 1972, notes by Jerrold Schecter, cited in Hung and Schecter, *The Palace File*, 90-92.
3. Charles Colson, Sept. 10, 1990; John Connally, Apr. 16, 1990.
4. Richard Nixon, Oct. 11, 1990; conversation with Richard Nixon, Mar. 13, 1990; Nixon interview with *Time* magazine, Apr. 2, 1990; H. R. Haldeman, Feb. 20, 1990; Hersh, *The Price of Power*, 582; Sulzberger, *The World According to Richard Nixon*, 184.
5. Zumwalt, *On Watch*, 397-99; Elmo Zumwalt, Nov. 20, 1989.
6. Peter Rodman, Nov. 16, 1989; *WHY* 1317-19; Nixon, *RN*, 701; Richard Nixon, Oct. 11, 1990.

7. Nguyen Van Thieu, Oct.15, 1990.
8. Hung and Schecter, *The Palace File*, 66; *WHY* 1315.
9. *WHY*, 1322-27, 1339; Nguyen Van Thieu, Oct. 15, 1990; Isaacs, *Without Honor*, 35, 41; Kalb and Kalb, *Kissinger*, 399; Nixon, *RN*, 690.
10. Kissinger, "The Viet Nam Negotiations," *Foreign Affairs*, Jan. 1969, 225.
11. *WHY*, 1313, 1330-32, 1341-53; Szulc, *The Illusion of Peace*, 626.
12. Nguyen Van Thieu, Oct. 15, 1990.
13. *WHY*, 1352-61; Isaacs, *Without Honor*, 37; Nixon, *RN*, 692-93; Richard Holbrooke, Sept. 25, 1989.
14. Nguyen Van Thieu, Oct. 15, 1990; Hoang Duc Nha, May 1, 1990; Hung and Schecter, *The Palace File*, 83; Isaacs, *Without Honor*, 38. *The Palace File* is by a former aide to Thieu and a former diplomatic correspondent for *Time*. It includes many documents from Thieu's files as well as information from him and Nha.
15. Hung and Schecter, *The Palace File*, 87-88; Snepp, *Decent Interval*, 27; Nguyen Van Thieu, Oct. 15, 1990.
16. Given the fact that it turned out to be a bad blunder, there is an odd dispute between Kissinger's memoirs and Nixon's in which each man takes responsibility for sending this acceptance message to Hanoi. Nixon treats it by simply noting that "I sent a cable." Kissinger's version is: "I therefore sent a cable to Hanoi 'on behalf of the President.'" In fact, according to those who helped draft and send the cable, Kissinger's version is correct, and there is no indication that the president even read the cable at the time.

    Two months later, when the agreement was breaking down, the president's men and Haig were more than happy to give Kissinger full credit for that cable. At Camp David that December, as Kissinger futilely tried to salvage a deal, Haldeman told Ehrlichman that Kissinger had been off the reservation in October. "When he was in Saigon, twice he cabled the North Vietnamese in the President's name to accept their October proposal," Haldeman said. "Henry did that over Al Haig's strong objection and beyond any Presidential authority." Kissinger does not recall any objections from Haig at the time; it is likely that they were made behind Kissinger's back.

    WHY, 1361; Nixon, *RN*, 695; Henry Kissinger, Oct. 9, 1990; H. R. Haldeman, Feb. 20, 1990; Ehrlichman, *Witness to Power*, 314.
17. *WHY*, 1362, 1377-78; Nixon, *RN*, 697; Richard Nixon, Oct. 11, 1990.
18. Nguyen Van Thieu, Oct. 15, 1990; Hoang Duc Nha, May 1, 1990; Arnaud de Borchgrave, "Exclusive from Hanoi," *Newsweek*, Oct. 30, 1972.
19. Schecter and Hung, *The Palace File*, 100-105; *WHY*, 1385; Winston Lord, Oct. 25, 1989.
20. Nguyen Van Thieu, Oct. 15, 1990; Henry Kissinger, Oct. 9, 1989; *WHY*, 1391-93.
21. Nixon, *RN*, 699-702; *WHY*, 1388-94; Hersh, *The Price of Power*, 600; Winston Lord, Oct. 25, 1989; Sven Kraemer, Nov. 17, 1989; Fritz Kraemer, May 14, 1988.
22. Max Frankel, "Aides See a Truce in a Few Weeks," *NYT*, Oct. 26, 1972; Hersh, *The Price of Power*, 604.
23. Largely because of his Strangelovian accent, the White House had generally kept Kissinger off television. In his memoirs, he writes that "I appeared for the first time on national television" at the October 26 conference and jokes that the White House "finally took a chance on my pronunciation". In fact, his first televised news conference had been on June 24 of that year, at a White House press conference describing a follow-up trip he took to China. On that occasion, he joked that there would be "simultaneous translation" of his remarks. "Kissinger, Often Seen, Is Finally Heard on TV," *NYT*, June 25, 1972.
24. Kissinger news conference, Oct. 26, 1972; Safire, *Before the Fall*, 667; James Reston, "The End of the Tunnel," *NYT*, Oct. 27, 1972; *Newsweek*, Nov. 6, 1972; Max Frankel, "U. S. Threat to Saigon," *NYT*, Oct. 27, 1972.
25. Nixon, *RN*, 705-6; Hersh, *The Price of Power*, 606; Richard Nixon, Oct. 11, 1990; Charles

Colson, Sept. 10, 1990; *NYT*, Oct. 28, 1972.
26. *NYT*, Nov. 3, 1972.

第 21 章

1. White, *The Making of the President 1972*, xi-xiii. White says that their talk was on the weekend, but Kissinger's travel schedule indicates it was on Monday, Nov. 6.
2. Nixon, *RN*, 715; Nguyen Van Thieu, Oct. 15, 1990.
3. Haldeman (for Nixon) to Kissinger, Nov. 22, 1972, Haldeman papers, box 14, WHSF, NPP; *WHY*, 1419-21; Nixon, *RN*, 721-22.
4. H. R. Haldeman, Feb. 20, 1990; Ehrlichman, *Witness to Power*, 314; Ehrlichman meeting notes, Dec. 2, 1972, Ehrlichman papers, box 4, WHSF, NPP.
5. Kissinger cable to Nixon from Paris, Dec. 5, 1972, NSC files, box 1109, NPP (still classified); Nixon cable to Kissinger, Dec. 6, 1972, NSC files, Kissinger office files, box 27, NPP (still classified).
6. *WHY*, 1429-41; Nixon, *RN*, 723-28; Hersh, *The Price of Power*, 618.
7. Ehrlichman meeting notes, Dec. 6, Nov. 22, Dec. 2, 1972, Ehrlichman papers, box 7, WHSF, NPP; John Ehrlichman, Feb. 27, 1990; H. R. Haldeman, Feb. 20, 1990; Ehrlichman, *Witness to Power*, 313-16; Gulley, *Breaking Cover*, 149; Nixon, *RN*, 729-30; *WHY*, 1433. (Ehrlichman's account of Dec. 6 in his book is based on his meeting notes in the archives, which also contain some additional material.)
8. Winston Lord, Oct. 25, 1989; *WHY*, 1445-49; Kalb and Kalb, *Kissinger*, 412; Nixon, *RN*, 733.
9. Woodward and Bernstein, *The Final Days*, 212; Nixon, *RN*, 734; *WHY*, 1148-49.
10. Kalb and Kalb, *Kissinger*, 413; Kissinger press conference, Dec. 16, 1972; *WHY*, 1451.
11. Isaacs, *Without Honor*, 54-56; Richard Nixon, Mar.13, 1990; McCarthy and Allison, *Linebacker II*, 30-50.
12. Hung and Schecter, *The Palace File*, 142-45; Henry Kissinger, Mar. 26, 1990; Ball, *The Past Has Another Pattern*, 420; Anthony Lewis, "Vietnam Delenda Est," *NYT*, Dec. 23, 1972; Anthony Lewis, "Ghosts," *NYT*, Dec. 24, 1973; Anthony Lewis, "Ghosts," *NYT*, Dec. 18, 1975; Tom Wicker, "Shame on Earth," *NYT*, Dec. 26, 1972; Joseph Kraft, "Twelve Days of Bombing," *WP*, Jan. 4, 1973; other reaction quotes from *Time*, Jan. 1, 1973, and *Facts on File*, Dec. 24-31, 1972.
13. Jerrold Schecter interview with Alexander Haig, Nov. 13, 1985; Hung and Schecter, *The Palace File*, 143; Richard Nixon, Mar. 21, 1990; Frost, *I Gave Them a Sword*, 138; Kissinger off-the-record briefing, Jan. 26, 1973; CBS interview with Henry Kissinger, Feb. 1, 1973.
14. Charles Colson, Sept. 10, 1990; James Reston, Dec. 19, 1989; H. R. Haldeman, Feb. 20, 1990; James Reston, "Kissinger and Nixon," *NYT*, Dec. 31, 1972; Reston, *Deadline*, 416; Colson, *Born Again*, 78-79; Charles Colson, "The Georgetown Blacking Factory," *NYT*, Jan. 30, 1973; Haldeman, *The Ends of Power*, 94-95; "CBS Evening News," Jan. 8, 1973; Joseph Kraft, "Twelve Days of Bombing," *WP*, Jan. 4, 1973; Hersh, *The Price of Power*, 630-31.
15. *WHY*, 1407-9, 1419; H. R. Haldeman, Feb. 20, 1990; John Ehrlichman, Feb. 27, 1990; Henry Kissinger, Oct. 9, 1989; Charles Colson, Sept. 10, 1990; Elmo Zumwalt, Nov. 20, 1989; Kenneth Rush, Jan. 9, 1991; Haldeman memo, Nov. 21, 1972, box 112, Haldeman papers, WHSF, NPP; news summary, Jan. 13, 1972, president's office files, NPP; Haldeman, *The Ends of Power*, 178-79; Charles Colson, "The Georgetown Blacking Factory," *NYT*, Jan. 30, 1973; Hersh, *The Price of Power*, 612; Klein, *Making It Perfectly Clear*, 309.
16. Fallaci, *Interview With History*, 17-44; Henry Kissinger, Oct. 9, 1989; Mike Wallace, Feb. 5, 1991; Ehrlichman, *Witness to Power*, 313; *The New Republic*, Dec. 16, 1972; *Time*, Jan. 1, 1973; *Time*, Nov. 19, 1979; Sven Kraemer, Nov. 16, 1989; Blumenfeld, *Henry Kissinger*, 231; Nicholas von Hoffman, "Slim Kissinger," *WP*, Dec. 22, 1972. The text in *The New Republic* is quite different from that in Fallaci's book, which is the source I used.

17. H. R. Haldeman, May 7, 1990; annotated news summary, Oct. 24, 1972, president's office files, NPP; meeting notes, Nov. 11, 1972, Ehrlichman papers, box 7, NPP; Hugh Sidey, *Life*, Oct. 16, 1989; Ehrlichman, *Witness to Power*, 316; Haldeman, *The Ends of Power*, 84; *WHY*, 1455; *Time*, Jan. 1, 1973.
18. Kissinger, *WHY*, 1463-64, 1468; Hersh, *The Price of Power*, 632; Nixon, *RN*, 747-48.
19. Draft peace agreement, Oct. 26, 1972 (reprinted in Porter, *Vietnam*, vol. 2, 575, and elsewhere); Hanoi's Ten-Point Peace Plan, May 9, 1969 (reprinted in Hung and Schecter, *The Palace File*, 446, and elsewhere); "Agreement on Ending the War and Restoring the Peace in Vietnam," Jan. 27, 1973; *WHY*, 1411-19; Isaacs, *Without Honor*, 52-53.
20. Nixon letter to Nguyen Van Thieu, Jan. 17, 1973, in Hung and Schecter, *The Palace File*, 394-95; Kissinger, "The Viet Nam Negotiations," *Foreign Affairs*, Jan. 1969, 217; *WHY*, 1464-72; *YOU*, 39-40; Nixon and Kissinger briefing to the joint leadership of Congress, Jan. 24, 1973, in Porter, *Vietnam*, vol. 2, 598.
21. *WHY*, 1466-67; Hung and Schecter, *The Palace File*, 112, 146, 356; Les Gelb, "The Kissinger Legacy," *NYT Magazine*, Oct. 31, 1976; Richard Holbrooke, Sept. 25, 1989; Anthony Lake, Jan. 11, 1990.
22. Memo from Kissinger to Nixon, Sept. 18, 1971, Nixon papers, National Security files, subject Vietnam, Alexander Haig special file (this memo is still classified); William Hammond, *Public Affairs*, 119; William Hammond, Aug. 13, 1991; *WHY*, 1038-39 (summarizes this memo, but leaves out the quote about "healthy interval").
23. Hung and Schecter, *The Palace File*, 446; Kissinger press conference, Oct. 26, 1972; annotated news summaries, box 45, president's office files, NPP; Ehrlichman, *Witness to Power*, 316.
24. The Nixon-Thieu letters were released by Nguyen Tien Hung, a South Vietnamese official, at a Washington press conference on Apr. 30, 1975, and are printed in the May 1, 1975, *NYT*. They are also reproduced and explained in Hung's book, *The Palace File*, by Hung and Schecter.
25. Nguyen Van Thieu, Oct. 15, 1990; Henry Kissinger, Mar. 14, 1988; Sylvan Fox, "Pledges to Thieu by U.S. Reported," *NYT*, Jan. 29, 1973; Kissinger news conference, Jan. 24, 1973; Marvin Kalb, "A Conversation with Kissinger," CBS News Special Report, Feb. 1, 1973; McGeorge Bundy, "Vietnam and Presidential Powers," *Foreign Affairs*, Winter 1979/80, 397-407; Zumwalt, *On Watch*, 413; *WHY*, 1373. See also *WHY*, footnote #2, p. 1495, where Kissinger cites examples of public statements; none, however, is candid about the pledges made to Thieu. Kissinger's rebuttal of Bundy is in *YOU*, p. 304, and in a four-page footnote on pp. 1236-40.
26. *WHY*, 1470; *Time* interview with Nixon, Apr. 2, 1990; Ball, *The Past Has Another Pattern*, 420. For a similar analysis, see Hoffmann, *Dead Ends*, 43.
27. U. S. Department of Defense, report on the costs of the Vietnam War, Mar. 21, 1985; Bowman, ed., *The Vietnam War*, 358; *WHY*, 997, 1386; Henry Kissinger, Feb. 16, 1990.
28. *WHY*, 1469-76; Nixon, *RN*, 756; Nancy Kissinger, Feb. 23, 1991; Safire, *Before the Fall*, 670; Kalb and Kalb, *Kissinger*, 421.

第22章

1. H. R. Haldeman, Feb. 20, 1990; Richard Nixon, Oct. 11, 1990; Brent Scowcroft, July 16, 1990; Henry Kissinger, Oct. 9, 1989; Nixon, *RN*, 856; *YOU*, 108-9; Woodward and Bernstein, *The Final Days*, 17.
2. Brent Scowcroft, July 16, 1990; Elmo Zumwalt, Nov. 20, 1989; Zumwalt, *On Watch*, 420; Sven Kraemer, Nov. 16, 1989; Kalb and Kalb, *Kissinger*, 443; Hersh, *The Price of Power*, 90.
3. Henry Kissinger, Oct. 9, 1989; H. R. Haldeman, Oct. 3, 1990; Lawrence Higby, Jan. 29, 1990; *YOU*, 111-13; Richard Nixon, Oct. 11, 1990; Haldeman, *The Ends of Power*, 195. (In one interview with me, Nixon told with great gusto the story of how Don Kendall passed along Lyndon Johnson's recommendation for a White House taping system, and he added that I was

the first reporter to be told this interesting historic footnote. In fact, Haldeman writes in his book that Nixon told him the same story several times. "It isn't true," Haldeman said, "and I have told Nixon that repeatedly to his great discomfort.")

4. Valeriani, *Travels With Henry*, 167-68; Viktor Sukhodrev, May 8, 1990; *YOU*, 228-35; Helmut Sonnenfeldt, Sept. 12, 1989; Kissinger briefing, May 12, 1973.
5. Kissinger briefing, May 12, 1973; Wise, *The American Police State*, 78-82; *Time*, Feb. 26, 1973; Woodward and Bernstein, *All the President's Men*, 344-47.
6. Seymour Hersh, "Kissinger Said to Have Asked for Taps," *NYT*, May 17, 1973; Hersh, *The Price of Power*, 400; Murrey Marder, "Kissinger Stung," *WP*, May 20, 1973; Rowland Evans and Robert Novak, "The Innocence of Dr. Kissinger," *WP*, May 24, 1973.
7. Gallup polls, *WP*, Apr. 22 and Dec. 30, 1973; Valeriani, *Travels With Henry*, 33; Joseph Kraft, "Henry Kissinger, the Virtuoso, at 50," *WP*, May 27, 1973.
8. Guido Goldman, Mar. 14, 1989; *NYT*, May 28, 1973; *Women's Wear Daily* May 29, 1973; Nancy Kissinger, Mar. 6, 1991.
9. Richard Nixon, Oct. 11, 1990; John Connally, Apr. 16, 1990.
10. Henry Kissinger, Dec. 21, 1990; David Kissinger, Feb. 13, 1990; *YOU*, 3-4, 420-23; letters to and from Rogers and Nixon, Aug. 22, 1973; Nixon press conference, Aug. 22, 1973. (Some books refer to Kissinger as the fifty-sixth secretary of state, but Daniel Webster and James G. Blaine served twice.)
11. Carl Marcy, Jan. 30, 1989.
12. Kenneth Rush, Jan. 9, 1991; *YOU*, 3-4, 420-23, 435-37; Osborne, *White House Watch*, 276; *NYT*, Sept. 21, 1973; *Confirmation Hearings of Henry Kissinger*, Senate Foreign Relations Committee, Sept. 7-17, 1973 (the Kissinger quote is on p. 293, from the Sept. 17 executive hearing, released in Oct. 1973).
13. Paula Kissinger, Dec. 17, 1988; Blumenfeld, *Henry Kissinger*, 231; *YOU*, 431-34; Bette Lord, Aug. 15, 1990; Marilyn Berger, Aug. 1, 1990.
14. Helmut Sonnenfeldt, Nov. 16, 1989; Lawrence Eagleburger, June 25, 1990; Winston Lord, Oct. 25, 1989; Kenneth Rush, Jan. 9, 1991; Joseph Sisco, Mar. 5, 1990; William Hyland, Oct. 22, 1990; Robert McCloskey, Feb. 2, 1990; Bernard Gwertzman, "Kissinger's Department," *NYT*, Apr. 26, 1974.
15. *NYT*, Oct. 17-23, 1973; *Christian Science Monitor*, Oct. 18, 1973; *WP*, Oct. 18, 1973.
16. Kissinger press conference, Aug. 23, 1973; *YOU*, 434; *Confirmation Hearings of Henry Kissinger*, Senate Foreign Relations Committee, Sept. 7-17, 1973, 46; Henry Kissinger, "Domestic Structure and Foreign Policy," *Daedalus*, Apr. 1966, 42; Henry Kissinger, "The White Revolutionary," *Daedalus*, Summer 1968, 890.
17. Ball, *Diplomacy for a Crowded World*, 14; Nutter, *Kissinger's Grand Design*, 17-18; Robert Hormats, May 9, 1990.

第23章

1. Heikal, *The Road to Ramadan*, 200; *YOU*, 209, 224; Sadat, *In Search of Identity*, 241.
2. Kissinger-Haig telephone conversation, Oct. 6, 1973.
3. The divergent accounts of Kissinger's role in the Yom Kippur War include: Kalb and Kalb, *Kissinger*, 450-78 (reflecting Kissinger's cooperation); *YOU*, 450-544; Edward Luttwak and Walter Laquer, "Kissinger and the Yom Kippur War," *Commentary*, September 1974 (oriented toward Schlesinger's version); Szulc, *The Illusion of Peace*, 735-39; Edward R. F. Sheehan, "How Kissinger Did It," *Foreign Policy*, Spring 1976, 3-14; Sheehan, *The Arabs, Israelis and Kissinger*, 30-39; Golan, *The Secret Conversations of Henry Kissinger*, 33-62 (based on documents leaked by Kissinger's critics in Israel, which the government in Jerusalem then tried to suppress); Quandt, *Decade of Decisions*, 175-89 (a judicious but critical account that questions

some of Kissinger's motives); Morris, *Uncertain Greatness*, 253-55; Nixon, *RN*, 927-30.

Sheehan's book was written with the cooperation of two of Kissinger's Middle East experts, Roy Atherton and Hal Saunders, who read him sections of memos of conversation. They acted with Kissinger's approval; but when Sheehan's work was published, Kissinger denied that the level of cooperation provided was authorized (just as he had done with John Newhouse's book, *Cold Dawn)*, and he "reprimanded' Atherton and Saunders. See Sheehan's preface, pp. x-xi.

4. Various participants or aides allowed me to see telephone transcripts, memos of conversation, and meeting notes in their possession; in each case I was allowed to see the entire document and make use of all of the information it contained. In the text where I quote from one of these documents, I specify when the telephone conversation or meeting occurred and who was involved.

In addition, the narrative of the Yom Kippur War draws on the sources cited in the footnote above plus the following interviews: Henry Kissinger, Jan. 21 and May 8, 1990; James Schlesinger, Oct. 16 and Nov. 17, 1989; Simcha Dinitz, Mar. 16, 1990; Joseph Sisco, Mar. 5 and Mar. 26, 1990; Richard Nixon, Oct. 11, 1990; Seymour Weiss, Apr. 11, 1990; Richard Perle, Apr. 11, 1990; Robert McCloskey, Feb. 2, 1990; Kenneth Rush, Jan. 9, 1991; Arnaud de Borchgrave, Nov. 16, 1989; Elmo Zumwalt, Nov. 20, 1989.

5. Hersh, *The Samson Option*, 226-32 (Hersh argues that "obviously" Dinitz or some other Israeli explicitly made the nuclear threat); Simcha Dinitz, Mar. 6, 1990; Henry Kissinger, Nov. 20, 1991; William Quandt, "How Far Will Israel Go?" *WP Book World*, Nov. 24, 1991 (Quandt talked to Ambassador Eilts, who confirmed his quotes in the Hersh account); Jack Anderson, "Close Call," *WP*, Mar. 10, 1980 (like Hersh, Anderson suggests that the Israeli threat to resort to nuclear arms was explicit).

6. *YOU*, 544-52; Nixon, *RN*, 933 (Nixon's account ignores the ramifications of his letter to Brezhnev and merely notes that it was meant to sound tough); Garthoff, *Détente and Confrontation*, 371; Joseph Sisco, Mar. 5, 1990; Winston Lord, Dec. 20, 1989; Peter Rodman, Sept. 12, 1989.

7. Lawrence Eagleburger, June 25, 1990; *YOU*, 556-57.

8. Golan, *The Secret Conversations of Henry Kissinger*, 82-88; *YOU*, 568-74; Yevgeni Primakov, *The Anatomy of the Near East Conflict* (Moscow: Nauka, 1978), 173, quoted in Garthoff, *Détente and Confrontation*, 374.

9. As explained in source note 4, certain conversation transcripts and meeting notes were shown to me by various participants.

In addition, the following description of the alert is from *YOU*, 575-91; Garthoff, *Détente and Confrontation*, 375-83; Henry Kissinger, Jan. 21, 1990; James Schlesinger, Nov. 17, 1989; Brent Scowcroft, July 16, 1990; Lawrence Eagleburger, June 25, 1990; Simcha Dinitz, Mar. 16, 1990.

10. *YOU*, 585; Henry Kissinger, Jan. 21, 1990; Nixon-Kissinger conversation, Oct. 24, 1973; Haig-Kissinger conversation, Oct. 24, 1973.

11. Henry Kissinger news conference, Oct. 25, 1973.

12. Haig-Kissinger conversation, Nixon-Kissinger conversations, Oct. 25, 1973.

13. *YOU*, 597-99.

14. Richard Nixon news conference, Oct. 26, 1973.

15. Haig-Dobrynin conversation, Oct. 26, 1973; Haig-Kissinger conversations, Oct. 26, 1973; *YOU*, 606-7.

16. Quandt, *Decade of Decisions*, 203; Sheehan, *The Arabs, Israelis and Kissinger*, 12.

17. James Schlesinger news conference, Oct. 26, 1973; *YOU*, 594; Garthoff, *Détente and Confrontation*, 391-93; Kissinger news conference, Nov. 21, 1973.

18. *YOU*, 614-15, 636-45, 749-50; Ismail Fahmy, *Negotiating for Peace in the Middle East*, 56; Sheehan, *The Arabs, Israelis and Kissinger*, 48-49; Valeriani, *Travels With Henry*, 252; Joseph Sisco, Mar. 26, 1990.

19. Simcha Dinitz, Mar. 16, 1990; Sheehan, *The Arabs, Israelis and Kissinger*, 79-91; Golan, *The*

Secret Conversations of Henry Kissinger, 120-21; *YOU*, 651-53, 751-52.
20. *YOU*, 771-72.
21. Sheehan, *The Arabs, Israelis and Kissinger*, 95-101; *YOU*, 783; Joseph Sisco, Mar. 26, 1990.
22. Kissinger statement, Geneva, Dec. 20, 1973; *YOU*, 792-95.

第 24 章
1. *YOU*, 818; Valeriani, *Travels, With Henry*, 186. The first known use of *shuttle* in this context was in a *NYT* story, Jan. 11, 1974, by Bernard Gwertzman, which referred to Kissinger's "unorthodox bit of shuttle diplomacy."
2. *YOU*, 798-853; Sheehan, *The Arabs, Israelis and Kissinger*, 108-12; Golan, *The Secret Conversations of Henry Kissinger*, 144-78.
3. Valeriani, *Travels With Henry*, passim; Marilyn Berger, "If Today Is Tuesday, Kissinger Must Be In..." *WP*, Dec. 26, 1973; Bernard Gwertzman, "A Kissinger Seminar," *NYT*, Dec. 25, 1973; *YOU*, 747-52; Sheehan, *The Arabs, Israelis and Kissinger*, 115; James Schlesinger, Nov. 17, 1989; Joseph Sisco, Mar. 5 and 26, 1990; Ted Koppel, Nov. 16, 1989; Bruce van Voorst, Mar. 20, 1990. Rabin quote is on p. 193 of Valeriani.
4. Sheehan, *The Arabs, Israelis and Kissinger*, 120.
5. Ibid., 112, 128; Kalb and Kalb, *Kissinger*, 542; *YOU*, 646-51; Simcha Dinitz, Mar. 16, 1990; *Time*, Mar. 23, 1974; Fahmy, *Negotiating for Peace in the Middle East*, 31, 46.
6. Fahmy, *Negotiating for Peace in the Middle East*, 72-73; Henry Kissinger, Dec. 21, 1990; Simcha Dinitz, Mar. 16, 1990; lecture by Hans Morgenthau, the Institute for International Affairs, Jerusalem, Mar. 12, 1974; *WHY*, 411; *YOU*, 1055; Valeriani, *Travels With Henry*, 208-9; Golan, *The Road to Peace*, 127-28; James Schlesinger, Nov. 17, 1989; Bernard Gwertzman, "A Kissinger Seminar," *NYT*, Dec. 25, 1973; Sheehan, *The Arabs, Israelis and Kissinger*, 129, 135.
7. Nicolson, *The Congress of Vienna*, 187; Valeriani, *Travels With Henry*, 189-90; Quandt, *Decade of Decisions*, 90, 228, 275; Henry Kissinger, May 10, 1990; *YOU*, 767; Fahmy, *Negotiating for Peace in the Middle East*, 771-72; Rabin, *The Rabin Memoirs*, 259.
8. Valeriani, *Travels With Henry*, 20, 193, 210; Sadat, *In Search of Identity*, 268-69; Blumenfeld, *Henry Kissinger*, 208; Golan, *The Secret Conversations of Henry Kissinger*, 215, 221; *Women's Wear Daily*, Feb. 20, 1974.
9. Based partly on the account of Zvi Rimon, in *Yediot Aharonot*, Dec. 18, 1973. Also, *YOU*, 291; Blumenfeld, *Henry Kissinger*, 248; Valeriani, *Travels With Henry*, 242. One former American official discussed the visit with me on the condition that he not be quoted by name.
10. *WHY*, 559; *YOU*, 202-3; Nixon, *RN*, 477; John Ehrlichman, Feb. 27, 1990; H. R. Haldeman, Feb. 20, 1990; Hersh, *The Price of Power*, 84.
11. Simcha Dinitz, Mar. 16, 1990; Fahmy, *Negotiating for Peace in the Middle East*, 78; Joseph Kraft, "Secretary Henry," *NYT Magazine*, Oct. 28, 1973; Blumenfeld, *Henry Kissinger*, 248-50; David Kissinger, Feb. 14, 1990.
12. Elmo Zumwalt, Nov. 20, 1989; Helmut Sonnenfeldt, Sept. 12, 1989; *WHY*, 559; *YOU*, 202; Safire, *Before the Fall*, 565; Hersh, *The Price of Power*, 85; John Ehrlichman, Feb. 27, 1990; Lehman, *Command of the Seas*, 77; introduction of Kissinger by Rabbi Alexander Schindler, Conference of Presidents banquet, Jan. 10, 1977.
13. *YOU*, 885.
14. Sick, *All Fall Down*, 14-15; Bill, *The Eagle and the Lion*, 201; Kissinger memo to the defense secretary, July 25, 1972, released by Iranian captors of the U.S. embassy, vol. 4; Senate Foreign Relations Committee, *U.S. Military Sales to Iran*, July 1976.
15. Ball, *The Past Has Another Pattern*, 453-58; Shawcross, *The Shah's Last Ride*, 167; Sick, *All Fall Down*, 15; Rubin, *Paved With Good Intentions*, 134; Taheri, *Nest of Spies*, 59.
16. "The Kissinger-Shah Connection," *60 Minutes*, CBS, May 4, 1980; Jack Anderson columns, *WP*,

Dec. 5, 10, 26, 1973; William Shawcross, "Through History With Heary Kissinger," *Harper's*, Nov. 1980; *YOU*, 887-88; Rubin, *Paved With Good Intentions*, 130; Bill, *The Eagle and the Lion*, 202; Robert Hormats, May 9, 1990.

17. The Pike Report was leaked by former CBS correspondent Daniel Shorr to *The Village Voice*, which printed it on Feb. 16, 1976; see also *NYT*, Jan. 26, 1976; Daniel Schorr, "1975: Background to Betrayal," *WP*, Apr. 7, 1991; Bill, *The Eagle and the Lion*, 205-8; William Shawcross, "Through History With Henry Kissinger," *Harper's*, Nov. 1980; Henry Kissinger, "Hard Choices to Make in the Gulf," *WP* and *LAT*, May 5, 1991; William Safire, "Son of 'Secret Sellout,' " *NYT*, Feb. 12, 1976. In his column, Safire urged Ford to fire Kissinger as a way "to disavow this act of American dishonor."
18. William Simon, Mar. 4, 1990; Rubin, *Paved With Good Intentions*, 140, 155; Valeriani, *Travels With Henry*, 28.
19. Fahmy, *Negotiating for Peace in the Middle East*, 84-88; *YOU*, 894, 945-51.
20. Valeriani, *Travels With Henry*, 296; *YOU*, 958, 1054; Sheehan, *The Arabs, Israelis and Kissinger*, 125; Henry Kissinger, May 8, 1990.
21. Golan, *The Secret Conversations of Henry Kissinger*, 190-99; Simcha Dinitz, Mar. 16, 1990; *YOU*, 1056-71.
22. Golan, *The Secret Conversations of Henry Kissinger*, 195-201; Simcha Dinitz, Mar. 16, 1990; Joseph Sisco, Mar. 26, 1990; Peter Rodman, Sept. 12, 1989; *YOU*, 969, 971, 1034-36, 1050, 1059, 1063, 1096-99. Some transcripts were shown to me with the understanding that I would keep the sources confidential; the vigorous exchange on May 14 is in Golan's book.
23. Reston column, May 17, 1974; *YOU*, 1079-1110; Meir, *My Life*, 443-44; *Time*, June 10, 1974; *Newsweek*, June 10, 1974.

第25章

1. Murrey Marder, "Keeping Up With Henry Kissinger," *WP*, Dec. 8, 1973; Morris, *Uncertain Greatness*, 263; Valeriani, *Travels With Henry*, 366; Marilyn Berger, July 21, 1990; *YOU*, 821, 1086; Bruce van Voorst, Mar. 20, 1990.
2. Shawcross, *Sideshow*, 96-98; *YOU*, 820; Hersh, *The Price of Power*, 204; Jonathan Alter, Aug. 19, 1991.
3. Brent Scowcroft, July 16, 1990; Diane Sawyer, Sept. 7, 1990; Valeriani, *Travels With Henry*, 341-42; Richard Helms, Nov. 15, 1989; John Andrews, Jan. 11, 1990; Ehrlichman, *Witness to Power*, 310.
4. Christopher Ogden, Mar. 5, 1990; Henry Brandon, Nov. 15, 1989; Morris, *Uncertain Greatness*, 195; *Time*, June 24, 1974; Nancy Kissinger, Mar. 7, 1991; Valeriani, *Travels With Henry*, 333; Bernard Gwertzman, "Mr. Kissinger Says a Lot," *NYT*, Mar. 14, 1976; Bernard Cwertzman, "A Kissinger Seminar," *NYT*, Dec. 25, 1973; Sheehan, *The Arabs, Israelis and Kissinger*, 8-10.
5. John Scali, Nov. 15, 1990; Valeriani, *Travels With Henry*, 352-55; Joseph Lelyveld, "Kissinger and Peking," *NYT*, Dec. 2, 1974; *Time*, Dec. 27, 1971; Kalb and Kalb, *Kissinger*, 261; *WHY*, 912; Tom Wicker, "Backgrounder Blues," *NYT*, Dec. 16, 1971; also, news stories in *NYT* and *WP*, Dec. 16 and 17, 1971, and Jan. 4, 1972.
6. Presidential news summary, Sept. 8, 1972, president's office files, NPP; Wise, *The American Police State*, 62-63; Kalb and Kalb, *Kissinger*, passim; *YOU*, 1086-87. Marvin Kalb later became director of the Joan Schorenstein Barone Center on the Press, Politics and Public Policy at Harvard; his brother later served as State Department spokesman.
7. Valeriani, *Travels With Henry*, 5, 368.
8. Ted Koppel, Nov. 16, 1989; "Kissinger: Action Biography," ABC Television, June 14, 1974; *Extra!* newsletter, Fairness and Accuracy In Reporting, Oct. 1989.
9. Leslie Celb, Jan. 9, 1990; Robert Semple, Sept. 28, 1990; Morris, *Uncertain Greatness*, 197.

10. Hugh Sidey, Oct. 16, 1989; *Time*, Feb. 14, 1969; "The World Is the Woodcutter's Ball," *Life*, Sept. 22, 1972. I am on the staff of *Time* and have worked there since 1978.
11. Katharine Craham, Dec. 14, 1989.
12. Susan Mary Alsop, Dec. 13, 1989; Joseph Alsop, "Henry Kissinger's Success," *WP*, June 3, 1974.
13. Polly Kraft, Nov. 16, 1989; Joseph Kraft, "The Bottomless Pit," *WP*, May 3, 1970.
14. Kissinger press conference, June 6, 1974; Wise, *The American Police State*, 84-85; *YOU*, 1114; *Time*, June 24, 1974; Senate Foreign Relations Committee, *Dr. Kissinger's Role in the Wiretapping*, 1974, 30; *WP*, June 6, 1974; *NYT*, June 9, 1974; *WP*, June 13, 1974; *Newsweek*, June 17, 1974; Marilyn Berger, "Kissinger Sought Help Before Trip," *WP*, June 12, 1974; Woodward and Bernstein, *The Final Days*, 223-25; Nixon, *RN*, 1009; Kissinger press conference, Salzburg, June 11, 1974.
15. Joseph Alsop, "The Hounding of Henry Kissinger," *WP*, June 21, 1974; William F. Buckley, "Kissinger and the Miasma," *New York Post*, June 15, 1974; Marquis Childs, "The War Against Kissinger," *WP*, June 11, 1974; Joseph Kraft, "Kissinger's Threat," *WP*, June 12, 1974; *NYT*, June 13, 1974; William Safire, "Henry at 50," *NYT*, May 28, 1973.

第 26 章

1. Nancy Kissinger, Jan. 21 and 25, Mar. 6 and 7, 1990; Henry Kissinger, Aug. 28, 1989, and Jan. 21, 1990; David Kissinger, Feb. 14, 1990; Irene Kirkland, Jan. 8, 1990; Susan Mary Alsop, Dec. 13, 1989; Blumenfeld, *Henry Kissinger*, 150, 162, 268; Meg Greenfield and Katharine Graham, "The New Mrs. Kissinger," *WP*, Apr. 21, 1974; *People*, Apr. 15 and June 20, 1974, and Oct. 6, 1975; *Time*, Apr. 8 and 15, 1975; *Women's Wear Daily*, June 24, 1974, and Oct. 15, 1975. Epigraph in *YOU*, 1212.
2. *Time*, Dec. 24, 1973; McGovern not-for-attribution interview, Apr. 8, 1974.
3. *YOU*, 75-79.
4. John Andrews, Jan. 11, 1990; Nixon televised address, Aug. 15, 1973.
5. Richardson-Kissinger conversation, Oct. 24, 1973.
6. Haig-Kissinger conversation, Oct. 27, 1973.
7. *YOU*, 1197-1205; *NYT*, Sept. 2, 1974; Henry Kissinger, Feb. 16, 1990; Nixon, *RN*, 1074; Richard Nixon, Oct. 11, 1990; Bette Lord, Aug. 15, 1990.
8. Henry Kissinger, Oct. 9, 1989; Lawrence Eagleburger, June 25 and 26, 1990; Brent Scowcroft, July 16, 1990; conversation with Richard Nixon, Oct. 11, 1990; Woodward and Bernstein, *The Final Days*, 469-72; *YOU*, 1207-10; Osborne, *White House Watch*, 312; Frost, *I Gave Them a Sword*, 98. Kissinger's memoirs say he was in with Nixon until midnight, but the president's telephone logs reveal that he left around ten-thirty P.M., after which Nixon called speechwriter Ray Price. Nixon's telephone logs, Aug. 7, 1974, Nixon papers; Ambrose, *Nixon*, vol. 3, 401; Price, *With Nixon*, 341. Kissinger was a source for some of Bob Woodward's revelations.
9. Gerald Ford, July 24, 1990; Osborne, *White House Watch*, 94; Morris, *Uncertain Greatness*, 2; Gulley, *Breaking Cover*, 133; Hartmann, *Palace Politics*, 116; Ford, *A Time to Heal*, 29-30; *NYT*, Aug. 9, 1974.
10. Gerald Ford, July 24, 1990.
11. David Kissinger, Feb. 14, 1990.
12. Hartmann, *Palace Politics*, 287, 363.
13. Gerald Ford, July 24, 1990; David Kissinger, Feb. 14, 1990.
14. Richard Holbrooke, "Henry Kissinger Is ..." *WP*, Sept. 15, 1974 (reprinted from the *Boston Globe)*; Gerald Ford, July 24, 1990; Henry Kissinger, Oct. 9, 1989.
15. Donald Rumsfeld, Apr. 16, 1990; Nessen, *It Sure Looks Different From the Inside*, 133-34; Hartmann, *Palace Politics*, 341-42, 347; Gerald Ford, July 24, 1990; Ford, *A Time to Heal*, 355; Osborne, *White House Watch*, 110.
16. Henry Kissinger, Apr. 25, 1989; *Women's Wear Daily*, June 24, 1974; *People*, Jan. 13, 1975;

Nancy Kissinger, Feb. 23, 1991; David Kissinger, Feb.14, 1990.

第 27 章

1. Garthoff, *Détente and Confrontation*, 24; *YOU*, 240, 983; Brent Scowcroft, July 16, 1990; Sven Kraemer, Nov. 16, 1989; Helmut Sonnenfeldt, Nov. 16, 1989.
2. Richard Perle, Apr. 11, 1990; Henry Kissinger, Jan. 21 and Sept. 29, 1990; Norman Podhoretz, "The Present Danger," *Commentary*, Mar. 1980; Garthoff, *Détente and Confrontation*, 405-7; *YOU*, 236.
3. George Meany testimony, Oct. 1, 1974, in Senate Foreign Relations Committee, *Détente*, 1974, 380-81.
4. *YOU*, 983; Hoffmann, *Primacy or World Order*, 71; private diaries of Paul Nitze's nephew Scott Thompson and a paper on Paul Nitze by Thompson, provided to me; Callahan, *Dangerous Capabilities*, 357-59; Johnson, *The Right Hand of Power*, 623; Zumwalt, *On Watch*, 489-90; Talbott, *Master of the Game*, 141.
5. Friedrich, ed., *The Philosophy of Kant* (includes "Perpetual Peace"); Kissinger, "The Meaning of History," 261-70; Hyland, *Mortal Rivals*, 201; Kissinger testimony, Sept. 19, 1974, in Senate Foreign Relations Committee, *Détente*, 1974, 238-60; Nixon, *RN*, 565; Kissinger speech, the Society of Pilgrims, London, Dec. 12, 1973; *YOU*, 240, 980-81.
6. *YOU*, 250-54, 984-85; Henry Kissinger, Jan. 21, 1990; Richard Perle, Apr. 11, 1990.
7. Stern, *Water's Edge*, passim (this thoroughly documented book is a basic source for the narrative about the Jackson-Vanik amendment); Joseph Albright, "The Pact of Two Henrys," *NYT Magazine*, Jan. 5, 1975; Lawrence Stern, "Two Henrys Descending," *Foreign Policy*, Spring 1975; Richard Perle, Apr. 11, 1990; Hoffmann, *Primacy or World Order*, 39; Kissinger speech, Pacem in Terris Conference, Washington, Oct. 8, 1973; *YOU*, 252-55, 987.
8. Stern, *Water's Edge*, 95-99; Joseph Albright, "The Pact of Two Henrys," *NYT Magazine*, Jan. 5, 1975; memcon of Kissinger conversation with Dobrynin, Oct. 25, 1973, provided to the author; Golan, *The Secret Conversations of Henry Kissinger*, 172; Richard Perle, Apr. 11, 1990.
9. Stern, *Water's Edge*, 111-23; Marilyn Berger, "Soviet Emigration Assurances, Trade Bill Linked," *WP*, Mar. 19, 1974; *YOU*, 991-99; Nixon speech, U.S. Naval Academy, Annapolis, June 5, 1974; *Time*, June 17, 1974.
10. Gerald Ford, July 24, 1990; Ford, *A Time to Heal*, 139; Jerry ter Horst, "Trade Bill Compromise," *Washington Star*, Oct. 23, 1974; Stern, *Water's Edge*, 146-62; Joseph Albright, "The Pact of Two Henrys," *NYT Magazine*, Jan. 5, 1975; *WP*, Sept. 21, 1974.
11. Stern, *Water's Edge*, 162-90; Henry Kissinger, Sept. 29, 1990; Richard Perle, Apr. 11, 1990; Gromyko letter to Kissinger, Oct. 26, 1974; Hyland, *Mortal Rivals*, 107; *Newsweek*, Dec. 30, 1974; Kissinger testimony, Dec. 3, 1974, in Senate Finance Committee, *Emigration Amendment*, 1974; "Remember the Refuseniks?" *NYT* editorial, Dec. 14, 1990. The Kissinger, Jackson, and Gromyko letters are all reprinted, along with a comprehensive story by Bernard Gwertzman, in *NYT*, Dec. 19, 1974.
12. Henry Kissinger, May 10, 1990.
13. Stern, *Water's Edge*, 208-9; *WP*, Dec. 28, 1974.
14. Richard Perle, Apr. 11, 1990; John Lehman, Jan. 11, 1990; Lehman, *Command of the Seas*, 88; Talbott, *Master of the Game*, 136; Henry Kissinger, Jan. 21, 1990.
15. James Schlesinger, Nov. 17, 1989; Hyland, *Mortal Rivals*, 152; Helmut Sonnenfeldt, Nov. 16, 1989; Les Gelb, "Schlesinger for Defense," *NYT Magazine*, Aug. 4, 1974.
16. Elmo Zumwalt, Nov. 20, 1989; Henry Kissinger, Dec. 21, 1990; Zumwalt, *On Watch*, 427-34, 507-10; "Meet the Press," NBC News, June 30, 1974.
17. Henry Kissinger, Jan. 21, 1990; James Schlesinger, Nov. 17, 1989; *YOU*, 263, 1011-29; Hyland, *Mortal Rivals*, 79.

18. Garthoff, *Détente and Confrontation*, 444-45; Ford, *A Time to Heal*, 215; Henry Kissinger, Jan. 21, 1990.
19. Hyland, *Mortal Rivals*, 76-97; Ford, *A Time to Heal*, 214-19; Leslie Gelb, "Vladivostok Pact: How It Was Reached," *NYT*, Dec. 3, 1974; Hugh Sidey, Oct. 16, 1989; Nessen, *It Sure Looks Different From the Inside*, 45-51; Garthoff, *Détente and Confrontation*, 444-50; William Safire, "Secretary Kissinger's Malicious Canard Roti," *NYT*, Feb. 17, 1975; Johnson, *The Right Hand of Power*, 605-16; Talbott, *Endgame*, 35; John Lehman, Jan. 11, 1990.
20. Gerald Ford, July 24, 1990.

第 28 章

1. Henry Kissinger, Jan. 21, 1990; Simcha Dinitz, Mar. 16, 1990; Joseph Sisco, Mar. 25, 1990; *YOU*, 1135-41; Richard Ullman, "After Rabat," *Foreign Affairs*, Jan. 1975; Golan, *The Secret Conversations of Henry Kissinger*, 226-27.
2. Henry Kissinger, Jan. 21, 1990; Joseph Sisco, Mar. 26, 1990; Golan, *The Secret Conversations of Henry Kissinger*, 232-36; ABC News, Feb. 7, 1975 (in *NYT*, Feb. 8, 1975).
3. Henry Kissinger, Jan. 21, 1990; Joseph Sisco, Mar. 26, 1990; Golan, *The Secret Conversations of Henry Kissinger*, 236-37; Sheehan, *The Arabs, Israelis and Kissinger*, 159-62; Bernard Gwertzman, "Failure of Kissinger's Mideast Mission Traced to Major Miscalculations," *NYT*, Apr. 7, 1975.
4. Valeriani, *Travels With Henry*, 228-30.
5. Sheehan, *The Arabs, Israelis and Kissinger*, 161-62.
6. Ibid., 164-78; Kissinger press conference, Mar. 26, 1975; "What Now for Henry?" *Time*, Apr. 7, 1975; Simcha Dinitz, Mar. 16, 1990; Valeriani, *Travels With Henry*, 241.
7. Isaacs, *Without Honor*, 270-71.
8. Dung, *Our Great Spring Victory*, 2; Porter, *Vietnam*, vol. 2, 658; Nessen, *It Sure Looks Different From the Inside*, 97-98; *Time*, Apr. 14, 1975; Snepp, *Decent Interval*, 235-37, 280, 306-8; Gen. Frederick Weyand testimony, House Appropriations Committee, *Emergency Supplemental Appropriations*, Apr. 21, 1975; Isaacs, *Without Honor*, 406-11; Schecter and Hung, *The Palace File*, 302-5; Kissinger briefing, Palm Springs, Apr. 4, 1975.
9. *Time*, Apr. 14, 1975; Isaacs, *Without Honor*, 396; Snepp, *Decent Interval*, 304.
10. Gerald Ford, July 24, 1990; Ford, *A Time to Heal*, 253-54; Isaacs, *Without Honor*, 408; Henry Kissinger, May 10, 1990; *WHY*, 1470.
11. Gerald Ford, July 24, 1990; Hartmann, *Palace Politics*, 321-23; Nessen, *It Sure Looks Different From the Inside*, 108; Casserly, *The Ford White House*, 80.
12. Nguyen Van Thieu, Oct. 15, 1990; Schecter and Hung, *The Palace File*, 328-31, 363; Snepp, *Decent Interval*, 392-94.
13. Isaacs, *Without Honor*, 448; Nessen, *It Sure Looks Different From the Inside*, 95, 109-11; Snepp, *Decent Interval*, 486. (Snepp, a CIA analyst who fought a court battle with the agency to allow his book to be published, provides a vivid insider's account of the fall of Saigon.)
14. *YOU*, 88, 369; Gelb and Betts, *The Irony of Vietnam*, 347; "Message to Congress Requesting Supplemental Assistance for Vietnam and Cambodia," Jan. 28, 1975; Kissinger interview by Barbara Walters, "Today" show, May 5-8, 1975; Stephen Rosenfeld, "Kissinger's Postwar Confusion," *WP*, May 9, 1975.
15. Rowan, *The Four Days of the* Mayaguez, passim (an excellent and colorful narrative that gives a good feel for the details of the crisis); "Seizure of the *Mayaguez*," report of the comptroller general to the House Committee on International Relations, Oct. 4, 1976; Gerald Ford, July 24, 1990; James Schlesinger, Oct. 16, 1989; Henry Kissinger, Mar. 31, 1990; Ford, *A Time to Heal*, 276-83; Nessen, *It Sure Looks Different From the Inside*, 118-28; Henry Kissinger press conference, May 16, 1975.

第 29 章

1. Kissinger's statement was included in the Pike Report, which was leaked by CBS correspondent Daniel Shorr to *The Village Voice*, Feb. 16, 1976; see also, *NYT*, Jan. 26, 1976. Epigraph from *Henry Kissinger* by Stoessinger, 14.
2. Smith, *Realist Thought from Weber to Kissinger*, 1-16. This is an excellent analysis of the history of realism culminating with Kissinger. Henry Kissinger, "Reflections on Bismarck," *Daedalus*, Summer 1968, 906; Fareed Zakariah, Aug. 17, 1991.
3. Woodrow Wilson speech asking for a declaration of war, Apr. 2, 1917; Wilson speech in Sioux Falls, Iowa, Sept. 8, 1919.
4. *YOU*, 50, 971; *WHY*, 59, 915, 1088; Henry Kissinger, "False Dreams of a New World Order," *WP*, Feb. 26, 1991; Hoffmann, *Dead Ends*, 35-37.
5. Stanley Hoffmann, "The Task of Henry Kissinger," *WP*, Apr. 27, 1969; Henry Kissinger, "The White Revolutionary," *Daedalus*, Summer 1968; Kissinger, *A World Restored*, 1; *WHY*, 195.
6. *WHY*, 594; Hans Morgenthau, "The Three Paradoxes," *The New Republic*, Oct. 11, 1975.
7. James Schlesinger, Oct. 16, 1989; Daniel Patrick Moynihan, Mar. 14, 1990; Gerald Ford, July 24, 1990; Henry Kissinger, Jan. 21, 1990; Hartmann, *Palace Politics*, 337; Ford, *A Time to Heal*, 298; Nessen, *It Sure Looks Different From the Inside*, 345; *NYT*, July 22, 1975; *Time*, July 28, 1975.
8. Winston Lord, Dec. 20, 1989; Peter Rodman, Sept. 12, 1989; Hartmann, *Palace Politics*, 363; "The Moral Foundations of Foreign Policy," a speech by Henry Kissinger, Minneapolis, July 15, 1975; Henry Kissinger press conference, Minneapolis, July 15, 1975; *Time*, July 28, 1975. The most important of Kissinger's heartland speeches, including the one in Minneapolis, are collected in the third edition of *American Foreign Policy* by Kissinger.
9. Hyland, *Mortal Rivals*, 115-20; Garthoff, *Détente and Confrontation*, 473; Hartmann, *Palace Politics*, 339-42; Ford, *A Time to Heal*, 301-2.
10. Hartmann, *Palace Politics*, 342-44; Hyland, *Mortal Rivals*, 118-22; Ford, *A Time to Heal*, 305-6; Hyland, *The Cold War Is Over*, 160; Gerald Ford, July 24, 1990.
11. Helmut Sonnenfeldt, Nov. 16, 1989; Sonnenfeldt briefing cable, reprinted in the *NYT*, Apr. 6, 1976; House International Relations Committee, *Hearings of the Subcommittee on International Security*, Apr. 12, 1976; Rowland Evans and Robert Novak, "A Soviet-East Europe 'Organic Union,' " *WP*, Mar. 12, 1976; Dusko Doder, "Sonnenfeldt Report a Shock to East Europe," *WP*, Mar. 26, 1976; C. L. Sulzberger, "Mini-Metternich in a Fog," *NYT*, Mar. 27, 1976; Stephen Rosenfeld, "The Sonnenfeldt Doctrine," *WP*, Apr. 2, 1976; Bernard Gwertzman, "Eastern Europe a Delicate Issue," *NYT*, Apr. 7, 1976; Schulzinger, *Henry Kissinger*, 228; Henry Kissinger, Feb. 16, 1990.
12. Gerald Ford, July 24, 1990.
13. Daniel Moynihan, Mar. 14, 1990; Henry Kissinger, Jan. 21, 1990; Moynihan, *A Dangerous Place*, passim; Moynihan, "Was Woodrow Wilson Right?" *Commentary*, May 1974; Moynihan, "The United States in Opposition," *Commentary*, Mar. 1975; Gerald Ford, July 24, 1990; Moynihan, "The Politics of Human Rights," *Commentary*, Aug. 1974; *Time*, Dec. 8, 1975; William Safire, "Henry & Pat & Ivor," *NYT*, Nov. 24, 1976; Leslie Gelb, "Moynihan Says State Department Fails to Back Policy," *NYT*, Jan. 28, 1976; Moynihan cable to Kissinger, Jan. 23, 1976, reprinted in *NYT*, Jan. 28, 1976; James Naughton, "Moynihan Resigns Post at U.N., Cites Harvard Job," *NYT*, Feb. 3, 1976.
14. Donald Rumsfeld, Apr. 16, 1990; Henry Kissinger, Sept. 29, 1990; James Schlesinger, Nov. 17, 1989; Bette Bao Lord, Aug. 15, 1990; Brent Scowcroft, July 16, 1990; Sven Kraemer, Nov. 16, 1989; Hartmann, *Palace Politics*, 360-70; Ford, *A Time to Heal*, 319-30; Osborne, *White House Watch*, xxii-xxxii; "Ford's Costly Purge," *Time*, Nov. 17, 1975; "Reagan: 'I Am Not Appeased,' " *Time*, Nov. 17, 1975; "My Own Team," *Newsweek*, Nov. 17, 1975.

第 30 章

1. William Hyland, Oct. 22, 1990; Tad Szulc, "Behind Portugal's Revolution," *Foreign Policy*, Winter 1975-76; Hyland, *Mortal Rivals*, 131-35; Jack Anderson, "Lisbon Envoys, Kissinger Disagree," *WP*, Apr. 18, 1975; Miguel Acoca, "Envoy Reported in Disfavor," *WP*, Apr. 10, 1975; Garthoff, *Détente and Confrontation*, 485-87.
2. Kwitny, *Endless Enemies*, 133-36, 148; Garthoff, *Détente and Confrontation*, 503-5; Edward Mulcahy, Feb. 11, 1991.
3. Stockwell, *In Search of Enemies*, 67-68; Hyland, *Mortal Rivals*, 137-38; Garthoff, *Détente and Confrontation*, 506-7; Marcum, *The Angolan Revolution*, vol. 2, 257-59; Klinghoffer, *The Angolan War*, 17; see also, hearings before the Subcommittee on African Affairs, Senate Foreign Relations Committee, *Angola*, Jan.-Feb. 1976, particularly Kissinger's testimony, p. 50. John Stockwell was the CIA's Angola task force chief; he became disillusioned and wrote *In Search of Enemies*, a colorful and critical account of an agent's-eye view of the controversy.
4. Nathaniel Davis, "The Angola Decision of 1975," *Foreign Affairs*, Fall 1978, 113-15; Stockwell, *In Search of Enemies*, 68.
5. Edward Mulcahy, Feb. 11, 1991; Stockwell, *In Search of Enemies*, 21-23; Garthoff, *Détente and Confrontation*, 512-15; Klinghoffer, *The Angolan War*, 110-35.
6. Seymour Hersh, "Angolan Aid Issue Opening Rifts in State Department," *NYT*, Dec. 14, 1975; also, *NYT*, Nov. 7, 1975, and *WP*, Nov. 8, 1975; Nathaniel Davis, "The Angolan Decision of 1975," *Foreign Affairs*, Fall 1978, 119; *Time*, Dec. 15, 1975; Craig Whitney, "Kissinger Visits Home Town," *NYT*, Dec. 16, 1975.
7. Memorandum of conversation, "Department Policy," prepared by notetaker L. Paul Bremer, Dec. 18, 1975. It was excerpted in the *Nation*, with an introduction by Mark Hertsgaard, Oct. 29, 1990; I later obtained a full copy of the document.
8. See previous footnote; also, Moynihan, *A Dangerous Place*, 250-51. For a good analysis of the East Timor situation fifteen years later, see: Steven Erlanger, "East Timor, Reopened by Indonesians, Remains a Sad and Terrifying Place," *NYT*, Oct. 21, 1990; and "East Timor: The Shame Endures," *NYT* editorial, Dec. 8, 1990.
9. Robert Healey, Apr. 7, 1991.
10. Kwitny, *Endless Enemies*, 149-50.
11. Henry Kissinger press conference, Pittsburgh, Nov. 11, 1975; Garthoff, *Détente and Confrontation*, 520-21; Henry Kissinger testimony, Subcommittee on African Affairs, Senate Foreign Relations Committee, Jan. 29, 1976; Kissinger background session, Lusaka, Jan. 20, 1976.
12. Kwitny, *Endless Enemies*, 132; Anthony Lewis, "The Winds of Change II," *NYT*, Apr. 26, 1976.
13. Henry Kissinger testimony, Jan. 29, 1976, and Dick Clark statement, Feb. 6, 1976, in hearings before the African Affairs Subcommittee, Senate Foreign Relations Committee, *Angola*, 1976.
14. Gerald Ford, July 24, 1990.
15. Tony Lake, Feb. 8, 1991; Brown, *The Crisis of Power*, 135-37; Hoffmann, *Primacy or World Order*, 34; Kissinger speech to the U.N., Oct. 1, 1976.
16. Tony Lake, Feb. 8 and 11, 1991; Roger Morris, Mar. 26, 1990; NSC Interdepartmental Group for Africa, "Study in Response to NSSM 39: Southern Africa," Aug. 15, 1969; El-Khawas, *The Kissinger Study of Southern Africa*, passim; Lake, *The Tar Baby Option*, 123-57.
17. Kissinger speech in Lusaka, Zambia, Apr. 27, 1976.
18. Edward Mulcahy, Feb. 11, 1991; "Doctor K's African Safari," *Time*, May 10, 1976; Michael Kaufman, "Africa Tour Resembles Stampede," *NYT*, May 5, 1991.
19. Winston Lord, Dec. 20, 1989; Hyland, *Mortal Rivals*, 167; Jon Nordheimer, "Reagan Attacks Kissinger for His Stand on Rhodesia," *NYT*, May 1, 1976; "Kissinger Attacks Reagan," UPI wire story, May 1, 1976; Osborne, *White House Watch*, 326; Bernard Gwertzman, "Kissinger Vows Effort to Change Rule in Rhodesia," *NYT*, May 14, 1976.

20. Bernard Gwertzman, "Progress Cited in Kissinger Talk on African Issues," *NYT*, Sept. 6, 1976; John Darnton, "Challenge to the Shuttle," *NYT*, Sept. 16, 1976; Bernard Gwertzman, "Kissinger Expects Smith to Approve Black Power Plan," *NYT*, Sept. 19, 1976; Michael Kaufman, "Smith Accepts Plan for Rhodesia," *NYT*, Sept. 25, 1976; Robert Keatley, "Kissinger's African Policy," *Wall Street Journal*, Sept. 9, 1976; Bernard Gwertzman, "Rhodesian Response to Kissinger Hinged on Ambiguity," *NYT*, Nov. 16, 1976; "A Dr. K Offer They Couldn't Refuse," *Time*, Oct. 4, 1976; "Poised Between Peace and War," *Time*, Oct. 11, 1976; Bernard Gwertzman, "Kissinger and Briton Seek a Plan to End Rhodesian Deadlock," *NYT*, Dec. 12, 1976.

第 31 章
1. Hugh Sidey, "Kissinger's Personal Plan," *Time*, Mar.15, 1976; John Osborne, "Kissinger's Troubles," *The New Republic*, Feb. 7, 1976, and "Pressure on Henry," May 22, 1976 (both in *White House Watch*, 268, 325); Philip Shabecoff, "White House Denies Aim of Pushing Kissinger Out," *NYT*, Apr. 6, 1976; Bernard Gwertzman, "G.O.P. Leaders Tell Ford He's Harmed as Criticism of Kissinger's Moves Rise," *NYT*, May 7, 1976.
2. Christopher Ogden, Mar. 5, 1990; Kissinger interview by Barbara Walters, "Today" show, May 17, 1976; Robert Keatley, "How Much Longer for Kissinger?" *Wall Street Journal*, May 24, 1976; James Naughton, "Ford Sees Wisconsin Vote as Kissinger Endorsement," *NYT*, Apr.8, 1976.
3. Ronald Reagan speech, Rollins College, Winter Park, Fla., Mar. 4, 1976; Ronald Reagan television address, NBC network, Mar. 31, 1976; Witcover, *Marathon*, 401; Schulzinger, *Henry Kissinger*, 225-31; "Kissinger, in Rebutting Reagan, Calls Charges 'False Inventions,'" *NYT*, Apr. 2, 1975.
4. Gerald Ford speech, Peoria, Ill., Mar. 5, 1976; Garthoff, *Détente and Confrontation*, 548.
5. Statement by Henry Kissinger, Sept.19, 1974; "The Moral Foundations of Foreign Policy," a speech by Henry Kissinger, Minneapolis, July 15, 1975; "The Permanent Challenge of Peace," a speech by Henry Kissinger, Feb. 3, 1976; press conference by Henry Kissinger, Apr. 8, 1976; Ronald Reagan television address, NBC network, Mar. 31, 1976.
6. Elmo Zumwalt, Nov. 20, 1989; Zumwalt, *On Watch*, 319; Henry Kissinger, Jan. 21, 1990; Nancy Kissinger, Jan. 21, 1990; John Lehman, Jan. 11, 1990; "The Meaning of History," undergraduate thesis by Henry Kissinger; Kissinger interview with James Reston, *NYT*, Oct. 13, 1974.
7. "The Sonnenfeldt Doctrine," *WP* editorial, Mar. 28, 1976; George Will, "Is It Kissinger's Fault?" *WP*, Apr. 18, 1975; Bernard Gwertzman, "The Gloomy Side of the Historian Henry A. Kissinger," *NYT*, Apr. 5, 1978; Henry Kissinger press conference, Dallas, Mar. 23, 1976.
8. Nessen, *It Sure Looks Different From the Inside*, 229-30; Hyland, *Mortal Rivals*, 168; Witcover, *Marathon*, 500.
9. Schulzinger, *Henry Kissinger*, 231; Hyland, *Mortal Rivals*, 174; Zbigniew Brzezinski, "America in a Hostile World," *Foreign Affairs*, Spring 1975; Jimmy Carter speech, the Foreign Policy Association, Oct. 3, 1976.
10. William Hyland, Oct. 22, 1990; Hyland, *Mortal Rivals*, 176-78; Schulzinger, *Henry Kissinger*, 233; NSC debate briefing book, WHSF, box 2, Gerald Ford Library; Ford, *A Time to Heal*, 420-22; Witcover, *Marathon*, 598-608; Nessen, *It Sure Looks Different From the Inside*, 270-74; Kissinger, press conference, Oct. 15, 1974; William Safire, "Henry's Private Scorn," *NYT*, Oct. 18, 1976.
Richard Holbrooke, who coordinated Carter's debate preparations, says that the Democrat planned to attack Ford personally in response to the first question, whatever it was, in order to throw him off guard; interview, Oct. 12, 1991.
11. Valeriani, *Travels With Henry*, 392-99; *Time*, Dec. 20, 1976; Bernard Gwertzman, "Now, Kissinger Woos His Critics," *NYT*, Jan. 19, 1977.

第 32 章

1. Marvin Kalb, "What Will Henry Do for an Encore," *NYT Magazine*, Apr. 16, 1978; "Who Is the Biggest Star in Washington?"*Washingtonan*, Mar. 1978; John Corry, The "Kissingers Find a Nice Place to Visit," *NYT*, Jan. 27, 1977; Judith Miller, "Kissinger Co.," *NYT*, May 27, 1979; Leslie Bennetts, "Kissinger Ponders What Challenge to Take On," *NYT*, Dec. 29, 1978.
2. Susan Mulcahy, "Kissinger Versus the Blueberry Patch," *New York Post*, Aug. 22, 1983.
3. Henry Rosovsky, Feb. 24, 1989; Curtis Wilkie, "Kissinger to Return to Hub Academics," *Boston Globe*, June 2, 1977.
4. Harold Evans, Apr. 8, 1991; "700, 000 Words in Longhand," *People*, July 2, 1979; Wolfgang Saxon, "Kissinger Revised His Book More Than He Reported," *NYT*, Oct. 31, 1979; Shawcross, "Kissinger and *Sideshow*," appendix to the Touchstone edition, 403; author's conversations with William Shawcross.
5. Don Oberdorfer,"Kissinger Said to Have Courted Both Sides in'68," *WP*, June 2, 1983; "Kissinger Says Assertions of Double-Dealing Are Slimy Lies," *NYT*, June 3, 1983; Sydney Schanberg, "The Kissinger Debate," *NYT*, June 14, 1983; William Safire, "Henry and Sy," *NYT*, June 9, 1983; Stanley Hoffmann, "The Kissinger Anti-Memoirs," *NYT Book Review*, July 3, 1983; Charlotte Curtis, "The Kissinger Aura," *NYT*, Aug. 3, 1983; James Silberman, Oct. 24, 1991.
6. Nancy Kissinger, Mar. 5, 6, and 13, 1991; Susan Mary Alsop, Dec. 13, 1989; Jan Cushing Amory, Oct. 22, 1990; Liz Smith, "Stars Crowd the Big Night for Henry," New York *Daily News*, June 9, 1985.
7. Interview with John McCloy, conducted in 1985 for *The Wise Men* by Isaacson and Thomas, 733; Terence Smith, "Why Carter Admitted the Shah," *NYT Magazine*, May 17, 1981; Shawcross, *The Shah's Last Ride*, 151-55; Henry Kissinger, "The Controversy Over the Shah," *WP*, Nov. 29, 1979; Amir Taheri, *Nest of Spies*, 116-17.
8. David Broder, "Kissinger the Pol," *WP*, Oct. 4, 1978; Peter Maas, Aug. 3, 1990.
9. Gerald Ford, July 24, 1990; David Kissinger, Feb. 14, 1990; Richard Allen, Jan. 16, 1991; "Inside the Jerry Ford Drama," *Time*, July 28, 1980.
    In 1980, I covered the Republican Convention as a *Time* correspondent assigned to the Reagan campaign; this section is partly based on notes of my background interviews with Edwin Meese, Michael Deaver, William Casey, Alan Greenspan, James Baker, and others at the time.
10. George Gedda, "Kissinger: Détente With the Right?" Associated Press, Jan. 16, 1988; Garry Wills, "The Unsinkable Kissinger Bobs Back," *NYT*, Jan. 17, 1989.
11. Susan Mary Alsop, Dec. 13, 1989; Nixon letter to Mrs. Alsop, May 24, 1977, courtesy of Mrs. Alsop; James Naughton, "Nixon Rates Kissinger Plus and Minus," *NYT*, May 13, 1990; Frost, *I Gave, Them a Sword*, 89.
12. William Safire, "The Second Comeback," *NYT*, Apr. 16, 1984; "Meet the Press," NBC News, Apr. 10, 1988.
13. *Report of the National Bipartisan Commission on Central America*, Jan. 1984, and hearings before the Senate Foreign Relations Committee, Feb. 1984; Walter Isaacson, "Rolling Out the Big Guns," *Time*, Aug. 1, 1983; Ronald Steel, "Our Dark Ambitions for Henry Kissinger," *WP*, July 24, 1983; Edward Cody, "Kissinger: Same Act on Smaller Stage," *WP*, Oct. 17, 1983; Carlos Diaz-Alejandro, "Kissinger Report: An Insider's View," *NYT*, Jan. 18, 1984; Robert Greenberger, "Managua Visit Pushed Kissinger Commission Toward Harder Line," Jan. 12, 1984.
14. Jeffrey Schmalz, "Kissinger Is Called Able as Cuomo Challenger," *NYT*, Feb. 1, 1986; David Broder, "Kissinger Won't Run for N.Y. Governor," *WP*, Feb. 4, 1986.
15. I am grateful to Strobe Talbott, who with Michael Beschloss is writing a book on Bush and the Soviets, for his reporting and insights into Yalta II. Also, Don Oberdorfer, "A Kissinger Plan for Central Europe," *WP*, Feb. 12, 1989; Brzezinski column, *NYT*, Mar. 13, 1989; Thomas Friedman, "Baker, Outlining World View, Assesses Plan for Soviet Bloc," *NYT*, Mar. 28, 1989; Strobe Talbott,

"What's Wrong With Yalta II," *Time*, Apr. 24, 1989; Henry Kissinger, "Reversing Yalta," *LAT* and *WP*, Apr. 16, 1989; Michael Gordon, "U.S. Isn't Planning East Europe Talks," *NYT*, May 7, 1989.

第33章

1. Maurice Greenberg, Feb. 12 and Aug. 9, 1991; Alan Stoga, Jan. 15, 1991; L. Paul ("Jerry") Bremer, Mar. 4, 1991; AIG 1990 annual report and proxy.
2. James Moffett, Feb. 7, 1991; 1990 proxy statements, annual report, and 10-K forms for Freeport-McMoRan and Daewoo; Jerry Bremer, Mar. 4, 1991.
3. Robert Day, Jan. 24 and Mar. 12, 1991; 1990 information packet of Trust Company of the West.
4. James Moffett, Feb. 7, 1991; James Robinson, Mar. 4, 1991; Maurice Greenberg, Feb. 12 and Aug. 1, 1991; Alan Stoga, Jan. 15, 1991; Jerry Bremer, Mar. 4, 1991; Peter Peterson, May 4, 1991; Henry Kissinger, Sept. 29, 1990, Apr. 25, 1991; conversations with other business associates of Kissinger; confirmation hearings and related documents of Lawrence Eagleburger for deputy secretary of state, Senate Foreign Relations Committee, Mar. 1989; disclosure forms and related documents of Brent Scowcroft for national security adviser, Feb. 1989; 1990 proxy statements and annual reports of American Express, Freeport-McMoRan, Union Pacific, Chase Manhattan, American International Group, CBS, Daewoo; 1990 10-K forms of Freeport-McMoRan, R. H. Macy; 1990 information packet of Trust Company of the West; Martin Schram, "Geopolitics 'R' Us," *Washingtonian*, Feb. 1989; Jeff Gerth with Sarah Bartlett, "Kissinger and Friends and Revolving Doors," *NYT*, Apr. 30, 1989; Bonnie Angelo, "Fingerspitzengefühl," *Time*, Feb. 17, 1986; Margaret Garrard Warner, "The Kissinger Clique," *Newsweek*, Mar. 27, 1989; Walter Pincus, "Eagleburger to Limit Role in Dozen Countries," *WP*, Feb. 16, 1989; Leslie Gelb, "Kissinger Means Business," *NYT Magazine*, Apr. 20, 1986; Joe Conason, "The Iraq Lobby," *New Republic*, Oct. 1, 1990; Kissinger letter, *New Republic*, Oct. 15, 1990.

    I also was helped by Charles Thompson, Ariadne Allan, and Mike Wallace, who reported a piece on Kissinger Associates for CBS's "60 Minutes" in 1992.

    For a full description of the Iraq connection, see speeches of Cong. Henry Gonzales in the *Congressional Record*, Apr. 25 and May 2, 1991.
5. Henry Kissinger, "The Rise of Mexico," *WP*, Aug. 17, 1988; Henry Kissinger, "First, a Breakthrough With Mexico," *WP*, Nov. 11, 1989; Alan Stoga, Jan. 15, 1991; James Robinson, Mar. 4, 1991. See previous section for details of Kissinger's help for TCW in Mexico.
6. Henry Kissinger, "The Drama in Beijing," *WP*, June 11, 1989; Henry Kissinger, "The Caricature of Deng as a Tyrant Is Unfair," *WP*, Aug. 1, 1989; Richard Cohen, "Kissinger: Pragmatism or Profit," *WP*, Aug. 29, 1989; Stephen Solarz, "Kissinger's Kowtow," *WP*, Aug. 6, 1989; John Fialka, "Mr. Kissinger Has Opinions on China—And Business Ties," *Wall Street Journal*, Sept. 15, 1989; 1990 proxy statements, Freeport-McMoRan and American Express; James Moffett, Feb. 7, 1991; Maurice Greenberg, Nov. 11, 1991; Henry Kissinger, Sept. 29, 1990; "MacNeil/Lehrer NewsHour," Sept. 19, 1989; "For the Record," *WP*, Oct. 11, 1989; Walter Pincus, "Kissinger Says He Had No Role in China Mission," *WP*, Dec. 14, 1989; Richard Holbrooke, Mar. 30 and Aug. 1, 1990.
7. Nancy Kissinger, Feb. 23, Mar. 6, 7, and 13, 1991; Peter Glenville, July 3, 1991; Robert Day, Mar. 12, 1991; interviews with various social friends of the Kissingers'.
8. Philip Weiss, "Inside Bohemian Grove," *Spy*, Nov. 1989; Ball, *The Past Has Another Pattern*, 104-6.
9. Robert Day, Mar. 12, 1991; "CBS This Morning," May 21, 1991; conversations with Mortimer Zuckerman, Ken Auletta, Garry Trudeau, Strobe Talbott.
10. Kissinger letter to Trudeau, Aug. 4, 1986; Trudeau letter to Kissinger, Sept. 16, 1986.
11. Peter Glenville, July 3, 1991.
12. Nancy Kissinger, Feb. 23 and Mar.13, 1991; Paula Kissinger, Mar. 4, 1991; Walter Kissinger, Mar. 10, 1991.

第 34 章
1. William Hyland, Dec. 11, 1989; Leslie Gelb, Jan. 9, 1990; Valeriani, *Travels With Henry*, 9; Leslie Gelb, "The Kissinger Legacy," *NYT*, Oct, 31, 1976; Safire, *Before the Fall*, 169.
2. Stanley Hoffmann, Feb. 24, 1989; Kissinger letter to Mrs. Frank, Apr. 21, 1946, courtesy Helmut Reissner.
3. *WHY*, 1138; Safire, *Before the Fall*, 439.
4. Polly Kraft, Nov. 16, 1989.
5. Arthur Schlesinger, Feb. 16, 1989; Diane Sawyer, Sept. 7, 1990; James Schlesinger, Nov. 17, 1989; Morton Halperin, May 24, 1988; Elmo Zumwalt, Nov. 20, 1989; Sven Kraemer, Nov. 16, 1989.
6. Lawrence Eagleburger, June 25, 1990.
7. Henry Kissinger, Jan. 21, 1990.
8. Henry Kissinger, Dec. 2, 1991; George Kennan (anonymously, as "X"), "The Sources of Soviet Conduct," *Foreign Affairs*, July 1947.
9. Kissinger off-the-record talk to Nobel laureates, Paris, Jan. 18, 1988, tape courtesy of the Elie Wiesel Foundation; *Washington Times*, Jan. 22, 1988.
10. The best example of Kissinger's emphasis on national interests and realism rather than idealism and morality in the aftermath of the cold war is his newspaper column "Redefining National Security," *LAT/WP*, Dec. 3, 1991.

参考文献

说明

基辛格在位期间正值两个似乎有意令未来历史学家无所适从的趋势出现之时：复印机和保护日后名节的备忘录的使用皆与日俱增。这就意味着文字记录数量众多，但同时又有误导性。基辛格自己都曾表示，未来学者将"没有标准能衡量哪些文件是为了给自己找托词，哪些是真正为了指导决定而提供的"。

此外，如果基辛格能建立更秘密的背后渠道，他极少会在正常外交渠道中留下任何记录。所以当历史学家终于能拿到所有这些档案资料时，他们不仅要分析文件究竟透露了什么，还要分析文件想隐瞒什么。"外交文件中的书写内容从来都与现实无甚关系，"基辛格曾对丹尼尔·戴维森如是说，"当初我如果知道我如今所知道的种种，就根本不可能根据文献写出我那篇关于梅特涅的论文。"

例如，在基辛格就任第一年初，他令莫顿·霍尔珀林就朝鲜击落美国侦察机事件为总统撰写行动备忘录。得知霍尔珀林已经下笔时，基辛格的答复是："不，我要的是严肃的备忘录。你正在写的是存档用的。"于是，霍尔珀林写了两个不同版本的备忘录。同样，就越南问题在巴黎和谈期间，安东尼·莱克和温斯顿·洛德都承认，他们都为和谈对话撰写了三份或更多份版本的备忘录，内容视对象而异。就在基辛格力图完成越南协议时，尼克松给他发了一封措辞强硬的电报，威胁恢复轰炸，但就像尼克松在另一纸说明中所言，该信息完全是为了做谈判工具用。

因为，尼克松年代的档案记录可能极具误导性，我决定像史学家一样尊重文件——许多文件都是非正式提供的，正式记录得等上二十多年才会被解密、发放——但也像记者一样积极访谈所有当事人。

因为，成书部分取决于对资料来源的选择，我决定计算一下在受访的150人中基辛格的敌友的比例，看看哪一类居多。有的人归类不难，如杰拉尔德·福特（友）、丹尼尔·埃尔斯伯格（敌）。尽管大家对基辛格感受都很强烈，但大多数我的访问对象对他的印象可谓出奇地毁誉参半、爱恨交织。

就拿前南越总统阮文绍为例，他仍然强烈认为自己被背叛了，但谈起基辛格，他似乎理解多于愤恨。我原以为应该是比较友好的霍尔德曼和埃利希曼结果却对毒化尼克松白宫气氛的欺骗手法爆料最多。在入侵柬埔寨后辞职的助手安东尼·莱克和罗杰·莫里斯经过剖析，对基辛格批评看最厉害；然而，他们却比基辛格的拥护者更能洞察他重整官僚机构和改变美国在世界上的作用的才干。

对基辛格的感觉最复杂、最矛盾的人当属尼克松。他对基辛格既怨又敬，这种奇怪的组合使得他即便在赞扬基辛格的心智时听起来也像是在贬低他，好像自己更优越。他经常这么说："你也知道，我可不是那些老说亨利是有妄想症的人，不过……"

我与尼克松在他新泽西的办公室有过一次正式、两次非正式的访谈。有时，他的确显得不自在，比如当他说他要对访谈录音时。当访谈进入1/3，他的微型录音机磁带到头了，他摆弄了一会儿，随即放弃了录音，他说："我从来都不善于摆弄这些用磁带的机器。"我仔细地端详着他，却不见他有任何话外之音的意思。

尼克松为了接受访谈做了充分准备；对于我可能问的各类问题，他都把答案写出来了，但他又特意跟我说，在我们讨论的时候他不会参照文稿。他似乎很肯定我是在著书诽谤某人，而我的书唯一的卖点就是"你得跟亨利过不去"。就在我们最后一次访谈的第二天，尼克松给我写了一封长信，一上来他就说："你曾经问过我有什么个人经历，思之再三，我忽然想起，新闻界主要都对亨利出了名的脾气和品格缺点感兴趣，或许你的读者希望看到的却是这位不折不扣的天才虽然性格复杂，但却也有温情、阳光的一面。"

尼克松的来信接着就举了不少基辛格非常人性化的例子，我希望它们都已反映在本书中。此外，这封信的语气也让人感觉到尼克松自己对基辛格的态度的多面性。比如，在描述他在椭圆形办公室与基辛格的父母见面后，尼克松写道："多年来我经常看到十分成功的人士，特别是以知识分子自诩的成功人士，觉得自己的父母不够体面，甚至还以他们为耻。我们都知道亨利乐于与名人交往，但我却感觉到他眼中的父母要比所有名人都重要。"

基辛格的母亲保拉，这位充满活力、率性、真诚而又不失幽默感的妇人，是本书不可或缺的资料来源，访问她是件非常愉快的事。在我写这本书的时候，她仍然住在她和家人在1938年从德国抵美后不久搬进的华盛顿高地的公寓。在儿子的老卧室里她依然保存着一箱箱儿子的文件、儿时的书信，包括他在战后以美军反谍报部队军官的身份重回菲尔特时叙述他的亲人死于纳粹大屠杀的短文。当我告诉他，他母亲给我的资料时，基辛格说——我想他是在开玩笑——"你收买了我母亲，现在连她都来毁我了。"

本书没有任何仅由不具名消息来源提供的情节。但我得补充的是，这绝非自命清高之言。我认为记者必须愿意与人交谈以了解情况，而我确实做到了这一点。但在时过境迁的今天，多数人已不再要求匿名了。当有人提出具体贬损（或赞扬）之言，却要求姑隐其名时，我都会在事后说服他们不要匿名，他们通常也都同意了。只有5个人要求完全匿名，他们的名字都不在下面的名单里。

主要的文件资料来源是位于弗吉尼亚州亚历山德里亚一间仓库里的"尼克松总统文件项目"。由于水门事件后的相关法律和诉讼，这些文件均不由这位前总统支配，而由忠于历史而非尼克松的国家档案馆的专业人员支配。所以他们愿意协助"强制解密审查要求"，开启仍未拆封的材料。我唯一遭到的回绝就是在我要求阅读讨论基辛格心理状态稳定与否的会议手记时（事后一位与会者给了我一份手记副本）。霍尔德曼和埃利希曼每天的会议手写记录特别有用，研究人员可以花上几个星期揣摩个中趣味。

就在基辛格上任后不久，他的秘书和助理就开始通过"死键"听取他的电话通话并做记录。这套系统后来演化成正式录音系统，有一群秘书负责将前一天的通话转录为文字。这些记录，连同基辛格的个人文件仍封存在国会图书馆，只有在他去世五年以后才能公开。有些人愿意给我提供他们已获得的通话稿。使用时，我都引述了相应文件记载的通话时间和地点。

谈话备忘录的处理方式亦然。基辛格坚持在所有重要会议上都派人记笔记，以提供逐字记录。这些记录至今亦未公开。但能拿到文件的人有时留有副本，在访谈时有些副本可能就会出现。

采访

Richard Allen	Richard Helms	Elliot Richardson
Mort Allin	Eric Hendel	David Riesman
Susan Mary Alsop	Lawrence Higby	James Robinson
Jan Golding Amory	Stanley Hoffmann	Peter Rodman
John Andrews	Richard Holbrooke	Henry Rosovsky
Georgi Arbatov	Robert Hormats	Walt Rostow
Egon Bahr	Barbara Howar	Oscar Ruebhausen
Gerald Bechhofer	Nguyen Tien Hung	Donald Rumsfeld
Samuel Beer	Samuel Huntington	Kenneth Rush
Benazir Bhutto	Fred Ikle	John Sachs
Arnaud de Borchgrave	Tziporah Jochsberger	Jill St. John
Joan Braden	Carl Kaysen	Diane Sawyer
Henry Brandon	Irena Kirkland	John Scali
L. Paul (Jerry) Bremer	David Kissinger	Thomas Schelling
Zbigniew Brzezinski	Henry Kissinger	Arthur Schlesinger, Jr.
McGeorge Bundy	Nancy Maginnes	James Schlesinger
William Bundy	Kissinger	Lina Rau Schubach
Abram Chayes	Paula Kissinger	Brent Scowcroft
Charles Colson	Walter Kissinger	Robert Semple
John Connally	Ted Koppel	Lloyd Shearer
John Conway	Fritz Kraemer	Marshall Shulman
Charles Coyle	Sven Kraemer	Hugh Sidey
Lloyd Cutler	Polly Kraft	Kurt Silbermann
Daniel Davidson	Elizabeth Epstein Krumpe	William Simon
Robert Day	Melvin Laird	Joseph Sisco
Simcha Dinitz	W. Anthony Lake	Gerard Smith
Anatoli Dobrynin	John Lehman	Richard Smyser
Paul Doty	Menachem (Heinz) Lion	Helmut Sonnenfeldt
Lawrence Eagleburger	Bette Bao Lord	Herbert Spiro
John Ehrlichman	Winston Lord	Gloria Steinem
Daniel Ellsberg	Laurence Lynn	Paul Stiefel
Thomas Enders	Karl Marcy	Alan Stoga
Herbert Engelhardt	Robert McCloskey	Donald Strong
Harold Evans	James Moffett	Viktor Sukhodrev
Robert Evans	Richard Moose	Strobe Talbott
Gerald Ford	Roger Morris	Nguyen Van Thieu
J. William Fulbright	Hugh Morrow	Garry Trudeau
Leslie Gelb	Daniel Moynihan	Adam Ulam
Arthur Gilman	Edward Mulcahy	Ted Van Dyk
Henry Gitterman	Richard Nixon	Christine Vick
Guido Goldman	Christopher Ogden	Mike Wallace
Andrew Goodpaster	Walter Oppenheim	William Watts
Katharine Graham	Richard Perle	Leonard Weiss
Stephen Graubard	Peter Peterson	Seymour Weiss
Maurice Greenberg	Ray Price	Laurence Wylie
H. R. Haldeman	Harold (Helmut) Reissner	Barry Zorthian
Morton Halperin	Stanley Resor	Elmo Zumwalt
Robert Healey	James Reston	
Jack Heiman	Mahmoud Riad	

基辛格的著作（以出版时间为序）

A World Restored: Metternich, Castlereagh, and the Problems of Peace, 1812-22. Boston: Houghton Mifflin, 1957.

Nuclear Weapons and Foreign Policy. New York: Harper & Brothers, 1957.

Foreign Economic Policy for the Twentieth Century (ed.), Rockefeller Brothers' Fund Special Study Project. New York: Doubleday, 1958.

The Necessity for Choice. New York: Harper & Brothers, 1961.

The Troubled Partnership: A Reappraisal of the Atlantic Alliance. New York: McGraw Hill, 1965.

Problems of National Strategy (ed.). New York: Praeger, 1965.

American Foreign Policy (essays). New York: Norton, 1969, revised 1974, 1977.

White House Years. Boston: Little, Brown, 1979.

For the Record. Boston: Little, Brown, 1981.

Years of Upheaval. Boston: Little, Brown, 1982.

Observations. Boston: Little, Brown, 1985.

基辛格的文章（以发表时间为序）

"The Meaning of History: Reflections on Spengler, Toynbee and Kant" Undergraduate thesis, unpublished, Widener Library, Harvard, 1951.

"Reflections on the Political Thought of Metternich." *American Political Science Review*, Dec. 1954.

"American Policy and Preventive War." *Yale Review*, Apr. 1955.

"Military Policy and the Defense of the Grey Areas." *Foreign Affairs*, Apr. 1955.

"Limitations of Diplomacy." *The New Republic*, May 6, 1955.

"Congress of Vienna." *World Politics*, Jan. 1956.

"Force and Diplomacy in the Nuclear Age." *Foreign Affairs* Apr. 1956.

"Reflections on American Diplomacy." *Foreign Affairs*, Oct. 1956.

"Strategy and Organization." *Foreign Affairs*, Apr. 1957.

"Controls, Inspection and Limited War." *The Reporter*, June 13, 1957.

"U.S. Foreign Policy and Higher Education." *Current Issues in Higher Education*, Mar. 1958.

"Missiles and the Western Alliance." *Foreign Affairs*, Apr. 1958.

"Nuclear Testing and the Problems of the Peace." *Foreign Affairs*, Oct. 1958.

"The Policymaker and the Intellectual." *The Reporter*, Mar. 5, 1959.

"As Urgent as the Moscow Threat." *New York Times Magazine*, Mar. 11, 1959.

"The Search for Stability." *Foreign Affairs*, July 1959.

"The Khrushchev Visit." *New York Times Magazine*, Sept. 6, 1959.

"Arms Control, Inspection and Surprise Attack." *Foreign Affairs*, July 1960.

"Limited War: Nuclear or Conventional? A Reappraisal." *Daedalus*, Fall 1960.

"The New Cult of Neutralism." *The Reporter*, Nov. 24, 1960.

"The Next Summit Meeting." *Harper's*, Dec. 1960.

"For an Atlantic Confederacy." *The Reporter* Feb. 2, 1961.

"L'Évolution de la Doctrine Stratégique aux États-Unis." *Politique Étranger* 2, 1962.

"The Unsolved Problems of European Defense." *Foreign Affairs*, July 1962.

"Reflections on Cuba." *The Reporter*, Nov. 22, 1962.

"Strains on the Alliance." *Foreign Affairs*, Jan. 1963.

"The Skybolt Affair." *The Reporter*, Jan. 17, 1963.

"NATO's Nuclear Dilemma." *The Reporter*, Mar. 28, 1963.

"Reflections on Power and Diplomacy," in E. A. J. Johnson (ed.), *Dimensions in Diplomacy.* Baltimore: Johns Hopkins Press, 1964.

"Les Etats-Unis et l'Europe," *Res Publica* 6 (Belgian Institute of Political Science), 1964.

"Classical Diplomacy," in John Stoessinger and Alan Westin (eds.), *Power & Order: Six Cases in World Politics*. New York: Harcourt, Brace, 1964.

"Coalition Diplomacy in the Nuclear Age." *Foreign Affairs*, July 1964.

"Goldwater and the Bomb." *The Reporter*, Nov. 5, 1964.

"The Illusionist: Why We Misread de Gaulle." *Harper's*, Mar. 1965.

"Kann Man Den Soviets Trauen?" *Die Welt*, Apr. 3, 1965.

"The Price of German Unity." *The Reporter*, Apr. 22, 1965.

"Domestic Structure and Foreign Policy" *Daedalus*, Apr. 1966.

"For a New Atlantic Alliance." *The Reporter*, July 14, 1966.

"What Should We Do Now?" *Look*, Aug. 9, 1966.

"NATO: Evolution or Decline?" *Texas Quarterly*, Autumn 1966.

"Fuller Explanation," a review of Raymond Aron's *A Theory of International Relations*. New York Times Book Review, Feb. 12, 1967.

"The White Revolutionary: Reflections on Bismarck." *Daedalus*, Summer 1968.

"Bureaucracy and Policymaking," Security Studies Paper #17. University of California-Los Angeles, 1968.

"Central Issues of American Foreign Policy," *Agenda for the Nation*. Washington: Brookings, 1968.

"The Vietnam Negotiation." *Foreign Affairs*, Jan. 1969.

其他图书

Alroy, Gil. *The Kissinger Experience: American Foreign Policy in the Middle East*. New York: Horizon, 1975.

Ambrose, Stephen. *Nixon: Ruin and Recovery, 1973-1990*. New York: Simon & Schuster, 1991.

——. *Nixon: The Triumph of a Politician, 1962-1972*. New York: Simon & Schuster, 1989.

——. *Rise to Clobalism*. New York: Penguin, 1985.

Anson, Robert Sam. *Exile: The Unquiet Oblivion of Richard M. Nixon*. New York: Simon & Schuster, 1984.

Aron, Raymond. *Peace and War*. New York: Doubleday, 1966.

Atwood, William. *The Twilight Struggle*. New York: Harper & Row, 1987.

Badri, Hassan, et al. *The Ramadan War*. New York: Hippocrene, 1978.

Baedeker, Karl. *Southern Cermany*, 13th ed. Leipzig: Baedeker, 1929.

Ball, George. *Diplomacy for a Crowded World*. Boston: Little, Brown, 1976.

——. *The Past Has Another Pattern*. New York: Norton, 1982.

Bell, Coral. *The Diplomacy of Détente*. New York: St. Martin's, 1977.

Bellow, Saul. *To Jerusalem and Back*. New York: Viking, 1976.

Berman, Larry. *Planning a Tragedy*. New York: Norton, 1982.

Bill, James. *The Eagle and the Lion*. New Haven: Yale, 1988.

Blumenfeld, Ralph, and reporters of the *New York Post*. *Henry Kissinger*. New York: New American Library, 1974.

Brandon, Henry. *The Retreat of American Power*. New York: Doubleday, 1973.

——. *Special Relationships*. New York: Atheneum, 1988.

Brodine, Virginia, and Mark Selden. *Open Secret: The Kissinger-Nixon Doctrine in Asia*. New York: Harper & Row, 1972.

Brown, Seyom. *The Crisis of Power*. New York: Columbia, 1979.

Bundy, McGeorge. *Danger and Survival*. New York: Random House, 1988.

Bush, George, with Victor Gold. *Looking Forward*. New York: Doubleday, 1987.

Caldwell, Dan, ed. *Henry Kissinger: His Personality and Policies*. Durham, N.C.: Duke, 1983.

Callahan, David. *Dangerous Capabilities.* New York: HarperCollins, 1990.

Casserly, John. *The Ford White House.* Boulder: Colorado University, 1977.

Chester, Lewis, Godfrey Hodgson, and Bruce Page. *An American Melodrama.* New York: Viking, 1969.

Clifford, Clark, with Richard Holbrooke. *Counsel to the President.* New York: Random House, 1991.

Colby, William, and Peter Forbath. *Honorable Men: My Life in the CIA.* New York: Simon & Schuster, 1978.

Collier, Peter, and David Horowitz. *The Rockefellers.* New York: Holt, Rinehart and Winston, 1976.

Colodny, Len, and Robert Gettlin. *Silent Coup.* New York: St. Martin's, 1991.

Colson, Charles. *Born Again.* Lincoln, Va.: Chosen Books, 1976.

Dallek, Robert. *The American Style of Foreign Policy.* New York: Knopf, 1983.

Dayan, Moshe. *Story of My Life.* New York: Morrow, 1976.

Destler, I. M., Leslie Gelb, and Anthony Lake. *Our Own Worst Enemy.* New York: Simon & Schuster, 1984.

Dickson, Peter. *Kissinger and the Meaning of History.* New York: Cambridge, 1979.

Diem, Bui, with David Charnoff. *The Jaws of History.* Boston: Houghton Mifflin, 1987.

Dowty, Alan. *Middle East Crisis.* Berkeley: University of California, 1984.

Drew, Elizabeth. *Washington Journal: 1973-74.* New York: Random House, 1975.

Eban, Abba. *An Autobiography.* New York: Random House, 1977.

Ehrlichman, John. *Witness to Power.* New York: Simon & Schuster, 1982.

El-Khawas, Mohamed, and Barry Cohen. *The Kissinger Study of Southern Africa.* Westport: Lawrence Hill, 1976.

Elliott, William. *Western Political Heritage.* New York: Prentice-Hall, 1949.

Evans, Rowland, and Robert Novak. *Nixon in the White House.* New York: Random House, 1971.

Eveland, Wilbur. *Ropes of Sand.* New York: Norton, 1980.

Fahmy, Ismail. *Negotiating for Peace in the Middle East.* Baltimore: Johns Hopkins, 1983.

Fallaci, Oriana. *Interview With History.* New York: Liverwright, 1976.

Ford, Gerald. *A Time to Heal.* New York: Harper & Row, 1979.

Freedman, Lawrence. *The Evolution of Nuclear Strategy.* New York: St. Martin's, 1981.

Friedrich, Carl. *Inevitable Peace.* Cambridge: Harvard University Press, 1948.

——, ed. *The Philosophy of Kant* (includes "Perpetual Peace"). New York: Random House, 1949.

Frost, David. *I Gave Them a Sword.* New York: Morrow, 1978.

Frye, Alton. *A Responsible Congress: The Politics of National Security.* New York: Mc-Graw-Hill, 1975.

Gaddis, John Lewis. *The Long Peace.* New York: Oxford, 1987.

——. *Strategies of Containment.* New York: Oxford, 1982.

Garthoff, Raymond. *Détente and Confrontation.* Washington: Brookings, 1985.

Gelb, Leslie, and Richard Betts. *The Irony of Vietnam: The System Worked.* Washington: Brookings, 1979.

Gentry, Curt. *J. Edgar Hoover.* New York: Norton, 1991.

Ghanayem, Ishaq, and Alden Voth. *The Kissinger Legacy: American Middle East Policy.* New York: Praeger, 1984.

Golan, Galia. *Yom Kippur and After.* New York: Cambridge, 1977.

Golan, Matti. *The Road to Peace: A Biography of Shimon Peres.* New York: Warner, 1989.

——. *The Secret Conversations of Henry Kissinger.* New York: Quadrangle, 1976.

Goodman, Allan. *The Lost Peace.* Stanford: Hoover, 1978.

Graubard, Stephen. *Kissinger: Portrait of a Mind.* New York: Norton, 1973.

Grose, Peter. *Israel in the Mind of America.* New York: Knopf, 1983.

Gulley, Bill, with Mary Ellen Reese. *Breaking Cover.* New York: Simon & Schuster, 1980.

Haig, Alexander. *Caveat.* New York: Macmillan, 1984.

Haldeman, H. R., and Joseph DiMona. *The Ends of Power.* New York: Times Books, 1978.

Halperin, Morton. *Bureaucratic Politics and Foreign Policy.* Washington: Brookings, 1974.

——. *Limited War in the Nuclear Age.* New York: John Wiley & Sons, 1963.

Hammond, William. *Public Affairs: The Military and The Media.* Department of the Army's Center for Military History, forthcoming.

Hartmann, Robert. *Palace Politics.* New York: McGraw-Hill, 1980.

Head, Richard, Frisco Short, and Robert McFarlane. *Crisis Resolution: Presidential Decisionmaking in the Mayaguez and Korean Confrontations.* Boulder: Westview, 1978.

Heald, Tim, et al. (including John Ehrlichman). *The Rigby File.* London: Hodder & Stoughton, 1989.

Heikal, Mohammed. *The Road to Ramadan.* New York: Times Books, 1975.

Herring, George. *America's Longest War.* New York: Knopf, 1985.

——, ed. *The Secret Diplomacy of the Vietnam War.* Austin: University of Texas, 1983.

Hersh, Seymour. *The Price of Power: Kissinger in the Nixon White House.* New York: Summit, 1983.

——. *The Samson Option.* New York: Random House, 1991.

Hodgson, Godfrey. *America in Our Time.* New York: Doubleday, 1976.

Hoffmann, Stanley. *Dead Ends.* Cambridge: Ballinger, 1983.

——. *Primacy or World Order.* New York: McGraw-Hill, 1978.

Hunebelle, Danielle. *Dear Henry.* New York: Berkley, 1972.

Hung, Nguyen Tien, and Jerrold Schecter. *The Palace File.* New York: Harper & Row, 1986.

Hyland, William. *The Cold War Is Over.* New York: Random House, 1990.

——. *Mortal Rivals.* New York: Random House, 1987.

Isaacs, Arnold. *Without Honor.* Baltimore: Johns Hopkins, 1983.

Johnson, U. Alexis, with Jef McAllister. *The Right Hand of Power.* Englewood Cliffs, N.J.: Prentice-Hall, 1984.

Joiner, Harry. *American Foreign Policy: The Kissinger Era.* Huntsville, Ala.: Strode, 1977.

Judis, John. *William F. Buckley, Jr.* New York: Simon & Schuster, 1988.

Kalb, Marvin, and Bernard Kalb. *Kissinger.* Boston: Little, Brown, 1974.

Kant, Immanuel. *Critique of Pure Reason.* New York: Doubleday, 1966.

——. *Fundamental Principles of the Metaphysics of Morals.* New York: Bobbs-Merrill, 1959.

Karnow, Stanley. *Vietnam: A History.* New York: Viking, 1983.

Kaufmann, William. *The McNamara Strategy.* New York: Harper & Row, 1964.

Klein, Herb. *Making It Perfectly Clear.* New York: Doubleday, 1980.

Klinghoffer, Arthur. *The Angolan War.* Boulder: Westview, 1980.

Kraslow, David, and Stuart Loory. *The Secret Search for Peace in Vietnam.* New York: Random House, 1968.

Kutler, Stanley. *The Wars of Watergate.* New York: Knopf, 1990.

Kwitny, Jonathan. *Endless Enemies.* New York: Congdon & Weed, 1984.

LaFeber, Walter. *The American Age.* New York: Norton, 1989.

Lake, Anthony. *The Tar Baby Option.* New York: Columbia, 1976.

——, ed. *The Vietnam Legacy.* New York: New York University, 1976.

Landow, David. *Kissinger: The Uses of Power.* Boston: Houghton Mifflin, 1972.

Lehman, John. *Command of the Seas.* New York: Scribner's, 1988.

Liska, George. *Beyond Kissinger: Ways of Conservative Statecraft.* Baltimore: Johns Hopkins, 1975.

Lukas, J. Anthony. *Nightmare: The Underside of the Nixon Years.* New York: Viking, 1976.

Mailer, Norman. *St. George and the Godfather.* New York: Arbor House, 1972.

Marchetti, Victor, and John Marks. *The CIA and the Cult of Intelligence.* New York: Knopf, 1974.

Marcum, John. *The Angolan Revolution.* Cambridge: MIT Press, 1980.

Mazlish, Bruce. *Kissinger: The European Mind in American Policy.* New York: Basic Books, 1976.

Meir, Golda. *My Life.* New York: Putnam's, 1975.

Morris, Roger. *Haig: The General's Progress.* New York: Playboy, 1982.

———. *Uncertain Greatness.* New York: Harper & Row, 1977.

Moynihan, Daniel. *A Dangerous Place.* Boston: Little, Brown, 1975.

Neff, Donald. *Warriors Against Israel.* Brattleboro, Vt.: Amana, 1988.

Nessen, Ron. *It Sure Looks Different From the Inside.* Chicago: Playboy, 1978.

Newhouse, John. *Cold Dawn.* New York: Holt, Rinehart & Winston, 1973.

———. *War and Peace in the Nuclear Age.* New York: Knopf, 1989.

Nicolson, Harold. *The Congress of Vienna.* New York: Harcourt Brace, 1946.

Nitze, Paul. *From Hiroshima to Glasnost.* New York: Grove Weidenfeld, 1989.

Nixon, Richard. *In the Arena.* New York: Simon & Schuster, 1990.

———. *Leaders.* New York: Warner, 1982.

———. *No More Vietnams.* New York: Arbor House, 1985.

———. *RN.* New York: Grossett & Dunlap, 1978.

Nutter, Warren. *Kissinger's Grand Design.* Washington: American Enterprise Institute, 1975.

Osborne, John. *White House Watch: The Ford Years.* Washington: New Republic Books, 1977.

Oudes, Bruce. *From the President: Richard Nixon's Secret Files.* New York: Harper & Row, 1989.

Palmer, Bruce. *The 25-Year War.* Lexington: University of Kentucky, 1984.

Parmet, Herbert. *Richard Nixon and His America.* Boston: Little, Brown, 1990.

Persico, Joseph. *The Imperial Rockefeller.* New York: Simon & Schuster, 1982.

Pfeiffer, Richard, ed. *No More Vietnams.* New York: Harper & Row, 1968.

Porter, Gareth. *Vietnam: The Definitive Documentation of Human Decisions.* Stanfordville, N. Y.: Earl Coleman, 1979.

Powers, Thomas. *The Man Who Kept the Secrets: Richard Helms and the CIA.* New York: Knopf, 1979.

———. *Vietnam: The War at Home.* Boston: G. K. Hall, 1984.

Prados, John. *Keepers of the Keys.* New York: Morrow, 1991.

Price, Raymond. *With Nixon.* New York: Viking, 1977.

Quandt, William. *Decade of Decisions.* Berkeley: University of California, 1977.

Rabin, Yitzhak. *The Rabin Memoirs.* Boston: Little, Brown, 1979.

Ranelagh, John. *The Agency.* New York: Simon & Schuster, 1986.

Rather, Dan, and Gary Paul Gates. *The Palace Guard.* New York: Harper & Row, 1974.

Reeves, Richard. *A Ford, Not a Lincoln.* New York: Harcourt Brace, 1975.

Reston, James. *Deadline.* New York: Random House, 1991.

Riad, Mahmoud. *The Struggle for Peace in the Middle East.* New York: Quartet, 1981.

Rosovsky, Nitza. *The Jewish Experience at Harvard and Radcliffe.* Cambridge: The Harvard Semitic Museum, 1986

Rowan, Roy. *The Four Days of the Mayaguez.* New York: Norton, 1975.

Rubin, Barry. *Paved With Good Intentions.* New York: Oxford, 1980.

Sadat, Anwar. *In Search of Identity.* New York: Harper & Row, 1977.

Safire, William. *Before the Fall.* New York: Doubleday, 1975.

Saunders, Harold. *The Other Walls*. Washington: American Enterprise Institute, 1985.

Schell, Jonathan. *The Time of Illusion*. New York: Knopf, 1976.

———. *The Village of Ben Suc*. New York: Knopf, 1967.

Schlafly, Phyllis, and Ward Chester. *Kissinger on the Couch*. New York: Arlington House, 1974.

Schlesinger, Arthur, Jr. *A Thousand Days*. Boston: Houghton Mifflin, 1965.

Schulzinger, Robert. *Henry Kissinger: Doctor of Diplomacy*. New York: Columbia, 1989.

Shawcross, William. *The Quality of Mercy*. New York: Simon & Schuster, 1986.

———. *The Shah's Last Ride*. New York: Simon & Schuster, 1988.

———. *Sideshow*. New York: Simon & Schuster, 1979. (The Touchstone paperback, 1987, has added material and rebuttals by Peter Rodman.)

Sheehan, Edward. *The Arabs, Israelis and Kissinger*. New York: Reader's Digest Press, 1976.

Sheehan, Neil. *A Bright Shining Lie*. New York: Random House, 1988.

Sherrill, Robert. *The Oil Follies of 1970-1980*. New York: Doubleday, 1983.

Shipler, David. *Arab and Jew*. New York: Times Books, 1986.

Sick, Gary. *All Fall Down*. New York: Random House, 1985.

Sihanouk, Norodom, with William Burchett. *My War With the CIA*. New York: Monthly Review, 1973.

Smith, Gerard. *Doubletalk: The Story of SALT I*. New York: Doubleday, 1980.

Smith, Michael. *Realist Thought From Weber to Kissinger*. Baton Rouge: LSU Press, 1986.

Smith, Richard Norton. *The Harvard Century*. New York: Simon & Schuster, 1986.

Snepp, Frank. *Decent Interval*. New York: Random House, 1977.

Spengler, Oswald. *The Decline of the West*. New York: Knopf, 1928.

Stern, Paula. *Water's Edge*. Westport, Conn.: Greenwood Press, 1979.

Stockwell, John. *In Search of Enemies*. New York: Norton, 1978.

Stoessinger, John. *Henry Kissinger: The Anguish of Power*. New York: Norton, 1976.

Sullivan, William. *The Bureau*. New York: Norton, 1979.

Sulzberger, C. L. *The World and Richard Nixon*. New York: Prentice-Hall, 1987.

Synnott, Marcia. *The Half-Open Door*. Westport, Conn.: Greenwood Press, 1979.

Szulc, Tad. *The Illusion of Peace*. New York: Viking, 1978.

———. *Then and Now*. New York: Morrow, 1990.

Taheri, Amir. *Nest of Spies*. New York: Pantheon, 1988.

Talbott, Strobe. *Deadly Gambits*. New York: Knopf, 1984.

———. *Endgame*. New York: Harper & Row, 1979.

———. *The Master of the Game*. New York: Knopf, 1988.

Thornton, Richard. *The Nixon-Kissinger Years*. New York: Paragon, 1989.

Tivnan, Edward. *The Lobby*. New York: Simon & Schuster, 1987.

Toynbee, Arnold. *A Study of History*. Oxford: Oxford University Press, 1946 & 1957.

Trager, James. *The Great Grain Robbery*. New York: Ballantine, 1975.

Truscott, Lucian, IV. *Dress Gray*. New York: Doubleday, 1978.

Valeriani, Richard. *Travels With Henry*. Boston: Houghton Mifflin, 1979.

Viorst, Milton. *Sands of Sorrow*. New York: Harper & Row, 1987.

Walters, Vernon. *Silent Missions*. New York: Doubleday, 1978.

Westmoreland, William. *A Soldier Reports*. New York: Doubleday, 1976.

White, Theodore. *America in Search of Itself*. New York: Harper & Row, 1982.

———. *Breach of Faith*. New York: Atheneum, 1975.

———. *The Making of the President, 1972*. New York: Atheneum, 1973.

Wills, Garry. *Nixon Agonistes*. New York: Mentor Books, 1971.

Wise, David. *The American Police State*. New York: Random House, 1976.

Witcover, Jules. *Marathon*. New York: Viking, 1977.
Woodward, Bob, and Carl Bernstein. *All the President's Men*. New York: Simon & Schuster, 1974.
——. *The Final Days*. New York: Simon & Schuster, 1976.
Yergin, Daniel. *The Prize*. New York: Simon & Schuster, 1991.
Zumwalt, Elmo. *On Watch*. New York: Quadrangle, 1976.

美国政府报告

Agreement on Limitations of Strategic Offensive Weapons. House Foreign Affairs Committee hearings, June-July, 1972.

Alleged Assassination Plots Involving Foreign Leaders. Senate Select Committee on Intelligence, 1975.

Background Information Relating to Southeast Asia and Vietnam. Senate Foreign Relations Committee, Dec. 1974.

Bombing as a Policy Tool in Vietnam. Senate Foreign Relations Committee, Oct. 12, 1972.

Bombing in Cambodia. Senate Armed Services Committee hearings, July-Aug. 1974.

Covert Action in Chile. Senate Select Committee on Intelligence, 1975.

Department of State Bulletin, 1969-77.

Détente. Senate Foreign Relations Committee hearings, Aug.-Oct. 1974.

Dr. Kissinger's Role in the Wiretapping. Senate Foreign Relations Committee hearings, July-Sept. 1974.

Impeachment of Richard M. Nixon. House Judiciary Committee hearings, Aug. 1974.

Intelligence Activities. Senate Government Operations Committee hearings, 1975.

Middle East Agreements. House International Relations Committee hearings, Sept.-Oct. 1975.

National Bipartisan Report on Central America. Senate Foreign Relations Committee hearings, Feb. 1984.

Nomination of Henry A. Kissinger. Senate Foreign Relations Committee hearings, Sept.-Oct. 1973.

Nomination of Nelson Rockefeller to be Vice President. House Judiciary Committee hearings, 1974.

Public Papers of the President. U. S. Government Printing Office.

Seizure of the Mayaguez. House International Relations Committee hearings, May 1975-Oct. 1976.

Situation in Indochina. House Foreign Affairs Committee hearings, Feb.-Mar. 1973.

Transmittal of Documents from the NSC to the Joint Chiefs of Staff. Senate Armed Services Committee hearings, Feb.-Mar. 1974.

U.S. Foreign Policy for the 1970s ("State of the World" reports), 1970, 1971, 1972, 1973. U.S. Government Printing Office.

U.S. National Security Policy vis-à-vis Eastern Europe ("The Sonnenfeldt Doctrine"). House International Relations Committee hearings, Apr. 1976.

U.S.-Soviet Union-China: The Great Power Triangle. House International Relations Committee, 1975-76.

The Vietnam-Cambodia Emergency 1975. House International Relations Committee hearings, Mar. 1975-May 1976.

Vietnam Policy Proposals. Senate Foreign Relations Committee, Feb.-Mar. 1970.

The War Powers Resolution. House International Relations Committee, 1976.